EL AVESTA

Textos relativos al Mazdeísmo o Zoroastrismo,
primera de las grandes religiones

Traducidos por primera vez al español,
prologado y anotado
por
JUAN BAUTISTA BERGUA

Colección La Crítica Literaria
www.LaCriticaLiteraria.com

LaCriticaLiteraria.com

Copyright del texto: ©2010 Ediciones Ibéricas
Ediciones Ibéricas - Clásicos Bergua - Librería Editorial Bergua
Madrid (España)

Copyright de esta edición: ©2010 LaCriticaLiteraria.com
Colección La Crítica Literaria
www.LaCriticaLiteraria.com
ISBN: 978-84-7083-180-5

Imagen de la portada: El faravahar de Zoroastrismo. *(foto: Roodiparse)*

Ediciones Ibéricas - LaCriticaLiteraria.com
Calle Ferraz, 26
28008 Madrid
www.EdicionesIbericas.es
www.LaCriticaLiteraria.com

Impreso por LSI (Internacional) y SAFEKAT S.L. (Madrid)

Todos los derechos reservados. Esta publicación no puede ser reproducida, ni en su totalidad ni en parte, ni ser registrada en, o transmitida por, un sistema de recuperación de información, en ninguna forma ni por ningún medio, sea mecánico, fotoquímico, electrónico, magnético, electroóptico, por fotocopia, o cualquier otro, sin el permiso previo por escrito de la editorial.

Cualquier forma de reproducción, distribución, comunicación pública o transformación de esta obra solo puede ser realizada con la autorización de sus titulares, salvo excepción prevista por la ley. Diríjase a CEDRO (Centro Español de Derechos Reprográficos - www.cedro.org) para más información.

All rights reserved. No part of this book may be reproduced or transmitted in any form, by any means (digital, electronic, recording, photocopying or otherwise) without the prior permission of the publisher.

ÍNDICE

EL CRÍTICO - Juan Bautista Bergua 5
PRÓLOGO: ZARATHUSTRA Y SU DOCTRINA 7

LOS GATHAS 77
    NOTICIA PRELIMINAR 79

LOS GATHAS 93
    YASNA XXIX 93
    YASNA XXVIII 95
    YASNA XXX 97
    YASNA XXXI 99
    YASNA XXXII 102
    YASNA XXXIII 105
    YASNA XXXIV 107
    YASNA XLIII 109
    YASNA XLIV 112
    YASNA XLV 115
    YASNA XLVI 117
    YASNA XLVII 120
    YASNA XLVIII 121
    YASNA XLIX 124
    YASNA XLIX, 12-L 126
    YASNA LI 128
    YASNA LIII 131

EL VENDIDAD - SADE 135
    PRIMER FARGARD 137
    SEGUNDO FARGARD 142
    TERCER FARGARD 149
    CUARTO FARGARD 158
    QUINTO FARGARD 168
    SEXTO FARGARD 179
    SEPTIMO FARGARD 184
    OCTAVO FARGARD 195
    NOVENO FARGARD 208
    DECIMO FARGARD 219
    UNDECIMO FARGARD 222
    DUODECIMO FARGARD 226
    DECIMOTERCER FARGARD 231
    DECIMOCUARTO FARGARD 241
    DECIMOQUINTO FARGARD 246
    DECIMOSEXTO FARGARD 252
    DECIMOSEPTIMO FARGARD 256
    DECIMOCTAVO FARGARD 259
    DECIMONOVENO FARGARD 268
    VIGESIMO FARGARD 287
    VIGESIMOPRIMER FARGARD 291
    VIGESIMO SEGUNDO FARGARD 294

LA CRÍTICA LITERARIA 297

EL CRÍTICO - Juan Bautista Bergua

Juan Bautista Bergua nació en España en 1892. Ya desde joven sobresalió por su capacidad para el estudio y su determinación para el trabajo. A los 16 años empezó la universidad y obtuvo el título de abogado en tan sólo dos años. Fascinado por los idiomas, en especial los clásicos, latín y griego, llegó a convertirse en un célebre crítico literario, traductor de una gran colección de obras de la literatura clásica y en un especialista en filosofía y religiones del mundo. A lo largo de su extraordinaria vida tradujo por primera vez al español las más importantes obras de la antigüedad, además de ser autor de numerosos títulos propios.

Su librería, la editorial y la "Generación del 27"

Juan B. Bergua fundó la Librería-Editorial Bergua en 1927, luego Ediciones Ibéricas y Clásicos Bergua. Quiso que la lectura de España dejara de ser una afición elitista. Publicó títulos importantes a precios asequibles a todos, entre otros, los diálogos de Platón, las obras de Darwin, Sócrates, Pitágoras, Séneca, Descartes, Voltaire, Erasmo de Rotterdam, Nietzsche, Kant y los poemas épicos de La Ilíada, La Odisea y La Eneida. Se atrevió con colecciones de las grandes obras eróticas, filosóficas, políticas, y la literatura y poesía castellana. Su librería fue un epicentro cultural para los aficionados a literatura, y sus compañeros fueron conocidos autores y poetas como Valle-Inclán, Machado y los de la Generación del 27.

El Partido Comunista Libre Español y las amenazas de la izquierda

Poco antes de la Guerra Civil Española, en los años 30, Juan B. Bergua publicó varios títulos sobre el comunismo. El éxito, mucho mayor de lo esperado, le llevó a fundar el Partido Comunista Libre Español que llegaría a tener mas de 12.000 afiliados, superando en número al Partido Comunista prosoviético oficial existente. Su carrera política no duró mucho después que estos últimos le amenazaran de muerte viéndose obligado a esconderse en Getafe.

La Censura, quema de libros y sentencia de muerte de la derecha

Juan B. Bergua ofreció a la sociedad española la oportunidad de conocer otras culturas, la literatura universal y las religiones del mundo, algo peligrosamente progresivo durante esta epoca en España.
En el 1936 el ejército nacionalista de General Franco llegó hasta Getafe, donde Bergua tenía los almacenes de la editorial. Fue capturado, encarcelado y sentenciado a muerte por los Falangistas, la extrema derecha.

Mientras estuvo en la cárcel temiendo su fusilamiento, los falangistas quemaron miles de libros de sus almacenes por encontrarlos contradictorios a la Censura, todas las existencias de las colecciones de la Historia de Las Religiones y la Mitología Universal, los libros sagrados de los muertos de los Egipcios y Tibetanos, las traducciones de El Corán, El Avesta de Zoroastrismo, Los Vedas (hinduismo), las enseñanzas de Confucio y El Mito de Jesús de Georg Brandes, entre otros.

Aparte de los libros religiosos y políticos, los falangistas quemaron otras colecciones como Los Grandes Hitos Del Pensamiento. Ardieron 40.000 ejemplares de La Crítica de la Razón Pura de Kant, y miles de libros más de la filosofía y la literatura clásica universal. La pérdida de su negocio fue un golpe tremendo, el fin de tantos esfuerzos y el sustento para él y su familia…fue una gran pérdida también para el pueblo español.

Protegido por General Mola y exiliado a Francia

Cuando General Emilio Mola, jefe del Ejército del Norte nacionalista y gran amigo de Bergua, recibe el telegrama de su detención en Getafe intercede inmediatamente para evitar su fusilamiento. Le fue alternando en cárceles según el peligro en cada momento. No hay que olvidar que durante la guerra civil, los falangistas iban a buscar a los "rojos peligrosos" a las cárceles, o a sus casas, y los llevaban en camiones a las afueras de las ciudades para fusilarlos.

–El General y "El Rojo"–Su amistad venia de cuando Mola había sido Director General de Seguridad antes de la guerra civil. En 1931, tras la proclamación de la Segunda República, Mola se refugió durante casi tres meses en casa de Bergua y para solventar sus dificultades económicas Bergua publicó sus memorias. Mola fue encarcelado, pero en 1934 regresó al ejército nacionalista y en 1936 encabezó el golpe de estado contra la República que dio origen a la Guerra Civil Española. Mola fue nombrado jefe del Ejército del Norte de España, mientras Franco controlaba el Sur.

Tras la muerte de Mola en 1937, su coronel ayudante dio a Bergua un salvoconducto con el que pudo escapar a Francia. Allí siguió traduciendo y escribiendo sus libros y comentarios. En 1959, después de 22 años de exilio, el escritor regresó a España y a sus 65 años comenzó a publicar de nuevo hasta su fallecimiento en 1991. Juan Bautista Bergua llegó a su fin casi centenario.

Escritor, traductor y maestro de la literatura clásica, todas sus traducciones están acompañadas de extensas y exhaustivas anotaciones referentes a la obra original. Gracias a su dedicado esfuerzo y su cuidado en los detalles, nos sumerge con su prosa clara y su perspicaz sentido del humor en las grandes obras de la literatura universal con prólogos y notas fundamentales para su entendimiento y disfrute.

Cultura unde abiit, libertas nunquam redit.
Donde no hay cultura, la libertad no existe.

El Editor

ZARATHUSTRA Y SU DOCTRINA

Cuando gracias a Anquetil Duperron empezó a conocerse a fines del siglo XVIII la religión de los parsis, de la que apenas se tenían noticias en Europa, y cuando gracias a él, es decir, a las traducciones que hizo de los textos relativos a esta religión, y a los estudios, así mismo, sobre ella de otros grandes orientalistas, se supo que el Mazdeísmo o Zoroastrismo había sido no tan sólo la primera de las grandes religiones, sino la fuente de la que había tomado el judaísmo, y gracias a él el cristianismo y más tarde el mahometismo, ciertos de sus dogmas más importantes, muy especialmente en el terreno de lo escatológico, así como lo mejor de sus ideas morales, la reacción fue una vez más tan inmediata como torpe, a causa del apasionado e imperfecto conocimiento de la cuestión de los que por defender su doctrina se atrevieron a afirmar que el profeta del Irán se había servido de las enseñanzas judías para establecer las suyas, cuando la verdad de lo ocurrido había sido exactamente todo lo contrario [1], como al punto fue

---

[1] Max Muller había dicho ya en su *Theosophy or Psychological Religion:* "Es un hecho bien conocido, que estas doctrinas (las del Mazdeísmo), estaban ausentes, en totalidad o casi, de la religión de los judíos en su fase antigua." No obstante, y a pesar de otros muchos estudios y de los testimonios que lo probaban, ciertos teólogos tanto protestantes como católicos se obstinaron en asegurar todo lo contrario. Entre ellos (citaré uno como muestra) el decano Prideaux quien, inducido a error por autores tendenciosos o no bien informados, llegó hasta pretender él también en su *Old and New Testaments connected with the history of the Jews and neighbouring nations* (Libro IV, II), que la religión irania era la que había copiado al judaísmo, y que la familiaridad del profeta persa con todas las escrituras santas del Antiguo Testamento entonces existentes, hacía extremadamente verosímil "¡su origen judío!". Voy a citar aún dos o tres testimonios en contra de lo anterior y, como veremos por lo que constituye la esencia de esta noticia preliminar, más conformes con la verdad. El primero le tomo de la introducción al *Mainyo-i-Khard* del doctor West. Oigámosle: "Raros son los cristianos dispuestos a admitir que deben sus nociones de la resurrección y del mundo futuro a las tradiciones de la religión mazdeísta, y, no obstante, difícil les sería refutar esta tesis. Dejad a aquellos que dudan de ello verificar el número de textos comportando referencia a la resurrección y a la vida futura, que puedan descubrir en la literatura israelita redactada antes que los judíos hubiesen entrado en contacto con asirios y persas, y comparad al punto el resultado de estas averiguaciones con los pasajes que más frecuentemente se refieren a estos mismos temas y que se encuentran en los salmos más tardíos, entre los últimos profetas, en el libro de Job y en el Nuevo Testamento, escritos, redactados luego de que los judíos empezaron a conocer las tradiciones persas. En realidad, el mencionado libro de Job parece hasta cierto punto haber sido traducido, adaptado del persa o del asirio." Oigamos ahora al doctor L. H. Mills que en un admirable y bien

documentado artículo sobre *Zoroastro y la Biblia,* aparecido, primero en la *Nineteenth Centure* y luego en uno de sus volúmenes, atrae la atención sobre lo que él denomina "el hecho, sobre el que ya no se duda y del que ya se sospechaba hace mucho tiempo". He aquí este hecho: "Ha placido a la divina Providencia revelar algunos de los artículos más importantes de nuestra fe católica, en primer lugar a los zoroastrianos y, por mediación de su literatura, a los judíos, y luego a nosotros mismos... En resumen, yo quisiera decir, hablando desde un punto de vista ortodoxo, que si las escrituras del Antiguo y del Nuevo Testamento permanecen sin rivales en su fervor y su majestad, si el espíritu humano no conoce tal vez, en este orden de ideas, nada de más expresivo, si la Biblia merece plenamente ser presentada como "inspirada", a pesar de todo, la religión que profesan los adoradores de Mazda, religión más humilde, pero en cierta medida anterior a la de la Biblia, representó un papel útil para hacer surgir y tomar cuerpo a muchas concepciones en desorden en los doctores de la religión judía, y para introducir numerosas ideas enteramente nuevas; en cuanto a las doctrinas relativas a la resurrección y la inmortalidad, es el mazdeísmo el que ha hecho de ellas una creencia positivamente determinada. Pero el servicio más considerable y con mucho el más noble de todos los que se le deben, consistió en propagar la doctrina que quiere que "la virtud encuentre principalmente su recompensa en ella misma", así como que "el vicio es él mismo su propio castigo". Como no hay dos sin tres, allá va lo que dice un tercer doctor en ciencias religiosas, en *The origin of the Psalter:* "Durante varios siglos antes de la época del salterio, la religión irania conoció su desenvolvimiento independiente, establecido por su propia cuenta, muy particularmente, como no hay más remedio *que* admitir, en lo que afecta a su doctrina a propósito de las "cosas últimas", que le pertenece específicamente. Para estudiar el Antiguo Testamento, no hay medio, de estar plenamente informado, de ignorar esta primera religión... En adelante, no tendría excusa aquel que se consagrase a la ciencia del Antiguo Testamento, sin poder comparar a los libros de esta colección el zoroastrismo." Y más adelante: "Admitid que el esenismo haya sufrido una influencia zoroastriana, y todo se aclara; los *Fravashis* revestían voluntariamente cuerpos mortales, con objeto de combatir por Dios y por la bondad, contra los poderes del malo. Tenemos el derecho de sostener razonablemente que hay en ello analogía con la creencia de los esenios concerniente a la "bajada" de las almas, creencia cuyo pleno desarrollo depende del zoroastrismo, pero no sin proceder también de ciertos gérmenes judíos. ¿Y qué decir del acto final que me he atrevido a postular a propósito del drama esenio del alma? ¿No es igualmente un elemento del zoroastrismo hebraizado?... La doctrina de una vida eterna accesible a todos los justos, y comportando transfiguración del cuerpo, no procede de la vieja creencia semítica del *cheol,* mediante evolución pura y simple, sino de importación directa, de un sistema de pensamiento extraño al judaísmo. Suponed que Israel no hubiese llegado a ponerse en contacto con el zoroastrismo, en este caso, históricamente hablando, en vano hubiera luchado por satisfacer sus más altas aspiraciones religiosas. No obstante, no es tan sólo a Persia a quien la comunidad judía, esta nación-iglesia, fue deudora de adquisiciones supremas obtenidas para su religión... La distinción perfectamente demostrado: o sea, que entre la religión judía antes del destierro en Babilonia y la que siguió a este destierro una vez que los sacerdotes judíos entraron en contacto con sus congéneres iranios y conocieron la doctrina de Zarathustra [2], hay la misma diferencia que entre la cara y la cruz de una moneda; y que la cara de ésta, es decir, lo que aprendido en Persia por los judíos pasó de éstos al cristianismo y posteriormente al mahometismo es, aparte de otras cosas de menor importancia, todo lo relativo a la inmortalidad del alma, la resurrección de los cuerpos, la creencia en el juicio final y otros supuestos tales que la existencia de lugares de recompensa y castigo (Paraíso e Infierno), nociones hasta entonces absolutamente desconocidas por los seguidores de Yahvé, sin contar otras tales que la esperanza en un Salvador del que el Saoshyant persa había sido la primera edición, así como el aceptar el «dualismo» [3], es decir, admitir frente

---

entre el espíritu y el cuerpo ha empezado necesariamente a desarrollarse mucho tiempo antes (salmo 73) con objeto de que la religión judía pudiera hallarse preparada a sufrir la influencia de un sistema de pensamiento más avanzado, y a dejarse moldear por él... ¿Cuál fue este sistema? El zoroastrismo, si la argumentación que precede resulta justificada."

[2] No es empresa fácil descubrir la personalidad histórica de ciertos fundadores de religiones, tales, por ejemplo, Moisés, Zarathustra y el Buda sobre los que a propósito de su paso por la Tierra planea siempre la duda, o en todo caso, algo muy distinto de una certeza absoluta, como tenemos con Mahoma, con Nanak o con Nicone, sobre cuya existencia no hay duda alguna. Mas en lo que a Zarathustra afecta, muchos sabios no tienen inconveniente en admitir también que vivió, no dudando incluso de que ciertos cantos del *Avesta*, (los denominados *gathas*) son suyos. Se supone también que pertenecía a la raza blanca indoeuropea que, al alba de la civilización se desdobló en dos ramas, una que se extendió hacia el oeste de Europa y otra, la aria o arya que se dividió a su vez en dos grupos, uno de los cuales ocupó la India mezclándose con los aborígenes de este país, y el otro la Persia, que entonces era llamada Irán. Pues bien, Zarathustra debió nacer en alguna parte del Irán oriental. ¿Cuándo?, no se sabe. ¿Dónde?, tampoco. La tradición zoroastriana confirmada por los documentos árabes, hace remontar las enseñanzas del profeta iraní hacia unos trescientos años, o algo menos, después de la muerte de Alexandros el Grande. De ser así, con lo que parecen conformes muchos orientalistas modernos, entre ellos dos de la competencia en estas cuestiones de Casastelh y Zacksen, pudo haber nacido hacia el año 660, y morir hacia el 580 antes de nuestra era. Si tal ocurrió, fue viviendo Zarathustra todavía, cuando los judíos fueron llevados cautivos a Babilonia; y ya muerto cuando Kiros el Grande (Ciro) autorizó a los que quisieron hacerlo, para que volviesen a Jerusalén.

[3] El rasgo más saliente de la religión de Zarathustra es el *dualismo* o conflicto entre el *bien* y el *mal* que, según las creencias persas empezó desde el comienzo de las edades, pero que no durará eternamente puesto que un tiempo vendrá en que el bien triunfará sobre el mal. En todo caso lo cierto es que siempre en el

Mundo tal conflicto ha existido, y hay que suponer racionalmente que seguirá existiendo mientras dure en él la vida y ésta siga sometida a las leyes y fenómenos naturales, ya que esta lucha constituye como la ley de su principio puesto que precisamente en la Naturaleza la vida para unos representa la muerte para otros y puesto que sus fenómenos, que parece difícil que el hombre consiga algún día dominar completamente, llevan fatalmente aparejados el mal, la destrucción y el sufrimiento. Precisamente el observar la impotencia del hombre ante ciertas fuerzas naturales debió ser lo que inspiró al profeta persa, su idea de que el Mundo estaba sometido a dos potencias sumamente poderosas y opuestas, y empujado por el antropomorfismo y la manía de los hombres de buscar fuera de lo natural la causa de las cosas, personificó y concretó el problema en la lucha de Ahura Mazda con sus ángeles y arcángeles y Angra Mainyo (o Agra Mainyús) y los suyos. Aquél el gran creador bueno; éste el príncipe del mal. No se está bien de acuerdo sobre el sentido de *aka, Angra* o *Angra Mainyú*. Se admite que *Mainyú* o *Mainyús* significa "espíritu", pero la etimología del primer término es dudosa. Según Destour, Aka, Agra o Angra derivarían de una raíz *ang* o *anj* significando "maltratar" o "atormentar". Luego Angra, el Atormentador; mientras que *Spenta, Spanyangh* y *Spenista* implican la idea de circunstancias dichosas de la vida (Destour, *Moral and Ethical Yeachings of Zarathustra*). En todo caso, si la derivación de la palabra es dudosa, no el carácter de Angra Mainyús cuyo significado de espíritu malo se evidencia de un modo indudable ya desde los primeros *gathas*.

La *idea* fundamental del *dualismo* es, que *un Dios bueno* no podría ser considerado responsable *del mal,* a causa de lo cual el imaginar otro *malo* para que cargase con tal responsabilidad; idea que se presentó también, y tuvieron que acoger, todas las religiones importantes posteriores. Ahora bien, éstas, por no alterar el principio *monoteísta* que las animaba, encarnaron la Potencia del mal no en un Dios, sino en un ser inferior, en un ángel al que, para hacerle responsable del mal hubo que imaginar que se había rebelado contra su creador y amo. Pero claro, en una religión como el islamismo fabricada por un hombre poco filósofo y nada teólogo, como Mahoma, el resultado fue que al leer como continuamente se lee en el Corán que nada acontece en el Mundo sino por decisión y voluntad de Alá, lógico y fatal es que tanto el *bien* como el *mal* sean obra suya, y que sean necesarios toda clase de subterfugios para ver de no hacerle responsable puesto que es señor y creador de todo, de realidad tan evidente y que de tal modo se ha paseado y sigue paseándose por la Tierra, como el mal.

Si Mahoma hubiese conocido la doctrina de Zarathustra, se hubiese ahorrado, con sólo seguirla, hacer a su Alá responsable de lo malo, cosa muy grave para un Dios, pero que fatalmente tenía que ocurrir al asegurar que era el *creador de todo* lo existente. Así como si los teólogos judeo-cristianos la hubiesen estudiado más a fondo, hubieran resuelto también con más verdad y lógica el *problema del mal*. En efecto, Zarathustra, una vez llegado a la idea, fundamental en su doctrina, de la *unidad de Dios,* al encontrarse también con la eterna cuestión del conflicto entre el *mal* y el *bien,* no tuvo más remedio que ingeniárselas para darla una solución lógica. Porque que el mal llenaba el Mundo, evidente era, y, ¿cómo tanto daño, a una potencia buena otra mala oponiéndose a su obra, único medio de justificar, o tratar al menos de hacerlo, la presencia del mal en un Mundo obra de un Dios bueno. Pues bien, todo esto al primero que se le ocurrió fue al profeta iranio [4], de él pasó a los judíos, y a través de éstos al cristianismo y al islamismo, como acabo de decir.

---

tanta injusticia, tanta bajeza, tanta imperfección podían existir dada la toda bondad y poder de Ahura Mazda? ¿Cómo la vida, obra de un Dios bueno y todopoderoso, podía estar de tal modo condicionada por el dolor y el sufrimiento, hijos del mal? Zarathustra halló la solución imaginando dos *principios* opuestos en continua guerra el uno contra el otro. Uno de ellos *Spenta Mainyú*, el primero de los seres creados y el que, naturalmente, ocupaba el primer puesto en la jerarquía celestial; Espíritu bienhechor por excelencia y gracias al cual los humanos recibían la iluminación divina, y mediante el cual el propio Zarathustra esperaba acercarse a Ahura Mazda. El otro, su opuesto, *Angra Mainyú*, el Espíritu malo que introducía en el Mundo la discordia y la muerte, a quien los daevas (demonios) su progenitura, habían elegido como señor, y a los que incitaba de continuo a extraviar a los hombres mediante malos pensamientos, malas palabras y malas obras. Aunque según Zarathustra Spenta Mainyú parecía hijo de Ahura Mazda, nada tiende a mostrar en los "Gathas" que estos dos Espíritus emanasen de él o hubieran sido creados por él. Luego en el mazdeísmo, de ser así las cosas, la cuestión era distinta e incluso el *monoteísmo* del inventor de todo el tinglado, evidente e indiscutible puesto que Bien y Mal, al ser seres distintos del Ser Supremo, éste era el único y verdadero Dios.

Así, todos los sabios tanto europeos como zoroastrianos, reconocen hoy que la teología de Spitama Zarathustra estaba basada en un puro monoteísmo; y que su concepción de Ahura Mazda, el Ser Supremo, se identifica enteramente con la noción de Elohim o de Yahvé tal cual quedó este Dios, en cuanto "único" y "universal", en manos de los profetas. Si un Espíritu malo fue mencionado por él como una personalidad, no debe verse en ello sino la constatación puramente metafórica de una verdad concerniente a la existencia del mal. Por consiguiente, si ello se interpretase como un total y perfecto dualismo, entonces ninguna de las grandes religiones posteriores escaparían a esta acusación. Si la creencia en Ahrimán, en tanto que el autor del mal hace de la religión de Persia una religión dualista en el verdadero y estricto sentido de la palabra, dice el doctor West en la introducción de sus *Pahlevi Text,* es difícil de comprender por qué una creencia en el Diablo, autor del mal, no hace del cristianismo también un dualismo.

En todo caso, la superioridad, en los "Gathas" de *Ormuzd* sobre *Ahrimán* es tan evidente como elocuentemente manifestada. Para Zarathustra no había otro verdadero Dios que él, único Espíritu todo poderoso, Señor de la creación, único Ser Supremo, al que saludaba con estas palabras: "¡Por tu Espíritu, Ahura Mazda, que siempre es el mismo!" (Yasna, XXXI, 7).

[4] El alma de muchas religiones la constituyen las leyendas y los milagros. El cuerpo, lo inventado a su vez por sacerdotes y teólogos para enriquecer a aquéllas y justificar éstos. Las religiones que han tenido un fundador tienen la ventaja sobre las otras (puros tinglados mitológicos formados en el transcurso de los

Por su parte el zoroastrismo, bien que influido a su vez por elementos primitivos ⁽⁵⁾ e irano-hindúes, fue una religión nueva que a causa de su

---

siglos a favor de esa mezcla de miedo, superstición y necesidad de ayudas difíciles de encontrar en la Tierra, de todo lo cual pocos hombres se libran), de que no obstante las transformaciones que al punto sufre su doctrina en manos de sus discípulos y seguidores, se puede, buceando en lo que queda con paciencia, sagacidad y suerte, llegar a parte cuando menos de la obra primitiva y separar el oro de la herrumbre, obra ésta del tiempo y del torpe afán de los hombres que con sus adiciones empañaron y corrompieron lo primitivo. A causa de ello y no obstante las injurias que alteraron sus doctrinas, la influencia de los principales jefes religiosos ha sido siempre muy grande por el hecho de juntar, muy particularmente ciertos de ellos, a su autoridad como jefes espirituales, la de caudillos políticos, cual les ocurrió a Akhenatón, Zarathustra y Mahoma (no cito a Moisés por tratarse de un personaje probablemente legendario). Por cierto que este último tiene la ventaja sobre todos los fundadores de religiones que le precedieron, de su indudable autenticidad histórica, pues en realidad es el único sobre cuyo paso por la Tierra no hay las dudas que se amontonan sobre los anteriores a él.

⁽⁵⁾ El tesoro tanto espiritual como legendario de las grandes religiones es muy considerable. Tanto más cuanto más modernas son. Y ello a causa de lo que han tomado de las que las han precedido y de la influencia en ellas de todo lo religioso anterior. Pero esto pese a ser innegable no es fácilmente reconocido. Una especie particular de pasión interesada mueve a los creyentes de cada religión no solamente a pensar que la suya es la mejor y la única verdadera, sino que todas sus doctrinas son particulares y originales. Esto, que sería en cierto modo excusable en la masa religiosa que suele conocer muy poco y por consiguiente saber poco más que nada de aquello que cree (las cuatro nociones que les embutieron de niños), lo es menos en los que por vivir de la religión deberían conocer mejor aquello a lo que se dedican; conocimiento que, además de estudio exige imparcialidad y ausencia de todo fanatismo. Sólo estudiando de este modo se pueden enfocar debidamente las cuestiones religiosas empezando por reconocer y admitir que no hay texto de esta naturaleza en que no se advierta, tanto más cuanto más importantes, no sólo la huella e influencia de las religiones anteriores sino de aquellas que compartieron con ellas en la época de su formación, el dominio de las conciencias.

Así, por ejemplo, en la *Biblia* (cito este texto religioso por ser de los más conocidos, al menos de nombre), indudable es que hoy no se puede ver en él otra cosa sino el gran capítulo hebraico de una vasta literatura religiosa en la cual sumerios, asirio-babilónicos, y sin exageración se podría asegurar que casi todos los pueblos de Asia, distintos al que tuvo este libro como código religioso, colaboraron más o menos en ella. A. S. Yahuda ha demostrado *(The language of Pentateuch in its relation to Egiptian)*, por ejemplo, las numerosas influencias egipcias en el Pentateuco. Luego se dejarían sentir en este libro las de Canaán, que a su vez no dejaron de preocupar a los profetas a causa de las infidelidades rituales y los escándalos que ello ocasionaba en el culto que defendían. Dagón, cosmología, su cosmogonía, su apocaliptismo inmanente y su idea de «salvación» contribuyó más que toda otra a la gran revolución del pensamiento religioso que se inauguró en el Antiguo Testamento con el deutero Isaías, Malaquías y Daniel. Promovida a religión de Estado con los arsácidas (225 antes de nuestra era, 226 después de ella), sus escrituras sagradas fueron objeto entonces de una primera compilación de la que no se sabe gran cosa sino que ciertamente existió. Parece ser que su primer canon

---

dios filisteo; Kamosh, dios moabita; los baals y los Asheras cananeos no cesaban de corromper la "pura" religión de Israel. Ezequiel (XVI, 3) reprochaba a Jerusalén que hubiese tenido "un padre amorrheo y una madre hittita". Pero todo ello y mucho más que se podría citar es poco si se tiene en cuenta no tan sólo que el dios nacional Yahvé no siempre se había llamado así como el propio Éxodo demuestra (VI, 3), sino que uno de sus apelativos *'Adonay: mi señor* ("plural de majestad") no era otra cosa sino el nombre perfectamente pagano, de *Adonis,* uno de los dioses *salvadores* que, cuando llegó la moda de llevar a los altares y de rendir culto a los dioses que morían para redimir a los hombres y resucitar luego, aparecieron a profusión en las religiones de entonces. Es más, *Adonis* no era a su vez sino el resultado de greguizar el singular 'adonay, "mi señor", palabra incluso, *señor: 'adon,* que apurando un poco las cosas ni como semita se puede considerar, sino como un simple préstamo tomado a una de las lenguas de esos pueblos "hittitizantes" que la erudición moderna agrupa hoy bajo la designación común de *pueblos asiánicos* (cilicios, licaónicos, licios, solymes, isaurianos, pisidios, misios, lidios y otros). Por supuesto, ello no impidió que la influencia preponderante de dos sectores, el *semítico,* a causa de ser el hebreo y el arameo los idiomas originales de la Biblia "hebraica"; y el *helénico,* por el hecho de haber sido vertida al griego la primera traducción "científica" de la Biblia (la llamada de los *Setenta*) y así mismo haber sido redactado en griego el Nuevo Testamento, la historia de los primeros siglos del Judeo-cristianismo esté tan ligada a ellos. Posteriormente se unió a la mezcla la antigüedad latina puesto que Judea en los tiempos que se supone apareció el Cristo era una provincia del imperio romano, a causa de lo cual tanto el cristianismo como el papado deben a este Imperio no tan sólo algunos de sus caracteres fundamentales sino el idioma de su liturgia. Lo que no quiere decir, claro está, que toda la historia del Judeo-cristianismo dependa tan sólo de textos hebreos y greco-latinos, pues las magníficas averiguaciones de Fr. Cumont sobre los *Misterios de Mithra* demostraron no tan sólo lo que estas religiones, muy particularmente la cristiana, debieron al Mithraismo, sino los así mismo magníficos trabajos de exégesis de Knoble, Dillmann, Wellhausen, Nowack, Lagrange, Podechard, Loisy, Dhorme y otros, lo que deben a su vez a las creencias del Irán. En una palabra, que no pasa de una ilusión el creer que una religión, tan sólo por ser la nuestra, es la mejor y la más perfecta, sino perfecta y enteramente "original", pues la verdad es que todas deben gran parte de lo que las constituye a las que las precedieron.

comprendía los Gathas antiguos Yasts o Yasnas de la época achaménide ⁽⁶⁾, y el Vendidad sadé cuya redacción se sitúa hacia la segunda mitad del siglo II antes de nuestra era. Desde entonces el zoroastrismo tuvo su doctrina, su «Biblia» y sus fieles, entre los cuales los monarcas vologesos. El advenimiento de la dinastía sasánida (225-652 después de nuestra era), inauguró para el zoroastrismo un período nuevo. Continuó siendo la religión del Estado, pero Ardashir Papakán, fundador de la nueva monarquía, «rehizo» un Avesta más amplio con ayuda de Tansar, su gran sacerdote. Su sucesor, Shapur I, insertó, según la tradición persa, elementos extranjeros tomados al helenismo y a la India. Con ello, el canon de las Escrituras parsis quedó constituido y la jerarquía fijada, con lo que ya el zoroastrismo oficial no sufriría modificación alguna hasta la llegada del Islam. Entonces (651), la religión del profeta iranio sucumbió ante la del nuevo, el antiguo camellero árabe tan favorecido, a creerle y a los que le seguían, por Alá, tercera faceta de Yahvé, dejando de ser la religión del Estado que, como siempre ocurre, le había dado un carácter jurídico y formalista a expensas de la amplia moral que había constituido su originalidad, siguiendo, no obstante, viva en su forma primitiva, en la fiel comunidad de los Guebres que, perseguidos, quedó su número reducido poco a poco, y en la de los Parsis, que prefirieron emigrar a la India antes que renunciar a su religión.

Pero ya había tenido tiempo de influir en varios movimientos religiosos importantes, el primero de ellos el budismo. Así, cuando esta doctrina se renovó a principios de la era cristiana sustituyendo una doctrina de acción a la anterior contemplación piadosa, lo hizo bajo la influencia del Irán. Los nombres, casi todos de carácter abstracto y espiritual, nacidos y empleados para designar a ciertos Budas, la naturaleza del Paraíso prometido a los elegidos, la apelación dada al Mesías que debía venir a predicar la salvación del Mundo: Maitreya (el nacido de Mithra), son, como observa Silvain Levi (La India y el Mundo), «otras tantas ideas, creencias y nombres que la India no explica, que son tan extrañas al brahmanismo como al budismo antiguo; pero ideas, creencias y nombres que son familiares al Irán zoroastriano, del cual han pasado ya hacia el oeste, al judaísmo de los profetas, y de allí a la doctrina del cristianismo».

Y no sería todo. «La Perfección de la sabiduría», Pagña-Paramita de los Budas, ¿no es acaso este Conocimiento, esta Sabiduría, Gnosis (palabra en la que se encuentra la misma raíz indo-europea, gno: saber), que tanta

---

⁽⁶⁾ Teispes, Ciro I y Cambises, fueron los tres primeros reyes achaménides; el cuarto Ciro II, rey en 558, creó un Imperio enorme, el mayor conocido hasta entonces. Venció a Astiages, rey de los medos, y tomó Ecbatana, su capital; batió a Kroisos (Creso) de Lidia, y luego se apoderó de Babilonia; y Cambises, su hijo, de Egipto. Le sucedió Dareios (Darío), luego de vencer y dar muerte a Gotama, un usurpador. Los Ártaxerxes (405 a 242), eran achaménides también.

importancia tendría en el oriente mediterráneo y en el mundo greco-latino de los primeros siglos de nuestra era? ¿Y acaso la religión sasánida no tenía en común con la gnosis, como señaló Nyberg (*Periódico asiático*, julio-septiembre, 1931) todo un conjunto de ideas especulativas que recuerdan al punto otras gnósticas bien conocidas? La idea inicial y central del gnosticismo: la trasposición de la idea de liberación por un Salvador en un plan puramente espiritual y moral; la liberación así mismo de los lazos de la materia; la antítesis entre los sentidos y la razón, entre la Materia y el Espíritu, entre la Pluralidad y la Unidad; la misma idea de salvación, que mucho antes del nacimiento del cristianismo era ya una idea central del zoroastrismo, y hasta la noción de un Salvador (el Saoshyant avéstico, inspirador y modelo también de los numerosos Soter greco-romanos y de otros cultos del Oriente medio), ¿qué eran sino préstamos zoroastrianos pasados a religiones posteriores? ¿En dónde, además, bebió y se inspiró asimismo el maniqueísmo que tanta fortuna tuvo no sólo en parte de Europa, sino en Asia Menor y en África del Norte? En fin, aunque perseguido, el zoroastrismo tenía tanta fuerza, tal fecundidad y tal originalidad en el campo de las ideas religiosas, que hasta de su peor enemigo, el Islamismo, pudo vengarse produciendo una profunda brecha en esta religión a la que había prestado, a través del judaísmo y del cristianismo en que tan abundantemente había bebido su Profeta árabe, el chiismo, mediante el cual la Persia musulmana tomaría su desquite sobre los árabes, constituyéndose en doctrina independiente. Mucho más tarde aún, el babismo y el bahaísmo, en pleno siglo XIX, harían resurgir la fe en el Saoshyant iranio, probando que el elemento esencial de la doctrina zoroastriana permanecía vivo. Total, y es lo que conviene no olvidar, que las doctrinas del profeta iranio fueron durante tres mil años un manantial fructífero, una rica fuente de elementos religiosos, el abrevadero más importante de doctrinas e ideas a las que con tanta ignorancia sobre su origen, como buena fe, se unirían durante muchos siglos millones de creyentes.

Probada la importancia de esta religión como fuente de fecundas ideas que de ella pasarían a otras grandes religiones posteriores, digamos algo de su inventor, Zarathustra o Zoroastro, como fue transcrito su nombre en griego, que el imaginar una doctrina fundada en la lucha entre dos dioses, uno bueno Ahura Mazda (Ormuzd), y otro malo Angra Maínyús (Ahrimán), descubrió como acabamos de ver una cantera de donde sacarían elementos muy importantes las principales religiones posteriores [7].

---

[7] Si nada más cierto que la afirmación de Stacio a propósito de que nada incitó a los hombres antes que el *miedo* a inventar dioses *(Primus in orbe deos fecit timar, Tebaida*, III, 661), natural era que al imaginar Zarathustra a Ahura Mazda el dios bueno, antes incluso pensase, angustiado por los males y desventuras que le asediaban, en la existencia de la potencia maligna a la que luego llamaría Angra

De Zarathustra, de la antigua familia de los Spitamas [8], se sabe muy poco. Pero sí que por voluntad suya, puesto que tal dijo y tal fue creído, su descendencia tendría gran importancia en algo de tanta monta, para los que estiman estas cosas, claro está, como lo que afecta al «Fin del Mundo». Y ello porque de estos descendientes saldría el ya mencionado Saoshyant (el Salvador), cuya aparición anunciaría la próxima llegada del famoso Juicio final, tras el cual vendría la instauración definitiva del Buen Reino de Ormuzd. Por lo demás, empezando por lo que afecta a la cronología de Zoroastro, tan sólo se han hecho y se pueden hacer conjeturas; y por ello el que varíe entre fechas tan distantes como 1200 y 530 antes de nuestra era. En todo caso lo que sí parece que se puede asegurar es que Herodotos (486-406 antes de nuestra era), no tuvo noticias de él, pues de otro modo le hubiese mencionado y hasta adornado, según su costumbre, con alguna pintoresca leyenda. Por supuesto, ello no prueba en modo alguno que Zoroastro y el zoroastrismo, aquél no hubiese existido y éste no fuese ya una creencia admitida, pero sí, que de haber entonces, como parece probable, partidarios de esta doctrina, tal vez permaneciesen aún confinados en algún cantón lejano, no habiendo invadido todavía sus creencias el Irán occidental.

Mainyús. Como evidente es que puesto que el "miedo" era la gran fuente de dioses, que más tarde el Diablo adquiriese la importancia que la superstición, la ignorancia y el fanatismo, trípode sobre el que se levantan muchas religiones, le concedieron, y que se hablase, fuese verdad o no, que muy bien pudo serlo, del culto que se le atribuía con el pretexto de la llamada "magia negra". Porque en realidad no hay más remedio que reconocer, que procediendo los dioses, diablos de ciertas religiones de la fantasía de los hombres acuciada por el miedo y la necesidad, cuando un "iluminado" como Zarathustra empezó a cavilar que todo lo bueno tenía que provenir de un ser superior de esta naturaleza, no pudo menos de admitir también que el mal que por todas partes se oponía al bien y que tantas veces incluso le llevaba ventaja, procedía de otro ser poderoso distinto del que causaba el bien; así como que la lucha entre ellos era fatal e inevitable. Tan lógico era esto, que todos cuantos posteriormente aceptaron esta idea, así como la de la existencia de un Dios creador del Mundo *Dios todopoderoso y bueno,* no tuvieron más remedio que admitir también la existencia de otro Dios *malo,* para poder explicar la coexistencia en el Mundo de males y bienes, de justicia e injusticia, de alegrías y dolores, de todo cuanto favorece y todo cuanto daña. Que la indudable oposición hubiera podido explicarse fácilmente con sólo darse cuenta de que somos resultado y simples elementos de la Naturaleza y del modo ciego y fatal de obrar de ésta, es decir, poniendo en juego la *razón,* indudable es; mas como lo que se puso en juego fue la fantasía no hubo otro remedio que llegar al resultado anterior: la lucha entre dos seres poderosos, opuestos y por ello mismo enemigos.
[8] Zoroastro, en avéstico *Zarathustra*: el hombre *de los viejos camellos.* El elemento *ustra* es seguro en cuanto a significar *camello*; el principio, *zarath*, es incierto. En cuanto a *Spitama*, nombre probablemente de origen médico, significa *Blanco.*

También sabemos que Zoroastro era conocido en Asia Menor en la época de Platón, puesto que éste le nombra en el Alkibiades, y es todo. Otros testimonios helénicos no pueden ser tomados en consideración; pues no sólo confunden, por ejemplo, Zoroastro con Zervan (el Tiempo) sino que lo poco que enseñan no concuerda en modo alguno con la doctrina de los Gathas. Sí nos sirven, en cambio, para probar que Zoroastro era conocido en los círculos instruidos de Grecia en el siglo IV, que ya era célebre fuera del Irán, y que incluso empezaba por entonces a ser mitificado, destino común a todos los personajes fuertemente ligados a lo religioso, muy particularmente, y esto sin excepción, los fundadores de creencias de este carácter. También sabemos que los arsácidas (255 antes de nuestra era, 226 después de ella) eran totalmente partidarios de las doctrinas de Zoroastro.

Nada, pues, parece oponerse a que Zarathustra, como opinan actualmente los orientalistas más notables, hubiese vivido entre los años 660-580 antes de nuestra era, o sea como afirma la tradición persa, que asimismo hace saber que era un hombre bueno, humano y compasivo. El hecho, por otra parte, de que manifestase cierta intolerancia doctrinal, hay que atribuirlo a ser este fenómeno constante en todos los fundadores de religiones; y aun esto, como vamos a ver, no es seguro, puesto que un carácter francamente racional se advierte sin dificultad en la enseñanza de Zarathustra: canta ante el pueblo las alabanzas del Señor, entona himnos al Buen Espíritu, apremia a cada uno, hombre o mujer, a escoger su creencia. «Descendencia de antepasados famosos, ¡despertad para poneros de acuerdo con nosotros!» He aquí con qué términos, en el curso de una de sus alocuciones recurre al buen sentido y a la comprensión del auditorio (Yasna XXX). Es con ardor, con insistencia como pide a sus discípulos no admitir por pura confianza ningún dogma o doctrina, como tantas veces se suele hacer muy particularmente por los indiferentes en cuestiones religiosas, esos muchos que aparentemente parecen pertenecer a esta o aquella creencia, pero de la cual no se acuerdan sino en esos momentos en que las costumbres o incluso las leyes, exigen ciertas formalidades para conferir determinados derechos, o en esos cases de tal modo graves que no existiendo para ellos salvación en la Tierra se acuerdan de que alguna vez les hablaron de que existía un Cielo. Asimismo Zarathustra aconsejaba no conceder tampoco a doctrina alguna sumisión ciega e irrazonable, sino invocar la asistencia de Vohu Manah, el espíritu bien ordenado, y aceptar su enseñanza o rechazarla luego de haber examinado con calma todos los argumentos tanto en favor como en contra: «Escuchad con vuestros oídos lo mejor (de cuanto se diga); que vuestro espíritu considere las creencias que elijáis; pero que cada uno, hombre o mujer, piense por sí mismo.» A propósito de la actitud que este profeta eminentemente tolerante había adoptado respecto a su religión tribal, el doctor Gore señala con mucha razón que Zarathustra no parece haberla combatido, a no ser cuando se asociaba al vicio. Se esforzaba, tan sólo por hacer efectiva la reforma, proponiendo que se le diera impulso en primer lugar a favor de la ofrenda y el profundizamiento de los mejores elementos de la tradición, aquellos que la luz interior le mostraban como constituyendo únicamente la verdad (The Philosophy of the Good Life, cap. II, p. 37). Seguramente quería persuadir al pueblo de que su creencia debía ser adoptada a causa de ser la mejor de todas, pero no obraba así por tolerancia, respecto a otras convicciones, sino en tanto que no se aferraban al politeísmo. Lejos de denunciarlas como habiendo encontrado una falsedad, las escrituras zoroastrianas las describen como religiones «mejores» (que otras), y por comparación con la creencia mazdeyánica, invariablemente presentada como la mejor. En ninguna parte en estos textos se podría encontrar la menor huella de oposición contra aquellos que no abrazaban la fe del profeta; ninguna alusión tampoco al hecho de que los buenos y los piadosos se encontrasen exclusivamente entre los fieles zoroastrianos. Por el contrario, es admitido abiertamente que, incluso fuera de su recinto, existe sin duda alguna una piedad digna de respeto. El Fravar din Yasht establece una larga lista de gentes notables por su virtud y su piedad, que vivieron antes, sea en el mismo país sea fuera de él. He aquí en qué términos sus espíritus son invocados, tan sólo para que su ejemplo fuese seguido: «Apelamos a los espíritus de los hombres piadosos y de las mujeres piadosas, no importa donde hayan nacido; a los espíritus de aquellos que, en el pasado, han seguido la buena religión y de aquellos que la siguen actualmente, y de aquellos que a través del porvenir la seguirán a su vez». Una confianza tan sólida en la supremacía de la verdad, como en la rectitud de las doctrinas predicadas por Zarathustra, una semejante tolerancia en una época en que no existía otro derecho que la fuerza, y en que el profeta, sostenido por el poderoso Vishtaspa, el rey que había adoptado sus creencias, hubiera podido pedir a toda la fuerza del Estado que asegurase la propagación de su doctrina, es, indudablemente, la prueba más notable no solamente de su gran tolerancia, sino de confianza en lo que de sublime tenías u doctrina; al mismo tiempo que la más elocuente ilustración de la magnanimidad del profeta que la instauraba.

Claro que aunque no hubiese sido así y los grandes profetas hubiesen dado pruebas de intolerancia, lo que en ellos al fin y al cabo tendría explicación, no en los que sólo por fe ciega en sus fantasías son víctimas de los más atroces fanatismos y hasta de los odios más injustificados. Y conste que al decir esto estoy pensando, olvidando otros muchos, en el vergonzoso espectáculo que en pleno siglo XX están dando protestantes y católicos al Norte de Irlanda. En cuanto al zoroastrismo, creo que se pueden sentar, sin miedo a grandes errores, como ya lo hizo Byberg, las afirmaciones siguientes: Existencia en el Irán oriental de una comunidad zoroastriana antes incluso de la llegada de los acheménides ⁽⁹⁾; expansión del zoroastrismo hacia el Oeste durante los siglos que precedieron inmediatamente a nuestra era; progreso bien marcado bajo los arsácidas; primera tentativa de crear un canon en tiempo de los Vologesos; fuerte renacimiento cuando los sasánidas, y,

---

⁽⁹⁾ La religión de los persas acheménides era una religión de Imperio. Es decir, un complejo destinado a reunir en torno al monarca los elementos esenciales sobre los cuales reposaba su poderío. Ajena en todo al vedismo, parece en cambio presentar con el mithraísmo algunas afinidades. Herodotos (I, 131-132) nos ha conservado de ella una descripción breve pero bastante precisa. En esta descripción vemos, por ejemplo, que los persas llamaban *Dios* al conjunto de la bóveda celeste; que sacrificaban en honor del Sol, de la Luna, de la tierra y del fuego, del agua y de los vientos. Por lo demás Herodotos, como ya lo he dicho, no oyó, sin duda, hablar de Zoroastro. Nos muestra, en cambio una religión de Estado en la que oraciones y votos iban dirigidos y estaban destinados a pedir la prosperidad del soberano y del Imperio. Ahora bien, el zoroastrismo no llegó a religión oficial del Imperio persa sino en tiempos de los arsácidas. Ello parece probar que hubo dos *mazdeismos:* uno el propiamente dicho, es decir, la doctrina según la cual *Ahura Mazda* (el *Asura Sabiduría),* era el dios supremo, y el mazdeísmo zoroastriano, obra posterior debida a la reforma de este profeta.
Y que tal sucedió parece probarlo las diferencias que hay entre el zoroastrismo y las religiones del Irán que le precedieron. Véanse las principales: ausencia de elementos naturistas. Los que sobrevivieron en el libro sagrado debieron ser incorporados muy posteriormente al volver a unírseles los magos a la nueva doctrina (véase J. Hertel, *Die Zeit Zoroasters).* En los Gathas, antiguos himnos cuyo autor no pudo ser otro que Zarathustra, no hay ni rastro de aquellos elementos. Las hecatombes de animales que tanta importancia tenían en los ritos del *Señor* y de la *Dama* (la πότυισ θηρων, la *señora feudal de los animales)* fueron también desterrados por el zoroastrismo, que incluso intercede con frecuencia, y no sin elocuencia, en favor de los bóvidos *(Yasna* XXVIII, 1; XXXII, 10, 12, 14; XXXIII, 3-4; XXXIV, 14; XLVI, 6, 20, etc. En cambio, Herodotos—I, 140; VII, 113, 191—, nos muestra con qué furor se entregaban los Magos a la inmolación de los animales. Si respetaban al perro considerándole como animal sagrado, era a causa de estar este animal reservado al dios en los ritos mithriacos; tal vez también porque, sea por lo que sea, no tenían la costumbre de comer a estos animales). Algo semejante ocurría respecto a los ritos del *haoma* (el *soma* védico), que en la India daba lugar a escenas de exaltación (sin duda a causa de sus efectos embriagantes) que repugnaban, sin duda, al reformador iranio (comparar los *Yasnas* XXXII, 14 y XLVIII, 10, con Herodotos, I, 133). Tampoco los Gathas hablan de abandonar los cadáveres a los perros y a las aves de presa. En fin, el panteón del zoroastrismo estaba constituido en su mayor parte por entidades filosóficas: un dios *Ahura Sabiduría* y a sus órdenes *Vohu Manah,* el *Buen Pensamiento;* la buena disposición de espíritu; *Khstathra verya,* el *Reino deseable; Spenta Menyú,* el *Espíritu benéfico; Spenta Armeti,* la *Santa Piedad; Haurvatat,* la *Salvación; Ameretat,* la *Inmortalidad; Sraosha,* la *Obediencia piadosa,* etc.

finalmente, desaparición como religión del Estado e incluso como religión, o casi, al llegar al Irán los musulmanes a principios del siglo VII.

Y volvamos con nuestro personaje empezando por hacer, antes de meternos con su biografía, algunas consideraciones previas.

Hasta Zoroastro todas las ya innumerables religiones eran apócrifas por decirlo así; carecían además de autor, pues se habían ido formando en el tiempo por obra de la fantasía de los hombres lanzada por el camino de lo desconocido, a favor de dos poderosos impulsos: el miedo y la necesidad de ayuda. Y ello a causa de ser el hombre el único animal que acertó a pensar y consiguientemente a darse cuenta de que ante ciertos peligros tal vez hubiese un medio de protección distinto del instintivo que ofrecía la huida, tanto más cuanto que esta misma era ineficaz ante ciertos de ellos, tales que los cataclismos naturales contra cuya violencia toda su fuerza, velocidad y previsión eran inútiles. Este pensamiento vago, pero repetido en una y otra ocasión desdichada, unido al terror mismo le indujo sin duda a doblar las rodillas en son de súplica, naciendo, al hacerlo, el primer conato religioso al que luego poco a poco la fantasía y el interés continuarían dando alas; alas que a fuerza de siglos irían tejiendo la trama de lo sobrenatural o religioso engendrado sin padre, puesto que fue obra de muchos, hasta que la casualidad quiso que apareciese un hombre capaz de fundar él solo una religión a causa de haber encontrado una idea, una «razón» que justificase la posible existencia de aquello que hasta él había sido imaginado sin verdadera causa ni por qué, de su posible existencia.

¿Fue Zarathustra el primer fundador de una religión o hubo algún otro hombre antes que él que apartándose del politeísmo en que había acabado por cristalizar el primitivo animismo personificador de las fuerzas de la Naturaleza, fue capaz de descubrir el monoteísmo pensando que de haber algo superior a los hombres e incluso su creador, así como de todo cuanto existía, este algo, esía Potencia no podía ser sino una? [10]. Al llegar aquí un

---

[10] Si Zoroastro existió y cuáles fueron en realidad sus doctrinas, todo ello ha sido objeto de muchas discusiones entre los sabios y eruditos, que sería tan inútil como improcedente exponer aquí, aun del modo más resumido. En cuanto a su existencia, mirando la cuestión desde muy arriba, hay que ser un poco tolerantes y admitirla sin más preocupación, tanto más cuanto que de mostrarnos exigentes, si se exceptúa Mahoma, ¿qué otro fundador de religiones no nos pondría en los mismos aprietos? Porque en verdad de verdades, ¿qué de sólido, de positivo, de innegable, les sostiene a todos ellos sino la *fe* de los que en ellos creen y siguen sus doctrinas o lo que queda de ellas, y el interés de los que antes como ahora, aquí y allá viven y medran sosteniendo precisamente las ilusiones de los demás? Por otra parte, si la base de las religiones consistió durante muchas decenas de siglos en la creencia en dioses cuya desaparición prueba de un modo total y absoluto la inconsistencia de la fe de millones y millones de hombres que creyeron a ojos cerrados montañas de patrañas y mentiras tan sólo porque de

nombre viene a la mente, el de Akhenatón. Pero la reforma de éste fue de tal modo flor de un día (puesto que no duró pese a ser perfectamente lógica y un rayo de luz en medio de la maraña oscura y disparatada de la religión egipcia, sino lo que duró él mismo), que sólo muy de pasada se le puede contar entre los fundadores de religiones. Todo ello mueve a considerar a Zarathustra como el primero y más importante entre los fundadores de religiones, a su religión así mismo como la primera y más notable de la antigüedad, y a su patria, el Irán, como el primer país que, gracias a él, tuvo un sistema religioso que si cierto obra de la fantasía, al menos orientada esta

---

niños les habían acostumbrado a ellas, ¿por qué seríamos más exigentes con los fundadores de religiones a propósito de los cuales nada se opone, en principio, a que pasasen por el Mundo, puesto que fueron hombres como nosotros?, mientras que sí importa por el contrario concederles un mínimo siquiera de crédito, en gracia a su superior inteligencia y a la bondad de sus intenciones. Admitamos, pues, sin más preocupación que Zarathustra existió. En cuanto a la época en que pudo florecer, como esto no pasa de pura curiosidad, por ver de satisfacer ampliamente a los que la sientan, recomendaré a quienes quieran precisiones, detalles, posibilidades, el artículo Zoroastro de la *Biographie Universel,* el libro de J. Menant, *Essai sur la philo-sophie religieuse de la Perse,* y el *Dictionnaire des sciences philosophiques,* tomo V, artículo *Doctrine des Perses*. No son libros muy modernos pero por lo mismo tienen la ventaja de que escritos en épocas en que los hombres, no dominados por ansias de velocidad y de vivir a su gusto sea como sea, tenían más tiempo para pensar que hoy, poseen una solidez y una serenidad que les recomienda. Y lo mismo las obras siguientes: *Zoroaster und ssin Zeitatter,* de A. Hoelty, y la *Dissertatio de Zoroastris quibusdam placitis cum doctrina christiana comparatis,* de T. P. Bergsma.
El nombre de Zoroastro, ya creo haberlo indicado, es una forma occidental de la palabra zenda *Zarathustra,* más tarde Zarathust, Zarduscht, que por lo visto significaba "estrella de oro". Cuando luego de las conquistas de Alexandros el Grande, el Oriente empezó a ser conocido en Grecia, se formó una doctrina compuesta de las antiguas creencias de Persia, más supersticiones diversas y filosofía griega, y esta doctrina dio como resultado una montaña de escritos que llevaron el nombre de Zoroastro. Estos escritos circularon muy particularmente en Alejandría. Según Plinio, Hermippos de Esmirna en sus tratados sobre las ciencias ocultas reproducía la esencia de un gran número de versos compuestos, según él o aquellos de quien los tomase, por Zoroastro *(vicies centum millia verssum a Zoroaster cindita).* También Plinio, Suidas y Eusebio (éste en *Prepar, evang.* I, c. 42), citan como de Zoroastro obras de astrología, física, y sobre las piedras. Así mismo fueron atribuidos al profeta iranio oráculos que hoy se supone que fueron compuestos por un tal Juliano apodado *Theurgus;* estos oráculos fueron recogidos en la edición dada por Obspoeus de los *Oracula sibyllina,* publicada en 1599. Más tarde los reprodujo Roeth en su *Geschichte der adendlandischen Philosophie.*

fantasía hacia un fondo moral ⁽¹¹⁾, elemento indispensable para que una religión sea digna de ser tenida en cuenta. Pues si precisamente las religiones

---

⁽¹¹⁾ No me cansaré de decir que lo mejor, que lo más estimable que hay en las religiones, es el servir de engarce a lo *moral*.
En el sistema de Zarathustra la creación entera se abría un camino hacia un fin que no era otro que la perfección. Contribuir a alcanzar este fin era la misión de cada hombre en este Mundo. Obrando bien ayudaban a Ahura Mazda a vencer a Agra o Angra Mainyús. Ahura Mazda, el Señor dotado de toda la sabiduría era la fuente del Buen Espíritu. El Buen Espíritu a su vez servía de base a todo pensamiento bueno, origen de toda palabra y acción justa. Sobre estas tres columnas, pensamiento puro, palabras puras, acciones puras, el profeta del Irán levantó el magnífico edificio de su código ético. Por consiguiente, la doctrina de Zarathustra puede, con justo título, ser denominada la religión de la vida buena. Es, pues, ante todo, la religión que considera las buenas acciones como la ofrenda mejor y más agradable a Dios.
En cuanto al triunfo del bien, esto sería la obra de *Saoshyant,* el *Salvador.* Los textos hablan de tres "grandes almas" designadas como Salvadores, el último de los cuales destruiría todo el mal y traería el reino universal de la justicia. El *Farvardin Yasth* (XIII, 129) anuncia su llegada. Sería un hijo de Zoroastro, concebido por una virgen calificada de "destructora universal" (destructora del mal, claro está, como todas las "vírgenes" madres de profetas), por el *Yasth* XIII, 142. Este hijo salvador estará asistido por amigos vencedores como él, del enemigo común, a fuerza de pensar bien, hablar bien y ser bienhechores, y cuyas bocas jamás habrán dejado escapar una palabra falsa *(Yasth*, XIX, 95). A partir de entonces la restauración del Mundo sería un hecho cumplido. Ya no se envejecería ni se moriría. Los muertos resucitarán, llegado este momento, y en adelante reinará la vida y la inmortalidad *(Yasth,* XIX, II, 12). Con la desaparición del mal en el Universo, el bien prevalecería por todas partes y para siempre. La futura derrota del Espíritu del mal es especialmente puesta de relieve en la literatura de la época pehlevi o pehlvi, del tercero al noveno siglo de nuestra era. Ciertos pasajes dicen que este Espíritu malo irá a buscar refugio en las tinieblas del Infierno donde será encadenado para siempre. Otros dicen que será condenado a muerte. De todas maneras la idea es que el mal perecerá y que tan sólo triunfará el bien. Tal será la obra de Ahura Mazda.
En cuanto a Ahrimán, Espíritu del mal, en la literatura sagrada zoroastriana se le ve a la cabeza de un ejército de demonios *(daevas).* Todos los hombres malos pertenecen además a su reino. De hecho, todo cuanto puede haber y hay de malo en este Mundo le es atribuido como habiendo sido creado por él. En todo caso, en el dualismo persa, Ahrimán, opuesto a Ormuzd, era una potencia independiente; no procedía de éste, como Satán de Dios, en el judaísmo y a causa de éste, luego en el cristianismo. ¿Cómo puede explicarse esta diferencia entre un Satán y otro siendo así que en todo lo demás, el Satán judeo-cristiano no es sino una copia del Ahrimán persa? Pues sencillamente porque cuando fue introducida la figura de Satán en la escatología judía, lo que ocurrió luego del Destierro en Babilonia, como ya los profetas habían hecho de Yahvé un Dios *único* creador de cuanto

existía, fatalmente el demonio tenía que ser obra suya y claro, para no reconocer abiertamente que de Yahvé procedían tanto el bien como el mal, hubo que imaginar lo de la rebelión de una parte de los ángeles con Luzbel a su cabeza. Pues hasta entonces, como en el libro de Job se ve perfectamente, este Luzbel no era sino uno de los ángeles al que Yahvé autoriza, al ver que duda del patriarca, para que vea de inducirle al mal y se convenza de la inutilidad de la empresa.

En cuanto al origen y naturaleza de los demonios del *Avesta,* lo primero que hay que decir es que no se sabe cómo la palabra sanscrita *deva* y la persa *daeva,* que tienen la misma etimología, en sánscrito aquella significa "divinidad" (compárese con el latín *divus,* divino), y en pehlvi "demonio". Cambios difíciles de explicar pero que ocurren, puesto que del mismo modo la palabra griega *daimon* que, en un principio designaba un espíritu bueno y se empleaba en el mismo sentido que divinidad, posteriormente llegó a no servir ni emplearse sino para designar a un espíritu malo. También se podría recordar como prueba más de en qué modo interviene la fantasía en todo lo supraterrestre, cómo a veces incluso un dios puede luego llegar, perdiendo categoría, a demonio. Como le pasó a Indra, dios en la India y demonio en Persia.

En la doctrina zoroastriana los *daevas* son una creación de Angra Mainyú. Del mismo modo que *Ahura Mazda* crea un número inmenso de ángeles y arcángeles, *Angra Mainyú* crea por su parte innumerables demonios, agentes de su voluntad perversa y destructora. Estos daevas, en efecto, son descritos en el *Yasna* XXXII, 3, como "la semilla del Mal Espíritu", cuyas engañadoras maniobras van sin cesar de un extremo al otro del Mundo. Cuando los dos Grandes Espíritus se reunieron al principio de las cosas para crear, dejaron a los espíritus subalternos libres de escoger un campo u otro. Y mientras unos se iban con Ahura Mazda, los otros se precipitaron todos juntos hacia el demonio de la Furia, como nos cuenta el Yasna XXX, 6, con objeto de poder, dirigidos por Angra Mainyú, turbar a los mortales e inclinarlos hacia el mal. Seguidamente el texto avéstico menciona una gran variedad de criaturas malas, tales que los *Daevas,* los *Drudjs,* los *Dryvantes,* los *Perikas* y los *Dragones,* sin contar otros monstruos diabólicos nacidos en el Infierno y en las tinieblas.

Drudj era la personificación femenina del mal. Literalmente esta palabra significa "mentira", "engaño"; personificada quiere decir "embustera", "engañadora". También en esto la fantasía siguió trabajando. En los *Gathas* no hay sino un o una *Drudj* adversario encarnizado de *Asha* (la Verdad, la Providencia, la Sinceridad, etc.), pero en los textos avésticos más recientes ya son verdadera legión de demonios hembras. Y en el *Vendidad* la suciedad corporal es personificada con el nombre de *Drudj Nasu,* demonio que habitaba en el monte Aresura al Norte del país. Esta Drudj Nasu tenía una misión especial: apenas ocurría la muerte de una persona, llegaba en forma de zumbante mosca y tomaba posesión del cadáver. Esta mosca, como también refiere el Vendidad, no podía ser alejada del cadáver sino "por la mirada de un perro amarillo de cuatro ojos, o de un perro blanco con orejas amarillas". En cuanto a *Aeshma,* tercer gran demonio de los Gathas, llamado "el enemigo de la lanza mortal" *(Yasth,* XI, 15), es el demonio de la cólera y del furor, el gran opuesto a *Sraosha* creado por *Ahura Mazda.* Este demonio, del cual hace la literatura avéstica la descripción más aterradora, pasó a la judía con el nombre de *Asmodeo* (el mal demonio).

Como simple curiosidad y para que se vea una vez más que hasta el nacimiento de la novela no hubo campo más apropiado para que la fantasía adquiriese en él rienda suelta que las religiones, citaré aún a *Azi Dahaka,* que literalmente quiere decir nada menos que "serpiente hostil", a la que se la imaginaba como mitad serpiente mitad hombre; o como un hombre con dos serpientes que le salían de la espalda, como es descrito en el *Shah Namé.* Estas serpientes habían nacido de un beso que le dio Ahrimán. El día de la Renovación, Azi Dahaka sería encadenado en el monte Demavend, pero acabaría por romper las ligaduras y bajo la forma de un hombre monstruoso vendría (o vendrá, claro está, para los que aún creen en él; pues la vida de dioses y demonios dura mientras hay quienes piensan en ellos), para perturbar de nuevo a la creación. Con frecuencia también este Azi Dahaka parecía ser la personificación de la opresión babilónica al principio de la historia de Persia (véase Dhalla, *Zoroastrian Theology).*

Y ahora unas palabras a propósito de uno de los pasajes más curiosos del *Vendidad* (XXII, 2, 9, 15); el que refiere cómo Angra Mainyú trató de tentar a Zoroastro con objeto de que traicionase a Ahura Mazda. Para ello empezó por enviarle al demonio *Buiti.* Este demonio tenía incluso orden de matar a Zoroastro, si se resistía, pero el profeta salmodió en voz alta el encantamiento llamado *Ahuna-Vairya* y Buiti, aterrado, escapó a refugiarse junto a su amo. Entonces fue el propio Angra Mainyú quien se presentó al Santo ofreciéndole la soberanía del Mundo si consentía en renegar de la buena religión. Ni que decir tiene que Zarathustra no le hizo caso. Entonces el Espíritu Malo, rabioso, reunió a todos sus demonios en Aresura, la puerta del Infierno, y allí se discutió el modo de matar al profeta. Hasta que convencidos de que era imposible puesto que Zarathustra era el arma misma que abatía a los malos, escaparon lanzando tremendos bufidos. Pero oigamos al texto mismo *(Vendidad,* XIX, 1-10): "De las regiones del Norte, *Angra Mainyú,* el mortal, el *daeva* de los *daevas,* se lanzó, se precipitó, para arrastrar al profeta lejos del camino recto, pero encontró al Santo Único que cantaba la fórmula sagrada *Ahunavar.* Angra Mainyú quiso persuadir al profeta de que renunciase a la ley de Dios, e hizo brillar ante sus ojos la tentación de reinar sobre las naciones (en el Juicio de Paris, Hera hace a éste una oferta semejante si la elige a ella; el Malo, lo mismo cuando tentó al Buda; en *Mateo* y *Lucas,* Satanás, exactamente igual cuando a su vez tienta a Jesús en el desierto). Pero el Santo Único le apartó del profeta y le echó de allí con un "no" lleno de desprecio; coronando su victoria sobre el mal Espíritu pronunciando la oración que empieza por estas palabras: "He aquí lo que Te pido: enséñame la Verdad, ¡oh Señor!"

Terminaré diciendo que como para los zoroastrianos el hombre es su propio salvador, lo que consigue a fuerza de buenos pensamientos, buenas palabras y buenas obras, nadie podía interceder por él ni variar el curso de su destino una vez muerto. Por tanto, inútiles eran con este fin las oraciones, las ofrendas y los sacrificios. Lo que conduce al Cielo a un hombre son "los buenos pensamientos, las buenas palabras y las buenas obras", como dicen la *Vispa Humata,* la *Vispa Hukhta* y la *Vispa Hvarshta,* breves oraciones que ningún fiel olvida; lo contrario antiguas tenían que morir era a causa de ser en ellas mínima la parte moral. En una religión, las pretendidas concomitancias de los dioses con los hombres, como en muchas antiguas en que incluso se establecían entre ellos relaciones amorosas carnales, o entre sus hijos y las hijas de los mortales, como leemos en Génesis, VI, 2, son la hojarasca, lo legendario de ellas, constituyendo, en cambio, su alma y lo que las hace grandes y perdurables, lo que tienen de verdadera moral. Esto dicho, y no es ninguna novedad, volvamos a nuestro personaje.

En torno a Zarathustra como en torno a todos los fundadores de religiones se forjó al punto una leyenda [12], de modo que ocurre con él como en todos si se exceptúa Mahoma: que lo que podemos asegurar de él como biografía real es mínimo; como legendario, en cambio, considerable. Dada, pues, la dificultad de separar lo cierto de lo inventado, me limitaré a exponer lo esencial de lo que se dice a propósito de él. Se supone, en efecto, y esto parece lógico y verdadero, que nació, no se sabe dónde, pero en alguna parte del Irán oriental, en una comunidad agrícola muy modesta en la que la preocupación principal de sus habitantes era escapar a las razzias de los nómadas siempre dispuestos a caer sobre tales agrupaciones para robarles

---

"al Infierno". En cada página del *Yasna* aparece la misma máxima: "Lo que siembres, recogerás": "Mal por mal, el bien recompensa el bien. Aflicción para el malo, felicidad para el justo. ¡Ay de aquel que oprime al justo! ¡Ay del malo! ¡Salvado será aquel que se mantenga siempre en la rectitud!"

[12] La primera duda que surge, ya lo he dicho, sí que fenomenal, cuando abordamos el zoroastrismo, es la de si Zarathustra existió, o si se trata de un simple nombre en torno al cual cuanto hay, en realidad, es una leyenda más. Claro que como también he dicho, una duda semejante nos asedia a propósito de Moisés, del Buda, y, en general, de todos los fundadores de religiones antiguos, si se exceptúa el primero de todos, Akhenatón, y, entre los modernos, el último, Mahoma. No teniendo sobre ellos otras pruebas de su existencia, sino afirmaciones sentadas por hombres que vivieron mucho después que ellos, nada en realidad nos garantiza que lo que éstos afirmaron se apoyase a su vez en otra cosa que tradiciones y fábulas. Pero, ¿es esto una garantía? ¿Acaso no sabemos que durante millones de años los hombres creyeron en dioses y demonios hijos de la fantasía, del miedo y del interés, es decir, sin verdad ni realidad alguna? Así mismo sabemos muy bien a propósito de las doctrinas religiosas de los fundadores de creencias de este tipo, que, aun en los casos más favorables, sólo una parte de cuanto a propósito de ellas ha llegado a nosotros, se les puede atribuir (en lo que afecta a Zoroastro tan sólo, quizá, lo que contienen los *Gathas*), pues todo lo demás es entera y absolutamente ajeno a ellos. Así, con nuestro profeta ocurre lo mismo: fuera de estos Gathas todo cuanto constituye el *Avesta* actual, y es tan sólo, por lo visto, una parte mínima de su antiguo texto, nada tiene que ver con el profeta persa, pues no tan sólo es de fecha muy posterior a él, sino el resultado de una serie de evoluciones y modificaciones debidas a la labor de sus seguidores, al tiempo y a las vicisitudes históricas.

cuanto podían, muy especialmente el ganado [13]. Sobre que sería un hombre, espiritualmente hablando, muy por encima de lo corriente, como se lee en el decimosexto de los Gathas, se puede admitir también. Pero, ¿acaso este modo de ser por encima o fuera de lo normal, llegaba en Zarathustra, como en Mahoma, a alcanzar los límites de lo patológico, es decir, a hacer de él un perturbado mental de tipo paranoico? Nada se ha dicho a propósito de esto, aunque bastante, a juzgar por los «Gathas» mismos se podría decir; pero sí a propósito de otros detalles relativos a su apostolado tales, por ejemplo, una infancia prodigiosa, el haber sido tentado por el Malo y otras afirmaciones tan evidentemente legendarias y hechas para ensalzar su personalidad, que no tan sólo mueven a desconfiar de ellas, sino de la veracidad de todo lo demás. La misma ignorancia hay, como ya sabemos, respecto a la fecha de su nacimiento y lugar en que éste pudo ocurrir. De aceptar las que se dan como más probables (660-580), la cautividad de los judíos en Babilonia ocurrió ya comenzado su apostolado, y terminaría una vez él ya fallecido. Se dice también que Zarathustra pertenecía a una familia de la raza hindo-europea de las de la rama blanca; que su padre se llamaba Purushaspa y su madre Dughdhova; y que él había recibido el nombre de Zarathustra (Zarthust o Zardusk, como también se encuentra escrito), a causa de significar «ustra», camello. Y esto porque en ciertas tribus persas primitivas era costumbre que los niños acabasen por tener un nombre en relación con algo que habían hecho que había llamado la atención; lo que ha llevado a suponer, siempre, claro está, dentro del campo de lo caprichoso, que Zarathustra significaría «verdugo de camellos» a causa de alguna paliza fenomenal que, siendo niño, daría a uno de estos animales. La cosa parece a todas luces poco probable, e inventada para encontrar sentido a «Zarath», primera parte de su nombre, cuya etimología se desconoce; es decir, tan legendaria como la afirmación de que su padre, Purushaspa, descendía, al cabo de 45 generaciones, de Gayomart, el Adán de la mitología irania. Es decir, de un personaje que existió poco más o menos con la misma certeza que su compadre del Génesis. Esta manía de buscar a los personajes importantes antecesores ilustres no es de ayer. Recordemos que la paternidad de Platón, por ejemplo, fue atribuida a Apolo. Se ha dicho también que Zoroastro era el tercero de cinco hermanos, y que él mismo tuvo tres esposas que por cierto le sobrevivieron. De las dos primeras se ignora el nombre; sí se sabe, en cambio, que la que hizo el número uno le dio un hijo y tres hijas, y la segunda, que se casó con él siendo viuda, dos hijos. En cuanto a la tercera, Hvovi, a la que por lo visto prefería, ésta no le dio descendencia. Pero lo que

---

[13] Tal parece deducirse leyendo que para Zarathustra el crimen que más le indignaba era el robo del ganado o el sacrificarle indebidamente; así como que cuanto pedía a Ahura Mazda, como bien grande y difícil de alcanzar, era un poco de esto, de ganado.

el profeta no consiguió de modo natural, lo conseguirían los encargados de formar su leyenda, puesto que ciertos textos hablan de tres hijos póstumos de Zarathustra, los dos primeros profetas en otro milenario, el tercero, el famoso Saoshyant, el Gran Mesías iranio. Leyenda que se comprende no menos verdadera que la que olvidando a Dughodhova, asegura que el fundador del Mazdeísmo nació de una virgen de quince años llamada nada menos que Hervispotarvinitar, fecundada por un rayo de luz. Cosa bonita ésta, ya que no verdadera.

No nos asombremos, pues, de todo lo anterior; limitémonos a pensar que lo que nos queda del Avesta no fue redactado antes del siglo VI de nuestra era, y adelante [14]. En doce siglos transcurridos desde que nuestro héroe pasó por el Mundo, hubo tiempo de sobra para forjarle una leyenda y alterar su obra. Durante tan largo período ocurrieron en Persia, como era natural, una porción de acontecimientos que todo hace suponer que no fueron nada favorables para esta doctrina, al menos en lo que afectaba a su total pureza y a su integridad. En efecto, cuando Alexandros, el macedonio, conquistó Persia, entre las muchas cosas que fatalmente tenían que ser destruidas como consecuencia de las luchas y de la violencia, estaban los libros sagrados, que, por lo visto, fueron quemados. Si quedaron algunas copias y qué fue de ellas, nada sabemos; los historiadores no lo han mencionado. Únicamente parece ser que en cuanto a religión aquello fue (en toda la parte asiática conquistada, tras Alexandros y durante mucho tiempo), una mezcla confusa de las más variadas creencias: griegas, persas, mesopotámicas, egipcias e incluso hindúes, puesto que la propaganda budista pasó por Palestina llegando hasta los bordes del Nilo. Cuando más tarde los partos se apoderaron de Persia, ¿trajeron con ellos el zoroastrismo? ¿Practicaban otra religión? Si así era, ¿en qué se apartaba del mazdeísmo?

En todo caso, los sasánidas que reinaron en el Irán del siglo III al VII, volvieron a poner en primer plano el Zoroastrismo y fueron estos siglos su mayor período de gloria. Ahora bien, en los textos que como acabo de decir fueron reunidos bajo el nombre común de El Avesta [15] ¿había algo

---

[14] En su forma actual, el *Avesta,* si se exceptúan los Gathas evidentemente más antiguos, no pudo ser redactado sino tras la caída de los sasánidas. Esta redacción pues, hecha por escribas sacerdotales que manejaban una lengua que les era poco familiar, forzoso era que saliese llena de "faltas" que, a causa de su propia torpeza tienen al menos la ventaja de probar que eran incapaces de corregir el texto que copiaban; claro que no de añadir aquí y allá, como suele hacer todo el que copia textos de esta naturaleza, lo que bien les pareció.

[15] El libro sagrado del mazdeísmo es el *Avesta,* llamado también, impropiamente, *Zend Avesta;* impropiamente puesto que Zend, "interpretación", es la traducción de una parte del Avesta en lengua pehlvi. El *Avesta* consta de cinco partes: 1.ª el *Yasna,* libro del sacrificio integrado por 72 capítulos consagrados a la liturgia; sirve de libro de lectura a los sacerdotes en el culto parsi. De estos 72 capítulos,

17 son los llamados *Gathas*. Estos Gathas son, a causa de su lengua y su contenido, considerados como la parte más antigua del *Avesta;* son incluso atribuidos a Zoroastro; en todo caso en ellos hay como una exposición de su vida, aspiraciones, doctrina y andanzas; por consiguiente, bastante interesantes. 2.ª el *Vispared,* colección de cantos dirigidos "a todos los señores, o jefes"; en total 24 capítulos de invocaciones litúrgicas dedicadas a varios compañeros espirituales de Ormuzd, último nombre, como se sabe, de Ahura Mazda el Dios bueno. 3.ª el *Vendidad,* verdadero código sacerdotal de los parsis, en 22 capítulos. Estos 22 capítulos y los 17 de los Gathas son lo más interesantes del Avesta; lo demás, liturgia pura, es absolutamente secundario y de escaso interés. 4.ª los *Yasts,* integrados por 21 capítulos de alabanzas, por lo general a la gloria de los Yazatas populares, es decir, ángeles y divinidades menores inventadas, como en todas las religiones, para uso, por decirlo así, de la masa, para la que la verdadera religión, la filosofía religiosa, la moral en sus tonos más elevados y hasta los dioses superiores, es decir, cuanto no sea culto y fanatismo, va más allá de sus gustos y facultades. Las colecciones anteriores constituyen el Avesta propiamente dicho, y sólo los sacerdotes pueden leerlas en los servicios religiosos. Para los particulares hay otro libro o parte 5.ª, el *Khorda Avesta,* Avesta corto o pequeño, libro de rezo o de devoción privada para los laicos, formado con trozos de las otras partes del *Avesta* principalmente de los Yasts. Estos son los escritos que pudiéramos llamar *canónicos.* Hay, además, numerosos comentarios acerca de ellos, libros en cierto modo complementarios de la doctrina mazdeana tales que el *Bundahish,* que instruye en todo lo relativo al principio y fin de las cosas (lo que ha sido creado desde el principio), el *Iesents-Sadé,* colección que contiene, además de los Iesents, muchas otras oraciones en zend, en pehlvi y en parsi, y el *Siroz* (los treinta días), especie de calendario litúrgico. Si a esto añadimos los datos epigráficos y arqueológicos y las numerosas referencias de griegos y romanos, se acaba por tener una masa imponente de documentos relativos, si no a Zarathustra precisamente, si a la religión que los *magos* o sacerdotes zoroastrianos (los "levitas" persas), inventaron cubriéndola con el nombre del profeta persa. Una antigua leyenda afirma, en lo que a éste respecta, que había escrito 20 libros formado cada uno de 100.000 versos, todos los cuales habían sido escritos en 12.000 pieles de vaca. Pero que a causa de la conquista de Persia por Alexandros el Grande, estos pergaminos fueron destruidos cuando el incendio de los archivos imperiales de Persépolis el año 330 antes de nuestra era. Cuando los griegos se marcharon, los sacerdotes zoroastrianos (probablemente otros 12.000 que serían protegidos si no por Ormuzd, dios del bien y de la verdad, sí seguramente por Ahrimán), reunieron cuidadosamente los restos que pudieron encontrar, y probablemente lo que faltaba, de Zarathustra, lo rellenaron con liturgia suya, himnos, canciones y plegarias. La amable fantasía recuerda lo del hallazgo del *Pentateuco* al hacer obras en el templo de Jerusalén, en tiempo del rey Josías. Es decir, cuando aquellos excelentes y aprovechados levitas sabiendo que el ganado judío al que dirigían eran tan anchos de tragaderas como estrechos de conocimientos, hicieron creer que aquel Pentateuco era, no suyo, sino de Yahvé, Moisés y demás aventajados y gloriosos antepasados. El *Avesta* estaba escrito en

realmente en verdad de Zarathustra? Probablemente sí, los mencionados Gathas. En todo caso el Zoroastrismo, mejor sería decir el nuevo Zoroastrismo, aun admitiendo la autenticidad de los Gathas, fue la religión oficial en el período sasánida hasta la llegada de los árabes.

Conquistada Persia por éstos, el Zoroastrismo desapareció disuelto o absorbido por el Islamismo. Con lo que una vez más quedó demostrado que, aunque otra cosa parezca, se piense y se diga, la religión, salvo para muy pocos, no pasa de una especie de manto seudoespiritual lo suficientemente efímero como para ser cambiado por otro sin gran dificultad: sin más dificultad que la que supone el que de niños nos digan que es blanco lo que a nuestros padres les dijeron que era negro. Pues para que el Islamismo sustituyese al Zoroastrismo no hay noticias de que hubiese grandes persecuciones. El tipo mártir, es decir, los obstinados en las creencias, suelen darse cuando estas creencias empiezan y tienen aún el fuego y entusiasmo de lo nuevo, no cuando al cabo de años y de siglos, de cambios y modificaciones, acaban por ser una rutina más. El hecho mismo de que los que no quisieron amoldarse a la dominación árabe y a la nueva religión pudiesen escapar hacia la India (sus descendientes forman el grupo de los actuales parsis), y que un puñado menor, ocho o diez mil (los actuales guebres) continuasen en Persia con su antigua religión, parece probar que, en efecto, salvo algún tirano intransigente de los que nunca faltan en los largos períodos de dominio, los nuevos conquistadores no fueron excesivamente intolerantes no obstante los bárbaros preceptos del Corán que ordenan ser implacables con los infieles. Cierto que los verdaderamente infieles para aquellos árabes, es decir, para Mahoma, eran: los judíos por haberse burlado de su doctrina y de él mismo, y los cristianos a causa de decir que Dios tenía un hijo, la mayor de las blasfemias según el profeta árabe, entera y totalmente monoteísta. Es más, el actual Islamismo chiita de Persia debe no poco a las viejas creencias del Irán.

Total, que aunque la biografía tradicional de Zarathustra sea puramente legendaria, biografía que puede resumirse en lo siguiente: que los malos de su comarca trataron de hacerle perecer cuando empezó a predicar su doctrina; que a causa de ello y para evitarlo se retiró del Mundo; que tuvo entonces

---

avestín, lengua de la antigua Bactriana (Irán oriental). En los siglos del III al X de nuestra era fue traducido al pehlvi o pehleví, e incluso le fue añadido un comentario. Más tarde fueron escritos, ya en persa, los *Revayats* o respuestas dadas por los sacerdotes zoroastrianos, expertos teólogos como era natural, a las cuestiones que les eran sometidas, en la India (me refiero, naturalmente, a los sacerdotes parsis, cuando estos estaban ya en Bombay), por los estudiantes, sobre diversos problemas relativos muy particularmente al ritual, no sobre doctrina que en resumidas cuentas no podía ser más clara: un Dios bueno y otro malo, y aquel que acabaría acogotando a éste.

una serie de revelaciones; que los arcángeles, a propósito de una de ellas, le transportaron junto al propio Ahura Mazda; que consiguió al fin convertir al rey Vishtaspa; que fue tentado por el Malo sin éxito para éste, y, en fin, que murió en la guerra santa suscitada por su predicación, no obstante lo anterior voy a dar algunos detalles más de esta leyenda, muy particularmente para que se vea cómo la vida de todos los fundadores de religiones tienen tales semejanzas que parecen cortadas con el mismo patrón; lo que parece demostrar que tales vidas no tienen otra realidad que el propósito de los que deseando embellecerlas a fuerza de magnificarlas, las elaboraron teniendo muy presente, para ahorrarse nuevas invenciones, lo que ya se había dicho o escrito a propósito de otros profetas anteriores.

He aquí lo que, además de lo dicho, cuentan los que se encargaron de tejer la de Zarathustra. De niño, puesto en manos de un buen maestro, dio, como el Buda (bien que la leyenda de éste sea aún mucho más rica en detalles absurdos), pruebas de una gran precocidad. A los quince años, edad a la que por lo visto se consideraba entonces a los muchachos mayores de edad, Zarathustra recibió de su padre la herencia que le correspondía y, entre otras cosas que no se mencionan, un cinturón que sería más tarde el símbolo de la nueva religión. De estos años de juventud y de lo que pudo hacer durante ellos, la leyenda es muy discreta; más vale así, puesto que lo poco que se sabe es contradictorio: se habla, por un lado, de las antipatías y crisis de odio que según se dice le ocasionaba el ver la ignorancia, la perfidia y las prácticas supersticiosas a que se entregaban cuantos le rodeaban, y por otra, de su mucha compasión, pues se cuenta que daba a otros más pobres, para su ganado, el forraje que sacaba o requisaba (si se prefiere esta palabra tan empleada hoy cuando parece un poco fuerte decir «hurtar» o «robar»), de la granja de su padre; que no vacilaba en hacer grandes caminatas tan sólo para socorrer a los hambrientos, y que un día fue a llevar pan a una pobre perra que, falta también de recursos, agonizaba. Así mismo se refiere, y ello como prueba de su propósito de modificar las costumbres, que tuvo la audacia de pedir que le dejasen ver, antes de desposarla, a la mujer que le estaba destinada. Se cuenta también que sin tener aún treinta años se retiró a un lugar solitario para entregarse a la meditación. Y que allí vivió muchos meses, muchos, sin otro alimento que un queso que milagrosamente se formaba a medida que lo iba consumiendo; todo mientras el fuego celeste cubría, como hubiera podido hacerlo la erupción de un volcán amigo, el sitio donde se ocultaba. Esta gruta tan divinamente protegida, es citada varias veces en las antiguas leyendas. Se dice también que allí, sentado a la entrada de la caverna, se entregó a profundas meditaciones sobre el fuego y la luz, fenómenos naturales que tanta importancia tendrían después en el zoroastrismo; y de noche, a la contemplación de los planetas, siendo con ello el primero de aquellos magos que tan versados serían después en cuestiones astrológicas. También se ocupaba sin duda de cosas más bajas y terrestres, puesto que en los antiguos textos del Avesta muéstrase a veces como consejero en cuestiones agrícolas con aquellos pueblos seminómadas entre los que vivía; comunidades agrícolas muy modestas continuamente amenazadas por las razzias de los nómadas. Como ya he dicho, uno de los crímenes que más le indignaban era el robo y muerte del ganado. Y hombre verdaderamente sabio, bien que el fin de su vida fuese alcanzar la felicidad eterna, tampoco descuidaba, como sabemos por un gatha del Yasna XLVI que ya he citado, los bienes terrenales que así mismo pedía a Ahura Mazda que le concediese.

Es decir, que profeta verdaderamente completo, más semejante a Mahoma que no paró hasta hacerse el amo de Arabia, que al Buda que de rey que estaba destinado a ser lo abandonó todo para convertirse en monje mendicante, Zarathustra miraba con un ojo al cielo y con el otro hacia la Tierra. O sea, que sin olvidar que en este valle de lágrimas es consolador el tener un buen paño para secarlas, no dejaba de proclamar que el Bien era Ahura Mazda y el Mal Angra Mainyú. Que aquél había creado y sembrado el bien por todas partes, y que éste trataba de ensuciar, destruir y arruinar la obra de aquél. Pero que los que le siguiesen acabarían castigados como él mismo [16].

---

[16] En todo caso, esta a veces aparente igualdad de fuerzas entre los dos Principios acabó por no satisfacer a los teólogos del mazdeísmo que, para solucionar el conflicto acabaron por imaginar a un dios superior a ellos, a *Zerván* (el Tiempo, hasta entonces no personificado), principio, según ellos, de todas las cosas. Dios en el que se fundía todo lo grande: Tiempo, Espacio, Destino y Luz. Pensaron también apoyándose en los *Gathas*, obra de Zarathustra, que la superioridad de Ahura Mazda sobre su rival, es decir, del Bien sobre el Mal, era incontestable, a causa de lo cual no era de Mazda de quien Ahrimán era el adversario declarado sino del Espíritu Santo de Mazda. Pues sin duda los que tal discurrieron pensaban (cosa no ilógica una vez admitida la idea de un Dios único, total y creador), que en Ahura tenía que haber dos principios, espíritus o modalidades: el principio del Bien y el del Mal, fatalmente en lucha incesante y continua. En la Kabala judía se encuentra algo semejante. En ella Dios tiene dos lados: el lado de la clemencia y el lado del rigor. Ya digo que si se sienta como primer principio que Dios es absoluto, fatalmente tiene que serlo en todo, con lo que no menos fatalmente tiene que ocurrir que siendo el origen y fuente de todo haya que atribuirle tanto el bien como el mal. Lunar grave de todas las teologías que piensan del mismo modo pues, apenas han sentado tan cómoda, pero no bien discurrida afirmación, tienen que ingeniárselas para enmendar, sin que parezca que lo hacen, lo que acaban de afirmar no obstante parecer perfecto. Y como los teólogos del mazdeísmo no podían admitir que el Mal fuese igual que el Bien, se diesen ambos principios, juntos, en Mazda, o separados, cuando surgió el maniqueísmo proclamando la *igualdad* completa de ambos elementos, este movimiento fue al punto considerado como una herejía y perseguidos los que lo sostenían, implacablemente. Pues bien, que seamos, según se dice, seres de razón, por lo general, la historia es testigo de esto que digo; que el medio de convencer a

Antes de seguir con la supuesta vida de Zarathustra, tal vez sería oportuno hacer notar ciertas particularidades que servirían, además, para acabar de darnos cuenta de la diferencia existente entre lo que había pensado y escrito el profeta y lo que luego le atribuyeron los que se decían sus

---

aquellos que se oponen a lo que pensamos no es demostrando que se equivocan, sino degollándolos; o cuando menos, prohibiéndoles que expongan públicamente lo que piensan. El propio Mani pagó con la vida la audacia de pensar de modo distinto a como les convenía a los Magos, de escribir lo que pensaba, e incluso de precisar sus pensamientos mediante dibujos en colores, obra también de sus manos. Cuando a la vuelta de largos viajes de propaganda apareció de nuevo por su patria allá por el año 270 de nuestra era, el rey sasánida Shahpur, hombre por casualidad tolerante, no se opuso a sus predicaciones, que consiguieron no pocos adeptos incluso en la corte misma. Pero su sucesor, Bahrám I, le hizo encarcelar y en la prisión murió, quizá de hinchazón mística, quizá de cogotazo, el 2 de febrero del año 277. La tradición dice incluso que ni una cosa ni otra de las dos que yo acabo de apuntar, sino despellejado vivo. Y ya tranquilos, aquellos magos-teólogos siguieron perfeccionando el *Avesta* con sus creaciones. Es decir, analizando de cerca, como era justo, las dos partes esenciales del hombre: el cuerpo y el alma. Y decidieron que el cuerpo se componía de cuatro partes: la carne, los huesos, la energía vital y la forma. Y que a la muerte se descomponía, cosa indudable, pero que la forma era reconstituida cuando la Resurrección. En cuanto al alma, esta estaba dividida en cinco partes difíciles de describir en castellano a causa de no corresponder sus nombres a palabras de nuestro vocabulario; quiero decir, de encontrar palabras equivalentes; pero que no obstante pueden ser las siguientes de un modo aproximado: 1.ª El Espíritu, inspiración o razón (a elegir, como en los baratillos). 2.ª la religión, la conciencia moral, la revelación (ídem). 3.ª La conciencia, psicológica, sensación, percepción. 4.ª El alma propiamente dicha, y 5.ª El *fravashi*. Este fravashi, del que Zarathustra no obstante su enorme intuición para lo religioso y su amistad con Ahura Mazda no había tenido noticia (tal vez el propio Ahura Mazda tampoco; pues cosa que parece indudable es que muchos teólogos saben de los dioses más que ellos mismos), es uno de los hallazgos del zoroastrismo de última hora. Es decir, del zoroastrismo sin Zoroastro. Pues así como no hay medio de hacer un guisado de ternera sin ternera, una religión sin nada de aquel al que se atribuye, sí. Un solo ejemplo bastará para probarlo: el budismo, religión en la que el Buda es Dios no obstante no creer él en los dioses. Este *fravashi* es, a creer a los que lo inventaron, una especie de doble celeste del hombre: ángel guardián y alma esencial a la vez. Verdadero hombre del cual el ser humano no es sino una manifestación, que vive en presencia de Ahura Mazda. A la muerte, el hombre se reabsorbe en su fravashi. Para más detalles, yo de estas cosas entiendo poco, es más, cuando trato de profundizar en ellas me lastiman las meninges, véase Moulton, *Early Zoroastrianism,* y W. Jackson, *Zoroastrian Studies.* En ambas obras se pueden leer más descubrimientos interesantísimos de los Magos zoroastrianos quienes, no teniendo sin duda cosa mejor que hacer, entre digestión y digestión tejían, a veces, admirables sutilezas teológicas profundamente estúpidas.

seguidores. Que siempre entre lo que dijeron o pudieron decir los fundadores de religiones y lo que ha llegado a nosotros una vez que sus discípulos añadieron por su cuenta lo que les convino, suele haber un abismo no menor que aquel sobre el que se levantaba el puente Tchinvat, puente que tenían que cruzar las almas de los zoroastrianos muertos, para llegar al Paraíso de Ahura Mazda, y que cuando le cruzaban las de los pecadores se volvía tan estrecho que fatalmente caían al mencionado abismo. Y la primera particularidad es, que en los Gathas, el que mandaba en el abismo anterior, Angra Mainyú, no había recibido aún nombre, éste u otro alguno, y que para Zarathustra era simplemente el Malo; y su compañera, su hembra, Druj o la Mentira. Pero luego, con el tiempo, por un lado los teólogos que por lo visto no disfrutaban sino inventando infundios celestiales, y por otra el pueblo que es incapaz de creer en las Divinidades, buenas o malas, sin verlas, es decir sin dotarlas de cuerpo y nombre, aquéllos además de bautizarle, para que comprendiesen mejor cómo era, empezaron a asegurar que el Malo era un sapo o una serpiente, o también un caballo salvaje que un rey primitivo había acabado por domar tras tenerle treinta años esclavizado. Por su parte Zoroastro lo más que veía en él era una Yegua Perversa que cuando la creación había salido al paso a la obra de Ahura Mazda cambiando todo bien de éste en mal, o poniendo, para anular cada cosa buena, a su lado una mala contraria. Y ni que decir tiene que Ahura Mazda no tardó en tener, gracias siempre a los magos, los seis ministros ya citados, los Amecha-Spenta, que, como sabemos, no eran en realidad sino funciones del Dios bueno personificadas en forma de arcángeles.

Naturalmente, para que el cuadro quedase completo, pues como luego más tarde en la Kabala judía, el lado de abajo tuvo que ser como el lado de arriba, Angra Mainyú tuvo también sus seis arcángeles malos, más innumerables demonios o genios infernales que completaban su corte; como el ángel del Fuego, y el del Sol, y el de la Luna y los de las estrellas, más el del Haoma, el de la obediencia, de la Justicia y demás, formaban la de Ahura Mazda. En la corte del Malo entraban también los Genios de todos los vicios, de todos los defectos y de todas las calamidades naturales empezando por el rayo; los de todos los animales dañinos, y de propina Spityura. Este Spityura era el hermano de Yama, el primer hombre de la mitología persa al que aquél, dando prueba de una fraternidad semejante a la de Caín (por grande que fuese la fantasía de los hombres ¡en cuántas cosas había de repetirse!) había dividido en dos valiéndose de una sierra. Este poco recomendable personaje, carpintero del crimen, habitaba en unión del Mal y de todos los males que componían su séquito mencionado, al Norte, donde estaba el Infierno persa que como ya he dicho, a causa de ser el fuego un elemento sagrado en esta religión, los «goces» eran administrados allí a base de hielo, un frío que agrietaba las carnes, y demás elementos de la misma índole. Completaré la fantástica información diciendo que la puerta de la enorme fresquera estaba en el monte Arezura, en la cordillera de los Montes Alburez. Y que los bordes del mar Caspio, hacia donde caían los nada hospitalarios desniveles anteriores, estaban infestados de demonios a quienes este enorme lago les gustaba tanto que muchos vivían allí. Y vamos de nuevo con Zarathustra.

Le habíamos dejado a la puerta de su gruta, en la montaña, torturado por mil ideas contrarias, como el Buda antes de la Iluminación, y como más tarde Mahoma hasta la segunda aparición de Gabriel; pues según se cuenta, entre la primera y ésta transcurrieron tres años pasados por el profeta árabe entre terribles inquietudes y sufrimientos espirituales. Por lo que podemos juzgar, los partos espirituales de todos los grandes profetas fueron terribilísimos. Compadezcámoslos y, si queremos un poco de paz, no aspiremos a ser profetas ni en nuestra patria ni fuera de ella. Estaba pues, decía, sumamente atormentado Zarathustra, pensando que los hombres de su tribu seguían llenos de supersticiones y de miedos y terrores primitivos, a causa de lo cual, más las incursiones de los turanios, sus vecinos, tan ladrones y bandidos como fuertes, vivían de modo intranquilo y miserable; y discurría sobre el medio de librarlos de tanta angustia y de tanta ignorancia (de ésta mediante una religión mejor, y de los turanios aconsejándoles que se uniesen), cuando de pronto un día, se le apareció, en vez de un dios, idea que ya iba tomando cuerpo en su imaginación, ¡el Diablo! O por mejor decir, el Espíritu Malo, el Príncipe de la Mentira, autor y causa de todos los tormentos, angustias, fanatismos y miserias que pesaban sobre sus compatriotas. Y parece ser que verle y encresparse contra él gritando: «¡Pues no, no cederé ante ti!», fue todo uno y lo mismo. Tras lo cual se cuenta que añadió con no menos firmeza: «¡El Dios de la luz será victorioso de ti, oh Demonio de las tinieblas!» Entonces, iluminado al fin, añadió: «¡Se acabaron dudas, incertidumbres y sufrimientos! Voy a ponerme en camino para instruir a los hombres. Para decirles que sus dioses de terror y de superstición no son sino los agentes del Espíritu del Mal y de la Mentira. Y que los turanios que vienen a robarnos nuestros ganados enviados son por él. Y les anunciaré también que no está lejano el día en que El, Ahura Mazda, el Creador, el Dios supremo, el Ser de luz y de verdad ¡vencerá al Malo!»

Recobrada la calma y lleno su corazón de entusiasmo (el Tentador burlado había desaparecido dando un bote y un bufido tremendos), fue favorecido por Ahura Mazda con una maravillosa teofanía. Aparición tan admirable ni era la primera ni sería la última, pues los dioses gustan a veces de venir en ayuda de sus elegidos para marcarles la vía que tienen que seguir y darles de este modo prueba de su divina decisión de este o aquel modo, sí que siempre maravilloso. Pero he aquí la de Zarathustra, pues no he hecho sino mencionarla y conviene conocer, cuando menos, algunos de sus detalles por no ser menos verídica y edificante que las otras tres. Empezaré por decir que el prodigioso hecho acaeció precisamente al alba del primer día del decimoquinto mes Arta-vahisto (5 de mayo del año 630 antes de nuestra era; dado este lujo de detalles creo que nadie se atrevería a poner este hecho en duda), y del modo siguiente referido, sin faltar a la verdad, por la tradición en virtud de la cual conocemos tan prodigioso hecho. Estaba Zarathustra, clareando el día como digo, al borde del Daiti, río perfectamente sagrado, cuando de pronto un personaje magnífico que llegaba por el Sur, avanzó hacia él llevando en las manos un bastón centelleante. Era nada menos que el arcángel Vohu Manah (o Vohu Mano; una vocal u otra no quita realidad ni encanto al caso), cuya talla era «nueve veces la de un hombre». Aún no había salido el profeta persa de su asombro, cuando oyó que le ordenaba que se despojase de su forma corporal y le siguiese. Reconozcamos que para cualquier otro que un sublime «iluminado» como él, la orden hubiese sido total y absolutamente desconcertante; pues no parece que haya otro modo de despojarse de la forma corporal, sobre todo totalmente, que por obra de los gusanos cuando los que nos rodean deciden que ya no hacemos nada sobre la superficie de la Tierra; o gracias a la acción depuradora de los hornos crematorios que ya, al fin, van siendo instalados en nuestro bendito país. Pero, por lo visto, Zarathustra (por algo era un iluminado), sin gusanos, sin horno, y sin vacilar lo hizo, y el arcángel, satisfecho, le ordenó aún: «Sígueme, que te voy a conducir ante Ahura Mazda el Puro, el Creador, y ante sus santos Angeles.» Y así lo realizó. Allá fue, pues, el venturosísimo profeta en pos del Arcángel (años después otro profeta, antiguo camellero, Mahoma, haría también un viaje similar y no menos maravilloso que el lector curioso que no esté enterado, puede conocer con suficientes detalles en el capítulo «El Islamismo» de mi Historia de las Religiones, o en la noticia preliminar a mi traducción de El Corán), notando al llegar ante Ahura Mazda que su propio cuerpo no proyectaba sombra.

Al leer esto, el que tal haga dirá tal vez: ¿Pero no quedábamos en que acababa de despojarse de él? Sí, claro, qué le vamos a hacer. También la cosa me ha preocupado a mí; pero la leyenda lo dice y yo no hago sino repetirla; de modo que sigamos sin preocuparnos más. También dice que no obstante no tener con qué, al oír que le ordenaban que avanzase avanzó, «y se sentó en el sitio destinado a los averiguadores». Más peliaguda encuentro yo la cuestión que con lo ocurrido quedó planteada. Pues si Vohu Manah fue el que reveló la verdadera doctrina a Zarathustra, lo que hizo el otro arcángel, Gabriel, con Mahoma fue un puro plagio. Y si además la doctrina distinta, ¡un engaño! Y todos cuantos sepan esto, por arcángel que sea Gabriel, me darán la razón. Para no complicar las cosas, sigo. Zarathustra fue iniciado también en ciertos secretos misteriosos, e incluso en cuanto se produciría en la historia del zoroastrismo. La verídica leyenda que refiere todo lo anterior no cuenta las angustias que sentiría el Profeta al saber, puesto que todo le fue revelado, lo que harían, primero los griegos capitaneados por aquel bárbaro de Álexandros, con sus libros, y luego los magos con sus doctrinas; así como que los árabes acabarían con ella o poco menos. Claro que tal vez Ahura Mazda, lleno de piedad, no consintiese que le instruyeran sino a propósito de los momentos gloriosos. Luego permitió que volviese a la Tierra, que recuperase su cuerpo y finalmente, y tal cual le había ordenado, que empezase a predicar a los hombres la buena doctrina.

Zarathustra obedeció, pero el hacerlo le causó de nuevo infinitas amarguras. Ni todos le escuchaban, ni los que le escuchaban le seguían. De éstos, unos se tapaban con una mano la parte de debajo de la nariz para que no les viera reírse; otros, sin fingir siquiera que los llamaban, le volvían la espalda, no obstante ser los puntos principales de su predicación los cuatro siguientes: Venerar a Ahura Mazda, glorificar a los Arcángeles, oponerse a los Demonios, y un cuarto punto no relacionado con lo extraterrestre, sino de otra índole, puesto que aconsejaba que los matrimonios se celebrasen entre parientes próximos.

Los tres primeros eran sin duda recibidos con menos indiferencia que el cuarto. Aunque no se tienen grandes precisiones sobre la religión del Irán antes de Zarathustra, y no muchos tampoco sobre la de su tiempo [17], parece ser que Ahura Mazda, en quien Zarathustra personificaba el Bien, hacia el que había que tender siempre, era para los reyes persas el más grande de los dioses [18]. En todo caso era ya considerado como invisible y su símbolo el fuego. Carecía, además, de templos.

Decía que los tres primeros puntos de la doctrina de Zarathustra pudieron sorprender a causa de hablar, si no de un dios nuevo, sí en todo caso nuevamente concebido, puesto que según el profeta persa no se trataba de un simple dios, por importante que fuese, sino el dios encarnación del Bien, destinado a triunfar sobre el Espíritu del Mal. Pero no el cuarto, lo de los matrimonios, puesto que en el Irán era por entonces fuertemente aconsejado el que los hombres se casasen con una de sus hermanas, con su madre e incluso con una de sus hijas. Estas uniones incestuosas hoy prohibidas e incluso castigadas, luego, eran entonces no tan sólo corrientes, sino, como digo, recomendadas en ciertos pueblos del próximo Oriente. Por

---

[17] Se sabe en todo caso, que además de *Anahita,* diosa muy popular que era adorada ora como la Virgen Inmaculada, ora como la Gran Prostituida (la prostitución no era entonces considerada como pecado, ni siquiera como vicio), y que probablemente no era sino una variante de la Ishtar mesopotámica, era reverenciado el *haoma* (variante a su vez del *orna* hindú), bebida sagrada por excelencia; y así mismo los cuatro elementos fuego, agua, tierra y viento; el primero en su doble forma de Sol y de Luna. Por otra parte, las inscripciones reales nos informan en especial, pues creencias y prácticas variaban mucho de unas partes a otras del Irán, sobre la religión en Susa y en Persépolis.

[18] Se ha propuesto derivar este nombre, *Ahura Mazda,* del dios hindú *Varuna,* pasando por la forma *Uruva naashul,* pero la probabilidad es demasiado frágil para ser verdadera.

ejemplo, además de en Persia, en Egipto y en Palestina. Voy a poner unos ejemplos. En Egipto, valiéndome de un faraón notable, muy notable, el ya mencionado Akhenatón. Cuando a la muerte de su padre Amenofis III la esposa de éste, Tiy, se encargó de dirigir al hijo de ambos, Akhenatón, apenas de diez años de edad, uno de sus primeros actos fue preparar su matrimonio con dos mujeres con las que en modo alguno se le hubiera permitido unirse hoy con Tadukhipa, una de las viudas de su padre, y con Nefertiti, su propia hermana carnal. El primer matrimonio del joven rey era entonces no tan sólo moral sino casi un acto obligado puesto que obrando así, es decir, haciendo entrar en su harén a las viudas jóvenes del padre muerto, el nuevo rey, haciéndolo, probaba ser digno sucesor del fallecido. Esta costumbre era también frecuente entre los hebreos, pueblo en el que todo el que entraba en posesión en virtud de unión matrimonial, con las viudas o concubinas de un rey o jefe muerto, adquiría con ello cierto derecho al trono. Así, cuando Abner, «jefe del ejército de Saúl», tomó para él, a poco de la muerte de éste, a su concubina Resfa, ello bastó para que «se fortificase» como posible sucesor al trono.

La historia de David nos ofrece así mismo dos ejemplos de esta costumbre. David tenía tal número de esposas y de concubinas, que el derecho a sucederle fue causa de una verdadera lucha incluso antes que falleciese. Absalón trató de asegurarse el primero la sucesión de su padre, viviendo con diez concubinas de éste «en la terraza de la casa..., ante los ojos de todo Israel». Obró de este modo por consejo de Ajitofel, según se puede leer en 2 Samuel XVI, 23: «Consejo que daba Ajitofel era mirado como si fuera palabra de Yahvé», y «La opinión de Ajitofel que solicitó en aquel momento fue como el oráculo de Dios.» Pero habiendo muerto Absalón del modo pintoresco como se puede ver en 2 Samuel XVII y siguientes, quedó el asunto de la sucesión entre Adonías y Salomón, éste menor en edad que su hermano «que había nacido después de Absalón». Pero protegido por su madre Betsabé a quien escuchaba mucho David, para que con su ayuda no triunfase, Adonías trató de aventajarle casándose con Abisah, la sunamita, joven muy hermosa que habían buscado para que durmiese con David, viejo ya, y le hiciese entrar en calor, como se lee en 1 Reyes I, 2. Ello le hubiera dado preferencia para ocupar el trono, pero Salomón, advertido de la pretensión de su hermano mayor por la propia Betsabé (zorra vieja que se había casado con David luego que éste, buena pieza también, hizo asesinar a Urías, su primer marido), dio la primera prueba de su «sabiduría» mandando a uno de los suyos, Banayas, hijo de Joyada, que asesinase a su hermano Adonías. Por supuesto, esta costumbre de adquirir derechos a favor de matrimonios que hoy serían juzgados imposibles, no era exclusiva ni de los persas, ni de los egipcios, ni de los hebreos, sino de muchos pueblos antiguos. Frazer en su Ramo de Oro (Golden Bough, II, XVIII) cita numerosos ejemplos. Pero volvamos a donde habíamos quedado, es decir, al desaliento de Zarathustra al ver que nadie le hacía caso.

La leyenda habla de diez años terribles. Por fortuna durante ellos (sin duda los desengaños y contrariedades debieron de acabar de trastornar su cerebro), tuvo otras seis visiones celestiales que terminaron de convencerle de que el Cielo aprobaba sus propósitos y se asociaba a su misión profética. Cada una de estas visiones-conferencias tuvo lugar con un arcángel diferente, enviado hasta él por Ahura Mazda tras confiarles misiones especiales. Así, el segundo en presentársele, Vohu Manah (la Benevolencia), le encargó que se ocupase con todo interés de los animales útiles. El tercero Asha (la Rectitud), le encomendó con todo interés el fuego. Luego fueron Kshathra (la Fuerza), Armaiti (la Piedad), Haurvatat (la Salud) y finalmente Ameretat (la Inmortalidad), todos los cuales le confirieron la tutela de los metales y de las minas, la vigilancia de distritos y fronteras, más darle toda clase de indicaciones relativas al uso de las aguas y la utilización y empleo de las plantas. En una palabra, cuanto un buen jefe de tribu o de Estado podía necesitar para llevar a cabo su labor como tal jefe, de un modo perfecto. El hecho de que el Avesta ofrezca todas estas visiones como ocurridas durante los cinco meses de invierno, invita a suponer que esta época dura del año la empleaba Zarathustra en meditar. La favorable, en la tantas veces inútil predicación.

Naturalmente, tanto tesón por su parte y tanta ayuda celestial no podían quedar infecundas. Al fin, tras aquellos amargos diez años, durante los cuales cuanto consiguió fue convencer a un primo suyo, a Metyomah (los primeros éxitos de Mahoma, como profeta, fueron también con familiares), la fortuna empezó a sonreírle cuando Vishtaspa, el rey, se dignó escucharle. Y era que sin duda Ahura Mazda acabaría por decirse que de no ayudarle un poderoso todo sería vano, pues el terrible Angra Mainyú no le dejaría en paz. Y decidido a que el Malo no ganase, se puso a protegerle de manera franca y abierta. Gracias a esta decisión, cuando camino del palacio de Vishtaspa le salieron al paso «dos reyes infieles y tiránicos», bastó que Zarathustra elevase sus ojos al Cielo al tiempo que recitaba una plegaria, para que el Puro, el Creador enviase un viento huracanado que respetando al profeta, levantó por los aires a los que venían a cerrarle el paso. Y de propina envió contra ellos una gran cantidad de pájaros «que con sus picos y sus garras arrancaron toda la carne de los perversos, no deteniéndose hasta que los huesos, perfectamente mondados, cayeron por el suelo». ¿Qué clase de pájaros serían? Se ha pensado en los buitres, pero estos volátiles no caen sino sobre lo ya muerto. Tal vez pájaros-moscas, rabiosos, y por millones. En fin, el lector puede, o imaginar los pájaros que quiera o pensar que el verdadero pájaro fue el que inventó esta leyenda. Por supuesto de los pájaros, cuando se alían con dioses o héroes, pueden esperarse, y se han afirmado, grandes cosas. Recordemos al águila que por ayudar a Zeus a que fuese tan completo en amores como en todo, de un vuelo le subió al Olimpos al hermoso Ganimedes. Y al buitre que por orden suya obligaba al hígado de Prometeus a trabajos forzados. Y a las palomas que tirando del carro de Afrodite la transportaban donde ella quería. Y a las aves arqueras del lago Stimfalos que obligaron a Herakles a uno de sus grandes trabajos. Y al ave fénix, que renacía como ciertas esperanzas de los escritores españoles. Y a los pájaros Ababil de la leyenda árabe. Incluso puesto que de aves se trata, a los gansos del Capitolio.

Volvamos a Ahura Mazda que dispuesto a proteger a su Profeta de un modo decidido y a obrar como un dios de verdad, no escatimó ya con él los milagros y los hechos prodigiosos. De tal modo que empezó por poner en manos de Zarathustra, al llegar éste a la corte del rey, un cubo de fuego con el que el profeta, sin quemarse, se puso a hacer juegos malabares. Cuando todos empezaban a reponerse de su asombro, los sacerdotes, sabios, como eran siempre los sacerdotes antiguos, le propusieron treinta y tres cuestiones, tests que se dice ahora, que Zarathustra resolvió, y ya se comprenderá que eran archipeliagudas, con la misma facilidad con que muchos de los infinitos desocupados actuales, aficionados a los crucigramas, resuelven éstos. Y de propina leyó al punto en voz alta los más secretos pensamientos, tanto del rey como de los sacerdotes sabios, sabios sin sacerdocio, y demás, allí presentes. Todo ello, y muy especialmente el interés por él del maravillado Vishtaspa, era más de lo que podían soportar cortesanos y sacerdotes, tanto más cuanto que éstos se dieron cuenta al punto del peligro que representaba para ellos y sus ollas que aquel profeta trajese una religión nueva y distinta de la suya. Consecuencia, que sobornando al criado que el rey había puesto al servicio de Zarathustra, escondieron en su habitación, con objeto de acusarle de brujería, falta gravísima (cuando no eran los dioses a favor de milagros los que la realizaban, o sus representantes en la Tierra), cabezas y colas de gatos y de perros, incitando luego al rey a que mandase registrar la habitación. Ni que decir tiene que a un negro calabozo fue el pobre profeta. Pero Ahura Mazda, arriba, lo veía todo, y al poco tiempo Hermosura Negra, el caballo del rey, cayó grave y extrañamente enfermo: sus cuatro patas quedaron, sin saberse cómo, pegadas a su vientre, y cuanto hicieron los veterinarios oficiales más los conjuntos sacerdotales inútil fue para que se despegasen. ¿Hará falta decir que Zoroastro lo consiguió con la misma facilidad con que hubiera separado de una bandeja de plata cuatro pétalos de rosa caídos en ella? Sin contar que bien nos consta que no fue Zarathustra el único que salió de una prisión para servir a su rey, pues por la Biblia, por ejemplo, sabemos que José el Casto hizo lo mismo. En cuanto a nuestro profeta, su habilidad curando a Hermosura Negra le valió la adhesión incondicional, ya, del rey; e incluso del hijo de este, Isfendiar; y que con el fervor, esta vez bien encendido, de la corte, pudiese emprender de modo abierto, e incluso triunfante, su predicación.

Y ya, ayudado por los favores del Cielo así como de los poderosos del pedazo de la Tierra donde todo esto ocurría, su vida, si no siempre fácil, sí fue mucho más fructífera y feliz. Podría hablar de la gran victoria que obtuvo sobre Cangranghacah (ciertos nombres son tan raros que algunos creerán que estoy de broma, sin pensar que precisamente del modo más serio es como se dicen, con objeto de hacerlas creer, las grandes mentiras), brahmán tremendamente sabio que vino de la India para confundirle. Pero no sabía con quién tenía que habérselas, y maravillado y confundido él mismo, se convirtió a la fe del que pensaba hacer un lío, y al Indostán se volvió con tal fuego mazdeísta que por lo visto, en un momento convirtió a ochenta mil personas.

Volviendo a Zoroastro y con objeto de acabar ya su maravillosa historia legendaria, no tengo más remedio que decir que Ahura Mazda acabaría por juzgar que no era conveniente que todo fuese rosa en lo que le quedaba de vida, y suscitó la guerra con Arjasp, en la que Zarathustra encontró la muerte, cosa frecuente en las guerras, y, como también ocurre a veces, de modo violento. Pero no sin autorizarle a acabar gloriosamente, como le correspondía, es decir, tras un último milagro: como un turanio salvaje le hiriese de muerte, no obstante sus muchos años y tener el pecho como un alfiletero, no se fue definitivamente con Ahura Mazda sin haber acabado con su adversario tirándole a la cabeza el rosario que tenía en la mano. Varias cuentas del bendito rosario llegaron por lo visto hasta la piamater del bárbaro que, claro, no tuvo más remedio que perecer.

Si ahora pensamos un poco que en la doctrina de Zoroastro (que los redactores de las Crónicas conocieron en Babilonia), el Espíritu del Mal era «el adversario» de Ahura Mazda, y que la palabra Satán significa precisamente el adversario, evidente resulta que, como ya he dicho, Satán o el Demonio fue un regalo que el Mazdeísmo hizo al Judaísmo.

Los términos ángeles y demonios han llegado a representar, siguiendo las concepciones mazdeístas relativas a los buenos espíritus y a los malos espíritus que ayudaban en sus obras a Ormuzd y a Ahrimán, el papel de esto: de buenos espíritus y de espíritus malos servidores respectivamente, aquéllos de Dios y éstos del Diablo. Pero hasta que los judíos conocieron, gracias al destierro en Babilonia, la religión persa, tanto la angeología como la demonología inventadas por sus sacerdotes (los levitas), eran mucho menos importantes, mucho menos consistentes, por decirlo así; mucho más vagas. El mal'akh de Yahvé no pasaba de ser una especie de delegado, de encargado de negocios de este Dios. Incluso una especie de hipostasis suya más bien que un ángel. Esta palabra era empleada también en el sentido de embajador. En cuanto a los Beny o Beney'Elohím, citados muy especialmente en el Génesis, eran, como su nombre indica literalmente, los hijos de Elohím. Pero ¿qué variedad de hijos era ésta?, ¿qué clase de seres designaba? En verdad, no se sabe. Ahora bien, sí que nada tenían de común con los supuestos espíritus llamados después ángeles; esto parece evidente puesto que, como en el propio Génesis se lee (VI, 2-4), «Viendo los hijos de Dios que las hijas de los hombres eran hermosas se unieron con ellas», y el resultado fue los gigantes, héroes que conocidos en todas las mitologías no podían faltar en la de los hebreos. Cierto que pocos heroísmos hubiera habido semejantes a que «espíritus puros», enamorados, hiciesen a las buenas mozas hijas de los hombres fardos de esos que ninguna hembra guapa o fea se descarga de un modo normal sino nueve meses más tarde.

En cuanto a los Kerubím, antecesores inmediatos de nuestros querubines, eran la forma plural de la palabra kerub (en asirio-babilónico kerubu), término empleado para designar no en modo alguno ángeles o tenientes de ángel, puesto que por lo visto son de mayor categoría, sino los vigorosos cuadrúpedos, con cabeza humana con mucha frecuencia, e incluso alas, que los persas solían poner a modo de vigilantes o guardianes en las puertas de templos y palacios. Los serafines por su parte, salieron de la palabra serafim, plural de saraf, palabra que designaba ciertas serpientes que según se aseguraba tenían un veneno sumamente ardiente, pues saraf, verbo, significaba quemar. Estas serpientes «angelizadas» nada tenían tampoco que ver con los ángeles, y menos en el sentido que hoy se da a esta palabra. No me puedo imaginar a ningún miembro de las actuales sociedades protectoras de animales, así sea el número uno de los que practican el «respeto a todo ser viviente», acercándose a una serpiente de cascabel, y menos a una pitón de quince metros, para decirle todo enternecido: ¡Ángel mío!

En lo que a Belcebú afecta, este barbián no era otra cosa con todo su rabo, sus magníficos cuernos e incluso su tenedor infernal, que el Ba'al Zebub, el Señor de las moscas de los Egronitas; es decir, un dios filisteo, pero no en modo alguno un diablo, a lo que llegó después por obra de fantasías distintas a las que como dios le habían imaginado. Satán, por su parte, apareció por primera vez en los textos bíblicos en el conocido episodio perfectamente legendario de Balaam, con el papel de simple delegado de Yahvé que por orden de éste se manifestaba al profeta como Satán, es decir, como impedimento, como obstáculo, en su camino; obstáculo que el profeta no ve y sí tan sólo su burra. Luego tampoco era un diablo. Hizo falta que de nuevo cayese sobre él la fantasía de otro creador de cuentos religiosos para que se operase la metamorfosis.

En todo caso, la angeología propiamente dicha con sus «capitanes» y toda su jerarquía, no aparece en el judaísmo sino tras el destierro. Ahora bien, luego de imaginados y admitidos, de acuerdo con los buenos espíritus del mazdeísmo, fueron destinados, una vez bien organizados y ya en plena actividad, a estar en contacto permanente con la potencia divina de la que, idea perfectamente antropocéntrica, eran y por lo visto siguen siendo, los fieles servidores. Como contrapartida, los espíritus malos o diablos, lo son del Demonio, Satanás o Lucifer (éste llegado a su vez a jefe de demonios de simple astro de la mañana) y de Ishtar, antigua y gran divinidad de Asia Menor y prototipo de Afrodite. Por cierto que no todos en Judea admitieron la novedad. Así, los medios saduceos partidarios y conservadores de la pura tradición israelita, al ver lo que traían los que regresaban de Babilonia, llegaron ellos hasta negar la existencia de los ángeles, no obstante lo cual y gracias, como digo, a su función perfectamente lógica (puesto que lógico parecía que los grandes del Cielo tuviesen servidores y mandatarios como los de la Tierra), la amable fantasía heredada del mazdeísmo prevaleció pasando íntegra más tarde al cristianismo. En lo que al judaísmo afecta, el «angelismo» siguió triunfante, como vemos en la Haggada y en el Talmud, donde los ángeles son designados con su antiguo nombre de mal'akh, es decir, delegados; también con el de eloiyim o superiores, los de arriba, término que los oponía a los takhtiyim, es decir, los de abajo u ocupantes de las regiones inferiores, a saber, los inferí, los infiernos; oposición siempre idéntica a la ya mencionada relativa a la supuesta existente entre los buenos y los malos espíritus del zoroastrismo. Y así, lo mismo que en éste, pronto hubo también entre los seguidores de Yahvé y a su servicio, toda una jerarquía de buenos y de malos espíritus; a su servicio los buenos, claro está; para perjudicarle, apartando de su camino a los hombres, los malos o demonios.

En Judea, para acercarse lo más posible a Babilonia (la influencia de los grandes Estados sobre los pequeños siempre ha sido extraordinaria; no hay más que ver lo que hoy son para nosotros, por ejemplo, los Estados Unidos, de donde todo lo que llegue es aceptado con entusiasmo, desde palabras que están infestando nuestro idioma hasta esos negros y esas negras que sin voz, hermosura ni gracia y sólo porque berrean en inglés y se retuercen en neoyorkino gustan tanto); decía que en Judea, por hacer como en Babilonia, pronto hubo también en lo que ahora nos ocupa, entre los seguidores de Yahvé y a su servicio, toda una jerarquía de buenos espíritus; para perjudicarle, como Ahrimán a Ormuzd, otra de malos. Naturalmente, aparecieron entre aquéllos los grandes ángeles encargados exactamente como los Ameshas Spentas zoroastrianos de misiones particulares, a causa de estar investidos para que pudiesen cumplirlas a satisfacción, de poderes particulares también. Con todo ello, el progreso de la angeología judía, una vez nacido, no cesó. Así, unos trescientos años antes del libro de Daniel, Zacarías estableció ya una clasificación entre las diversas variedades de ángeles. Avanzando más (por qué no, puesto que nadie se lo impedía), Daniel distinguió a varios espíritus archisuperiores señalándolos con nombres particulares con objeto de que fuesen mejor conocidos. Así aparecieron, por ejemplo, los arcángeles Miguel y Gabriel, con personalidad perfectamente definida, y que tan importantes misiones estarían encargados de realizar posteriormente a lo largo no sólo de la leyenda teológica cristiana sino mahometana, puesto que gracias a las conversaciones de Gabriel con

Mahoma tenemos hoy el Corán. Pero volvamos a la fuente de estas cosas tan importantes: los Ameshas Spentas zoroastrianos.

Los Ameshas Spentas, palabras que significan Inmortales benéficos, eran siete, los siete siguientes:

Ahura Mazda = Ormuzd. Vahu manah = el Buen Espíritu. Asha vahishta = la Justicia perfecta. Khshattra vairya = el buen Reino. Spenta Armeti = la Piedad bienhechora. Haurvatat = la «salvación». Ameretat = la Inmortalidad.

A ellos era añadido: Sraosha = la (piadosa) Obediencia.

Naturalmente (sin duda para que siendo en un principio las fuerzas iguales el triunfo del bien sobre el mal fuese más difícil y glorioso), a los siete ángeles jefes, de Vahu Manah a Sraosha, se oponían otros tantos demonios principales cuyo nombre genérico avéstico no ha llegado hasta nosotros, pero que en pehlevi son llamados Kamarikán. El nombre de estos espíritus malos, enemigos directos cada uno de ellos de los siete buenos mencionados, son: Aka Manah, Indra, Sorú, Nanhethya, Tauvi, Zerika y Aeshma.

De ellos Indra, como ya sabemos, pasó de ser en la India dios de primera clase, a demonio en Persia. A primera vista parece un caso de mala suerte, pero si se considera mejor la cuestión se ve que no, pues vale más ser algo importante en dos sitios que en uno sólo. Lo que explica que tantos abrumados ya de distinciones a causa de sus muchos méritos, se pongan tan contentos cuando son nombrados algo «honoris causa», por ejemplo, en otro sitio, o les dan una cinta, una banda o una cruz que estiman mucho más, sólo porque «sale» en los periódicos, que los metros de unas y docenas de otras, todas variadas, que podrían comprar fácilmente en las tiendas donde se vende esta chatarra. Aka Manah o Aka Mainyú (la transcripción de estos nombres del idioma original a otro es siempre un poco caprichosa y no hay que dar a la cosa gran importancia), era el Mal Pensamiento. Sorú o Saurú no tiene sentido claro, pero parece que era el demonio del Mal Gobierno, demonio que, por fortuna, hace mucho que no viene por aquí. Taurvi y Zerika corresponden, etimológicamente, a las ideas de potencia destructiva, de decadencia, de ruina, de cosa que se aja o se marchita. Aeshma daeva fue la primera manifestación del Asmodeo judeo-cristiano. Había, además, otros daevas o demonios secundarios, entre ellos los Khrafstra (nombre difícil de pronunciar sin lanzar perdigones), de los Gathas, que han sido asemejados a los seres reptilianos de la Biblia. Estos demonios secundarios, al revés que en sus descendientes judeo-cristianos que salvo el gran jefe ninguno recibió nombre particular, ellos sí lo tuvieron. Recordemos a algunos: Tarometi, el demonio de lo desmesurado; Mithaokhta vac, el demonio de la palabra embustera; Araska, el mal Querer, los Celos, la Envidia; Vizaresha, el Tormento; Duzdoithra, el Mal de Ojo; Apaosha, el demonio de la sequía; Vitaosha, el de los diluvios (entonces, como ahora, no siempre llovía a gusto de todos; es más, los diluvios debían de ser frecuentes y de marca, cuando tantas leyendas se han formado en muchos sitios a propósito de ellos);

Vatodaeve, el demonio del Viento Violento; y otros muchos más, pues para cada calamidad había uno; como un espíritu bueno o santo, como aquí, para todo lo bueno o que convenía. Todo ello sin contar los innumerables Drujs que encarnaban toda suerte de mentiras, engaños e ilusiones embusteras, pues eran demonios hembras. En fin, los fravashis iranios eran los ángeles de la guarda, dignos antecesores de sus congéneres cristianos, y que tal vez sin duda se descuidaban, como aquí, obligando a sus mal custodiados o a reunirse con Ahura Mazda antes de tiempo, o a deambular tullidos por el Mundo.

Total, que antes del destierro no había entre los judíos nada que tuviese el aspecto de una angeología ni de una demonología organizada, como tampoco un Infierno propiamente dicho. Nada de oposición de principio entre buenos y malos espíritus; nada de milicias celestes y milicias infernales; ni ángeles ni diablos individualizados. Yhavé no tenía otros adversarios que los dioses de las naciones enemigas de Israel y la cabezonería y terquedad de sus «hijos», aquellos ciudadanos del pueblo que había escogido, cuyas infidelidades a su fe tanto hacían tronar a los profetas. Pero al volver los judíos del destierro todo cambió. Angeología y demonología se organizan; ángeles y demonios se manifiestan como irreconciliables adversarios, y la oposición entre Yahvé y Satán se precisa y crece sin cesar. Naturalmente, ello ha permitido seguir perfectamente el nacimiento de todas estas fantasías y que, consecuentemente, conozcamos mejor la historia de los demonios que la de muchos dioses; así como todo cuanto para ir tapando huecos y atajando fallos se ha ido imaginando posteriormente, como, por ejemplo, lo de la «caída» de los ángeles, caída que fue preciso imaginar con objeto de poder explicar que frente a un Dios «infinitamente bueno, sabio y todopoderoso», hubiese un ser capaz de oponerse a su voluntad y, por supuesto, que le hubiese creado, pese a su omnisciencia, sin saber que no tardaría en levantarse contra él.

Se dirá que estas cosas ya nadie habla de ellas. Que pertenecen a ese fondo legendario que siempre nace para ahorrar explicaciones más difíciles, necesarias para el ajuste de los detalles en toda creencia. Cierto, pero recogiendo su historia se ayuda a este deseo de verdad y de conocimiento, incontenible ya por todas partes. A causa de ello añadiré que esta «caída» no apareció hasta un texto apocalíptico y tardío, además de apócrifo, en el libro de Enoch (VI-XV). Ahora bien, gracias a este libro estamos perfectamente informados sobre la cuestión. Se sabe que el jefe de los revoltosos celestiales se llamaba Azazel (antiguo dios mandaita) y que cuando el comando, como ahora se dice, de revoltosos, fue reducido por obra de los ángeles «buenos» mandados por Miguel, Gabriel, Uriel y Rafael, Azazel, vencido, fue condenado a un lugar de suplicio que se encontraba entre las rocas de Beyt Khadudah, en las inmediaciones de Jerusalén. Luego, sin duda, Yahvé tuvo piedad de él y mandó que le soltasen.

Tampoco en la tradición religiosa israelita anterior al destierro había noción alguna que pudiera hacer pensar en los dos banderines de enganche que, por obra del interés o del miedo, tanto ayudarían a procurar adeptos a las religiones que se inspiraron en el mazdeísmo: me refiero al Paraíso, al Infierno, y al lugar de expiación intermedio conocido con el nombre de Purgatorio.

Antes del destierro, en Israel el alma de los muertos, como ahora se dice, el elemento espiritual humano, el nefesh (soplo, hálito, aliento), lo aéreo del hombre, iba al cheol o she'ol, lugar impreciso, sombrío, oscuro, donde permanecía sin pena ni gloria. Allí, como dice el texto bíblico «se reunía a sus pueblos», expresión extraña de origen tribal, que indicaba que el ánima libre ya de su envoltura carnal, ganaba el lugar al cual la habían precedido las ánimas de todos sus antepasados y congéneres, donde en adelante participaría con ellos de una existencia triste, aburrida, sin accidentes, sin brillo y sin fin. Cuanto se sabe del cheol, además de esto, es que era un lugar sombrío, inerte, apagado, y que a él se descendía. Es decir, que se le imaginaba bajo tierra, variedad de infierno en el sentido latino de lo que hay más abajo. Pero nada en lo que a esta triste mansión afecta que encerrase ideas de recompensas o de castigos. Lo más favorable que les podía ocurrir a las almas era descender en paz al cheol, si no habían cometido actos reprobables, como vemos en 1 Reyes II, 6-9. Pero una vez allí, la misma existencia inútil, monótona y triste para todos. Por el libro de Job se sabe también que del cheol no se volvía: Lo mismo que la nube se desvanece y desaparece, así el que baja al cheol de él no volverá a subir. Por el primer Isaías (XXXVIII, 18), que allí hasta Yahvé era olvidado. Un salmo, el VI, 6 confirma aún esto: Nadie se acuerda de ti una vez muerto; ¿quién te celebrará en el cheol? Y en el Eclesiastés (IX, 10): En el cheol adonde vas no hay ni obra, ni discursos, ni ciencia, ni sabiduría. Y era todo. Pero llega el destierro y el panorama cambia. Al contacto con las ideas escatológicas iranias surgen nuevas perspectivas. En vez de aquel lugar indiferente, triste y aburrido, nace una gehenne ya verdadero infierno, y como contrapartida, cosa también desconocida antes, un paraíso, lugar de delicias. Veamos un poco estas palabras a través de la lingüística, pues nada como ella informa sobre el origen y nacimiento de los vocablos, o sea de su creación antes que el tiempo y los hombres les diesen la significación con la que han llegado hasta nosotros. Y como las palabras son cuanto hay de real a propósito de muchas cosas, de aquí el interés que ofrece conocerlas [19].

---

[19] Todas las religiones que admiten la resurrección de los muertos y el juicio final del que depende la supuesta vida futura de éstos, obligadas están a ocuparse de una cuestión importante: la relativa a explicar qué será de las almas en el período que se extiende entre la muerte de los cuerpos y la citada resurrección, necesaria para que el mencionado Juicio final pueda tener efecto. Pues bien, el

Zoroastrismo resuelve este problema de un modo diferente a otras religiones. Las almas de los que se acogen a este sistema religioso son juzgadas, a creer a los que tal afirman, *inmediatamente después de morir el cuerpo,* dependiendo su suerte futura del comportamiento, durante la vida que acaban de perder, de los juzgados. Es decir, que van al Cielo o al Infierno, lugares donde permanecerán hasta la Resurrección y Juicio inmediato, según lo que hayan merecido. Verificado este Juicio, tres días después tendrá lugar la Renovación del Mundo cuya inmediata consecuencia será la *abolición del Infierno.* Y, nueva consecuencia, esta natural dado lo anterior: que todos los hombres entrarán en una *existencia eterna* en un Universo en el que reinarán para siempre el bien, la alegría y la felicidad. Dicho de otro modo: que Cielo e Infierno son mansiones y para los que vayan a ellos estados, que sólo existirán y durarán hasta el Juicio final, tras el cual todos irán, sin distinción, al Universo Renovado en el que, como acabo de decir, reinará eternamente el bien y la felicidad. Mas como pudiese ocurrir que algunos hombres, o muchos, muriesen luego de haber realizado una cantidad de buenas acciones exactamente equivalentes a otras tantas malas, a aquellos que tal les ocurra tendrán que habitar hasta la Resurrección en un lugar o esfera neutra, en la que no sufrirán castigo ni recibirán recompensa, y en el que tendrán que esperar la llegada del gran día.

Pero aún hay algo más en esta religión humana y generosa para formar la cual, a los que la imaginaron no se les ocurrió pensar que fuesen cuales fuesen las faltas y pecados que pudieran cometer los hombres, éstos mereciesen castigos horribles *eternamente.* Es decir, que no sólo les fue imposible imaginar tal cosa, sino que incluso un medio (que luego haría suyo en cierto modo, el catolicismo romano), gracias al cual, incluso, los infiernos temporales de los condenados a castigos desde la muerte hasta la resurrección, podían ser aliviados estos castigos. Y este sistema consistió en admitir, y por tanto establecer y enseñar, que el exceso de perfección de los hombres virtuosos, es decir el resto de buenas obras no necesario para su salvación, este "superfluo" de virtudes, en vez de perderse, constituyera "un tesoro constantemente beneficioso" que se iba acumulando en la "casa-depósito de virtudes" guardada en el Cielo por determinados ángeles, depósito que era empleado por éstos con la autorización divina, en favor de aquellas almas que bien que pecadoras, a causa de serlo menos que otras, podían, gracias a este resto de bien elaborado por otros, beneficiarse disminuyendo totalmente o en parte su tiempo de permanencia en el Infierno.

La misma idea, bien que menos elaborada, se encuentra en el budismo mahayánico. Habiendo los grandes Bodhisatvas (o Budas futuros) acumulado gracias a sus obras santas y benéficas una gran cantidad de Karma, cantidad muy superior a la que necesitaban para ascender hasta los últimos escalones de la perfección, con objeto de que tan rico tesoro no se perdiese, ellos mismos lo repartían (o reparten, pues los que creen tal cosa juzgan, como es natural, las cosas en presente), entre las almas necesitadas de clemencia y a su juicio menos culpables, favoreciendo con ello la ascensión de los afortunados, desde las tinieblas infernales hasta las deslumbrantes cimas de la claridad perfecta. Y tan señalado favor no tan sólo se puede obtener gracias a los Bodhisatvas, sino por obra de los propios mortales que a su vez pueden influir eficazmente en pro de sus parientes y deudos, mediante oraciones y ruegos a la divinidad. Así, por ejemplo, recitando cada día durante un año una de las Escrituras conocidas con el título de "El Sutra victorioso del Infierno", se consigue que los muertos en cuyo honor se ha rezado o recitado, entren en el Cielo sin pasar por el poco grato antro termal. Ni que decir tiene que tan benéfico resultado es aún mucho más rápido comprando a los monjes budistas eficacísimas fórmulas de rezo final, gracias a cuya acción, si por casualidad aquel por quien se suplica hubiese entrado ya en el Infierno, las puertas de tan temido lugar se abrirían irremisiblemente para él con objeto de que pudiera cambiar de mansión y acceder al codiciado paraíso.

En cuanto a los cristianos, entre todos sus diferentes matices, tan sólo como se sabe, la Iglesia romana ha aceptado en sus doctrinas no sólo el Purgatorio, sino los medios de aliviar la suerte destinada a las almas que llegan a él gracias a las *indulgencias* contra las que con verdadera crueldad se levantó Lutero.

En cuanto al "alma", su concepto nació con el *animismo* que, en efecto, concedía vida y alma a todo. El animismo primitivo se limitó a esto, a suponer la existencia de espíritu (ánima) en todos los seres de la Naturaleza. Pero pronto el concepto alma creció, siendo considerada el alma como coexistiendo con el cuerpo, pero como algo distinto y superior a él, puesto que le dirigía. Ya en el *Fedón* de Platón vemos a Sócrates no sólo defender esta superioridad sino abogar por esta idea corriente incluso en filosofía: que el alma era de naturaleza divina y, por lo tanto, inmortal. Como la relación alma-cuerpo parecía tan estrecha, la medicina tenía que intervenir en la cuestión y, en efecto, desde el punto de vista médico el "animismo" quedó reducido a una doctrina biológica creada por Stahl según la cual el alma razonable no tan sólo dirige los movimientos vitales sino que construye los órganos y los repara. El animismo se opone, pues, al "mecanicismo" que no ve en los fenómenos vitales sino fenómenos físico-químicos, y al "vitalismo" que los explica a favor de un principio vital, semimaterial, semiespiritual, distinto a la vez de las fuerzas físico-químicas y del alma pensante, así como del "duodinamismo" de los vitalistas que explican mediante dos principios diferentes, de una parte ia conciencia y de otra la vida vegetativa, mientras que los animistas atribuyen a una causa única, el alma pensante o razonante, tanto los fenómenos vitales como los psicológicos. Pero Sthal habla de la inmortalidad natural, esencial del alma, diciendo que esto tan sólo a favor de la fe podía imaginarse. En todo caso todas las religiones que han admitido y admiten que el alma es la que dirige al cuerpo y, por lo tanto, que la conducta del individuo depende esencialmente de ella (Hinduismo, Budismo, Taoísmo, Zoroastrismo, Orfismo, Judaísmo, Cristianismo e Islamismo), adquirieron el sobrenombre de "religiones de salvación", puesto que según ellas, el cuerpo se salvaba o se condenaba según su comportamiento durante esta vida. A causa de ello, natural era que en todas y dentro del socorrido y vasto campo de la fantasía, el Infierno haya formado y siga formando uno de sus rasgos o elementos característicos, y que cuantos echaron al vuelo su imaginación inventando antros para los presuntos condenados hayan demostrado haciéndolo hasta donde podía llegar el odio injustificado y la perversidad de ciertas imaginaciones en la tarea de combinar y profetizar los dolores, torturas y agonías que, según su innata maldad, aguarda indistintamente a las almas y los cuerpos de los condenados. Tan atroces llegaron a ser las descripciones, que la propia Iglesia, dándose cuenta de que nada perjudica tanto a supuestas verdades como las evidentes mentiras sólo buenas, en lo que a su credibilidad respecta, para los totalmente "pobres de espíritu", ha tenido que recoger velas, y hoy cuanto se enseña sobre el Infierno y sus penas es que éstas consisten tan sólo en "la privación de la vista de Dios", cosa más lógica y natural.

Pues bien, en lo que al Zoroastrismo afectaba, que es lo que ahora nos interesa, las diferencias entre los lugares de tormento de su infierno y los de las demás religiones de salvación (mejor debería decir de condenación), es radical como ya he dicho. Mientras en todas sus hermanas el fuego constituye la parte esencial de los tormentos, en el Mazdeísmo, como el fuego es el elemento divino por excelencia y a causa de ello imposible era asociarle con el Malo ni con el mal, la base de los castigos tuvo que consistir, precisamente, en la total y absoluta privación de calor. O sea que en el Infierno mazdeísta los condenados sufrían a causa de todo lo contrario de lo que caracteriza a este elemento, o sea por el *frío* y por la total, completa y absoluta *oscuridad*.

El Budismo mahayánico había llegado en esta cuestión hasta donde parecía posible llegar, reuniendo en sus sistemas de castigo infernales todo lo inventado hasta entonces corregido y aumentado. En él había (mejor dicho, "hay", pues aún muchos en Oriente creen en la sarta de bárbaras estupideces que voy a enumerar) ocho infiernos calientes y ocho fríos. Los calientes son: 1.° El *Samjiva*, donde los que entran en él se arrancan mutuamente la carne con ganchos de metal al rojo, y donde un viento fresco reanima a los que caen agotados para que de nuevo pueda comenzar el festival. 2.° El *Kalasutra*, en el que los arrojados allí son continua, incesantemente, azotados con látigos hechos con hilos de metal ardiendo. 3.° El *Samghata*, en el que elefantes de hierro más que suficientemente calentados pisotean a los huéspedes del antro, deshaciendo su carne y sus huesos, todo lo cual se rehace al instante. 4.° El *Raurava* o infierno de las lamentaciones, donde no cesan de escucharse los aullidos de los desdichados que llenan los enormes calderos de agua hirviendo en los que son zambullidos. 5.° El *Maharo-rava*, infierno de las grandes lamentaciones, en el que las víctimas son sucesivamente y sin parar unas veces fritas y otras asadas. 6.° El *Tapona* o infierno del fuego abrasador, donde los que han tenido la suerte de caer por allí son reducidos a cenizas en un horno calentado por víboras al rojo que no dejan de saciarse sobre sus víctimas, mientras se reducen lentamente a ceniza, cenizas que entonces el propio horno las escupe, que al punto se reaniman y componen, y la juerga vuelve a empezar. 7.° El *Pratapana*, infierno de calor excesivo en el que los que en él caen son arrojados a un lago de asfalto en ebullición, siendo, además, atravesados por lanzas al rojo si intentan salir de él antes de las cinco horas reglamentarias, tras las cuales son pescados con garfios venenosos, arrojados para que descansen, durante un cuarto de hora, en cenagales llenos de sanguijuelas hambrientas y monstruosas arañas, tras lo cual son de nuevo repescados ¡y al asfalto! Y 8.° El *Avicio* o infierno "Sin Descanso", el más bajo y peor de todos, que guardan cuatro grandes perros de cobre al rojo, al lado de los cuales el Kerberos griego era o es una ursulina, y dieciocho lictores infernales que se desafían continuamente por ver cuál de ellos es el más cruel, acariciando a sus víctimas mediante suplicios architórridos, y cuya fantasía en imaginar tormentos es tal, que ni reproducir ha sido posible.

Los ocho infiernos, por el contrario, refrigerantes son los siguientes: 1.° El *Arbuda,* donde el frío es tan agudo y vivo que las carnes de sus huéspedes empiezan por cubrirse de llagas, llagas que luego estallan, y de nuevo empieza la fiesta. 2.° El *Nirarbuda,* en el que el frío es tan intenso que en él los cuerpos se hinchan y se cubren de ampollas que acaban por estallar para volver de nuevo a su primer estado; y ello sin cesar. 3.° El *Atata,* en el que los labios de las víctimas de tal modo están helados que cuanto pueden pronunciar es un dolorosísimo "ta" que sale por ellos como un chasquido lacerante, mientras el cuerpo se agrieta hasta caer deshecho en témpanos de hielo que se vuelven a recomponer apenas tocan el suelo. 4.° El *Hahava,* donde el aliento helado de los prisioneros sale a través de la congelada garganta, carrillos y labios sin poder hacer otra cosa que silbar las sílabas que componen los números seis y siete. 5.° El *Huhuva,* o infierno de los huracanes de nieve y granizo que azotan sin cesar, hiriendo y destrozando los desnudos cuerpos que corren aterrados a meterse en refugios en los que unicornios allí escondidos los voltean y arrojan a gran distancia. 6.° El *Utpala,* donde los condenados son obligados a correr por pistas sumamente estrechas y escurridizas con los pies descalzos, cayendo constantemente a izquierda o derecha sobre aristas de hielo de cortes envenenados con forma de sierra que entran en movimiento, ocasionándoles, antes que puedan levantarse, dolores atroces. 7.° El *Padma,* en el que las heridas de las heladas carnes se convierten en botones semejantes a lotos azules, rojos o blancos que se llenan de agujas aceradas, que estallan hacia adentro, y que al punto vuelven a recomponerse para de nuevo estallar. Y 8.°, el *Pundarica,* donde los desdichados son perseguidos por la helada estepa por ciervos que, al alcanzarles, los lanzan por el aire, haciéndoles caer sobre lagos helados que rompen con su cuerpo, quedando sólo fuera la cabeza, pues los témpanos rotos vuelven a unirse al punto, y sobre las que caen osos blancos, mientras que peces —dardos— abajo les acribillan el cuerpo. Cuando ya no quedan sino huesos son lanzados muy lejos, a la estepa, donde recomienza el juego. Por si todo ello fuese poco, cada grupo de infiernos, los ocho tórridos y los ocho helados, están rodeados de dieciséis infiernos menores o de entrenamiento, o sea un total de 256 lugares de tormento, número que se eleva a 272 sumando a ellos otros 16 compartimentos anexos para pasar por la puerta de los cuales, y es obligatorio, sería pura justicia que fuesen acompañados por los benditos monjes budistas que discurrieron todo ello.

Por consiguiente, en los infiernos mazdeístas, lo que tienen que soportar, los malos, no son los tormentos del fuego ni las persecuciones del Malo o de sus servidores, sino todo cuanto puede hacer sufrir la falta de calor, es decir, cuantos tormentos crueles pueden herir y lacerar a causa del frío, más todos los terrores y angustias que puede ocasionar (esto invención de los sacerdotes mazdeístas), la oscuridad más total y completa (los infiernos fríos budistas estaban iluminados por auroras boreales). Entiéndase una atmósfera de tinieblas lúgubres que hacen desaparecer contornos y relieves en una noche que bien que no lo sea (pues ya sabemos que los tormentos de este Infierno tendrán fin un día), parezca eterna. Este terrible lugar de castigo estaba situado en las entrañas de la Tierra, pero allá en lo más apartado de las regiones nórdicas, mansión de Ahrimán, amo del espantoso antro helado. Las almas al llegar allí empiezan por hundirse en cuatro simas a cuál más horrendas: la del Mal Pensamiento, la de la Mala Palabra, la de la Mala Obra, y al fondo, abismo de oscuridad sin fin, la sima del Mal Espíritu. Este último sitio es la mansión de lo negro. Las tinieblas allí son tan espesas "que se palpan con las manos". En aquella noche total donde jamás penetra el menor rayo de luz, reina un silencio absoluto y una soledad no menos completa no obstante estar densamente poblado de condenados "tan próximos unos a otros como la oreja está del ojo, y en tan gran número por espacio como los pelos de la crin de un caballo". Así están allí apretadas las almas unas contra otras sin que se den cuenta de ello; al contrario, pensando cada una: "¡Estoy sola para siempre!" Soledad peor que todo otro castigo. Sin contar que aquellas tinieblas exhalan una pestilencia tan enorme que dan la sensación de ser también algo sólido y palpable. De tal modo que se dice de ellas "que podrían ser cortadas con un cuchillo" Cuando al fin se escurren de allí, es para caer en los infiernos antes mencionados. En todo caso tanto mal no es *eterna*. La llegada del perdón puede tardar cientos, miles de años, pero al fin llega. Claro que apenas un alma ha pasado tres días en el Infierno "se figura estar allí hace nueve mil años y ve su liberación ya próxima". Y, en efecto, esta liberación llegará con la Resurrección tras la cual, purificadas almas y cuerpos para siempre, alcanzarán una vida nueva en una Tierra nueva en la que sólo reinará el bienestar y la justicia.

Por otra parte, el Cielo o Paraíso del Zoroastrismo es sobrio en cuanto a imaginación, comparado con los Paraísos hindúes o musulmán. Los que le imaginaron se limitaron a concebirle como un lugar destinado a recompensar a los elegidos. Pero primeramente y ante todo como la mansión del Dios supremo en bondad, es decir Ahura Mazda, que reside en él en unión de los que se han esforzado por servirle en la lucha contra el Mal practicando el bien y llevando una vida virtuosa. En conformidad con una religión esencialmente moral, el cielo zoroastriano es ajeno a los placeres sensuales base de los paraísos hindúes, budistas y musulmanes. La felicidad que promete consiste, esencialmente, en un acercamiento gradual que va disminuyendo poco a poco la distancia entre el alma y Dios; y en la alegría de habitar y vivir en presencia de Ahura Mazda el Bien absoluto. Como etapas de esta progresión cuyo término es la *visión divina* (ilusión que también el cristianismo tomó, a favor de su mística, del zoroastrismo), hay tres esferas celestiales: el Paraíso de los Buenos Pensamientos, que está en las estrellas; el Paraíso de las Buenas Palabras, que está en la Luna, y el Paraíso de las Buenas Obras, cuya sede es el Sol. Una vez el justo en cualquiera de estas regiones, ya nada tendrá que temer: "Ni decadencia, ni muerte, ni alarmas, ni angustias, ni inquietudes. Para siempre estará allí con todo honor, respirando aires embalsamados, lleno de alegría y colmado de felicidad." Más allá del Sol está el más elevado de los Cielos. El Cielo de la Luz Eterna en el que Ahura Mazda reina

La palabra paraíso era irania, pairi o peridaeza, y no significaba otra cosa sino jardín cercado, recinto. Estamos, pues, muy lejos aún del sentido «jardín de delicias» que adquirió después. Esta palabra no aparece en el Antiguo Testamento sino tres veces: en el Cantar de los Cantares (IV, 13), en el Eclesiastés (II, 5) y en Nehemías (II, 8). Pero siempre con el simple significado de jardín cerrado, de parque. Es decir, puramente material y laico. Lugares semejantes en los grandes templos de Asia Menor recibían el nombre de temenos, palabra que pasó al griego. La aparición, pues, de la palabra pardés en hebreo bíblico, indica un préstamo más del léxico iranio al hebreo [20].

---

rodeado de ángeles y arcángeles. Almas de justos vestidos con trajes resplandecientes y llevando la cabeza coronada, "ofrecen allí su homenaje al radiante esplendor de Ahura Mazda", alegrándose sin cesar de estar al fin "en el mejor de los mundos prometido a los Santos; mundo brillante y enteramente glorioso, mansión divina del Dios por excelencia. Del Exaltado, Sublime, Supremo, el más Brillante y el más Puro".

[20] Los prosélitos de cualquier religión, en su propósito de que aquella a la que pertenecen sea la mejor y la única verdadera, no solamente se indignan si oyen afirmar que no hay religión verdaderamente original, es decir, que no deba gran parte a las que la han precedido, sino que, a causa de ello, no admiten, o a regañadientes y con disgusto, que se señalen las afinidades y hasta deudas que tienen con otras. Tal ocurre, por ejemplo, cuando se demuestra o, simplemente, se señala todo cuanto del Zoroastrismo pasó al Judaísmo, de éste al Cristianismo y, finalmente, al Mahometismo; soliendo afirmarse, con objeto de oponerse y como último bastión de defensa, que la religión bíblica hizo estallar el cuadro nacional cuando los Profetas, especialmente Isaías, sacaron a Yahvé del estrecho círculo de ser tan sólo el Dios del pueblo de Israel. Es decir, al darle los caracteres y atributos de Dios universal; mientras que el Zoroastrismo tuvo, según afirman los que tal sostienen, un carácter mucho más restringido no saliendo su Dios, Ahura Mazda, del ámbito nacional; así como que tampoco se puede comparar al profeta persa con los profetas israelitas.

Como no es éste el momento ni ocasión de meternos en profundidades, como respuesta a lo anterior, me limitaré a decir que como profetas, estos últimos por una serie de circunstancias entre las que destaca el hecho de que el Judaísmo haya llegado a ser la antesala del Cristianismo, han tenido una resonancia que no alcanzó Zoroastro, cuya figura no sólo estuvo siempre en un segundo término muy oscuro, sino cuya obra al punto fue alterada, enmendada y ensuciada, casi anulada por los magos, pero cuya originalidad es incomparablemente superior a la de los mejores profetas hebreos que cuanto hicieron, llevados no de genio creador, sino de rabia religiosa, rabia que fue siempre la válvula de escape de hombres que quisieron ser algo sin poderlo conseguir, fue inventar un monoteísmo rabioso también, por ver si al menos a la sombra de un Dios grande y único, podían ellos engrandecerse igualmente.

El jardín del Edén no era un paraíso, aunque así le solemos llamar. El Génesis le denomina no pardés, sino gan, es decir, jardín, cosas distintas ambas de paraíso. La palabra griega paradeisos de la que salió nuestro paraíso, no aparece sino en la Biblia llamada de los Setenta, o sea, en la traducción griega, donde es empleada para significar ora jardín (gan), ora pardés. Pero con el sentido de mansión celeste común a Dios y a sus fieles, no se encuentra sino en textos apocalípticos cristianos, empezando por los Evangelios, puesto que la Buena Nueva tiene como objeto principal anunciar que los tiempos se acercan y que la llegada o venida del Reino es inminente.

En todo caso este término iranio paraíso, destinado estaba a tener prodigiosa aceptación e incluso amplitud en el mundo judeo-cristiano, empezando por Ezequiel en cuyos capítulos XXVIII y XXXI el jardín simplemente terrestre de antes, evoluciona ya francamente hacia paraíso. El Yahvé que antaño «se paseaba por el jardín al fresco del día» (Génesis, III, 8) cuando tan sólo era el Dios de aquel pueblo insignificante de judíos que además tan frecuentemente le olvidaba, iba ya en Ezequiel camino de derribar a todos sus rivales los dioses de los pueblos vecinos, a medida que gracias al ardor de los profetas adquiriría cualidades sublimes y perdía los defectos que hasta entonces había mostrado a través de los relatos del Antiguo Testamento (batallador, vengativo, celoso de los demás dioses, ordenador de matanzas con las que se complacía, etc.), e incluso perdiendo carnes, pues iba hacia «espíritu puro»; aquellas carnes a las que tanto agradaba antes el «fresco del jardín». Naturalmente, «á tout seigneur tout honneur», como dicen los franceses, para Dios ya tan importante un jardín era poco y nació el paraíso mencionado ya con este nombre en el capítulo XXVII del libro de Enoch y posteriormente en diversos tratados talmúdicos.

Como era natural también, al ir tomando cuerpo la palabra pardés en la literatura rabínica, tenía que apartarse cada vez más de geyhinnom: la gehenne; respondiendo en cambio al concepto que representaba de acuerdo con la antigua idea zoroastriana, ya judaizada, de Reino por venir, como lo prueba la denominación postbíblica 'olam haba, es decir, el mundo que llega. Y del mismo modo que el Saoshyant o Salvador anunciaría el Buen reino de Ahura Mazda, el judeo-cristiano el de su Padre. Paraíso que tanto en una religión como en otra sería el de los elegidos, su mansión propia y adecuada, o sea, el mundo de las almas ('Olám haneshá mot; neshem implica la idea de aliento, de respiración, o sea, exactamente como el iranio menyú o mainyú), noción que se oponía al mundo de los cuerpos que era el mundo de Ahrimán. Lo que también siguieron los teólogos cristianos que para que los cuerpos pudiesen ser quemados en el mundo o reino de su Ahrimán, no tuvieron más remedio que hablar de un infierno a base de tormentos mediante el fuego, luego de una resurrección de los cuerpos, pues las almas difícil hubiera sido que se quemasen en él, puesto que tan sólo eran espíritu. Con los buenos el problema era más sencillo: tras la resurrección irían al

Paraíso, mansión de Dios, como en el zoroastrismo iban a la del Bueno por excelencia, Ahura Mazda.

En cuanto al término hebreo geyhinnom del que los traductores griegos primero, y luego los latinos, sacaron gehenne, es difícil precisar su verdadera fuente. Unos pretenden que salió de Gey-Hinnon o valle de Hinnón, lugar próximo a Jerusalén; otros hablan de una forma popular avéstica gaethanam que dio el plural persa jihan. Y como gaethanam significa de los cuerpos, han visto en ello (mansión) de los cuerpos, igual gehenne, igual infierno, en oposición a mansión de los espíritus o paraíso.

En lo que al Avesta afecta, que es lo que ahora nos interesa, en su estado actual (cierto que incompleto y fragmentario), no da ninguna descripción del infierno zoroastriano. Pero como la cosa era importante no dejó de tentar las fantasías y varias obras pehlevis, entre ellas el Artá viraf namak, se ocupan ampliamente de predecir e informar dónde y cómo sufrirán los infractores de la doctrina de Zoroastro; lo que debemos a los que luego de él la enmendaron a su gusto sin el menor respeto. Según este libro, además, es en la cima de un monte, el Arezura, situado al Norte como el infierno germánico, donde Anhrimán reúne a sus milicias para desde allí caer sobre la Humanidad. El mismo se lanzó desde él para tentar a Zoroastro. En todo caso el infierno de Ahrimán parece ser, según lo que aseguran los que saben de esto, que está lleno de animales ahrimanianos o ahrimanenses, a saber: serpientes, sapos, ratas, piojos y miseria de índole semejante. Naturalmente es un reino de tinieblas densas, de fetidez, de soledad, de horror y, como ya he dicho, ¡de frío!

En fin, en los Gathas (Yasna XXXIH, 1) encontramos el Hamestakán o Purgatorio zoroastriano, lugar intermedio entre su Paraíso y su Infierno. Por cierto, que como en tiempos del profeta persa el fuego no había llegado aún a ser considerado, como actualmente entre guebres y parsis, elemento divino, la tradición zoroastriana de entonces habla, la primera, de la purificación en él mediante fuego. El Bundahishn, libro posterior pero que conserva gran número de detalles antiguos, dice exactamente (XXX, 2): «Todos los hombres pasarán por el metal fundido y se tornarán puros; en lo que afecta a los justos les parecerá marchar a través de leche caliente.» El libro de Enoch (LIII, 6-7; LXVII, 6-7) reproduce la tradición zoroastriana bien que, como es natural, con un lujo de detalles a que ésta no llegó. De copiar las cosas, mejorarlas para que no se note tanto el plagio, que se diría, tal vez, el desconocido autor de texto tan curioso e importante en lo que a referir mentiras y fantasías afecta. Este purgatorio, este Hamestakán, por lo demás, lo mismo que el cristiano destinado está a desaparecer, como mansión transitoria que es, tras el Juicio final, cuando el Salvador anunciado o el propio Ahura Mazda, renueve la Tierra y extermine para siempre todo cuanto no sea entera y absolutamente bueno.

* * *

El libro sagrado del zoroastrismo es el Avesta con frecuencia llamado impropiamente Zend-Avesta (palabra viva). Este libro es poco conocido y ello por la simple razón de ser hoy esta religión en otro tiempo tan importante, poco estimada. Y digo «estimada», porque el valor de las doctrinas religiosas ha sido siempre medido, de un modo general, por el número de sus adeptos, y actualmente el mazdeísmo o zoroastrismo con sus pocos más de cien mil, de los cuales apenas una décima parte en el Irán, cuna de Zarathustra (los demás en la India, muy especialmente en Bombay), poca cosa son al lado de los trescientos, cuatrocientos o más millones con que cuentan otras religiones tales que el cristianismo, el mahometismo, el hinduismo o el budismo. Es decir, que una vez más una gran religión víctima de las circunstancias históricas y del tiempo, factores que hacen fatal, irremisiblemente, que se cumpla esa ley que quiere que lo que nace tenga, sin excepción, que morir, está en pleno ocaso. Sombra apenas de lo que fue, el mazdeísmo lógico es que sea poco y mal conocido pese a ser madre de las religiones actualmente más importantes de la Tierra.

Más por ello mismo el que merezca menos olvido, y que con objeto de conseguirlo, valga la pena de acudir a sus textos sagrados. Estos textos, es decir, los actualmente existentes, no representan o no son sino una reducida parte de los que existían cuando esta religión estaba en pleno apogeo. Plinio el Antiguo dice que el profeta Zarathustra pasaba, en su tiempo, por haber escrito dos millones de versos. Inútil insistir en que tal cosa no tiene otro valor ni probablemente otra verdad que la que puede encerrar otra cualquiera de las mil leyendas forjadas por la piadosa ignorancia posterior; leyenda dorada de todas las religiones, en favor de los fundadores de éstas. Pero lo que sí está fuera de toda duda es, que la obra de Zarathustra, caída en manos de sus seguidores, corrió la misma suerte que la de otros, el Buda, por ejemplo; o sea, que no solamente fue desnaturalizada sino envuelta en una enorme maraña de escritos que nada o muy poco tenían que ver con él y su original y verdadera doctrina. También fuentes tardías hacen mención de veintiún Nask, de los cuales poco más de media docena y no seguramente íntegros, han llegado a nosotros.

Cómo ha podido ocurrir pérdida tan considerable, nada más fácil de comprender. La historia de esta religión lo explica claramente. Sin contar que conviene tener en cuenta que las religiones no son otra cosa, en definitiva, que uno de los muchos elementos sociales de los pueblos, y que a causa de ello están sometidos, como es lógico, a la suerte y variaciones que sufren en el curso del tiempo los pueblos mismos. Y pocos de historia tan agitada y cambiante como los que durante muchos siglos tuvieron como asiento las tierras del Irán [21], cuyos habitantes tras haber conocido las mayores grandezas, quiero decir haber formado los Imperios más poderosos de la antigüedad, cayeron, ley invariable de ese péndulo que rige la vida de los pueblos, en las mayores servidumbres.

Así, en lo que al Avesta afecta, la invasión de Alexandros el Grande fue causa de su destrucción casi total. Las religiones a base de libros sagrados, entre otros inconvenientes estaban sometidas, en la antigüedad, a éste: el que estos libros, nunca en gran número a causa de la dificultad de copiarlos, se perdiesen por obra de acontecimientos adversos, principalmente éstos, las guerras e invasiones. Pérdida difícilmente reparable cuando se trataba de grandes pueblos, como Persia, donde la religión no pasaba de ser un elemento social cuya propia riqueza y variedad se oponía a esa unidad que en religiones, como en todo, es lo que constituye la fuerza. En pueblos pequeños y a causa de ello víctimas y juguetes, es decir, casi continuamente esclavos de los grandes que los rodeaban, como el judío, tantas veces sometido a servidumbre ora por Babilonia ora por Egipto, se comprende que la religión fuese sólo lo que perdurase a causa de obrar como el único lazo verdadero de unión, no obstante, las diversas «diásporas» a las que durante muchos siglos estuvo sometido. En casos así y no contando, como a los judíos les ocurría, con otros valores culturales, filosóficos, artísticos o científicos, se comprende que la religión fuese todo para ellos además de su lazo de unión principal. Pero no en los grandes Imperios donde a causa de su misma extensión, la religión era un verdadero mosaico integrado por cien creencias diferentes. Tanto más en la antigüedad en la que, como se sabe, los politeísmos eran sumamente tolerantes a causa de lo cual los pueblos conquistadores no se ensañaban con los vencidos en el terreno religioso, limitando a hacer suyos, es decir, a meter en su panteón, a los dioses de los pueblos que dominaban, seguros, no tan sólo de que los suyos eran superiores puesto que les habían permitido el triunfo, sino que incluso los dioses de los vencidos, que así mismo habían consentido su victoria, estaban satisfechos de entrar en el nuevo panteón. Fue preciso, pues, llegar a los «monoteísmos» para que los partidarios de estos sistemas fuesen enemigos irreconciliables de los dioses de los pueblos sobre los que prevalecían, a los que, no atreviéndose a negarlos por miedo a no poder probar con otras razones que su fe, la superioridad e incluso la existencia de los suyos, se limitaban (como hicieron los Padres de la Iglesia con los del paganismo

---

[21] La Persia o Irán es una alta meseta bordeada de montañas. En la antigüedad, el país conocido con este nombre, era, en un principio, sólo una pequeña parte del territorio que más tarde ocupó el Imperio. La parte, en la región asiática, más meridional. El Imperio llegó a comprender todo el país de los medos, el de los partos, la Bactriana e incluso, a veces, Armenia, Babilonia, Siria, el Asia Menor e incluso Egipto.

greco-romano) a considerarlos como demonios. El mal, pues, no hubiese sido mucho con sólo este cambio de nombre (de dioses en demonios), si su rabia y celo religioso se hubiese limitado a esto; pero como no sólo hacían víctimas de su furia a las ideas sino a los hombres que se negaban a cambiar las que habían heredado por las suyas, en el Irán, al llegar los musulmanes, los que no quisieron sumarse a los que en nombre de Alá, «clemente y misericordioso», llegaban a sangre y fuego, tuvieron que huir para no perder al mismo tiempo que los bienes la vida. Sus descendientes constituyen hoy los apenas cien mil parsis que en Bombay siguen adorando al fuego, elemento puro por excelencia de la primitiva religión de Zarathustra. Por cierto que estos parsis son hoy el grupo más desarrollado de Asia, se trate de negocios o de empresas comerciales o industriales. Se los considera sin discusión como uno de los pueblos más activos y emprendedores, al mismo tiempo que serios y honrados, del Mundo. Pero volvamos atrás y enhebremos el hilo de la historia.

Tras Alexandros (y ya las doctrinas en manos de los magos eran apenas una sombra de lo que había soñado y predicado el profeta iranio), pocos esfuerzos fueron hechos, por lo que podemos colegir, para restablecer lo que había sido destruido, y ni tan siquiera para conservar lo poco que había quedado. De Persia salió una religión nueva a la cabeza de la cual brillaba un dios (nunca mejor se podría emplear este verbo «brillaba», puesto que se trataba de un dios solar), Mithra, que nacido en la India, había sido ya conocido en Persia antes de Zarathustra, y que adoptado por las legiones romanas de Pompeyo, iba a desempeñar con el calificativo de Sol invictus un importantísimo papel. Pero volvamos a la doctrina.

Los libros que forman el Avesta encierran una serie de servicios litúrgicos adecuados a las diversas ocasiones del culto y de la existencia civil. Se dividen en cinco partes, a saber: el Vendidad Sadé, base de la ley, el Izeschné «elevación del alma», que es una colección de rezos; el Vispared o enumeración de los seres principales; el Yeshté Sadé, reunión de fragmentos, y el Siroz o los Treinta días, colección de rezos dirigidos a los Genios que presiden cada día.

La doctrina del Avesta actual está basada en la existencia de un primer Principio, Soberano del Universo, él sin principio a su vez, ni fin. Este Ser, que la razón sería incapaz de comprender, es el autor de otros dos grandes principios activos que ejercen gran influencia sobre el Mundo: los únicos establecidos por Zaratbustra y que ya conocemos, Ormuzd y Ahrimán; el anterior a ellos es obra de la influencia cervanista, como ha sido dicho.

Como síntesis muy reducida de esta doctrina que contiene el actual Avesta, se puede afirmar una vez más, que el sistema religioso de Zoroastro reposaba en la lucha entre Ahura Mazda u Ormuzd, autor del día y de la luz, y Angra Mainyú o Ahrimán, de quien a su vez procedía la noche y las tinieblas. Este, en forma de serpiente, se había lanzado al principio de las cosas, y seguía haciéndolo, del Cielo a la Tierra, penetrando hasta su centro y manchando cuanto ésta contenía. El culto al fuego y la adoración de la luz, instituidos más tarde, constituyen dos de las prácticas esenciales de este sistema religioso. Cada uno de estos dos genios o divinidades tiene su reino particular. En cuanto al de Ahura Mazda, éste contiene una multitud, como hemos visto, de seres celestes o terrestres divididos en dos clases. De ellas, la de los Izeds había sido creada para que extendiese sus beneficios por el Mundo y para velar por el pueblo de los puros. Por su parte, en el reino de Ahrimán hay una multitud, también lo sabemos, de daevas o demonios, enemigos de los hombres. Apenas muere uno de éstos, los daevas tratan de apoderarse de su alma. Si ha practicado el mal, suya es; pero si corresponde a un hombre que ha sido recto y puro, entonces los Izeds la defienden y la conducen al ya mencionado puente Tchimbat que está entre este Mundo y el otro. Allí es juzgada, como sabemos, por Mithra (o por Ahura Mazda otras veces), y según su vida en la Tierra, va o al lugar de la felicidad, o los daevas se la llevan a sus dominios para que expíe sus crímenes, dominios que allá, al fondo del Duzakh, monstruoso abismo que hay bajo el Tchimbat, reino primitivo de Ahrimán, están dispuestos para los malos.

En las más antiguas tradiciones de Persia el dios supremo es llamado Auramazda o Aura, nombre que equivale y es el mismo que el Ahura Mazda o Ahura de los textos atribuidos a Zarathustra. En todas partes es señalado como el Amo de los dioses y como el gran Director del Cielo y de la Tierra. Los demás dioses no son indicados sino muy sucintamente. Son llamados de un modo genérico, Baga, nombre que se encuentra también en el Avesta. Los nombres de Yazata y Amesha-spenta, frecuentes en los libros zendas, no se encuentran en las inscripciones. En las más recientes de éstas, de tiempos de Artaxerxes II, aparece el nombre de Mithra, dios mencionado también en el Avesta. En obras de antigüedad menos remota que los Vendidad-Sadé, se encuentra, además del citado Bundehesch (lo que ha sido creado desde el principio, libro pehlvi, especie de cosmogonía y enciclopedia científica que trata de todo), el Arda-Virafname, especie de traducción de la Ascensión de Isaías. Este escrito merece una mención especial a causa de encerrar una curiosa leyenda. Un anciano llamado Viraf se duerme en presencia de siete sabios persas con los cuales conversa a propósito de la ley. Entonces su alma se eleva al Cielo. Durante siete días [22] recorre el espacio del Cielo y el de la

---

[22] El número *siete,* que tanta importancia tenía en la escatología irania, pasó también a la judía y con ella al *Talmud.* La manía de conceder importancia a ciertos números llegó a su apogeo con Pitágoras (véase mi libro de este título dedicado a tan curioso personaje), haciendo célebre su "aritmología". El "siete" es el número predilecto en los textos de Nippur, en el libro de Henoch, en el catálogo de los Ameshas Spentas, en los recintos de Ecbatana *(Herodotos* I, 98); en la historia de las dinastías iranias achemérides, arsácidas y sasánidas no cesa de

Tierra, y, al octavo, vuelve al cuerpo que ha dejado antes de emprender la excursión. Entonces Viraf despierta, cuenta todo cuanto ha visto y su relato es puesto por escrito. Uno de los Yazatas, llamado Serosch, le ha conducido por los siete Cielos y le ha enseñado todas sus maravillas. Visitó en primer lugar el Hamestegán, o sitio en el que están aquellos en los cuales las malas y las buenas acciones se equilibran, a causa de lo cual no pueden ir ni al Paraíso, ni al Infierno. Al punto había pasado a diversos paraísos llamados Ctar-payá, Mah-payá y Korsed-payá. De allí fue al Gorothmán, mansión de Ahura Mazda. Luego a los cielos Aser Rosni y Anagra Rosni. Serosch Je mostró al *punto todos los* horrores del Infierno. Por su parte, Ahura Mazda le encargó que comunicase a los hombres todo cuanto había visto y aprendido. La idea general del relato y diversos detalles de él, evidencian un parentesco incontestable con la Ascensión de Isaías. ¿Cuál de ambas obras es anterior a la otra? Para poderlo determinar con seguridad haría falta saber la fecha en que fue escrita la Ascensión. En todo caso, la doctrina de la existencia de siete cielos que, como acabo de decir, tomaría después Mahoma, no parece idea parsi, puesto que éstos no reconocen sino tres por encima de los cuales está el Gorothmán, la mencionada mansión de Ahura Mazda. Claro que dada la importancia del número siete, pudiera ser la copia de la Ascensión, en la que simplemente se cambió el número de cielos para que hubiese mayor abundancia.

Y ya citaré otra obra, ésta mucho más moderna, el Minokhired, o diálogo de un sabio parsi con las inteligencias celestes. Este escrito contiene vivos ataques, con frecuencia acrimoniosos, contra las otras religiones y las doctrinas filosóficas. No las nombra, pero las califica de obras del Demonio, como son, para los iranios, todas las doctrinas distintas de las de Zoroastro.

Los parsis de la India habían, hacia fines del siglo XIV, perdido los manuscritos del Vendidad, que habían traído de Persia cuando se vieron obligados a escapar a causa de las persecuciones musulmanas. Un destur (sacerdote), llamado Asderchir, trajo un manuscrito nuevo, que fue el que sirvió de tipo a todos cuantos hoy corren por la India. En cuanto a las otras

---

jugar un gran papel, bastante misterioso, por lo demás. En cuanto a los rabinos, según ciertos textos, la gehenne tenía, así como el cielo, siete secciones (en el *Corán* se habla también de los siete Cielos). Se trata de un dato de origen babilónico que pasó también a las creencias mithriacas en las que vemos, por ejemplo, a los iniciados franquear siete cielos y alcanzar con ello el empíreo conducidos por Mithra. La Tierra tenía también siete sectores *(hapto kars hvan)*. División análoga en la India donde encontramos los "siete mundos" *(sapta loka)*, siete regiones del cielo: norte, sur, este, oeste, cenit, nadir y centro; y siete especies humanas. El famoso candelabro de los siete brazos, adquiere, en función de estas constataciones, el valor de un símbolo del Universo. En fin, en las fantasías talmúdicas vemos que la Tierra equivalía a una septuagésima parte del Paraíso, así como éste tenía la misma proporción respecto a la gehenne.

partes del Avesta, las copias diseminadas por Oriente ofrecen entre ellas pocas diferencias. Entre los manuscritos de Europa, los más antiguos se encuentran en Copenhague y en Londres. Son probablemente de principios del siglo XIV, entre 1320 y 1330.

La expresión Zend-Avesta no es muy antigua. Es probablemente posterior a la invasión musulmana. La palabra avesta, o en su forma más antigua apestak, significa «el texto». Es empleada por los parsis para designar sus libros sagrados; no se sirven de la palabra ley (din), a la cual dan un sentido más restringido. En una época más antigua se encuentra la expresión manthro spento, la santa palabra, con la que se designan los libros sagrados; expresión que modernizada se ha transformado en manserspent.

En fin, tal vez no estaría de más decir, que Europa entró en contacto con la religión que nos ocupa en el siglo VI antes de nuestra era, por mediación de Hostanés, archimago que acompañaba a Xerxes cuando la expedición de éste contra Grecia. Dos siglos después, Platón, Aristóteles y Theopompos, al citar a Zoroastro demuestran que tenían noticias de él y, como es lógico, de su obra. En el siglo siguiente Hermippos habla particularmente del profeta iranio diciendo que los libros de Zoroastro no contenían menos de ciento veinte mil versos. Siguió creciendo la leyenda de su fecundidad literaria y a principios de la era cristiana, Nicolás de Damas, Estrabón, Pausanias, Plinto y Dión Chrisóstomos, hablan de las obras de Zoroastro. San Clemente de Alejandría, en el siglo III, parece familiarizado con ellas, y más tarde los gnósticos hicieron uso de la cosmogonía oriental y de una psicología que suponían derivar de Zarathustra. Eusebio (siglo IV), testimonia conocer una colección de escritos iranios, y un siglo más tarde la emperatriz Eudoxia se refiere también a varios libros del profeta, cuatro de los cuales trataban de la naturaleza, otro de las piedras preciosas y cinco de astrología y de los «pronósticos». Esto parece probar que, como suele ocurrir con frecuencia, la figura de Zarathustra había quedado desdibujada y que a causa de las prácticas de los magos, él había acabado por ser confundido con ellos y tal vez puesto a su cabeza. En todo caso, que es lo que quería hacer constar, su nombre había entrado ya en la rueda de los personajes notables si no bien conocidos, al menos sí abundantemente a causa de apócrifos y leyendas (véase The Dabistan or School of Manners, de Moshan Fani, traducido del original persa por Anthony Troyer y David Shea).

**

Como hemos visto, el hombre se hallaba en el Mundo en calidad de pobre, ínfimo espectador sin otra fuerza tanto para dirigir sus pasos por él como, lo que era más importante, para labrar su destino futuro, aquel destino que le estaba reservado luego de esta vida en otra no sometida a la muerte, sin otra fuerza, decía, que la que le procurase su voluntad orientada por su libre albedrío, puesto que en la lucha de la que era testigo entre el bien y el mal, sólo de su voluntad dependía su futuro destino. Por fortuna, como faro vivísimo tenía, para orientarse en las oscuridades de la duda, el admirable ejemplo del gran profeta, cuya convicción firmísima en la justicia de Dios, en su fuerza, bondad y omnisciencia, una vez que alcanzó a conocerle, no había vacilado un solo instante. Para Zarathustra, en efecto, el Omnipotente no podía sufrir el fracaso inmenso que hubiera representado el triunfo del mal sobre el bien. A causa de ello, la firme esperanza del triunfo de éste y con ello de un Mundo mejor, no le había abandonado jamás. Como él, todo hombre podía ver con perfecta claridad que la gran empresa a realizar consistía en poner cada uno su granito de arena en la tarea de crear aquel Mundo mejor. Mundo en que la «rectitud» sería la norma y del que la «injusticia» sería expulsada. Precisamente el haber imaginado algo tan grande y hermoso, tan noble y tan alentador, el haber tendido hacia ello sin desfallecimiento y el haberlo enseñado, había hecho de Zarathustra el primero de los profetas que había concebido y predicado la gran esperanza que suponía su doctrina de la vida inmortal.

En cuanto al hombre, ser dotado de razón y de libre albedrío, si se lanzaba por el camino del mal era a causa de apartarse de lo moral. ¿Debía ni podía hacer esto sabiendo lo que le aguardaba, o debía, por el contrario, esforzarse por ayudar a Ahura Mazda en su lucha contra el Malo con objeto de que el Mundo fuese cada vez mejor? Todo el que luchaba contra la ignorancia, contra el fanatismo, contra la falsedad, contra la corrupción, contra la injusticia, la guerra, la enfermedad y la muerte, se aliaba con el Dios bueno en la obra de destruir la imperfección. La redención consistía, pues, en cooperar con el bien oponiéndose al mal. En cambio, prestar asistencia al Malo equivalía a practicar uno mismo, conscientemente, la maldad.

Todo lo anterior constituía, y no otra cosa, la filosofía de la doctrina de Zoroastro. Los medios para conseguirlo, es decir, para llegar a tal fin, poner en práctica, su moral. Esta moral tenía como bases la rectitud, la justicia, la castidad, la piedad, la caridad, la beneficencia y la laboriosidad.

La «rectitud», Asha, guiaba al hombre hasta ponerle en presencia de Ahura Mazda. En los Gathas, Asha es una verdad profundamente espiritual, o una ley espiritual, de acuerdo con la cual el Mundo fue formado y gobernado. Asha significaba orden, simetría, disciplina, armonía y comprendía todas las categorías posibles de pureza, fidelidad, veracidad y beneficencia, más todos los actos que se inspiraban en estas excelencias. Hoy mismo, la primera de todas las oraciones que enseñan a pronunciar a los niños es el aforismo Ashem Vohu, siguiente: «La rectitud es el mejor de los dones, y la divina felicidad. Feliz el que vive para sostener lo mejor, ¡la rectitud!» De la rectitud proceden el orden y la disciplina; de la injusticia el desorden y la discordia. Druj, antagonista de Asha, significa desorden. Defender a Asha en todo momento y toda circunstancia es deber ineludible de todo zoroastriano. De hecho, toda enseñanza religiosa para un mazdeísta empieza convenciéndole de que Asha, es decir, la rectitud, eterna Verdad y Realidad única, es el alfa y omega de la creencia. Los filólogos han demostrado que, fonéticamente, la palabra Asha del Avesta se identifica con el antiquísimo vocablo védico Rita, y lo mismo sus conceptos. Sólo siguiendo la vía de Asha (Ashahe Pantao), o lo que es igual, de Rita (Ritasya Pantha), puede el hombre esperar que se reunirá con el Padre en los Cielos. «No hay sino un sendero, el sendero de Asha, todos los demás son falsos.» O sea: No hay camino como el de la rectitud. «Yo estoy con aquellos que mantienen el orden, no con los que crean el desorden», dice Ahura Mazda en el Hom Yasht. Lo que el hombre puede esperar siguiendo la vía de la rectitud y del orden lo expresan los siguientes versos del Hush bam (Himno a la aurora): «¡Oh Ahura Mazda! Asegúranos que mediante la mejor Asha, a favor del Asha más perfecta, conseguiremos gozar de tu vista, acercarnos a Ti, ¡ser unidos a Ti!» Luego para el zoroastriano nada como la rectitud para llegar a Dios. Practicando la rectitud y la verdad, se era agradable a Ahura Mazda, a quien nada molestaba tanto como la mentira y la falsedad. Y que esto era verdad lo prueba el testimonio de Herodotos en el que puede leerse: «Desde la edad de cinco años hasta los veinte, enseñan a los niños tan sólo tres cosas: a montar a caballo, a tirar con el arco y a decir la verdad.» Y: «Consideraban la emisión de una mentira como la peor desgracia. La segunda consistía en haber contraído una deuda, y ello por muchas razones, pero especialmente porque todo deudor se vería necesariamente conducido a proferir mentiras.» Rectitud, veracidad, sinceridad: ¡Buen trípode para empezar a levantar sobre él una moral! Sigamos.

La justicia. Según el Avesta, la justicia era inseparable de la sinceridad. A causa de ello Arshtat o Ashtad, el Yazata que presidía la sinceridad, se asociaba constantemente con Rashnu, el Yazata patrón de la justicia. Cuando el día del juicio (cuarto luego de la muerte), el alma del difunto era juzgada por Meher Davar, este dispensador de la justicia póstuma era asistido por dos colaboradores, Arshtat y Rashnu. A causa de ello, los zoroastrianos invocaban de este modo a Rashnu en sus rezos cotidianos: «Invocamos la palabra pronunciada con sinceridad. Invocamos la justa obediencia. Invocamos la noble rectitud. Invocamos las palabras que comunican fuerza y dignidad viriles. Invocamos la paz que da la victoria. Invocamos la verdad, que extiende en el Mundo la prosperidad y que es la característica principal de la religión mazdayaneana. Invocamos a Rashnu el superlativamente sincero.» (Visparad, VII, 1, 2). Parece que invocar virtudes sea lo lógico y lo generoso, pues el que es virtuoso lo es en favor de todos; mientras que invocar divinidades esperando que favorezcan al que reza, además de inútil, lo egoísta, lo interesado.

La verdad. «Un discurso enunciado según la verdad, dice el Sarosh Yast Hadokjt, es el más victorioso en la asamblea.» Los Gathas, declarando que el testimonio verídico y la justicia agradan a Dios, exhortan a los devotos a cultivar la virtud de la imparcialidad y la de la justicia. Otra prescripción del mismo tipo: «Militad, para sostener vuestra causa, empleando medios leales hasta con vuestros enemigos.» La justicia era de tal modo estimada, que un juez justo e imparcial era declarado santo y comparado a Ahura Mazda y a los Ameshas Spentas, mientras que el injusto era asimilado a Ahrimán y a los Daevas. Así mismo, según el Minokherad, buen gobierno es aquel cuyas intenciones y actos están destinados a hacer prosperar la ciudad y a evitar la miseria, lo que se consigue abrogando reglamentos injustos y promulgando otros justos e imparciales. El Meher Yasht empieza mediante las exhortaciones siguientes, prescribiendo la fidelidad a los compromisos adquiridos: «El hombre que ha cometido la falta consistente en violar su compromiso es culpable de un acto equivalente a perjudicar al país todo entero. Por consiguiente, no rompas un pacto que te obliga, ora lo hayas establecido mediante un Asho o un Darvand, pues tanto uno como otro son votos que obligan.» De modo semejante, el Yasna insiste sobre la fidelidad en lo que afecta a librarse de deudas y compromisos: «En toda ocasión y circunstancias es preciso pagar las deudas a aquellos con los que se las ha contraído en virtud de un pensamiento verdadero, palabra verídica e intención sincera.» Justicia, rectitud, honradez: no creo que haya medio mejor de ser piadoso ni religión mejor que la que tal aconseja. Los parsis tienen fama de ser perfectamente honrados y rectos en sus tratos y compromisos. Si hubiese dioses parece difícil dudar que estimarían a los que obran y piensan así y no a los bribones capaces de toda clase de engaños y trapacerías no obstante llevar siempre el rosario al alcance de la mano y ser generosos sólo en darse golpes de pecho en presencia de los demás. Adelante.

La castidad. En esta religión no hay ni un solo precepto que aconseje, violando y oponiéndose a las inclinaciones más naturales, que el hombre se aparte de la mujer y la mujer del hombre, ni que considere casto y meritorio el obrar de tal manera. De lo único que habla, y con insistencia, la religión de Zarathustra, es de castidad matrimonial, práctica la mejor de las que santifican la vida conyugal. Obligación, por lo demás, que se recomendaba y exigía de un modo igual y exacto tanto a la mujer como al hombre. En el Yasna, LIII, 3, 5, se lee: «A las vírgenes que van a casarse dirijo palabras de advertencia, lo mismo que a vosotros, ¡oh futuros maridos! Escuchadlas con el mayor interés, y esforzaos por practicar una vida de acuerdo con el buen Espíritu, con objeto de que vuestra existencia doméstica sea dichosa.» La mujer que camina constantemente por el sendero de la fidelidad conyugal, que era lo que constituía su castidad verdadera, se veía conferir la inapreciable condición de Yazata. «La mujer justa, rica en buenos pensamientos, en buenas palabras y en buenas acciones, bien instruida, perfecta, obediente a su marido y casta, es decir, semejante a Aramaiti (la

Devoción matrimonial), ella es la buena y la que así mismo se asemeja a las otras Yazatas femeninas» (Gah. IV, 9).

Si en ninguno de los pueblos asiáticos la igualdad entre los sexos era tan perfecta en lo que afectaba a muchas obligaciones sociales como entre los que se regían por el código de la moral zoroastriana, tampoco en ninguno, en cambio, o en muy pocos, las cortesanas eran menos estimadas, puesto que las mujeres que renunciaban públicamente a la castidad eran tildades de víboras y de lobas. En el Vendidad, XVIII, 63-65, se lee: «Su mirada deseca una tercera parte de las aguas que corren abundantemente; su mirada arrebata un tercio de la vegetación de los árboles en flor, magníficos y que verdean; su mirada priva de un tercio de su verdura a la tierra fecunda; su contacto destruye un tercio del valor, de la victoria y de la sinceridad de una persona justa, que tenga buenos pensamientos, que pronuncie buenas palabras y que realice buenas obras. Por ello te digo, ¡oh Santo Zarathustra!, que la que tal sea merece la muerte más aún que la merecerían las serpientes que se arrastran y los lobos que aúllan, o que la loba que ronda y cae sobre el rebaño, o la rana que se zambulle en el agua con sus mil crías.»

En cuanto a la piedad compasiva, es mencionada como atributo del hombre fuerte, al que corona de gloria. Zarathustra pregunta a Ahura Mazda: «¿Cómo debemos adorarte, a Ti y a tu Amesha-Spenta?» y el Todo Poderoso responde: «Aquel que desea agradarme en este Mundo es preciso que desee desarrollar (favorecer, aumentar) mi creación. Es preciso que la persona con la que Ahura Mazda quiera amistad, agrade a los justos, aliviando a los que sufren y protegiéndolos contra aquellos cuyo espíritu se dirige hacia el mal.» (Pahlavi Rivayet, texto anejo al Shayast la Shayast, XV, 3 y 7).

No menos importante en la lista de virtudes positivas que deben cultivar los discípulos de Zarathustra, y aún más, puesto que ocupa el primer lugar, es la caridad, precepto fundamental de esta religión que luego, a través del cristianismo, heredaría el Islam. En el Ahunavar se lee: «Aquel que asiste al pobre abandonado proclama el reino de Dios.» «¡Oh Mazda! ¿Cuál es tu Reino? ¿Cuál es tu voluntad para que obrando de acuerdo con ella yo pueda conseguir tu amistad?» Ahura Mazda responde: «Alcanzarás mi amistad ayudando a los pobres que se te asemejan, que viven como justos y cuyo espíritu es bueno.» (Ghata Ahunavad Yasna, XXIV, 5). «¡Oh zoroastrianos mazdeístas! Aliviad a aquellos que han caído en la desgracia» (Vispared, XV, 1). Otra invocación: «¡Pueda en esta casa triunfar la generosidad sobre la avaricia!» Otra: «Aquel que, bien que poseyendo medios suficientes, no practica sin dudarlo la caridad, rápidamente irá a la ruina sin intentar siquiera evitarla.» Aún otra: «Que los tormentos caigan en abundancia sobre aquel que no siente sentimiento alguno caritativo.» La fraternidad zoroastriana rechazaba con toda crudeza las inclinaciones egoístas y sórdidas. Los que tal eran, sentían y pensaban que sus rezos y ofrendas jamás eran aceptadas por Dios. En el Aban Yasht el Señor todopoderoso dice: «Me guardaré muy mucho, sí, de aceptar las ofrendas y los ruegos que me traigan o me dirijan los perversos, los crueles y los egoístas.»

La beneficencia era también considerada por los zoroastrianos como una virtud social sumamente estimada en el Cielo. Ahura Mazda estimaba más, por considerarla más útil, una buena acción que diez mil oraciones. En el Afrine-Buzorgan, se lee: «Sé superlativamente bienhechor, como el Señor Ahura Mazda lo es con sus criaturas.» Y en el Vispared: «Estad dispuestos con pies, manos e inteligencia, ¡oh mazdeístas zoroastrianos!, para llevar a cabo acciones buenas, adecuadas y hechas en el tiempo preciso, y para evitar las acciones malas, inadecuadas e inoportunas. Sé vivo en cumplir en este Mundo buenas acciones y en ayudar a los abandonados y a los necesitados.» Para que se tuviera siempre presente esta obligación de obrar bien y de ayudar a los demás, por la noche convenía, como aconsejaría luego Pitágoras, hacer examen de conciencia repasando en la memoria lo ejecutado durante el día preguntándose: «¿Cuántas buenas acciones he realizado hoy? ¿Cuántas soy capaz de cumplir? ¿Cuántas malas acciones he cometido? ¿Cómo puedo abstenerme de pecar?»

Todo lo anterior, rectitud, justicia, castidad, beneficencia e incluso la piedad y la caridad están enfocadas en la religión zoroastriana en un sentido que tiene más de puramente social que de religioso. Ahura Mazda quiere que los que le siguen sean así, puesto que él mismo al solicitar el auxilio de los hombres para luchar contra el mal que llena la Tierra, mira más a ésta y a los hombres que en ella viven que a él y al Cielo. Pero además, esta religión esencialmente práctica, insiste particularmente sobre la laboriosidad, la iniciativa individual, la agricultura, la ganadería y la dignidad del trabajo. Es decir, que del mismo modo que era un axioma del zoroastrismo el «vale más un buena acción que diez mil oraciones», era otro «no hay oración comparable al trabajo honrado.» O sea, que lo que en todas partes ha tenido que hacer el buen sentido luchando con fanatismos indefendibles, ociosidades orantes y parasitismos disfrazados o disimulados bajo una equivocada capa de santidad, todo esto quedó evitado en el zoroastrismo haciendo comprender que no había piedad ni manifestación religiosa con verdadero valor, distinto del trabajo y de estimularse uno a sí mismo a ser hombre y a ganar con el sudor de su frente lo que luego se llevaría a la boca. Oigamos a los textos:

«Ayudándose a sí mismo se adquiere la independencia (económica)» (Yasna, IX, 25). «Yo expulsaré la pereza que nos adelgaza. Yo expulsaré la pereza de largas manos» (Vendidad, XI, 9). «Levantaos, ¡oh hombres!, y que el hecho de hacerlo con el alba sea la mejor alabanza a esa pureza incomparable que expulsa a los daevas. Pues de otro modo, la pereza con sus largas manos, que duerme al mundo material todo entero, volverá a precipitarse sobre vosotros apenas el día haya aparecido y cuando a lo lejos los humanos empiecen ya a levantarse. ¡Oh hombres!, no conviene que durmáis mucho tiempo» (Vendidad, XVIII, 16). «Dos cosas son particularmente gratas a Ahura Mazda: Que penséis en él levantándoos al despuntar el día, y que luego le olvidéis ocupados en ganar para vosotros y los vuestros» (Ashirwad). «Que vuestro propio trabajo regular asegure vuestra existencia» (Yasna, XIII, 13). «Ningún daño al hombre honrado e industrioso, que vive entre los malos» (Yasna, 19, 6). «Jamás, ¡oh Mazda!, el perezoso embustero tiene parte en la buena creencia» (Yasna, 31, 16). «Creador del mundo material, ¡oh Justo! ¿Cuál es el medio de apoyar la religión Mazda-Iraniana?» He aquí lo que respondió Ahura Mazda: «El cultivo incesante del trigo, ¡oh santo Zarathustra! Todo el que cultiva el trigo cultiva la rectitud, hace avanzar la religión de Mazda-Yasnan cien pasos, la da de mamar en mil tetas y la refuerza con diez mil ofrendas.» Y en el Vendidad, probando que los verdaderos demonios eran los del hambre y de la sed y que el mejor medio de combatirlos era trabajando los campos, pues la agricultura era entonces la única industria importante, dice: «Cuando el trigo crece, los demonios son cogidos por el espanto; cuando los gérmenes se han abierto, los demonios tosen; cuando se ven los tallos, los demonios vierten torrentes de lágrimas; en la casa en que los granos son movidos y trabajados, los demonios caen derribados por el suelo.»

El ganado que sobre completar la nutrición del hombre le ayudaba en su trabajo constituía otra parte útil, sana, acertada, de la religión: «Alabanza a la vaca, buenas palabras en su honor, victoria para la vaca, ¡alimento y pasto para ella! Trabajemos para las vacas, pues ellas nos procuran ¡nuestro alimento! (Yasna, XX). Una de las virtudes especialmente inculcadas por el profeta del Irán era las atenciones con el gospend, es decir, con los animales caseros inofensivos y útiles tales que vacas, cabras, ovejas, y perros: «¡Podamos estar unidos en espíritu con el Bahman Ameshaspend, el gran favorecedor! Pues es él el que extiende la paz en medio de la creación buena. Los animales de 'todas clases están, en este Mundo, bajo su protección. Aquellos a los que estos animales deben su alimento, su conservación y su protección, no carecen ni de comida ni de vestidos. Al contrario, satisfechos y bien abrigados están gracias a ellos» (Shayast la Shayast, XV, 8).

La caridad ya alabada, no consistía simplemente en aliviar la miseria y satisfacer las necesidades materiales de aquellos que lo necesitaban, sino que había que llenar también sus lagunas intelectuales, morales y espirituales. Los libros religiosos de los parsis insisten sobre el deber de educar a todos los que necesiten de este socorro, de esta ayuda. Hacerlo constituía y sigue constituyendo un acto particularmente meritorio. En el Vendidad (IV, 44) se lee: «A todos aquellos correligionarios, hermanos o amigos que lleguen necesitados de conocimientos, que sean instruidos mediante enseñanzas útiles y palabras afectuosas y santas.» Y en el Zamyad Yasht (LIII): «Aquel que desee la luz del conocimiento desea los auxilios de un Athravan. Aquel que desea la plenitud del conocimiento desea el don de un Athravan.»

Un Athravan era un maestro espiritual de los cuales Zarathustra era el tipo perfecto. «¿Cuál es la más elevada de todas las acciones de los hombres?» He aquí la respuesta del Dinkard: «Suministrar el conocimiento a aquellos que están en condiciones de recibirle. Haciéndolo se adquiere la mayor santidad.» «No dejéis a vuestra mujer, a vuestros hijos, a vuestros conciudadanos, ni permanezcáis vosotros mismos, privados de educación, con objeto de que daños y miserias no os hieran y para que, si no lo hacéis, tengáis motivos de arrepentimiento.» (Pand-Namah-i Adarbad Maraspend, XIV). «Por poco extenso que sea el conocimiento dado por un hombre a los que no estaban calificados para recibirlo, el tal es más digno de aprecio que otro que, por sabio que sea, no ha hecho a nadie participar de sus conocimientos o que no ha asistido con ellos a personas que lo merecían» (Sikand-Gomanik-Vijar).

Que Zarathustra ejerció una acción civilizadora en el pueblo iranio, con su obra (como más tarde Mahoma con sus conciudadanos de Arabia), es indudable. Así como que buen número de sus preceptos y de sus palabras no dejan de sorprender y admirar aún hoy. Y muy cierto que su obra fue triple; es decir, no tan sólo religiosa, sino moral y político-social. Religiosa, llegando al «monoteísmo» y colocando a la cabeza del nuevo panteón a un Dios además de único, esencialmente bueno y amante de la verdad y de la justicia. Socialmente, animando a los criadores de ganado y a los agricultores a perseverar honradamente en sus trabajos, asegurándoles que hacerlo era la mejor oración que podían dirigir a Ahura Mazda y lo que más éste agradecía y recompensaría. Políticamente exhortándolos a la obediencia y condenando la guerra (sólo tolerable en caso de absoluta necesidad), el robo, el bandidaje, el vivir del merodeo, el maltratar al ganado y cuanto fuese contra la paz y tranquilidad de hombres y animales domésticos y útiles. Su labor moral consistió en estimular todo lo bueno: las obras humanitarias y civilizadoras y las instituciones familiares; y censurando y condenando por el contrario la indolencia, el engaño, la crueldad y todo cuanto de un modo u otro *representaba* lo malo, lo podrido, lo que tiende a morir y a descomponerse. Verdad y mentira, he aquí, ya lo hemos visto, las palabras que sustancialmente comprendían lo moral y lo inmoral. En lo que afectaba a las «mortificaciones» que tanta importancia tenían entonces en lo que concernía a complacer a los dioses, como ocurría, por ejemplo, en la India donde había la creencia de que a fuerza de ascetismo y mortificaciones se obtenían de la Divinidad los mayores privilegios (idea, una de las predominantes en ese poema incomparable que es El Ramayana de Valmiki), y como luego se creyó y aún sigue creyéndose en otras religiones, para Zoroastro carecían enteramente de valor. Es más, eran no tan sólo inútiles, pues un dios inteligente, como Ahura Mazda, jamás hubiera podido encontrar acertado que alguien, en la Tierra, en vez de trabajar y ser útil a sí mismo y a los demás, perdiese el tiempo mortificando su cuerpo o pretendiendo serle grato mediante oraciones, no solamente inútiles y perdidas apenas pronunciadas, sino perjudiciales, puesto que contribuían a debilitar a aquellos que tanto convenía que contasen con fuerza para oponerse al mal y dominarle, único verdadero medio de agradar al Gran Dios. En cambio Zarathustra no se oponía, precisamente porque sabía cuán fácil era pecar, ni al arrepentimiento ni a la penitencia. La confesión de los pecados (patet), volvía meritorios los pensamientos, las palabras y las acciones malas. En la religión del Estado, el celo en la observación de los preceptos y prescripciones cultuales era vigorosamente estimulado mediante el látigo. Pero esto no por prescripción de Zarathustra, sino de los magos, alteradores de su religión que, como luego otros maestros, por desgracia, estimaban, sin duda, ellos, no que la letra, pero sí la fe, se podía hacer entrar, en los que carecían de ella, a golpes.

Qué relación pudieron tener en un principio estos magos, estos sacerdotes iranios, con Zarathustra, se ignora. Probablemente, es lo más seguro puesto que predicaban una doctrina distinta de la suya, que tratasen de anularle. En todo caso, a su muerte, y ya sus ideas, con muchos partidarios, se fingirían servidores de ellas, lo que no les impidió corromperlas, como se sabe de una manera segura, hermanando el culto a Ahura Mazda con el de otras divinidades a punto ya de ser olvidadas, e incluso acabando de ensuciarlas al asociar a sus prácticas cultuales la «magia». Pero claro, cuantos más dioses, más ritual, y más engaño, si de propina se sumaba la magia, más beneficios, que era lo que interesaba. En todo caso, en la religión del profeta la oración por excelencia era, como ya hemos visto, el Ahuna Vairya o Hanover, especie de padrenuestro zoroastriano, mediante el cual Spenta Mainyú desconcertó a Agra Mainyú al principio de la creación. Que en todo caso esta leyenda hizo escuela es evidente puesto que luego hasta en el cristianismo la oración fue un medio eficacísimo, según se aseguraba, para ahuyentar a los demonios. Tal vez al principio de la creación se inventó también algún medio maravilloso, puesto que la educación estaba aún en pañales para espantar al demonio más peligroso, la ignorancia, pero entre el fanatismo y la superstición debieron de acabar con él. Y ya el campo libre, tropeles de dioses empezaron a correr por todos partes.

En todo caso el Ahuna Vairya recitado con fe, era, al parecer, la llave más segura para abrir la puerta del Cielo de Ahura Mazda. Por mejor decir, la puerta del primer Cielo, pues, como ya hemos visto, las almas de los justos adonde primero llegaban era el paraíso del buen pensamiento, tras él al de la buena palabra, luego al de la buena obra, y finalmente, meta incomparable de tan provechoso viaje, a la mansión de las Luces que jamás se apagarán (Yasht XXII, 7-15). Tal era la concepción del Cielo zoroastriano, mansión o estancia del mejor pensamiento y de la mejor vida. La palabra persa moderna que designa cielo es behesht, forma tardía de la palabra avéstica Vahishta, la cual, filológicamente, corresponde perfectamente al inglés best, lo mejor. Aquellos discípulos de Zarathustra debían esforzarse por ser, beh, bueno, hoy; behter, mejor, mañana, y behest, el mejor, pasado mañana. Tales eran los grados que conducían a la mansión del buen Espíritu. Sé bueno, sé mejor en pensamientos, palabras y actos, y te elevarás hasta el Cielo. He aquí en unas cuantas palabras, la filosofía zoroastriana de la vida futura. Cielo e Infierno no eran en principio mansiones reservadas a las almas de los muertos. Esto fue imaginado después cuando se pensó en una justicia extraterrestre superior y reparadora de la deficiente de aquí. En un principio, el Cielo era simplemente la vida mejor o el receptáculo del mejor estado mental; el Infierno equivalía a la vida peor o al dominio del asimismo peor pensamiento.

Pero ya digo que luego todo se complicó por obra de los magos-teólogos. Dioses nuevos o antiguos remozados, cultos nuevos, una liturgia cada vez más complicada, pues lo de «a río revuelto» daba excelentes resultados; y así, lo que con Zarathustra había sido una elevación de sabiduría y buen sentido religioso y moral, esto sobre todo, se transformó en una montaña a cuyo lado las más altas cumbres del cercano Himalaya, eran enanas. El terremoto de Alexandros el Grande echó todo por tierra. En todo caso y en lo que a oraciones respecta, cuando Tishtrya, por ejemplo, era venerado como Ahura Mazda, pronunciando debidamente una oración en la que fuese nombrado, ello bastaba para procurar al que tal hacía la fuerza de diez caballos, camellos, o bueyes, a su elección; así como procuraba el dominio de montañas y de aguas navegables (Yasht, VIII, 24 y sig.). Claro que sin duda era muy difícil pronunciar una oración en honor de Tishtrya debidamente, como hacía falta. De todas maneras esto hace pensar en la palabra sacrificial védica, y lamentar que una religión que había salido de manos de Zoroastro, viril y tan inclinada a lo honrado, a lo moral y a lo puro, cayese por obra de los magos a los que, como a los mangoneadores de lo divino en todas partes, nada les detenía con tal de beneficiarse, en un nivel tan bajo.

En todo caso, entre los espíritus tutelares en relación con los cuatro elementos (fuego, agua, tierra y aire), Atar (el fuego), era especialmente estimado puesto que era Puthro Ahurahe Mazdao, «el hijo de Ahura Mazda». Los principales términos que expresaban la idea arya de la divinidad fueron sacados de la luz y del fuego. En sánscrito, el nombre genérico para significar Dios es Deva, el brillante, de la raíz div, brillar, relumbrar. En sánscrito antiguo, lo que brillaba era llamado también Atharvan, es decir, teniendo de Athar, el fuego. Esto parece demostrar que el culto al fuego no era en modo alguno algo particular a los iranios, sino que su origen era sumamente remoto. Lo mismo que sus hermanos védicos, los iranios hablaban del fuego celebrando sus llamas que se elevaban muy alto, como un mensaje enviado desde la Tierra al trono sublime de Ahura Mazda, y, naturalmente, adorando por la peana al santo, empezaron a adorar también a Athar que era capaz de llegar tan arriba. Zarathustra, por su parte, menciona a Athar en el sentido de chispa divina, chispa de esa divina llama que brilla en el corazón de todo ser humano, más bien que considerándola como el más santo de los elementos venerados en tanto que fuente de calor y de luz, de vida y de crecimiento. Si escogió a Athar como símbolo exterior de su fe, fue porque siendo el más santo de los elementos, Athar representaba al mismo tiempo la chispa divina. Con lo que restauraba no solamente la unidad de Dios, sino también la forma del servicio divino que más antiguamente había caracterizado al mundo ario, es decir, la adoración del fuego, símbolo de Dios [23].

---

[23] Y al llegar aquí se presenta, naturalmente, la tan discutida cuestión de si los mazdeístas *adoraban* y siguen adorando al fuego, idea que durante mucho tiempo ha prevalecido tanto en Europa como en Asia, a causa de lo cual eran y aún siguen siendo llamados "los adoradores del fuego", o si en realidad no ocurre tal cosa y lo verdaderamente cierto es que el fuego tan sólo es para ellos una representación de la divinidad, y que a quien en realidad adoran es a Ahura Mazda cuando dan culto al fuego. Lo que en todo caso no hay medio de negar es, que el fuego recibe culto, que este culto llegó a su punto máximo de fanatismo en tiempo de los arsácidas, y que desde entonces este culto o fanatismo (diferenciar estas dos palabras es, muchas veces, infinitamente difícil en todas partes) no ha cesado, puesto que, en los actuales templos del fuego, los parsis zoroastrianos siguen testimoniando a *Atar* sus más fervientes homenajes. En estos templos, conocidos con el nombre de *Atas-Dehrams,* la llama sagrada es mantenida continuamente ardiendo noche y día. En una habitación completamente oscura arde sobre una piedra cuadrada, en una copa de metal, la llama sagrada mantenida por medio de maderas olorosas, especialmente sándalo, que el divino elemento devora por muchos miles de rupias al año. Allí es cuidada por los sacerdotes que para ello utilizan guantes e incluso un lienzo que les tapa la boca, pues hasta el aliento puede impurificar al divino elemento, una pinza y una cuchara con objeto de que nada impuro, ni el propio soplo bucal, toque, roce y manche el elemento sagrado. Como tampoco hay medio de negar que desde los tiempos más remotos la impurificación del fuego era uno de los delitos más graves y más castigados. El *Vendidad* prescribe la pena capital para los que cometen el pecado de quemar cosas muertas, siguiendo el ejemplo de Mithra que cuando salía para hacer sobre su carro dorado su ronda cotidiana, seguido de Atar y de las otras Inteligencias, hería al espíritu malo que había impurificado el fuego quemando en él elementos muertos. Como tampoco se puede negar, puesto que existen, que numerosos himnos fueron compuestos en honor de Atar (como en la India en honor de Añi, cual puede verse en los *Vedas);* himnos según los cuales Atar es el ser más hermoso de todos, el señor de cada casa, el cruzado incomparablemente benéfico totalmente provisto de poderes gloriosos y saludables. El devoto zoroastriano que se acerca al fuego, llevando en las manos sándalo para que arda en él, que se vale de un mortero para sujetar y cruzar las ramas del *haoma* sagrado, que usa, como de rigor, las varillas de *baresman,* que trae leche y recita las oraciones prescritas seguro, aunque luego no se realice, que hacer todo ello va a procurarle felicidad, ¿adora al fuego o a Ahura Mazda su creador como es dicho en los Gathas donde se habla de él como esto, como una brillante y poderosa creación del Gran Dios a

Que los parsis actuales adoran el «fuego», sería difícil negarlo, al menos si por «adoración» de un elemento sagrado se entiende que se le venere, que se le glorifique, que ante él y en su presencia se pronuncien oraciones pidiendo su bendición y a su sombra toda clase de bienes que se desean: salud, longevidad, fortuna y una descendencia virtuosa. Claro que como el hacer todo ello no quiere decir que se tome al fuego como suprema deidad, parece ser que a los sabios parsis no les agrada que se les suponga adoradores de una llama y si tan sólo de Ahura Mazda a quien esta llama cuanto hace es representar y como constituir su símbolo más puro y visible. No quieren, pues, que se llame a la religión de Zarathustra la religión del fuego, puesto que de hacerlo lo mismo se podría decir de la religión de la India o de la de otros países. Sin contar que además habría o se podría llamarles también adoradores del Sol, puesto que así mismo se vuelven respetuosamente hacia él y elevan las manos en su dirección cuando rezan; y, también, del agua, ya que ante fuentes, cursos de agua e incluso el mar, se inclinan y pronuncian oraciones.

Escuchémosles, pues, y no fiándonos tan sólo de las apariencias, concedámosles crédito. Tanto más cuanto que en los Gathas, atribuidos como sabemos al propio Zarathustra, éste habla del fuego como de una brillante y poderosa creación de Ahura Mazda, e incluso ve en él un símbolo de la divinidad, pero no prescribe que se le adore y sí tan sólo al Omnisciente. Y otro tanto puede decirse del agua, no reconocida tampoco en los Gathas como divinidad. La fe puramente monoteísta del profeta iranio no admitía sino un único Señor y Creador del Universo, y, por consiguiente, ningún otro Dios fuera de él: «¡Oh Ahura Mazda! ¿Qué otro Dios a no ser tú ha creado las aguas, los árboles y todos los elementos?» De modo que si en el Avesta tardío vemos esto, no hay medio de negarlo tampoco, que al fuego y al agua (a ésta personificada en la divinidad Aredvi Sura Anahita), se les rendía un culto regular, tengamos esto, como tantas otras cosas y divinidades a las que se volvió, ajeno enteramente a Zarathustra. Así como que el agua y el fuego, elementos de los que los parsis hacen su kebleh o altar de adoración divina, no son, al menos para los espíritus cultos, sino los símbolos del fuego y del agua espirituales, a los que consideran como ojos del espíritu. Es decir que lo que adoran no son los elementos fuego y agua, sino los espíritus que en ellos suponen residir, llamados respectivamente «Atarsh puthra Ahurahe Mazdao», es decir, «Fuego, hijo de Ahura Mazda», y «Aredvi Sura Anahita», o sea, «Espíritu de las aguas, justo, brillante, inmaculado».

---

causa de lo cual Zarathustra viendo en él el símbolo más puro de la Divinidad, le prefería a los ídolos y a los demás objetos creados? Cierto que en estos textos no se ve en parte alguna que el profeta prescriba la adoración del fuego pero que luego este elemento adquirió carácter divino y fue y sigue siendo objeto de culto, ¿cómo, tras todo lo dicho, podría negarse?

***

Y ya no me queda, para terminar, sino indicar algunas prácticas o ceremonias cívico-religiosas, empezando por los ritos de purificación, de gran importancia, puesto que, como los parsis dicen, «la pureza es lo que hay mejor desde el principio mismo de la vida»: Yaozdao mashyvat aipi zahythem vahishta. Por supuesto, esta «pureza» nada tiene que ver con la «castidad»; no se trata ahora de pureza sexual, sino de la impureza que ocasiona el que hombres o mujeres entren en contacto con elementos naturales considerados «impuros», impureza que obliga a purificarse a aquellos que han contraído la mancha, no solamente teniendo en cuenta su propio bien, sino el de los demás. Estas purificaciones como ciertas prácticas en otras religiones (tales, por ejemplo, el ayuno), tienen en realidad carácter puramente higiénico, bien que para que se cumpliesen más fielmente se les dio y se les sigue dando, un tono religioso que ayude, e incluso obligue, a llevarlas a cabo. Hay cuatro categorías de ritos purificadores: 1.°, el Padyab; 2.°, el Nahn; 3.°, el Bareshnúm, y 4.°, el Riman Sishoe.

El padyab es la forma de purificación más simple. Consiste en abluciones con agua, como la palabra indica literalmente (echar agua—ab—sobre—paiti—las partes descubiertas del cuerpo), para lavar éstas. Al tiempo de hacerlo se suele decir: Khsnaothra Aburahe Mazdao, o sea: «Hago esto para alegrar a Ahura Mazda». Un parsi debe lavarse de este modo: 1.°, al levantarse; *2°,* tras haber realizado una necesidad natural; 3.°, antes de tomar alimentos; 4.°, antes de orar.

El nahn, el baño, es ya una forma superior de purificación que en determinados casos se efectúa con la asistencia de un sacerdote. Comprende cuatro elementos o partes: 1.°, el padyabhusti ordinario; 2.°, la masticación de una hoja de granado y la absorción del goméz consagrado, u orina de toro, especie de comunión simbólica; 3.°, la recitación del patit, oración de arrepentimiento, y 4.°, el baño final. Se suele practicar este baño-ceremonia con ocasión del Naozot, o sea, cuando los hijos reciben la camisa y el hilo sagrados, o con motivo de un matrimonio. Las mujeres llevan a cabo el nahn al acabar el período que sigue al parto.

El bareshnúm es la forma suprema de purificación. Antiguamente se practicaba tras haber tenido contacto con un cadáver o cualquier otra cosa que manchase profundamente. Si se trataba de un muerto fallecido a causa de una enfermedad infecciosa, la purificación acompañada de aislamiento, duraba nueve días. Hoy sólo los sacerdotes y los iniciados cumplen el bareshnúm. Es obligatoria para aquellos que desean hacerse iniciar en el sacerdocio. Y una vez sacerdotes, antes de llevar a cabo un rito importante. El sishoe lo practican actualmente aquellos que han sido manchados por el contacto con cadáveres. Consiste en una ablución repetida treinta veces. Son necesarios dos ayudantes; uno de ellos puede ser un sacerdote. El procedimiento es semejante al nahn: tras desnudarse y recitar el mencionado: «Hago esto por alegrar a Ahura Mazda» colocando su mano derecha sobre la cabeza, pues rezar con la cabeza descubierta está prohibido, el sacerdote, desde fuera de la sala donde tiene lugar el baño, le tiende una cuchara sujeta a la extremidad de un palo con nueve nudos, en la que hay materias purificantes. Luego le pasa por tres veces la orina consagrada, con la cual el que se purifica se frota el cuerpo. Al punto y por tres veces también, un poco de arena con la que hace lo mismo, frotarse. Siguen tres aspersiones, esta vez de agua, pero consagrada también. Acaba todo con un baño general y una oración final, la llamada Sraosh baj.

Como Ahura Mazda declaraba, según el Vendidad, que prefería a aquel que tenía hijos al que no los tenía, los nacimientos adquirieron importancia y a causa de ello las ceremonias a ellos relativas. El Avesta no habla de ritos a propósito del embarazo, pero sí el Sayast la Sayast, que prescribe mantener un fuego encendido en la casa durante el curso de los nueve meses. Y el Vendidad, que aconseja que el sitio escogido para el parto esté limpio, seco, y nadie le frecuente. Después del parto, la madre evitará todo contacto con el fuego, el agua y los utensilios rituales de la casa (baresmán), durante varios días; que serán doce si el niño ha nacido muerto.

Las ceremonias nupciales tienen un ritual especial consistente en: 1.º Bendiciones preliminares. 2º Cuestiones propuestas a los esposos y a los testigos. Unos y otros deben consentir, de palabra, en la ceremonia que va a efectuarse. 3.º Alocución pronunciada por el más anciano de los dos sacerdotes que oficiar, el cual debe bendecir a los contrayentes diciendo: «Pueda el Creador, el Señor omnisciente, concederos una posteridad, hijos y nietos, bienes en abundancia con qué aprovisionaros, amor inmutable, fuerza corporal, y una larga vida que dure ciento cincuenta años.»

Las ceremonias fúnebres, que no podían faltar como es natural, comprenden dos series o partes: Las concernientes a las disposiciones que hay que tomar con los cadáveres, y las relativas al alma. Como es principio capital del zoroastrismo que fuego, agua, aire y tierra sean preservados de toda impureza, hay que procurar que los cadáveres impuros por excelencia, no tengan contacto con estos elementos; y a causa de ello que los parsis ni quemen, ni entierren, ni inmerjan los cadáveres en agua. Todo contacto con ésta se limita a lavar rápidamente el cuerpo del muerto y a vestirle decentemente. Luego y al tiempo que se recita una oración, se enrolla en torno al cuerpo muerto el kusti, hilo sagrado. Se cruzan las manos del difunto sobre el pecho, y el cadáver es mostrado a un perro que tenga sobre los ojos dos manchas que parezcan otros dos ojos (chathru chasma, «con cuatro ojos»), para saber si verdaderamente ha muerto. Lo que ocurre si el animal le mira fijamente; si no le hace caso es que aún vive. Luego se lleva a la cámara mortuoria un recipiente con fuego que es mantenido sin cesar con madera de sándalo por un sacerdote que, sentado, recita continuamente oraciones hasta que llega el momento de transportar el cadáver a la torre del silencio adonde es llevado en cualquier instante menos de noche, puesto que es necesario que el cuerpo sea expuesto al Sol. El cuerpo es conducido en un ataúd (gaham) de hierro, por dos o cuatro transportadores (nassasalars), según lo que pese. La madera, a causa de ser porosa, está rigurosamente prohibida, pues podía transmitir los gérmenes de la enfermedad, de ser ésta infecciosa. Los transportadores, mientras colocan el muerto en el ataúd, recitan la siguiente oración: «Obramos de este modo de acuerdo con las órdenes de Ahura Mazda, y con las de los Amesha-Spenta, con las del santo Sraosha, con las de los Adarbah Maraspend, y con las del Dastur de más edad.» Luego guardan silencio hasta haber depositado el cuerpo en la torre. Sigue la ceremonia llamada gehsarna consistente en recitar oraciones, volver a mostrar de nuevo el cadáver al perro y mirarle a la cara por última vez, los presentes, que al punto desfilan ante él inclinándose con respeto. Seguidamente los transportadores tras haber cubierto la cara del difunto con un pedazo de tela, le depositan en el ataúd valiéndose de unos pedazos de tela también, hecho lo cual lo sacan fuera y se lo entregan a los encargados de llevar en hombros, féretro y cuerpo, hasta la torre. Una vez llegado es puesto en el suelo, descubierta la cara del muerto para que los que han formado el cortejo le miren por vez postrera, desde una distancia por lo menos de tres pasos, tras lo cual los nassasalars que le sacaron de la casa, colocan al difunto en el lugar de la torre que le ha sido destinado, le quitan las ropas y allí le dejan tal cual vino al Mundo: desnudo. En un par de horas, cuando más, las aves de presa no han dejado sino los huesos, que son echados allí mismo a una fosa central (bandhar), destinada para ello, donde poco a poco son reducidos a polvo, cal y fósforo, por los elementos. Los vestidos son echados a otra, ésta fuera de la torre, donde el sol, el calor, el viento y la lluvia los destruye; en Bombay se los deshace mediante ácido sulfúrico. Antiguamente los cadáveres eran llevados a la cima de altas montañas, donde quedaban expuestos a la voracidad de perros, aves y otros animales. En el Vendidad, Zarathustra pregunta a Ahura Mazda: «¡Oh santo Creador del mundo material! ¿Adonde debemos llevar los cuerpos de los difuntos? ¡Oh Ahura Mazda! ¿Dónde debemos colocarlos?» Y Ahura Mazda responde: «¡Oh santo Zarathustra, al lugar más elevado!» Y así se hacía. Hoy las torres del silencio son construcciones macizas todas de piedra, suficientemente levantadas del suelo. Una puerta de hierro da paso a una plataforma circular, horadada en su centro de modo a formar una cavidad igualmente redonda. El todo tiene unos trescientos pies de circunferencia perfectamente solado con grandes losas igualmente de piedra. A poca distancia de la torre hay otra más pequeña llamada sagri en la que día y noche arde un fuego sagrado. En los poblados mofussil donde no es posible hacer esto, una luz sustituye al fuego.

Lo relativo al alma, consiste esencialmente en oraciones en honor de diversas divinidades que se suponen en relación con los muertos, y que son practicadas no tan sólo a la muerte sino el cuarto, décimo y a los treinta días del aniversario. Estas ceremonias llamadas Afringan-Baj, llevan los nombres particulares de Dahúm, Siroz y Salroz. Pero la muerte no pone fin a las relaciones entre el difunto y los miembros de su familia que le sobreviven, pues, según la religión zoroastriana, el santo espíritu del muerto sigue interesándose por los vivos. Y como que les sea favorable o adverso depende del modo como los vivos se comportan con él, éstos, para complacerle, deben realizar actos buenos y caritativos: «Actos brillantes y piadosos, de los que las almas de los difuntos hacen sus delicias», como se lee en Yama (Ha. XVI, 7). Pero estas creencias, tan corrientes y extendidas en los pueblos antiguos (India, Grecia, Roma, etc.) y aún en muchos modernos, tanto más cuanto más atrasados, tienen ya menos importancia para nosotros. Ahora bien, hagamos notar la diferencia que hay, en favor de los parsis, entre obrar bien para con ello satisfacer a los muertos, y llevarles alimentos y armas para que sigan cazando en la otra vida, como hacían todos los demás pueblos antiguos, o flores, como se hace hoy.

De todo lo dicho anteriormente parece que pueden deducirse las siguientes consecuencias a propósito de Zarathustra y de su doctrina.

En lo que a él afecta, que fue el primero de los grandes extraviados mentales de tipo religioso que llevado por un elevado antropomorfismo y suponiendo que en el Cielo, donde la supuesta existencia de dioses y sus mansiones era ya cosa admitida como segura, tenía que ocurrir como en la Tierra, en la que en cada grupo de hombres uno sobresalía sobre los demás, los ordenaba y dirigía, imaginó el primer «monoteísmo» capitaneado por un Dios esencialmente poderoso y bueno: Ahura Mazda.

Aun dejando a un lado la leyenda que, como siempre ocurre en casos semejantes, forzosamente tenía que crearse en torno a la personalidad de Zarathustra, el tono de los Gathas y el haber sido favorecido por su Dios con visiones y teofanías, fenómenos también obligados en casos semejantes, autorizan a pensar en su extravío mental, tanto más extravío cuanto más sublime. En cuanto a que fuese el primero conocido de este tipo, parece que autoriza a decirlo lo siguiente: en lo que a Akenatón (Amenofis IV) afecta, éste cuanto hizo fue cambiar el culto a Amón por el de Atón (el Sol), que con el nombre de Ra-Harakhtés había sido ya adorado en Heliópolis (véase la religión de Egipto en el tomo I de mi Historia de las religiones), con lo que llegó al monoteísmo de un modo lógico, por decirlo así, y sin que ello, además, fuese el resultado de un desequilibrio mental de tipo místico o teológico, sino al contrario, de una reflexión soberanamente natural y de un enorme sentido práctico, pues dándose cuenta de que su pueblo, como todos los demás de su época, dado su estado espiritual abonado y fomentado por una casi total ignorancia, necesitaba creer en seres superiores extraterrestres, les ofreció el único que verdaderamente merecía ser tenido como Dios, de cuantos el hombre puede conocer, de necesitar uno: el Sol, generador no tan sólo de la Tierra, sino de la vida en ella. Pero este gran propósito no duró sino lo que su reinado, diecinueve años, tras los cuales aquellos sabios sacerdotes (otra cosa legendaria es la sabiduría de los sacerdotes egipcios; claro que más sabio es el que sabe que dos y dos son cuatro que el que ni siquiera conoce los números; o los que viven engañando a los otros, que los engañados), y con ellos el pueblo, volvieron al culto a Anión más al de los incontables dioses que compartían con él la piedad de aquellos egipcios.

En cuanto a Moisés, anterior también, cronológicamente, a Zarathustra, tampoco se le puede conceder la primacía en cuanto a la creación de un sistema monoteísta, primero, porque además de que de su existencia no se tiene otra garantía que la fantasía de los levitas judíos que escribieron el Pentateuco, nadie ha dicho de Moisés que este personaje hiciese otra cosa, aun admitiendo que existió, que transformar el politeísmo primitivo israelita en una monolatría, pero no en un monoteísmo, como hizo Zarathustra.

Esto sentado, parece que se puede afirmar aún, que el mazdeísmo de Zoroastro fue no sólo la primera de las grandes religiones, sino la fuente de donde las que la siguieron (judaísmo, cristianismo e islamismo, principalmente), tomaran gran parte de sus creaciones escatológicas; creaciones aún vivas y que tanto ayudan a estas religiones a hacer prosélitos.

Asimismo se puede asegurar, que como todos los fundadores de religiones, entre lo que Zarathustra pudo imaginar y predicar y lo que hoy corre protegido por su nombre, hay no menos diferencia, por ejemplo, que entre lo soñado y predicado por el Buda y el budismo actual, ya que los que vinieron detrás de él, aquellos magos-sacerdotes iranios, sobre no respetar su obra, además de modificarla y alterarla volvieron a introducir en el panteón oficial dioses destronados por el profeta.

También hay que apuntar en favor de Zarathustra, el haber sido el primero en hablar del «libre albedrío» y en haberle admitido; conquista importante desde el punto de vista religioso.

También el zoroastrismo, como hemos visto, tiene un tono de generosidad, nobleza y elevación moral que no ha sido superado. Y ello empezando por las oraciones que en vez de *ser, como* en otras religiones, egoístas, antropomórficas (adular a los dioses para pedir al punto; es decir, como se adula y aplaude a los poderosos, en la Tierra, cuando han sido generosos o cuando se quiere que lo sean y nos beneficien), tienen siempre como norte principal el bien y el estimular para que se amen y deseen las excelencias sociales que pueden favorecer por igual a todos. Veamos un ejemplo más, en la siguiente citada por J. H. Moulton en The treasure of the Magi: «En esta casa, la obediencia triunfa de la desobediencia. La paz abate la querella. La generosidad vence a la avaricia. La piedad a la rebelión impía. La palabra verídica a la embustera. Asha (la rectitud, la justicia, el orden) deshace para siempre a Druj (el engaño, la falsedad, la mentira).» Luego si además de todo lo apuntado la moral zoroastriana tenía como base algo tan sólido como la «verdad» y la «justicia» y como venturoso horizonte la seguridad del triunfo del bien sobre el mal, ¿no hay derecho a pensar que ésta, la primera de las grandes religiones, tiene más de un título para que sus adeptos estén orgullosos de ella?

Total, y vayan estas palabras como consideración final: que a los que por idiosincrasia, por temperamento, por incontenible inclinación natural a causa de haber nacido así (pues la herencia, a fuerza de siglos, ha labrado surcos de los que para muchos es a veces difícil salir), necesitan una religión activa, es decir, no sólo doctrinas sino prácticas de acuerdo con aquéllas, tal vez les fuera conveniente conocer bien el mazdeísmo. A los que se contentan con principios, su estudio les servirá así mismo para saber dónde muchos de estos principios han tenido origen. En fin, a los que también por idiosincrasia no sienten necesidad de bridas religiosas limitándose en lo que a estas cuestiones afecta, a practicar lo que estiman como la más sencilla, natural y mejor de las religiones, a saber: vivir tranquila, modestamente; trabajar para poder conseguirlo, y no hacer, al menos voluntariamente, daño a nadie, empezando por ser comprensivos y tolerantes, aun a éstos no les hará daño alguno conocer lo que un gran espíritu llamado Zarathustra imaginó, con vistas al bien de sus compañeros de planeta, hace más de veinticinco siglos.

# LOS GATHAS

NOTICIA PRELIMINAR

LOS GATHAS

Como se ha visto en la nota 15, el Avesta (impropiamente llamado también «Zend-Avesta», pues Zend—«interpretación»—es la traducción de una parte del Avesta en lengua pehlvi), libro santo del mazdeísmo o zoroastrismo, comprende cinco partes: 1.ª el Yasna, 72 capítulos consagrados a la liturgia del culto parsi; 2.ª el Vispared («todos los jefes») formado de 24 capítulos de invocaciones así mismo litúrgicas dirigidas a diversos compañeros espirituales de Ahura Mazda u Ormuzd, el Dios bueno; 3.ª el Vendidad, código sacerdotal de los parsis en 22 capítulos; 4.ª los Yashts, 21 capítulos de invocaciones a divinidades y ángeles (todo lo cual constituye el Avesta propiamente dicho que los sacerdotes y sólo ellos leen con motivo de los servicios divinos) y 5.* el Khordah Avesta («Pequeño Avesta») libro de devociones privadas utilizado a la vez por los sacerdotes parsis y por los laicos. Pues bien, de todo ello, lo más interesante, pues lo demás es, como dicho queda, pura liturgia, son los Gathas, 17 Himnos de Zarathustra incluidos en el Yasna, y el Vendidad. Aquéllos por ser la parte más antigua del Avesta y escritos por el propio Zarathustra, es decir, lo único legítimo, por decirlo así, de su doctrina y que, además de enseñar ésta, da prueba de su ardiente y profunda fe y de su no menos profundo extravío religioso; a causa de todo lo cual tiene un interés y una importancia de que carece el Vendidad que no pasa de ser un código religioso elaborado posteriormente por los magos, y sólo interesante, en primer lugar, para darse cuenta de a lo que éstos habían reducido, transformándola a su capricho, la doctrina del profeta iranio; más lo que, a causa de ello fue, durante mucho tiempo una religión que de aquél no tenía sino el nombre, por el hecho de haber ocurrido una vez más, un fenómeno que parece ser ley general de la que son víctimas todos los fundadores de religiones: que sus doctrinas sean prostituidas por los que se dicen sus seguidores y partidarios (pensemos en el Buda al que le ocurrió otro tanto); claro que otros aún tuvieron peor suerte, como Ahkenatón, cuya reforma murió con él, por obra así mismo de los todopoderosos sacerdotes que medraban entonces en Egipto engañando a la masa a la que impusieron durante más de cuarenta siglos la caterva de dioses y diosas que forman el absurdo panteón religioso creído y reverenciado por los que vivían junto al Nilo, en la antigüedad.

En cuanto a los Gathas, los textos, muy defectuosos por cierto, que aún se conservan, han llegado hasta nosotros no en el idioma en que fueron escritos, el avestín, lengua de la antigua Bactriana, sino en pehlvi o pehlevi, y formando, como acabo de decir, 17 de los 72 capítulos del Yasna (a saber: los XXVIII, XXIX, XXX XXXI, XXXII, XXXIII, XXXIV, XLIII, XLIV,

XLV, XLVI, XLVII, XLVIII, XLIX, L, LI y LIII). De ellos, los siete primeros (del XXVIII al XXXIV) son llamados «gathas» Ahunavaiti a causa de la similitud de su metro con el Ahuna-vairya, tipo el más oscuro de los Yasnas que los preceden; los cantos del XLIII al XLVI son llamados «gathas» Ustavaiti, por el hecho de empezar con esta palabra en las últimas colecciones; y por la misma razón son llamados Spenta Mainyú los «gathas» del XLVII al L; así como las primeras palabras del gatha LIII dan el nombre de Vahista Istis a este capítulo, último de los atribuidos a Zarathustra. Por cierto que este gatha compuesto seguramente en los últimos tiempos del profeta, no es probablemente de él, pues se trata de un simple canto de matrimonio carente, en absoluto, de su fuego y de su estilo. También, quizá, pudiera ofrecer dudas, en cuanto a su paternidad, el gatha XXIX que he traducido y colocado, como suele hacerse, antes del XXVIII, a causa de ser éste su orden natural, y que es una extraña mezcla de personajes, pues, si, cierto, habla Zarathustra, también Kine (personificación del alma del ganado), que llena de ira al darse cuenta del miserable estado en que se halla, es decir, nada floreciente, pregunta a Ahura y a Asha (la Justicia divina, la Ley eterna de Dios), para qué y a imagen de quién ha sido creada; y tras ella interviene el propio Ahura Mazda que interroga a su vez a Asha a propósito de lo que quiere saber Kine, lo que obliga a Asha a contestar; y luego, e inmediatamente Zarathustra de nuevo, al que replica Ahura, tocándoles la vez, cuando el dios se calla, a los Ameshaspendas o Amesha-Spentas (los «Santos Inmortales»), a los cuales contesta también Ahura; tras lo cual vuelve a lamentarse Kine, acabando el capítulo, Zarathustra, para rogar a su Dios y a la Santa Justicia, así como a la Buena Mente (atributos también, personificados, de Ahura Mazda), que no le abandonen en la gran tarea de proclamar la gloria y soberanía absoluta de Ahura sobre todos los seres, tarea que piensa emprender. Pero conviene que, para mayor claridad, digamos unas palabras sobre los mencionados Ameshaspendas.

Como a los humanos les era imposible aprehender la supuesta realidad de Ahura Mazda, pues, puro Espíritu como oímos afirmar al propio Zarathustra varias veces, imposible que fuese captado por los sentidos, (ya sabemos que Aristóteles decía: «que nada hay en la inteligencia que antes no haya estado o pasado por los sentidos»), para que sus adoradores no reverenciasen una pura ilusión, fueron imaginados los Amesha-Spentas, sus atributos o aspectos que, personificados, podían tener más fácilmente cabida en la inteligencia humana. Creados, fueron divididos en dos series de a tres. De ellos, los del «lado del Padre», eran masculinos; los del «lado de la Madre», femeninos; el primer grupo estaba (y está, claro, para los que siguen creyendo en tan pintorescas fantasías), por la mencionada Asha, por Vohu-Mano («el Buen Espíritu» o «Amor», tal como éste se manifiesta entre el hombre y la mujer, la fraternidad nacional e internacional y el respeto por la vida de los animales «nuestros hermanos inferiores»), y Kshathra (Espíritu amante o creador); la segunda serie estaba integrada por Aramaiti (la Piedad), Haurvahat (la Integridad o Perfección) y por Ameretat (la Constancia en el bien obrar). Estas seis entidades formaban la Heptada en unión de Ahura Mazda, que eran los siete aspectos de la Divinidad dignos de la adoración de los hombres. Otras dos divinidades son aún nombradas en los Gathas: Atar (el fuego) y Sraosha, divinidad difícil de definir exactamente, pero como su nombre significa «obediencia», podemos suponer que personificada la obediencia que el hombre debía a Ahura Mazda; obediencia legítima si se admite que le había creado y que mañana le podía premiar o castigar. Naturalmente, a la muerte de Zarathustra todo cambió al cambiar su dualismo simple y lógico; los Amesha-Spentas fueron considerados como divinidades separadas, y nuevos dioses fueron introducidos, en particular Mithra, dios del Sol invencible. Pues los hombres, cuantos más dioses tienen, más contentos están; y si las divinidades son particulares de su provincia o de su pueblo, miel sobre hojuelas; lo que explica en ciertas religiones monoteístas la pluralidad de cristos y vírgenes, por uno que sean en el fondo; y no digamos nada de la multitud de santos protectores, todo lo cual hay que consentir no sólo por ser inocente en realidad, sino para no apagar la piedad.

En cuanto al mazdeísmo, éste acabó por llegar a ser la religión del Estado en Persia: Ciro (549-529 antes de nuestra Era) y Darío I (521-485) eran tal vez zoroastrianos y, de todas maneras, los últimos soberanos de la dinastía achaménide lo fueron. Después, determinados acontecimientos históricos (como la conquista de Persia por Alejandro que ocasionó, entre otros males, el incendio de los archivos imperiales), hizo que el zoroastrismo perdiese su supremacía política al no recibir apoyo oficial. Mas al llegar la dinastía sasánida, fundada por Ardashir el año 226 después de nuestra Era, el mazdeísmo fue restaurado en Persia como religión nacional, los Gathas fueron traducidos al pehlvi, y una masa enorme de comentarios fue añadida. Cuando la introducción del cristianismo, luchas amargas y con frecuencia sangrientas aparecieron. Pues el zoroastrismo oficial, es decir, sus representantes, seguros, como siempre ocurre, de que cuanto mayor es el número de comensales en torno a una mesa, menos les corresponde a cada uno de los que se sientan a ella, se esforzaron en eliminar, por la fuerza todos los movimientos reformadores o cismáticos (ya sabemos que es llamado cismático o cismática toda doctrina o variación de culto distinto de lo oficial); muy particularmente el maniqueísmo. Mas como el que a hierro mata a hierro muere, cuando los árabes musulmanes invadieron Persia en el año 639, empezaron a acogotar a los antiguos acogotadores. Y aunque algunos soberanos fueron tolerantes, al-Mutawakkil (847-61) y sus sucesores, bárbaros fanáticos coronados, de tal modo empezaron a perseguir a todos los que no adoraban a su profeta, el antiguo camellero, que ciertos zoroastrianos prefirieron el destierro a la abjuración (los antecesores de los actuales «parsis»), y escaparon a la India; otro pequeño grupo de fieles a Zarathustra, los «guebres», consiguieron mantenerse en el Irán no obstante las persecuciones, y allí siguen los que quedan de sus descendientes. Dicho esto, volvamos con los Gathas.

* * *

Los Gathas tienen un doble interés. No sólo el muy grande ya de ponernos en contacto con la primera religión «dualista», es decir, la primera, en orden de tiempo, de las grandes religiones, y la que dio tipo y enseñanzas a las demás sentando firmemente la adoración a un Dios bueno, justo y todopoderoso que se interesaba por los hombres de tal modo como para recompensarlos o castigarlos por sus obras, sino, y aparte de esto, dándonos al mismo tiempo ocasión para apreciar el poderoso genio y fenomenal extravío místico de uno de los más importantes fundadores de religiones. Además, la ocasión de enterarnos, leyéndolos, de algo de su vida, lo poco que se sabe de ella, así como del estado de la sociedad en que dicha vida se desarrolló. Es decir, y en pocas palabras: cómo penurias económicas consecuencia de un feroz estado de injusticia social, unos pocos, medrando a costa, una vez más, de cientos, de miles de esclavos, eran causa de un estado de miseria e injusticia que sublevaron a Zarathustra, hombre de espíritu poderoso y ardiente, impulsándole, movido por la propia necesidad de ayuda que necesitaba para salir de sus apuros materiales y espirituales, primero a imaginar un Dios bueno y justo, luego a llamarle en su ayuda, y finalmente y seguro de que contaba con ella, a emprender la lucha que hizo de él no sólo un reformador religioso, sino social.

Así, al comenzar el primer gatha (el XXIX), le vemos hacer que Kine (el alma del ganado, es decir, el ganado que se adivina base de la vida de entonces), se dirija «invadida de ira y llena de violencia y dominada por audaz insolencia y empuje arrebatador», a Ahura Mazda y a su Justicia (Asha), en demanda de esto: de justicia; al punto, a Ahura Mazda preguntar a Asha que por qué no la protege mejor; a Asha excusarse; y a Zarathustra intervenir para empezar a suplicar, a demostrar su fe en el gran Dios, y a asegurar ya, que él ha sido el elegido, así como los Ameshaspendas, para remediar la injusticia. Mas por desgracia (como dice la propia Kine), lo que hace falta no es «un hombre débil y sin poder, sino un señor poderoso». Lo que ya anuncia lo que van a ser los gathas: la voz de un hombre del pueblo, Zarathustra que, indignado de la miseria e injusticia de que es objeto, y con él todos cuantos no tienen más fuerza, a causa de no tener más riquezas, que él, dirigiéndose una y otra vez, lleno de fervor místico a Ahura Mazda, tras imaginarle como hasta entonces nadie había imaginado a un dios, pedirle ayuda, y seguro de ella y de su justicia, entablar una lucha desigual. Todos los gathas, empezando por el que sigue (el XXVIII), no serán sino esto: súplicas al Todopoderoso en demanda de ayuda contra los enemigos fuertes; «colma mis deseos, Señor, pues son justos», clama Zarathustra al final de este yasna. Y como para vencer, el profeta iranio necesita no sólo que Ahura le proteja haciendo que venga en su ayuda un hombre poderoso, sino para que éste acceda con más facilidad, tener a su lado otros que le sigan convencidos a su vez del poder y grandeza de Mazda, por ello el que, en síntesis, el objeto de todos los cantos sea el mismo: profesión de fe y adhesión al Dios tanto de él cuanto de los que le siguen; petición incesante de ayuda, y promesa de que los «santos» no se apartarán del recto camino con objeto de ayudar a su vez, a Ahura Mazda, a vencer a Angra Mainyús, el Demonio de la Mentira, enemigo así como los daevas (demonios-dioses que están con él), del Dios bueno. Todo con objeto de que éste pueda recobrar íntegramente «su Reino». «Seamos nosotros los que originemos esta gran renovación», que dice Zarathustra al acabar el capítulo XXX.

Y empezada la lucha durante la que cada vez el profeta está más seguro de la justicia y poder de Ahura (como canta en el gatha XXXI), ésta sigue en medio de reveses (como se ve en el XXXII), donde ya se menciona a un jefe rival. Grehma, aliado, a creer a Zarathustra que llevado de su extravío místico no lo duda, del Malo. Mas el profeta no pierde la esperanza y pide en el gatha XXXIII, a su dios, que le instruya para poder combatir mejor. Siguen nuevas súplicas acompañadas de nuevos ofrecimientos (pues Zarathustra parece no dudar de que en el reino de Mazda, como en los de aquí en la Tierra, conviene dar para obtener): «¿Qué quieres y qué te complace? ¿Qué alabanzas y qué ofrecimientos te agradan? Habla, ¡oh Mazda!, que tus siervos escuchan (dispuestos a complacerte); y dinos (de paso), en qué consisten las benditas y esperadas recompensas que nos tienes preparadas.»

La primera de éstas (sueña Zarathustra y lo dice al empezar el canto siguiente), es la salvación: «Salvación para el hombre, ¡sea el que sea!» (El hombre santo, claro está, que sigue el Recto Orden de Mazda.) En este mismo canto (XXXIII), oímos, pues lo dice repetidamente, que todo cuanto sabe sobre su Dios se lo enseñó personalmente Sraosha (la Obediencia), que llegó hasta él como mensajera especial de Ahura. Pero si esto no pasaba de una más de sus alucinaciones místicas, no que la lucha continuaba implacable. Y esto no solamente fuera, por lo que se puede juzgar, sino en el alma misma del profeta, que inicia el capítulo XLVI preguntando angustiado: «¿En qué tierra estableceré mi religión que aquí es rechazada?» Lo que prueba no sólo que los que hubieran debido escucharle a causa de la identidad de angustias económicas, le hacían poco caso, sino algo no menos grave: que todavía no había encontrado un protector fuerte.

Pero Ahura era liberal (gatha XLVII) y agradecido, y conmovido al fin ante las incesantes súplicas y pruebas de admiración hacia él de su profeta, le deparó al fin, para que pudiera enfrentarse con los poderosos Grehma y Bandva, éste «su enemigo de siempre», como vemos en el gatha XLIX, amigos poderosos cuyos nombres cita también (gatha LI): Frashaostra y

Gamaspa, Hvogvas, y el «Kavi Vistaspa, el Spitama de Zarathustra», al que nombra en el capítulo LIII. Con su ayuda pudo al fin no solamente oponerse a las injusticias y violencias que tanto habían contribuido a hacerle profeta, sino sacar adelante la religión nacida por obra de sus incontenibles impulsos místicos.

Por cierto, que ahora recuerdo haber escrito hace un momento «extravío religioso» a propósito del de Zarathustra, lo que tal vez pudiera mover a algún lector a preguntarse por qué hago tal afirmación. Si así fuese no tendría más remedio que contestar que precisamente otra de las cosas que enseña la lectura de los Gathas es ésta: Que Zarathustra distaba mucho de ser un hombre normal psicológicamente considerado. Y esto lo prueba claramente el tono de estos cantos tan curiosos que se le atribuyen llenos de una fe más que exaltada, de un misticismo ardiente pero hasta el punto, como vemos, de llevarle a hablar con Ahura Mazda y a exponer, tras haberlo escuchado de su boca ¡no obstante estar convencido y repetir muchas veces que es puro espíritu!, lo que le ha dicho; su tono, además, rendido y reverente hacia una Divinidad fruto enteramente de su imaginación, tono, por otra parte, que ha servido de modelo a cuantos posteriormente se han dirigido en condiciones parecidas a otras divinidades; mas la verdadera manía de afirmar por afirmar y de prodigar alabanzas hijas de su antropomorfismo y por él dictadas, a un Dios nacido de su cerebro que, ¿cómo no calificar a causa de todo ello de extraviado? Todo esto es indudable desde el primer capítulo de los Gathas (XXIX del Yasna), cuya sola lectura no puede menos de movernos a ver en el que lo ha escrito (y los demás capítulos lo confirman), a uno de esos paranoicos geniales cuyas alucinaciones visuales y auditivas fueron capaces de crear dioses y religiones y de arrastrar con el fuego de su verbo extraviado y apocalíptico a los siempre dispuestos a escuchar y creer a cuantos les hablan con esa certeza que sólo dan ciertos grados de demencia, de aquello que por la sola fuerza de la inteligencia y de la razón, es decir, sin el concurso del fuego místico por un lado, y de la fe por otro, no hay medio alguno de saber. Y por si aún se duda, vamos a recorrer rápidamente, ello bastará, estos «gathas», fijándonos en su esencia y señalando su medula; lo que por otra parte contribuirá a facilitar después su lectura, desde luego nada fácil, pues, por una parte, el estado de los manuscritos, por otra el estar escritos en un idioma (el mencionado pehlvi) ya desaparecido, ser su sintaxis tan diferente de la de los idiomas modernos, y, en fin, el que, como todos los textos sagrados de cualquier religión, copias de copias, ofrezcan, además de lagunas que hay que llenar interpretando a favor de lo que antecede y de lo que sigue aquello que falta (lo que justifica los innumerables paréntesis que encontrará el lector); todo ello, como digo, hace la lectura de estos «gathas» bastante difícil, y que, pese a todo lo que se ha hecho por reconstruir lo que escribió el profeta iranio, sólo muy imperfectamente ha podido conseguirse. Sin contar que sobre sus palabras, además de todo lo anterior, han pasado muchas vicisitudes históricas, más el equivocado celo de aquellos en cuyas manos cayeron sus escritos, todo lo cual ha hecho que estén como están en la actualidad. No obstante, y pese a todo ello, su diferencia en cuanto a tono, estilo y contenido (repito que Zarathustra era un extraviado genial), respecto a los demás capítulos del Yasna y a cuantos textos constituyen el Avesta, es tal, y tal su «ingenuidad», que no hay dificultad en admitir que, en efecto, son lo único del profeta iranio que figura en lo que pasa por su religión. Pero veámoslo de cerca un poco, como digo.

* * *

En el Yasna XXX, sintiéndose Zarathustra en posesión de grandes verdades y dispuesto a enseñarlas, pide que le presten la mayor atención y abran bien ojos y oídos con objeto de aprender, (verdadera novedad religiosa), lo relativo a la existencia de «los dos Espíritus primitivos» que actuaron combinando «sus esfuerzos opuestos» para crear y disponer la ordenación y marcha del Mundo, «siendo cada uno de ellos, sin embargo, independiente en sus obras». Obras entre las cuales hay que escoger con el mayor cuidado, porque «cuando se reunieron al principio de las cosas para crear la vida y la esencia de vida (¿el alma?), y para determinar cómo debería ordenarse el fin del Mundo, destinaron la peor vida (el Infierno), para los malos, y el mejor Estado Mental (en el Cielo), para los buenos». Luego, «cuando cada uno hubo terminado su parte en la obra de la Creación», formaron su reino, «perfectamente separado y distinto el uno del otro». De ellos, uno, a base de mal y teniendo como ayuda y compañera a la Mentira; el otro, el bien, y ayudándose a su vez de la Justicia. Al punto formaron su corte, el uno de dioses-demonios, el otro de ángeles-dioses, éstos capitaneados por Aramaiti (la justa Piedad), el Poder Soberano, el Buen Espíritu y el Orden Recto. Con lo que la creación de Ahura Mazda, el Espíritu mejor, resultó «sin falta ni mancha» puesto que de él procedía todo lo bueno, todo lo justo y todo lo santo. Y empezó la lucha entre ellos, en ayuda de la cual los hombres deben ponerse y sumar sus esfuerzos en el bando que escojan. Zarathustra, por su parte, asegura que va a «ayudar» al pueblo de Ahura. Es decir, a los que se decidan por él. Y que «una vez que haya alcanzado la perfección, a descargar el golpe destructor sobre el Demonio de la Falsedad, y que sus secuaces perecerán con él, con lo que los justos, los santos, los que marchan por el camino del bien, se reunirán en la mansión de Ahura el Buen Espíritu». Finalmente da a escoger entre «el largo tormento que espera a los malvados y las bendiciones que esperan a los justos como herencia y merecida recompensa». Por consiguiente (y es lo digno de ser retenido de este capítulo): Que Zarathustra cree como todos los grandes iniciados, y por ello no duda en afirmarlo, estar en posesión de positivas verdades y dispuesto a enseñarlas. Que la primera de estas verdades es la existencia de dos Espíritus primitivos y opuestos que crearon y ordenaron el Mundo (con lo que nace el sistema llamado dualista). Que así mismo, cuando se reunieron al principio de las cosas para crear «la vida y la esencia de vida», determinaron también cómo sería el fin del Mundo. Y que dispuestos a triunfar cada uno con sus armas, las del bien el uno, las del mal el otro, empezó la lucha, lucha en la que los hombres deben intervenir en favor del dios que escojan. Siendo por consiguiente la salvación de los que escojan la vía del bien, no simple resultado de sus buenas obras, sino de haber ayudado con ellas al dios bueno, al triunfo del Bien y a la instauración, definitiva y eterna ya, de éste en el Mundo.

En el capítulo o gatha XXXI, empieza Zarathustra asegurando que todo lo anterior «lo repite de memoria según lo aprendió». ¿De quién? No lo dice, pero no es difícil adivinarlo. Pensemos en otros fundadores de religiones (el Buda, por ejemplo, que destinado a suceder a su padre en el trono, abandonó todo, incluso a este padre y a su mujer y a su hijo recién nacido, por dedicarse, mendigando, a enseñar a los hombres el medio de librarse del «dolor»; o en Mahoma que, a su vez, era visitado por el ángel o arcángel Gabriel al que también veía y oía, y el que le decía, de parte de Alá, el Ahura Mazda islámico, lo que tenía que hacer), y démonos cuenta, sí, sin necesidad de ser psiquíatras, quién había sido el maestro de Zarathustra. Luego, tras insistir lleno de entusiasmo místico (y tras asegurar lleno de fe en sus ensueños, que está dispuesto a empezar su campaña en favor de Ahura Mazda, con su ayuda, por supuesto, rogándole le ayude con la luz de los videntes), en que Ahura y demás Espíritus buenos se pondrán de su parte y seguirán ayudándole a discernir el bien, y con ello «saber lo que puede ser y lo que no puede ser», declara que la primera imagen que tuvo de Ahura «fue la del más digno de ser admirado espiritualmente, a causa de la Creación». Y que ello y todas sus demás excelencias vinieron a su mente, «cuando te contemplé—como dice textualmente—con los ojos iluminados». Inmediatamente asegura que Kine (el alma del ganado), puesta a elegir también por voluntad de Ahura, se decidió a meterse por la senda trazada por éste. Y que al punto empezó la lucha (entre ambos dioses, el bueno y el malo). Pero como para Ahura «no hay nada oculto», Zarathustra decide hacerle algunas preguntas: tales, por ejemplo, que en lo futuro, qué ventajas se obtienen obrando bien, o sea, qué recompensas esperan a los justos y cuáles a los malvados; cuál será el medio para llegar a ver a Ahura Mazda y qué religión es la mejor y más elevada. Acabando por aconsejar (a los que se supone que le escuchan), que sigan a Ahura Mazda que les dará inmortalidad y prosperidad eternas, y que huyan del Espíritu malo, pues a los que le siguen, les aguarda una larga vida de oscuridad, de alimentos inmundos y de pésimas compañías. (La piadosa fantasía de los magos en cuyas manos cayeron estas afirmaciones, imaginaron infiernos con tales detalles en cuanto a estas excelencias, que leyéndolos se deplora que no tuviesen razón y les alcanzase algo.) A retener de este yasna: la naturaleza y calidad de la fe de Zarathustra por obra de la cual está dispuesto a hacer cuanto sea necesario por un Dios, además de todopoderoso, salido de su imaginación; que por obra de esta misma fe y extravío, está seguro de que los que sigan a Ahura serán recompensados, y que los que, por el contrario, se pongan de parte de su enemigo, castigados, e incluso en qué consistirán, de modo general, estos premios y castigos; la manera de hablar cual si para él no ofreciese duda alguna, lo total y absolutamente desconocido, es decir, cuanto afirma a propósito de un dios obra enteramente de su imaginación, y del cual conoce (naturalmente, puesto que lo va inventando), cuanto hizo, más sus propósitos tanto presentes como futuros. Es decir, inaugurando con ello esa manera de hablar de lo imposible de conocer, que luego siguió siendo la norma de todos los inspirados de tipo religioso, en determinadas religiones. En fin, al afirmar en el párrafo 11 que Ahura Mazda no sólo dio al hombre entendimiento haciéndole con ello partícipe de la Inteligencia divina, «sino unos preceptos con los que pudiésemos ordenar nuestras acciones libremente», entró en circulación por primera vez, tal parece al menos, la teoría del libre albedrío.

El gatha XXXII a cuyo principio hay una importante laguna, está destinado a manifestar el temor y odio (la palabra «venganza» suena varias veces en los gathas) que Zarathustra siente hacia un personaje poderoso, jefe de tribu o hacendado rico que, según afirma con insistencia, partidario del Malo, es su gran enemigo y se opone a él y a lo que predica. Todo en este yasna es de un tono apocalíptico extraño y rencoroso, y cuanto vale la pena de retener de él es esto: el ardor tenaz de un místico por la causa que ha abrazado y por las ideas que le dominan; ardor impulsado por un ciego sentimiento religioso tan lleno de pasión y de fe como de profundo fanatismo.

El siguiente capítulo (XXXIII) está constituido por una serie de súplicas a Ahura Mazda en demanda de ayuda y protección. No solamente le pide que de todos los estados les conceda (a él y los que le escuchan), el mejor, más «todos los estados prósperos que los seres hayan disfrutado en el pasado, puedan disfrutar los hombres en el presente y que se les concederán y disfrutarán en el futuro», sino que particularmente a él y a causa de su santidad, puesto que, como asegura, repudia «la Mala Inteligencia y toda desobediencia, arrogancia y falsedad», le otorgue «la dicha de verte (de ver a Ahura Mazda) y de consolarme y aprender contigo». Tras lo cual le pregunta: «¿Cuál es tu voluntad y tu opinión sobre esto?» Más adelante le dice que le conceda «una gran fuerza» (entiéndase riqueza), y que, «como gracia especial, ¡oh Ahura!, revélame ampliamente Tu naturaleza para que pueda ver su profundidad y grandeza, así como el poder de tus atributos y los de Tu santo Reino». Por todo ello, Zarathustra acaba este gatha ofreciendo a su Dios «la vida de su propio cuerpo, todo lo que pueda dar de sí su inteligencia, eminencia alcanzada a fuerza de rectitud y de santidad, y su rendida obediencia en palabras y obras, en prueba de que reconoce el poder soberano de Ahura Mazda».

En el gatha XXXIV, Zarathustra empieza asegurando que contra «tres benditos dones que Ahura le ha prometido a cambio de palabras, obras y sacrificios santos, a saber: inmortalidad, inteligencia para bien obrar en este Mundo, y mañana el Reino del Bienestar», ellos (Zarathustra y los que le siguen), le devuelven «todos los dones que han recibido del Espíritu Santo» a causa de ser bondadosos en pensamientos y obras y de tener el alma «de acuerdo en todo con el modo recto de obrar». Luego (sin duda para una vez bien instruido poder llevar a la perfección su labor de profeta), pregunta a Ahura Mazda: «¿Qué es tu Reino? ¿Cuáles son tus tesoros y riquezas? Házmelo saber para que pueda ser todo tuyo, obre de acuerdo siempre con el Recto Orden y pueda cuidar de tus pobres y aliviar sus sufrimientos.» Y aún: «Si eres, como no dudo, el Orden Recto y la Perfecta Inteligencia, manifiéstame una señal de ello. Y muéstrame también el mejor modo de acercarme a Ti gracias a mi adoración.» Y «¿Cuáles son tus reglas? ¿Qué quieres y qué te complace? ¿Qué alabanzas y qué ofrecimientos te agradan? Habla y dinos en qué consisten las benditas y esperadas recompensas que nos tienes preparadas» (que en otras ocasiones Zarathustra demuestra saber muy bien, pero que sin duda le agradaba que Mazda se las repitiese). Porque, en efecto, aquí mismo dice a continuación: «Esta recompensa, ¡oh Mazda!, nos la ofreces como recompensa a nuestra vida terrestre.» Es decir, por seguir el camino recto que así mismo quiere que le enseñe una vez más: «Sí, muéstrame, ¡oh Mazda!, ese camino recto, y su recompensa, para seguirle. Y mediante Tu poder soberano y Tu gracia, dígnate hacer que nuestra vida prospere hasta alcanzar la perfección.»

El capítulo XLIII está lleno de aún más nobles y generosas aspiraciones. Se abre, como ya he dicho, pidiendo salvación para todos los hombres; y a él, que Ahura le conceda por medio de la Piedad: «celebridad, estimación y el auxilio de una inteligencia poderosa». Tras lo cual suplica a Ahura Mazda que «se digne revelar sus maravillosos y sabios pensamientos», hecho lo cual le considerará, «como ser poderoso y al mismo tiempo liberal». Así como le bendecirá cuando le llegue «la llama de Fuego de su Recto Orden y su Soberana Inteligencia». Luego asegura que como tal (sabio, liberal y poderoso), le concibió al contemplarle, como le contempló, «cual supremo en cuanto a la generación de la vida, puesto que estableciste para recompensar palabras y obras el mal para los malos y la bendición de la felicidad para los buenos». Asegura al punto con esa seguridad que para los cogidos de misticismo total es realidad absoluta cuanto sueñan e imaginan, que cuando llegue el momento último para lo creado, Ahura vendrá con su Espíritu bondadoso y todo su Poder soberano, y que en su nombre, Aramaiti pronunciará reglas de salvación emanadas del Entendimiento supremo. Luego, siguiendo en su admirable desvarío, asegura también que supo que

Dios era liberal y generoso, cuando la Obediencia, su mensajera, se acercó a él y le interrogó de este modo: «¿Quién eres? ¿A quién rindes homenaje?» Y que cómo podría justificar sus pretensiones. A lo que él contestó: «Que le gustaría ser fuerte, poderoso castigador y atormentador de los malvados, y de los justos ayuda y alegría, puesto que pensaba dedicarse a preparar el Reino de Mazda.» Y añade, víctima feliz de total desvarío, «que aprendió que Ahura era liberal cuando se acercó a él su mensajero y le preguntó: ¿Para que deseas obtener conocimientos y para qué conseguir beneficios?» Tras ello pide a Mazda que le conceda espíritu de justicia y prontitud mental; pues por su mensajero había sabido también la suerte que le aguardaba: «sufrir entre los hombres». Lo que había aceptado dispuesto a hacer por su Dios lo que éste le dijese que era lo mejor (lo que más le convenía). También supo por Sraosha (la Obediencia), cuando ésta se acercó a él, lo que tenía que decir a las multitudes para convencerlas de los deseos de la Divinidad. Naturalmente, para poder conseguir iluminación espiritual, vuelve a pedir ayuda. Y como pago a sus desvelos por ayudar a su vez al Todopoderoso, solicita le sea concedida larga vida, y que «ningún osado pueda apartarle de Ahura, por la fuerza»; más ser conducido un día al codiciado Reino (celestial).

El capítulo XLIV está integrado por una serie de preguntas que Zarathustra, lleno siempre de deseos de saber, hace a Ahura Mazda, algunas muy curiosas: «¿Quién fue el primer padre por obra de generación? ¿Quién marcó al Sol y a las estrellas su camino invariable? ¿Quién fijó las leyes mediante las cuales crece y mengua la Luna? ¿Quién sostiene la Tierra desde abajo y quién sujeta a las nubes desde arriba para que no se caigan? ¿Quién hizo las aguas y las plantas? ¿Quién unció los vientos a las nubes de tormenta para que se muevan a gran velocidad? ¿Quién inspira los buenos pensamientos a las almas?» Estas y otras cuantas cosas que pregunta sabe muy bien que fueron obra del Creador Omnipotente, pero sin duda le gustaba, interrogándole sobre ello, demostrarle cuánto le admiraba al oír cómo le repetía: Yo, Zarathustra. Yo también, ¡oh santo Zarathustra!, etc. Luego vienen otra serie de preguntas de tipo religioso, destinadas a confirmar su fe y su adhesión al Gran Creador de soles y estrellas; y por aquello, sin duda, de que entre col y col, lechuga, en el párrafo 18 desliza como quien no quiere la cosa, esta otra preguntilla: «Dígnate decirme con claridad cómo lograré el premio establecido por Tu Recto Orden (a los que como yo te sirven): diez yeguas de mucho precio emparejadas con sus machos, y un camello, signos éstos de honor y de bendita abundancia para tu jefe.» Lo que prueba que cuando se le enfriaba un poco el misticismo y volvía a la Tierra, Zarathustra no olvidaba que nada calienta mejor en ésta que la abundancia y el bienestar. En todo caso sabemos gracias a su justo deseo, lo que bastaba para ser rico entonces en aquel rincón de la Bactriana.

En el gatha XLV, Zarathustra vuelve a plantear la cuestión del «dualismo». En efecto, dispuesto a decir, como asegura, cosas grandes e importantes, ruega le escuchen todos, «los que venís de cerca como los que venís de lejos», con la mayor atención. En efecto, la cosa vale la pena, oigamos: «Sí, hablaré de los dos primeros Espíritus del Mundo, de los cuales el más bondadoso dijo así al más dañino: Ni nuestros pensamientos, ni nuestros mandamientos, ni nuestra inteligencia, ni nuestras creencias, ni nuestras obras, ni nuestras conciencias, ni nuestras almas están de acuerdo en nada.» Palabras mediante las cuales el profeta iranio estableció la separación más total y completa entre los dos dioses que había imaginado; dioses por otra parte, y es detalle también genial y muy importante en esta cuestión, espirituales (pues como diría más tarde Marción, otro gran iluminado, siendo la materia impura, imposible que un dios tenga contacto con ella); es decir, dioses enteramente distintos de los imaginados hasta entonces y de los que aparecerían después hasta la llegada del Dios «espíritu puro» de la más importante de las religiones actuales. Naturalmente, este Dios y no otro era el que a causa de su bondad, omnipotencia, liberalidad e inclinación hacia los hombres santos, merecía ser adorado y toda clase de alabanzas y sacrificios; que es lo que aconseja Zarathustra en el resto del capítulo.

En el XLVI, le oímos exponer sus angustias y sufrimientos. Es pobre (las yeguas de precio con sus machos, y el camello no han llegado aun); y como además le escuchan pocos, desesperado exclama y pregunta para empezar: «¿En qué tierra estableceré mi religión que aquí es rechazada?» Y vuelve a pedir a Mazda que le ayude «como un amigo ayuda a su amigo». Pues había, por lo visto, «un hombre malo, un gobernador perverso dotado de malos poderes», que hacía cuanto podía para que no prosperase el ganado de Zarathustra y de sus partidarios, y contra el cual pide insistentemente ayuda a Ahura. Por fortuna, el Dios le había deparado a otro hombre poderoso, a «Kavi Vistaspa el heroico». Y además contaba también con los Haekataspas, Spitamas, «que sabían discernir lo legal de lo ilegal». Más los Hvogvas, a todos los cuales Zarathustra estaba dispuesto a dirigir cálidas alabanzas «con versos medidos, no con líneas desiguales», pues como Zarathustra era poeta además de místico, como San Juan de la Cruz, empleaba su arte para valorar cuanto escribía (más tarde, Mani, un ilustre discípulo suyo, éste además de profeta pintor, ilustraría con dibujos y colores sus fenomenales y pintorescos extravíos religiosos). Tras lo anterior acaba el capítulo asegurando formalmente que todo el que le ayuda en la cruzada contra los malos, recibirá recompensas «más allá de este Mundo». Porque el profeta sabía muy bien, como varias veces he dicho traduciéndole, que fuera de este Mundo había otro mejor y donde la vida, para los santos, era infinitamente más agradable y larga. Como sabía (pero esto lo dice ya en el gatha siguiente).

Gatha XLVII, que a él Ahura Mazda le daría «los dos mayores dones: inmortalidad y el bienestar universal, como premio a conservar Su Recto Orden en palabras y obras». También nos enteramos por este gatha, es decir, por Zarathustra, que la Benéfica Inteligencia de Ahura «habita, por gracia suya, en el interior de Sus profetas»; que Aramaiti, la Piedad, «tiene dos manos» (sin duda para repartir con más diligencia sus dones); que el Recto Orden de Ahura, también por voluntad suya «está dentro de nuestras vidas» (la de los hombres santos, claro); que la generosidad de Ahura concedería a Kine abundantes y ricos pastos, y que su liberalidad, como ya nos ha dicho en otras ocasiones, «dispensaría no sólo bendiciones y premios a los buenos, sino grandes daños a los malos, enemigos de la fe». Y, en fin, que todo ello había sido dispuesto por obra de su justicia.

En el capítulo siguiente, el XLVIII, la inquietud y el temor (pues por él se comprende que la lucha está ya empezada), parecen hacer vacilar por momentos su confianza en que Ahura le ayudaría a vencer (sin duda los otros habían empezado zurrándolos), porque tras proclamar en el primer párrafo (probablemente para animarse a sí mismo), la «realidad de la vida inmortal», en el cuarto, no queriendo alcanzarla todavía, pregunta angustiado a su gran protector celestial, cuál será el resultado de la lucha, resultado que le permitirá como él dice: «llegar a ser jefe de tus tribus». Entre tanto y mientras «no conozca el resultado», debe «confiar y rezar para que obtengan el poder los reyes honrados», y para que Kine (los ganados) sean más abundantes «para felicidad de sus hogares». Esto se lo pide muy particularmente a la benéfica Aramaiti; y tras ello a Ahura de nuevo, «que le conceda fuerza perdurable» a él, y a los «prados, hierbas abundantes». Y ya, para que la felicidad sea completa, pide aún a su divino protector «que en la contienda venidera sean asesinados sus dos mortales enemigos» y con ellos su protector el Demonio de la Furia y de la Rapiña. «¿Cómo te imploraré el don de esta victoria? ¿Cuándo se cambiará la fe, toda esperanza, en realidad visible? ¿Cuándo vendrán los hombres de mente perfecta? ¿Cuándo—en recompensa a su piedad—la Justicia llegará triunfante trayendo abundantes pastos y con ellos felicidad a los hogares, es decir, la garantía de una vida al fin tranquila?» Buscando la «oración poderosa» que mueva a Ahura a escucharle con objeto de que llegue hasta él y los que le siguen su Santo Reino, deja paso al gatha siguiente.

Por él, el capítulo XLIX, nos enteramos de que el gran enemigo de Zarathustra es Sandva, «que ha luchado siempre contra él», y que «por desgracia siempre ha sido suya la ventaja en la lucha» a causa de ser «el más fuerte». Mas como la esperanza es lo último que muere, le oímos exclamar: «¡Pero todavía no se ha perdido todo!», y dirigirse una vez más a Ahura, pidiéndole ayuda; es decir, que no abandonase «a Frashaostra a quien ha dado la categoría de guardián patrocinador». Y que tampoco le olvide a él, como aún reclama insistentemente en el siguiente capítulo.

En el gatha XLIX, 12—L, en el que clama: «¿Qué ayuda de gracia tienes, ¡oh Ahura!, para Zarathustra que te invoca? ¿Va a recibir mi alma una gracia auxiliadora?» ¿Cómo podré, se pregunta, y pregunta al poderoso Creador, «salvar realmente nuestra riqueza? ¿De qué medios me valdré para proteger a

Kine productora de beneficios»? Y sigue implorando a Mazda que le conceda «tierras que pueda poseer con justicia y libremente». Si se lo concede, en «acción de gracias» él le ofrecerá «un sacrificio». Además, tanto él como sus amigos dispuestos están a entonar «alabanzas» en su honor, y a «anunciar sus palabras». Por su parte, «comprometerá a otros en favor de la santa causa», y «se acercará cada vez más» a Ahura, manifestándole su «profunda adoración» mediante pies métricos bien medidos; y a la Justicia divina mediante «acciones santas». Sí, que el Todopoderoso le ayude, lo mismo que a sus «compañeros y servidores», para que puedan «fomentar la santa causa» que tanto les interesa y conviene.

En fin, el gatha LI está destinado a dar consejos-instrucciones a una asamblea de fieles. «Lo primero que hay que escoger—le oímos decir—, es un buen Gobierno», siempre, como es natural, bajo la dirección de Ahura Mazda, cuya «Regla Soberana» es indispensable para conseguir «bienes y riqueza». Para obtener el buen Gobierno hace falta un jefe «frugal, honrado y despierto». Y seguro de que Ahura deparará este esperado jefe, vuelve a pedirle para él «inmortalidad y bienestar», a cambio de lo cual seguirá hablando por él y en su nombre. Reconfortado, de nuevo se dirige a los que le escuchan para asegurarles una vez más que los que sean dignos servidores del gran Dios, recibirán de éste los dones que siempre les ha ofrecido: inteligencia (Buena Mente, Orden Recto), es decir, sabiduría, como ha alcanzado el Kavi Vistaspa, y luego la salvación que Ahura concede siempre a los que, en efecto, viven dentro del Recto Orden, celebrándole y ensalzándole mediante alabanzas.

LOS GATHAS

YASNA XXIX

EL LLANTO DE KINE (EL ALMA DEL GANADO). LA LLAMADA (A LA DIVINIDAD) DE ZARATHUSTRA. SU SÚPLICA EN DEMANDA DE AYUDA

(¡Homenaje a vosotros, Sagrados Gathas!)

1. A vosotros (¡oh Ahura y Asha!) clama el alma de *Kine* (nuestros rebaños y pueblo—de vacas—sagrado): ¿Para quién me creasteis? ¿A imagen de quién me modelasteis? Siento que me invade la ira, la violencia, el azote de la desolación, una insolencia audaz y un empuje arrebatador. Vosotros (¡oh Ahura y Asha!) sois los únicos que me proporcionáis el pasto. Por mi parte os ruego (yo, Zarathustra) me enseñéis cómo (labrar) bien los campos (¡mi única esperanza de bienestar y de prosperidad!).

Habla Ahura

2. Oyendo esto el creador de Kine (los santos rebaños), el Señor del ganado, preguntó a la Justicia: ¿Cómo (elegiste) guardián para Kine cuando dueña absoluta (enteramente de su suerte) la creaste? ¿Cómo (la aseguraste) al mismo tiempo que el pasto, un pastor bien enterado de su oficio y a la vez enérgico? ¿A quién elegiste como árbitro (de su vida) para que pudiera defenderla (del mejor modo) de la codicia y rapacidad de los malvados?

Asha contesta

3. Por su parte, la (Justicia divina) llena de santidad respondió (al alma de Kine): (Grande fue nuestra perplejidad). Un jefe capaz de destruir la furia de los malvados y al mismo tiempo libre él de odio (no podía ser obtenido por nosotros). Pues los seres como nosotros no deben conocer (por consiguiente, no debíamos) conocer las cosas que constituyen los influjos que reúnen (y agitan) los grandes fuegos (que revelan el favor y la voluntad de Dios). De Dios, el más poderoso de todos los seres. Aquel al que tratan de acercarse con sus invocaciones cuantos han realizado sus obras. (¡El único que no necesita pedir!)

Zarathustra interviene

4. Nadie más que el propio Gran Creador se toma interés semejante al suyo por las señales predestinadas que se han cumplido hasta ahora en las obras de los demonios-dioses y de los hombres (tanto buenos como malos), así como en las que se cumplirán en lo sucesivo. Ahura es el árbitro que juzga; lo que El decide, he aquí lo que será de nosotros.

5. A causa de ello es por lo que ambas, mi alma y (el alma) de la madre Kine, presentamos por los dos mundos (el humano y el animal) nuestras súplicas a Ahura con los brazos extendidos y en actitud suplicante (cuando rogamos al Gran Creador) consultándole a propósito de nuestras dudas (y El es seguro que contestará): |No, no habrá destrucción para el que viva de acuerdo con la justicia ni para el frugal e infatigable (labrador) cuando la haya para el malvado!

Ahura

6. A esto el Señor, el Gran Creador, el que mediante su conocimiento profundo comprende la misteriosa gracia, habló así: No es de modo irreflexivo como un amo espiritual es encontrado (por mi sublime decisión) ni como la Justicia (en su espíritu) designa o elige un jefe. Y es por ello por lo que te he nombrado a ti (como tal cabeza) ¡para todo labrador diligente del suelo!

Los Ameshaspendas

7. Mazda ha creado al inspirado Verbo de la Sabiduría, que es un Mathra de abundancia (en cuanto al ofrecimiento), cooperando con él en su obra (Divina) de Justicia. Ha preparado alimento para Kine (el ganado) y para cuantos
comen. El, el liberal, con su doctrina (de salvación). Pero *¿a quién* has dotado Tú (Señor) de la Buena (superior) inteligencia para que pueda divulgar entre los mortales esas (doctrinas) mediante palabras?

Ahura

8. Yo he encontrado aquí a este hombre, el único que ha escuchado con atención mis enseñanzas, ¡Zarathustra Spitama! El desea manifestar de un modo completo nuestras obras de gracia poderosas (haciéndolo) por Mí, el Gran Creador, y por la Justicia. Y por ello le daré una morada digna (y un puesto con autoridad suficiente), como corresponde a un anunciador de buenas nuevas.

El Geus Urván

9. Tras esto se lamentó el alma de Kine: (¡Ay de mí!) que no he conseguido (tal cual deseaba), dada mi aflicción, sino un señor que no tiene poder para realizar su deseo, y únicamente tan sólo la (mera) voz de un hombre débil y pusilánime, cuando lo que deseo es un señor poderoso (y capaz de llevar a efecto lo que deseo como un ser de condición real).

Los Ameshaspendas

(¡Ay!) ¿Cuándo aparecerá aquel que pueda ofrecer a Kine una ayuda fuerte?

Zarathustra

10. ¡Oh Ahura!, y Tú, ¡oh Justicia! Dignaos conceder a éstos (nuestros discípulos) alegría y el soberano Reino (de la Deidad) como (está establecido) en (Su) Buena Mente por la Dispensadora de la dicha pacífica del hogar y la felicidad tranquila (en lugar de la temible desolación que sufren), pues siempre te consideré, ¡oh Gran Creador!, como el origen de estos dones.

11. ¿Y cuándo vendrán a mí la (Divina) Justicia, la Buena Mente (Poderosa Inteligencia) del Señor y Su Soberano Poder (para darme fortaleza en el cumplimiento de mi tarea y de mi misión con objeto de poder llevarla a cabo), ¡oh Gran Creador, Señor de Vida!? Por tanto, te ruego me concedas abundantemente tu ayuda para que me sea posible cumplir nuestra gran causa. Dígnate hacernos (partícipes) de la hermosísima gracia de estos tus iguales (tus consejeros y siervos, los Ameshaspendas).

YASNA XXVIII

ORACIONES PIDIENDO MUY ESPECIALMENTE GRACIA Y PALABRAS DE REVELACIÓN

1. (Una bendición reconfortante es el pensamiento, una bendición reconfortante es la palabra y una bendición es la obra de Zarathustra el justo). Que los Generosos Inmortales se dignen aceptar nuestros cantos (de invocación) y nos ayuden a efectuarlos. ¡Homenaje a vosotros, oh sagrados Gathas!

2. Con (gratitud) reverente por este (don) de graciosa ayuda, ¡oh Mazda!, y con los brazos tendidos (hacia Ti) suplico la primera bendición a (Tu) bondadoso espíritu; (es decir, te suplico me concedas realizar todas mis obras de acuerdo con la (Divina) Justicia; y al mismo tiempo imploro la compasión de tu Espíritu Benevolente, con objeto de que me sea posible conciliar el

alma de Kine (es decir, la prosperidad de nuestro ganado) con el bienestar del pueblo que con tanta amargura clama solicitando tu ayuda.

3. Y, por tanto, ¡oh Gran Señor y Creador de la Vida! (inspirado, lo siento), por Tu Benévola Inteligencia recurro a Ti (y Te imploro) para que me concedas (como benéfico y generoso don), tanto para el mundo material como para el espiritual, esos logros que proceden de la Justicia (Divina), por medio de los cuales (una vez esa Justicia manifestada dentro de nosotros), llevas a los que recibiéndolos lo consiguen, a la beatitud y a la gloria.

4. ¡Oh Justicia (Divina, que constituyes) enteramente la Benévola Mente (de la Divinidad)! Te adoraré (en todas tus manifestaciones), así como a Ahura Mazda, el primer Ser, a favor de cuya Mente piadosa y despierta (cuyos destellos alborean en nuestro interior) avanza ya el Reino imperecedero. (Mientras elevo a Ti mis súplicas) responde a mi llamada y ayúdame.

5. (Sí, me acercaré a Ti a fuerza de súplicas, yo), que dirijo mi mente, mi voluntad y (mi) alma a esa Altura (elevada mansión celestial adonde irán al final todos los redimidos) sabiendo (muy bien) las características y santas recompensas de las obras (tanto rituales, es decir, ceremoniales, como de las morales prescritas) por Ahura Mazda. Y mientras pueda y sea capaz de ello enseñaré (a Tu pueblo las santas obras que tiene que realizar con la fe puesta en Dios) y con el deseo (de que llegue) la Divina Justicia (a iluminar el interior de sus almas).

6. En cuanto a Ti, ¡oh Justicia!, ¿cuándo me será posible verte y conocer gracias a Ti el Bueno y Poderoso Espíritu de Dios y (sobre todo y gracias a Ti también la) Obediencia (personificada y manifestada a lo largo de nuestras vidas, que es lo que constituye) el camino más adecuado y mejor hacia el Ahura Mazda más benéfico? (Te hago estas súplicas) porque gracias a la fuerza de la palabra santa, que es la oración, tenemos (y podremos) mantener alejados mediante nuestras lenguas a los demonios, que devoran la carne (demonios que son la señal y manifestación misma de toda impureza espiritual).

7. Y Tú, ¡oh Señor y Gran Creador!, ven en mi ayuda con tu Santa (y Poderosa) Inteligencia, y puesto que distribuyes tus dones a favor de Tu Justicia, concédeme una larga vida. Y (con objeto de que vivamos bien ésta préstanos) por medio de tu poderosa palabra la ayuda espiritual eficaz (y necesaria), tanto a nosotros (como al que por nosotros te invoca), Zarathustra, para que así podamos vencer y oponernos a los tormentos del Castigador.

8. (Y) tú, ¡oh (Divina) Justicia!, impárteme la sagrada bendición, que es lo que constituye en realidad los logros de la Buena Mente (Inteligencia Superior dentro de mi alma). Y tú también, ¡oh Piedad!, concédenos a Vistaspa y a mí este nuestro deseo. En cuanto a Ti, concédenos asimismo,

¡oh Mazda! (gobernador como eres de todo y de todos, la gracia), mediante la cual podamos oír (y entender) Tus palabras llenas de benignidad.

9. (Por eso Te) pido a Ti, Ahura, el mejor (de los seres), cuya voluntad está identificada con la de (Tu Divina) Justicia (dentro de nosotros) y el mejor (de los espíritus), ese (don) superior (a todo otro) para el (heroico) Frashaostra y para mí, y te ruego (también) nos concedas (no ya por un tiempo limitado), sino para todas las edades (durante las cuales imperará) Tu Santa, Buena y Poderosa Mente, el reino de Tu benevolencia, que será para nosotros como el primer Cielo.

10. Y (movidos e impresionados) por estos dones de gracia reconfortante (que, sin duda, puedes dispensarnos como respuesta a estas plegarias), te rogamos que no permitas que Te enojemos nunca a Ti, ¡oh Ahura Mazda!, ni a Tu Justicia (que mora en nuestro interior cuando Tú lo permites) ni a Tu Mente Bondadosa (para con nosotros), ya que nos hemos propuesto de verdad (promover Tu causa) mediante el ofrecimiento (cantado) de los que Te alaban, pues es más fácil invocarte de este modo. Realmente (si albergas) el deseo de (impartirnos) las bendiciones (espirituales) y de que poseamos (su divina fuerza, no dejes de hacerlo).

11. Por tanto, Te suplico, ¡oh Señor y Gran Creador!, que satisfagas y colmes (mi) deseo mediante los logros (de la gracia de Tu Buena Mente), que sabes proceden de la Justicia (y) que son verdaderamente sublimes. Pues he conocido que Tus preceptos nunca están desprovistos de eficacia (en la lucha) por el pan nuestro de cada día y por eso son objeto digno de nuestros deseos.

12. Sí, (me acerco a Ti con mi oración yo), que mediante estos (grandes dones de Tu gracia) veneraré siempre (Tu Divina) Justicia y (Tu) Buena y Poderosa Inteligencia (que sentimos obrar, a veces, en nuestro interior). Por tanto (te suplicamos), a ti, Ahura Mazda, que me enseñes con la boca de Tu Espíritu, para que yo pueda divulgar entre (este pueblo que espera en Ti), con qué poderes (y de acuerdo con qué leyes) surgió el Mundo primero.

YASNA XXX

DOCTRINA DEL DUALISMO

1. Ahora os proclamaré a vosotros, cuantos os acercáis en busca de enseñanzas, las animadversiones que atañen a Aquel que lo conoce (todo), las alabanzas que es preciso prodigar a Ahura Mazda y los sacrificios (aconsejables a causa de brotar) de la Buena Mente (o Inteligencia Divina), así como las benignas meditaciones inspiradas por la Justicia. Y pido que (a causa de todo ello salgan) a plena luz los resultados propicios.

2. Prestad atención, pues, y contemplad las llamas brillantes (de la Verdad) con (los ojos de) la Mayor y Mejor Inteligencia. Se trata (tenedlo

muy en cuenta) de una decisión sobre religión, tanto pública como privada (y lo mismo este hombre que aquél no deben olvidar cuánto les atañe la cuestión). Antes (por tanto) de realizar el gran esfuerzo (en pro) de la buena causa despertad (todos abrid bien los ojos) a nuestra enseñanza.

3. Ved que se trata de (los dos) Espíritus primitivos que han sido conocidos y declarados (desde antiguo, de siempre, en todo tiempo) como una pareja (que combina sus esfuerzos opuestos) y (sin embargo, cada uno es) independiente en sus obras. Los dos (son) uno mejor y otro peor, tanto en pensamientos como en palabras y obras. Entre ambos, pues, elija bien el que desee obrar sabiamente. (Escoged, por tanto, con el mayor cuidado) no (como los que lo hacen mal a causa de practicar el mal en todo cuanto realizan).

4. (Sí), cuando se reunieron los dos Espíritus allí al principio (de las cosas) para crear la vida y la esencia de vida y para determinar cómo debería ordenarse el fin del Mundo (destinaron) la peor vida (el Infierno) para los malos y el Mejor Estado Mental (el Cielo) para los buenos (los santos).

5. (Cuando) cada uno hubo terminado su parte en la obra de la Creación, cada cual de ellos escogió el modo de formar su reino (perfectamente separado y distinto del otro). De los dos, el malo (el Demonio) escogió (naturalmente) el mal, sacando (y obteniendo) con ello los peores resultados posibles, mientras que el Espíritu más bondadoso escogió la (Divina) Justicia. (Tal escogió), cierto, aquel que se viste (empleando como manto) las sólidas piedras del Cielo. Y escogió también a cuantos le agradan a El, Ahura Nazda, con sus obras (obras realizadas) realmente de acuerdo con la fe.

6. Y entre estos dos Espíritus, los demonios-dioses (y aquellos que los adoran) incapaces son de elegir rectamente, puesto que quedaron como engañados. Mientras se formulaban preguntas y se debatían en consejo, el Mal Espíritu (personificado) se acercó a ellos para que le eligieran (y fuesen su comitiva). (Con ello tomaron una decisión fatal.) Y hecho, se abalanzaron juntos hacia el Demonio de la Furia (para con él y su ayuda) mancillar la vida de los mortales.

7. Estaban haciéndolo cuando se acercó Aramaiti (la Piedad de los buenos y de los santos personificada), y con Ella vinieron el Poder Soberano, el Buen Espíritu y el Orden Recto. Y (a las creaciones espirituales del Bien y del Mal) Aramaiti las dio un cuerpo estable, permanente y siempre capaz y esforzado. Sea, pues, para éste (para tu pueblo) su cuerpo, al final, ¡oh Mazda!, como era cuando comenzaste Tú la Creación. Es decir, sin falta ni mancha (puesto que de Ti procede todo lo bueno).

8. Y (cuando se haya librado la gran batalla, que comenzó cuando los Daevas tomaron por primera vez al Demonio de la Ira como aliado), y cuando se haya cumplido la (justa) venganza sobre estos desventurados, entonces, ¡oh Mazda! (Tu) Santa Mente (dominando ya dentro de Tu pueblo) habrá ganado el Reino para Ti. Pues, ¡oh Señor de vida! (el Buen Espíritu)

confía sus mandamientos a aquellos que entregan el Demonio de la Mentira a las dos poderosas manos del Orden Justo (como a uno que es condenado al verdugo).

9. Y seamos nosotros como los que originan esta gran renovación y hacen progresar este Mundo (hasta que haya alcanzado su perfección). (Como) los Ahuras de Mazda. Es más (como Tú mismo) estaré yo siempre dispuesto a ayudar (a tu pueblo), mostrándole e inclinándole a escoger (los beneficios) de acuerdo con el Orden Recto. Para ello mis pensamientos estarán siempre allí donde resida la verdadera sabiduría.

10. Y una vez que haya alcanzado (la perfección) entonces descargaré el golpe destructor sobre el Demonio de la Falsedad (y sus secuaces perecerán con él), mientras que los justos, los santos, los que marchan por el camino del bien (aquí, en la Tierra) con buena fe (y con amor) se reunirán rápida, prestamente, en la feliz morada del Buen Espíritu, es decir, de Ahura.

11. Por consiguiente, ¡oh hombres!, estáis aprendiendo los principios religiosos que Ahura dio, bien para (nuestra) felicidad, ora para (nuestro) dolor. (Y también estáis aprendiendo) lo que es el largo tormento de los malvados y las bendiciones que esperan a los justos. Y cuando éstos (hayan empezado su curso, el curso de sus obras), la salvación será su herencia y recompensa.

YASNA XXXI

PROGRESO Y DIFICULTADES DE LA EMPRESA

1. Estas doctrinas os las declaro con toda verdad repitiéndolas de memoria (según las aprendí); palabras que (hasta ahora) no habían oído (con fe) los que mediante los votos doctrinales de la nociva mentira condenan a muerte a las enseñanzas de la Justicia, pero palabras excelentes para aquellos que (de todo corazón) son devotos de Ahura.

2. Y si por estos medios no llegan las verdades indudables hasta vuestra alma entonces, haciendo algo mejor (que estas palabras), yo mismo (en persona) os visitaré seguro de ese poder y del modo mediante el cual Ahura Mazda conoce y elige a su mandatario encargado de gobernar a los dos bandos (contendientes) para que (obedeciendo sus mandatos) podamos vivir de acuerdo con la Justicia.

3. Y esa agudeza, esa facilidad para decidir mediante (Tu) Espíritu (Tu) ardor y (Tu) justicia a los dos rivales, concédenosla a nosotros, ¡oh Ahura!, y a mí ilumíname con el fuego de los videntes (de aquellos dotados por ti de luz interior). Sí, te ruego que me lo declares (todo) para que lo comprenda bien, ¡oh Mazda! Explícamelo con Tu boca, con Tu lengua (para que luego,

según vaya predicando tus poderosas verdades), pueda convertir en creyentes a todos cuantos me escuchen.

4. Y cuando la Divina Justicia incline sus oídos hacia mi súplica, y con ella todos los demás (Espíritus poderosos), que son como otros tantos Ahuras de Mazda, entonces, con la bendición (como recompensa), pediré por ese Reino poderoso (poder soberano), con cuya fuerza podremos derrotar al Demonio de la Mentira.

5. Sí, enséñame para que pueda discernir bien, ya que la mejor suerte es concedida a aquellos que siguen y se valen por medio de (Tu) Recto Orden. Dámelo a mí para que pueda conocerle a favor de (Tu) Soberana Inteligencia, que sienta que (ésta) había en mi interior, y para que pueda aquilatar el alcance de estas verdades mías (que por voluntad tuya me hacen profeta). Dime, sí, ¡oh Áhura Mazda!, aquello que puede ser y lo que no puede ser.

6. Y éstas serán realmente las mejores palabras de todas aquellas mediante las cuales el Omnisciente me declarará la verdad a propósito de su obra. Palabras que son el súmmum, el Mathra del Bienestar y de la Inmortalidad (a causa de proclamar Su poder benéfico). Y con ello para el Creador habrá un Reino (tal como decía) y en pro del cual (pido fuerza para lograr la victoria), victoria que (al fin) florecerá llena de santidad para su gloria.

7. El control soberano de todo está en sus manos. De El, que concibió estas (verdades del Mathra), que fue el primer (inspirador) y que conforme iba ideando su existencia se fueron vistiendo con las estrellas, cual correspondía a sus primeras (concepciones) gloriosas. Así mismo y gracias a su entendimiento, fue el Creador de todo lo recto y de todo lo ordenado. Igualmente, El es el que con su Inteligencia Benéfica (sostiene a sus santos y a sus escogidos, a quienes se la infunde). Dígnate, pues, hacer que así mismo prosperen estas santas criaturas gracias a Tu Espíritu (puesto que son obra tuya), ¡oh Ahura Mazda!, Tú que eres eternamente el Inmutable.

8. A causa de todo ello, la primera imagen que tuve y concebí de ti, ¡oh Ahura Mazda!, fue como la del más digno de ser admirado espiritualmente a causa de la Creación. Como la del Padre (y Señor) de la Poderosa Inteligencia que habita en nuestro interior. Todo ello cuando te contemplé con los ojos (iluminados) como el verdadero hacedor de toda justicia, como el Señor (y Dueño) de toda obra de vida.

9. Tuya, ¡oh Ahura!, era la Piedad; tuyos también, ¡oh creador de Kine (el ganado base de nuestra vida)!, eran el entendimiento y el espíritu con los cuales trazaste un sendero para guiarnos, del mismo modo que guiado por el labrador de la tierra camina el ganado (Kine) por (el camino que éste le señala), o tal vez por otro hombre que nunca fue labrador. En todo caso, Tu voluntad le ha dado a Kine la facultad de elegir.

10. Pero (no se detuvo ante la tentación). De los dos escogió al agricultor, al asiduo trabajador del campo, como dueño santo dotado de la inteligencia que procura la Inteligencia enteramente Superior de Mazda. Por lo que nunca

(seguro es) participará de las prácticas de que se vale el nómada ladrón. (En cuanto a la suerte de Kine, de la acertada elección dependerá.)

11. (Y esta doctrina fue la primera regla que sirvió para regir nuestros actos. No obstante, el Adversario estaba allí y hablaba a tu lado.) Pues cuando al principio, ¡oh Ahura Mazda!, creaste los pueblos y revelaste las leyes religiosas, y cuando (nos) diste entendimiento haciéndonos partícipes de la propia inteligencia (divina), hiciste de nuestra vida corporal (una realidad plena). Y de este modo determinaste nuestras acciones (mediante Tu poder), y para que pudiésemos cumplirlas mejor nos entregaste unos preceptos con los que (y mediante los cuales) pudiésemos ordenar nuestras acciones libremente.

12. Entonces surgió de pronto la lucha, lucha que sigue encendida. Y por ello el que (al lado de tu profeta) alcen la voz el veraz y el mentiroso, el iluminado y el no iluminado, unos (dispuestos a negarte), otras (a manifestar su fe) con corazón y ánimo devotos. (Pero sin que este forcejeo sea obstáculo y sin detenerse en investigaciones superficiales, mi) Piedad pregunta a los dos Espíritus (no como si estuviesen aquí en la Tierra), sino (allá en el mundo de los seres incorpóreos), donde habitan (como) en su natural morada.

13. (Sí, mi piedad interroga a fondo), pues Tú, ¡oh Hacedor!, lo ves todo y no podemos preguntar a la ligera. Tú ves con tus ojos rutilantes y como guardián justo, las preguntas que hacemos, tanto las francas y claras (permitidas a nuestro pensamiento), como las furtivas (y oscuras), que (se ocultan de la luz), y Tú (conoces todas las decisiones que tomamos, así como conoces al hombre), que por el menor pecado se impone la penitencia más penosa, pues para Ti no hay nada oculto.

14. Por consiguiente, me atreveré a preguntarte lo siguiente, ¡oh Ahura Mazda! (buscando al hacerlo tu consejo una vez más): ¿Qué acontecimientos se acercan y qué acontecimientos acaecerán en el futuro? ¿Qué oraciones y confesiones de ofensas parecen agradarte y qué ventajas se obtienen con los ofrecimientos santos? ¿Cuál es la recompensa que espera a los malvados? ¿Qué será de ellos al final de los tiempos?

15. Y aún osaré preguntarte esto, ¡oh Mazda! (a propósito del que ayuda a los malvados): ¿Qué recompensa corresponde al que prepara el trono para el malhechor, para el que practica el mal, al que no puede reclamar nada en favor de su vida, que atenta con injuria legal (protegido por ilegal poderoso) contra el rebaño del labrador o el ganado del agricultor? ¿Y al que no dirige la palabra a los mentirosos (y renuncia) a la del Demonio de la Mentira?

16. Aún más me atreveré a preguntarte: ¿Cómo podría llegar a ser como Tú, ¡oh Gran Creador y Señor de Vida!, aquel que con obras sabias se ha esforzado en promover (Tu Santa Regla) a propósito del hogar, la región y la provincia, de acuerdo (siempre) con el Recto Orden y con la Verdad? ¿Cuándo y mediante qué obras podrá llegar a ser de este modo?

17. ¿Y qué religión es la mejor y más elevada y la que prevalece en cuanto a los asuntos (es decir, a lo que importa) al alma? ¿Es aquella en la que creen los justos o en la que creen los malvados? (Pero cesen nuestras preguntas.) Que sólo el iluminado hable al iluminado. No nos (sigan) engañando los ignorantes (por mucho que levanten la voz). Dígnate Tú mismo, ¡oh Ahura Mazda!, declararnos (la verdad como pleno revelador que eres de tu Poderosa Inteligencia).

18. (Y vosotros, que os habéis congregado aquí), no prestéis ninguno oídos a Mathra ni al poder de ese pecador (puesto que es un ignorante), pues hacerlo llevaría la ruina y la muerte a los hogares, a los pueblos, a las regiones y a las provincias (volad, por el contrario, hacia las armas sin prestarle atención), y destruid a todos cuantos piensen de este modo con vuestras lanzas.

19. Escuchad, en cambio, a Aquel que concibió ideas de Orden Recto para los mundos. Al Omnisciente. Es decir, a Ti, ¡oh Ahura!, que pronuncias el verdadero discurso con poder absoluto sobre la palabra y con lengua franca (para guiarnos por el camino del bien). Envíanos así mismo tu llama brillante (la llama de Tu altar con sus signos de decisión y de gracia para que nos guíe) y para el bien de los esforzados (que creen, esperan y confían en Ti).

20. (Pero, ¡oh vosotros, que me escucháis!) Aquel que engaña a los santos causará más tarde la destrucción. Su suerte será una larga vida de oscuridad, su alimento será inmundo, su conversación pésima. ¡Oh viles, vuestra conciencia (pervertida) por causa de vuestras malas obras os conducirá a esa existencia miserable!

21. Mientras que Ahura Mazda dará Inmortalidad y Prosperidad universal en la plenitud de su Recto Orden y de Sí mismo, como cabeza que es del Reino (en el que vive en medio de sus santos). E igualmente concederá el vigoroso poder de su Poderosa Inteligencia al que sea su amigo en espíritu y en verdad (y cumpla sus promesas con fe).

22. Estas cosas son claras para los sabios que saben discernir (y que no están cegados por el Pervertidor). Con (ayuda), ¡oh Ahura!, de tu Buena Mente (y con la esperanza de) Tu Reino santo, el sabio sigue el Orden Recto en sus palabras y sus obras. Y para Ti, ¡oh Ahura Mazda!, un ser así te resultará un ser utilísimo y eficaz (pues te servirá con todas sus fuerzas).

YASNA XXXII

SIGUE LA LUCHA EN MEDIO DE REVESES

(El monarca rival—con estas palabras y las que siguen se puede suplir el sentido de los versos que faltan—, en favor del cual algunos conspiran con objeto de asegurar su soberanía, y que una vez en el poder llevaría la ruina y la muerte a los hogares, a los pueblos, a las ciudades y a las provincias, no ceja en sus esfuerzos, y entre otras cosas instiga a sus devotos, a los que le siguen, a no apartarse de la fe que les inspira mediante su falsa religión; todo con objeto de conseguir lo que se propone.) 1. El deudo del Malo que aspira a triunfar rezará (como yo, Zarathustra, recé) en unión de sus ciudadanos que con él se afanan, de los compañeros que creen y confían en él y de cuantos adoran a Daeva. Pero en mi mente anclada está la devoción y amor a Ahura Mazda, el Gran Creador y Señor de Vida, y yo (y los que como yo piensan) queremos ser tus heraldos, ¡oh Ahura!, y nuestro más vehemente deseo es mantener apartados (de nosotros) a los que te odian y ofenden.

2. A aquellos (por los que habló y se interesó el profeta) les contestó Ahura Mazda que gobierna (las almas) valiéndose de su Buena y Poderosa Inteligencia, expresándose siempre de acuerdo con su Poder Soberano y su Suprema Justicia de este modo: «He aceptado vuestra Piedad, buena (adicta) y libremente sentida, y la he acogido para que sea como algo mío.»

3. En cuanto a vosotros, Daevas, semillas sois de la Mala Inteligencia. El que os ofrece sacrificios esclavo es del Demonio de la Mentira (e hijo) de la Perversión. Patentes están vuestros engaños, a causa de los cuales se os conoce en la Tierra séptuple.

4. Confundís nuestros pensamientos con lo que hablarán los hombres realizando obras perversas; con las palabras de los Demonios-dioses amados por vosotros, pero abandonados por la Buena Inteligencia y (muy) alejados de la Justicia.

5. Por consiguiente, defraudaréis al género humano a propósito (es decir, en lo que afecta) a una vida feliz (en la Tierra) y de la Inmortalidad más allá de este Mundo, puesto que el Espíritu del Mal (es el que os dirige) con su mala inteligencia. Sí (él y sólo él) os ha gobernado (y sigue gobernándoos) a vosotros, que pertenecéis (enteramente) a los Demonios-dioses, que de las malas palabras os han llevado a las malas obras, como (gobernador y director que es) de los malvados.

6. (Vuestro cabecilla) engolfado en el crimen ha deseado destruiros (a vosotros mismos). A causa de ello se ha hecho famoso (y su doctrina conocida). Pero si esto es la verdad en cuanto a los malvados, igualmente es verdad que Tú, Ahura, posees en Tu mente y en Tu memoria las verdaderas (enseñanzas que muy a fondo conoces), y yo, sin apartarme de Ti ni de tu Reino y siguiendo tu Recto Orden, cumpliré y estableceré (en Tu nombre) Tus preceptos.

7. El Jefe de esos siervos malvados no sabe que aquello que declaran como victoria sus aliados, y hasta aquello por lo que él se considera (victorioso) confiado en su espada de hierro reluciente, todo está destinado a la destrucción. Pero Tú, ¡oh Ahura Mazda!, con toda certeza eres el que conoces (lo que ocurrirá cuando llegue) la destrucción total.

8. Entre esos seres mezquinos es notorio que se encuentra Yima Vivanghusha, que deseando despreciar a nuestros hombres (y perjudicarlos) se comía la carne de las vacas (tras inmolarlas y deshacerlas) en pedazos. Pero Tú, con tu penetración, verás, ¡oh Ahura Mazda!, que yo soy muy distinto de ellos.

9. Un maestro malo (como es el cabecilla de nuestros enemigos) tratará de destruir (nuestra) doctrina y con sus (perversas) enseñanzas trastornará el (verdadero) significado de la vida, arrebatándome (a mí, además) mis riquezas, y aún (si puede) mi libre elección y el real (e incomparable) tesoro de Tu buena Inteligencia. Por eso clamo a Ti, ¡oh Ahura Mazda!, y a Asha (exponiéndoos, para que me ayudéis, las necesidades) de mi alma.

10. Sí, ese monstruo destruirá (si no me ayudáis) mis doctrinas (pues llega hasta blasfemar de las criaturas más excelsas que viven o han sido creadas). Afirma que la sagrada Kine (alma de los benéficos rebaños) y el Sol, es lo peor que pueden ver los ojos. Ofrecerá, además, los dones de los malvados (como sacerdote que es de los demonios-dioses) y al final asolará nuestras praderas con la sequía y lanzará su maza contra mí, Tu santo (tratando de que caiga bajo el peso de sus armas).

11. Es más, destruirá mi vida, pues consulta con el Grande de los malvados (creyéndole ciegamente y siguiendo sus palabras). Y arrebatará los bienes y tesoros heredados del dueño del hogar y del ama de casa. El y los que le siguen son malvados y herirán como fieras (a mi pueblo, repelidos como están y no inspirados) por el buen espíritu de los santos.

12. (Pero Tú, Ahura Mazda, los reprobarás, pues) en lo que respecta a las doctrinas predicadas por esos desventurados, rebatidas por las santísimas obras (y hostigados ellos por la verdad sagrada), Dios ha dicho: «Sois malos; habéis arrebatado la vida a Kine mediante una maldición (maldiciéndola, sí, mientras la ofrecíais ayuda). Más que a la Justicia amáis a Grehma, a los Karpans y el Trono de los que han elegido al Demonio de la Mentira (como Deidad, Señor y amigo).»

13. Porque Grehma es esto lo que busca valiéndose de su poder y de la atracción de su reino. Ese dominio (malo) que es su infierno (verdadero Infierno), lleno de rincones, como es la Mente Perversa destructora de la vida, pues con gran deseo, pero (deseo envidioso), lamentará el mensaje de Tu profeta, ¡oh Mazda! (Pero de no moderar su venganza) Tú los mantendrás apartados de la visión de la verdad.

14. Grehma es suyo; sí, suyo. Y para oponerse a Ti hará venir a los Kavis con (todos) sus planes y propósitos intrigantes. (Mas) sus obras, por poderosas que sean, puros engaños serán, ya que vendrán, como siempre han venido, en ayuda de los malvados. Que precisamente han dicho (con evidente falsedad) que Tú, ¡oh Mazda!, te levantaste para apoderarte de Kine (es decir, de nuestras vacas); que precisamente a causa de su ayuda benéfica

manifiestan la bondad de Tu gracia, ahuyentan la muerte (que llega con el hambre, y encienden, haciéndolo, tu llama salvadora).

15. Yo, por tanto, echaré de aquí a los discípulos de los Karpans y de los Kavis. Y cuando (hayan sido expulsados por mí), los santos (los hombres buenos), que me ayudan llenos de magnanimidad, a los que ya no harán sus esclavos, a su capricho, gobernadores de las vidas como pretenden ser (con ayuda y valiéndose de su poder, que creen absoluto), sino que, al contrario, serán conducidos (al fin) por los dos (Inmortales) a la morada de Tu Poderosa Inteligencia (en el Cielo).

18. (Y) esta (recompensa) completa (de los justos) del Optimo proviene. Del Optimo que enseña (tras iluminar con amplia luz intelectual) a los piadosos, cómo gobierna Ahura Mazda, cual Ser Supremo. Y así mismo cuáles son mis temores y mis dudas. Pero que en sus manos está el curar unos y otras haciendo que triunfen mis amigos para daño de los malvados. Por mi parte, con las palabras que saldrán de mis labios (defenderé y vengaré a mis santos compañeros).

YASNA XXXIII

PLEGARIAS, ESPERANZAS Y AUTOCONSOLACIÓN

1. Nuestro jefe espiritual (ese jefe implorado por Kine y elegido, como Zarathustra, por el Señor) obrará de acuerdo con las leyes del mundo primitivo. Realizará obras justísimas, tanto con los malvados como con los justos, así como con aquel que mezcla (y promedia) las obras fraudulentas con las justas (en igual medida).

2. Obrará, sí (en justicia y con espíritu de desquite de venganza), con el que hace daño de palabra o de pensamiento a los malvados (y que en este Mundo no pierde el tiempo, sino que se afana) y trabaja con ambas manos, así como con el que también amonesta a alguien por su bien, con todo lo cual ofrece (un don) a su fe religiosa con caridad (y con el beneplácito) de Ahura Mazda. (El tal, obrando así, hace ofrecimientos a conciencia.)

3. (Y así sea), ¡oh Ahura! (Es decir), permite que esté con nosotros en el campo de trabajo, dirigido siempre por el Recto Orden, y en los pastos santificados por tu Providencia Inteligente, el varón que mejor se porta con los (hombres de bien), los santos justos, ya sea dueño o señor del pueblo, ya trabajador del pueblo él mismo o bien aliado con el igual (al dueño), pero dotado de luz, de inteligencia y provisto de vigilante energía para el ganado. (En una palabra: un Ratú capaz de todo socorro, tal como el que buscó Ahura para consolarse en su aflicción).

4. (Te ruego que me instruyas) para que pueda repudiar toda desobediencia hacia Ti (así como te pido también que los demás la aparten en cuanto a Ti afecta); yo, que repudio de igual modo la Mala Inteligencia, la

arrogancia del deudo del señor rico y el pecado de la mentira, que (por desgracia) está tan cerca del hombre (y que es su falta más común), así como su aliada culpable, la falsedad. Y por lo que se refiere a Kine (los próvidos ganados y las maternales vacas), el pésimo cuidado de las praderas. O sea, el delito de trabajar poco (invariablemente).

5. Yo, que (repudiando estos pecados) invoco con fervor la obediencia a Ti, te pido que de entre todos (los guardianes) nos concedas el mejor para que nos ayude; con ello (haciéndolo) ganará una larga vida en tu Reino (por voluntad) de tu Próvida Inteligencia (que te ruego no apartes de nuestras tribus) (para que no dejemos de caminar siempre por los senderos rectos del Orden Justo, en el que moras Tú, ¡oh Ahura Mazda!).

6. (Sí), yo, que como fiel sacerdote tuyo te invoco por medio de la Justicia (que siento en mí), busco (ahora) con gran avidez el saber (el conocimiento, la intención) de (Tu) Optimo Espíritu, y con la mejor disposición posible, lo que pensó él mismo (es decir, este Optimo Espíritu tuyo) sobre el modo mejor de trabajar nuestros campos. Por tanto (y puesto) que repudio la Mala Inteligencia y toda desobediencia, arrogancia y falsedad, ¡oh Mazda!, me atrevo a suplicarte me concedas la dicha de verte, de consolarme (y de aprender) contigo. (¿Cuál es tu voluntad y tu opinión sobre esto?)

7. (Contempla, acércate), ven, ¡oh, Tú, Mazda, mi Señor! (Acércate, sí, a mis mejores disposiciones. No te apartes de mis hombres, mira con benevolencia las leyes que les he dado) y que todos vean (y comprendan) a través del Recto Orden de (Tu) Buena Mente. Orden justo que Tú dispensarás (a los que se acerquen a Ti), a los que, además, escucharás (de modo semejante a) como a mí me escucha el dador rico (en la asamblea de los que te reverencian y creen en Ti). Sí (ven) y permite que se manifiesten los múltiples ofrecimientos de adoración (hacia tu sublime grandeza. Levántate, pues, y ven a ayudar a nuestro celo diligente).

8. (Ven) y muéstrame los dignos objetivos de nuestra fe para que me encargue de ellos y los alcance con ayuda de (Tu) Poderosa Inteligencia. Y enséñame, ¡oh Mazda! (como el mejor ofrecimiento, dónde podré encontrar) Uno como Tú, y las palabras de alabanza que hay que ofrecer (en acción de gracias) con recta intención. Y dame (esto) como ofrecimiento Tuyo, y (como gracia particular), ¡los dones permanentes de tu Inmortalidad y perenne bienestar!

9. Y que uno como ellos, ¡oh Mazda!, te lleve el espíritu de los dos jefes que hacen florecer la verdad Santa y ritual. Que Te los lleve a (Tu) mansión resplandeciente con paternal penetración y con el mejor y más rendido espíritu. Sí, que te lleve ese espíritu como una ayuda para (aumentar) la prontitud (en el trabajo santo) de aquellos cuyas almas van de la mano.

10. (Y no sólo te pido por ellos, sino también por nosotros.) Concédenos con amor todos los estados prósperos que los seres hayan disfrutado en el pasado, que puedan disfrutar los hombres en el presente y que se les

concederán y disfrutarán en el futuro. (Sí), da la salvación a nuestra vida corporal y personal por medio de (Tu) Recta y Paternal Inteligencia, (Tu) Soberano Poder, (Tu) Benéfica y Santa Generosidad.

11. Y, ¡oh Tú, que eres el caritativo por excelencia, Bendito Ahura Mazda!, y tú, Aramaiti (nuestra Piedad), y también tú, Orden Recto, que velas por la vida del hogar, así como Tú, Inteligencia Perfecta y Poder Soberano, oídme todos y tened misericordia de todo cuanto realizo.

12. En cuanto a Ti, ¡oh Ahura!, ejerce Tu poder sobre mí. Dame, mediante Aramaiti, fortaleza, ¡oh liberalísimo Espíritu Mazda!, como respuesta a mis fieles oraciones y ofrecimientos, y (para que pueda seguir obrando con) justicia concédeme una gran fuerza, más (Tu) ley de prosperidad, tan necesaria; todo por medio de (Tu) Poderosa Inteligencia.

13. (Surge, preséntate para darme poder) y como gracia especial revélame ampliamente Tu naturaleza (para que pueda ver su profundidad y grandeza), ¡oh Ahura! (así como el poder de tus atributos) y los de Tu (santo) Reino. Y (a favor de todo ello), los bienaventurados dones de (Tu) Inteligencia Infinita. Y tú, ¡oh Bondadosa Piedad!, haz patentes las verdades religiosas por medio de (Tu) Orden invariablemente Recto.

14. Así, Zarathustra ofrece la vida de su propio cuerpo, como igualmente ofrece, ¡oh Mazda!, la prioridad de la Buena Mente (eminencia alcanzada) mediante su rectitud y su santidad (con Tu pueblo). Y ofrece (sobre todo), la obediencia a Ti en palabras y obras. Con todo lo cual reconoce y venera (Tu) Poder Soberano.

YASNA XXXIV

NUEVAS SÚPLICAS Y NUEVOS OFRECIMIENTOS

1. Y como compensación a estos (tres benditos dones): Inmortalidad, Recto Orden (para bien obrar) y (mañana) el Reino del Bienestar creado por Ti, que Tú, Mazda, nos has prometido a cambio de palabras, obras y santos sacrificios (a nosotros, tus siervos, a muchos de los cuales tengo ante mis ojos), nosotros te ofrecemos a modo de cambio, a Ti, ¡oh Ahura!, nuestros mejores dones también.

2. Sí, todos los dones del Espíritu Santo te los ha devuelto en señal de gratitud el hombre bondadoso con su pensamiento y sus obras. El hombre cuya alma va de la mano y de acuerdo con el Modo recto de obrar en el hogar, rindiendo con ello homenaje a Aquel, que es como Tú, ¡oh Mazda!, y sirviéndose para ello de los cánticos de alabanza (a modo de acción de gracias).

3. Y a Ti, ¡oh Ahura!, te ofreceremos el sacrificio de carne (en acción de gracias así mismo), como humilde alabanza, y a Tu Justicia, que no menos que a Ti admiramos, lo mismo. Y esto en todos los hogares de este tu Reino,

hogares que guarda y protege Tu Poderosa Inteligencia. (Este ofrecimiento), como todos los demás (semejantes), adquiere su fuerza, ¡oh Mazda!, en la perfecta preparación de las acciones justas.

4. Rogamos, igualmente, por Tu Fuego (y Ardor Divino), ¡oh Mazda!, fuerte como es por obra de la Justicia (además de) velocísimo (y muy poderoso). Y al hogar que conociéndole le recibe, con gozo prestaremos nuestra ayuda. Pero a quien le odia, ¡oh Mazda!, le espera un daño sensible, muy duro, como el producido con armas esgrimidas por fuertes manos.

5. ¿Qué es tu Reino, ¡oh Mazda!? ¿Cuáles son tus tesoros y riquezas? Házmelo saber para que pueda ser todo tuyo en mis actos, de acuerdo con el Recto Orden y (Tu) Santa Inteligencia, y pueda cuidar de tus pobres (menesterosos) y aliviar sus sufrimientos. (Conociéndolos y esperando) te proclamaremos a Ti por encima de todos. Por encima, sí, de los Daevas y de los mortales mancillados por Khrafstra.

6. Si eres verdaderamente (como no dudo), ¡oh Mazda!, el Orden Recto (la Suma Armonía) y la Perfecta Inteligencia, (haz patente), manifiéstame una señal de ello ahora que moro en este Mundo (esclavo, mientras vivo víctima de su pobre escenario, testigo de lo que en él ocurre). Y muéstrame también el mejor modo de acercarme a Ti (gracias a mi adoración), es decir, ofreciéndote sacrificios y alabanzas con toda devoción.

7. ¿Dónde están los que te colman de ofrendas, ¡oh Mazda!, los que trabajan para Ti, los que iluminados por la Divina Inteligencia divulgan las santas doctrinas con abundante luz intelectual, como tesoros heredados (que comunican mediante palabras Tuyas), tanto en la desgracia (como en cuantos males les causa) la aflicción? No conozco a ningún otro Dios, sino a Ti, y por eso te pido que nos salves por medio de Tu Justicia.

8. Al contemplar nuestras obras (de sacrificio y adhesión hacia Ti) se aterrorizan aquellos entre los que hubo destrucción (en otro tiempo), cuando el opresor de tus santos (de tus fieles secuaces y adictos partidarios) obraba como el fuerte que oprimía al débil. (Pero hoy) los que no piensan (en consonancia) con Tu Recto Orden, lejos, muy lejos están de Tu Soberana Inteligencia.

9. Sí, los que se apartan de Tu Bondadosa Piedad, ¡oh Mazda!, tan amada por Ti, ¡oh Tu Omnisciente!, y los que la abandonan por seguir al Malhechor ignorado (Tu) santa Inteligencia hace que se aleje de ellos (Aramaiti), tan llena también de santidad, como fatalmente se alejan de nosotros (tus fieles servidores) los rojos Khrafstras (que destruyen y mancillan la vida).

10. Mediante las obras de (Su) Inteligencia Perfecta (que actúa por gracia suya en nuestro interior), el Sabio (benevolente) manifestó como suyo un resultado cierto: el conocimiento de la bondadosa Piedad (creadora y madre) de los seres justos. Todo lo que gracias a ella se piense y se sienta, ¡oh Ahura!, en este Tu Reino (será la gran ayuda en favor de nuestro progreso), pues (ayuda en verdad) a vencer (a los tiranos) atemorizándolos.

11. Y gracias a Ti, Aramaiti, el Bienestar Universal reconfortado aún con la esperanza de la Inmortalidad (crece para nuestro bien). Todo (para los que no se apartan del) Orden Recto (tanto en lo ritual como en lo moral), en el Reino (ordenado por Tu Perfecta Inteligencia). A la que (por cierto) se debe (el aumento y progreso) de esos dos seres poderosos y sempiternos encargados de darnos (el alimento) necesario. Y Tú, ¡oh Mazda!, estás con ellos y con aquellos que destierran el odio. (Tú, que apartas a tus enemigos y los mantienes alejados.)

12. ¿Cuáles son tus reglas? ¿Qué quieres y qué te complace? ¿Qué alabanzas y qué ofrecimientos Te agradan? Habla, ¡oh Mazda!, que tus siervos escuchan, y dinos en qué consisten las benditas (y esperadas) recompensas que nos tienes preparadas. Enséñanos el camino que conduce a la Justicia, las sendas realmente preferidas por (Tu) Buena Inteligencia, que habita en el interior de tus elegidos.

13. Pregunto cuál es ese camino, es decir, la senda que Tú me muestras como ruta de la Buena Mente (del recto pensar y obrar), ¡oh Mazda! Senda (constituida en parte) por las leyes y preceptos religiosos de los Salvadores, y por la que camina y avanza el que obra bien movido por Tu justicia. Y que para los buenos señala una recompensa de la que Tú eres el dispensador.

14. Esta (recompensa), ¡oh Mazda!, nos la ofreces como meta de nuestra vida (terrestre) corporal; meta a alcanzar por medio de las obras que realicemos gracias a Tu Benéfica Inteligencia. Los que trabajan en las faenas (útiles a) la madre Kine (nuestras vacas, nuestros ganados, tan necesarios), fomentan tus cuidados misericordiosos mediante obras inteligentes que nos han sido enseñadas (a favor) de las indicaciones de Tu Orden Recto y Providente.

15. Sí (muéstrame, ¡oh Mazda!, ese camino y su recompensa por seguirle). Dime la mejor de las verdades. Revélame las palabras mejores también y la oración de alabanza que debo dirigirte, todo por medio de Tu Poderosa Inteligencia (que cuando te lo propones llega y se asiente en nuestro interior), a favor de tus acertadas disposiciones, ¡oh Ahura! Y mediante Tu Poder soberano y Tu gracia dígnate hacer que nuestra vida prospere (hasta alcanzar la perfección).

YASNA XLIII

EN EL QUE SE ANUNCIA LA SALVACIÓN UNIVERSAL PARA LOS CREYENTES.
REFLEXIONES DE ZARATHUSTRA SOBRE LA SUBLIMIDAD Y LIBERALIDAD DE AHURA MAZDA

1. Salvación para el hombre. Salvación para él, ¡sea el que sea! Que el Gran Creador y Señor de Vida, absoluto gobernador de todo, nos conceda

eternamente dos poderes. Sí, te lo pido seriamente (con todo mi corazón y toda mi voluntad), ¡oh Ahura!, en nombre de la justicia conservadora. Y Tú, ¡oh Piedad! (que mueves a tanto acto benéfico), concédeme así mismo celebridad, estimación reverente y el auxilio de una inteligencia poderosa.

2. Sí (y que a éste que quisiera ser), que al hombre (ya) glorificado le conceda lo mejor de todo: la gloria (espiritual). Y Tú, ¡oh Mazda!, dígnate así mismo revelar tus propios dones a través de tu liberalísimo espíritu. Y (enséñanos, muéstranos) tus maravillosos y sabios pensamientos. Los (que brotan) de Tu Buena (y Poderosa) Inteligencia, y que nos has revelado por medio de la Justicia (honrándola al hacerlo y que sentimos brillar dentro de nosotros), para el aumento feliz de (nuestra) dicha durante todos los días que tengamos de vida (que desearíamos) fuese larga.

3. Y que el (hombre santo) pueda acercarse al Sumo Bien y nos muestre las sendas rectas (que conducen al aprovechamiento (espiritual), las bendiciones de la vida corporal, así como las de la intelectual en los mundos (eternos), verdaderamente reales, donde habita Ahura). (Que haga esto, sí, el hombre santo), el que te ofrece cuanto es y tiene, ¡oh Mazda!, ciudadano fiel (como es) y de mente bondadosa.

4. Y te consideraré como un ser poderoso y al mismo tiempo liberal, ¡oh Ahura Mazda!, cuando (contemple) cómo me llegan esas ayudas de Tu gracia, que guardas y concedes como recompensas (Tuyas), tanto para el malvado (a éste para mantenerle lejos de nosotros) como para el justo (con objeto de que nos ayude). Y (asimismo te bendeciré) cuando (igualmente) me llegue la llamada de Tu Fuego, fuego tan fuerte (y vivificante) gracias al Recto Orden y al poder de la Soberana Inteligencia (que le enciende y anima).

5. Estas son las ideas que he concebido a propósito de Ti y de tu liberalidad, ¡oh Gran Dador, Mazda generoso!, al contemplarte, como te contemplé (y consideré), como el (Ser) supremo en cuanto a la generación de la vida, puesto que estableciste, para recompensar palabras y obras, el mal para los malos y la bendición de la felicidad para los buenos; todo por obra de Tu gran virtud (como suerte merecida para cada uno) para cuando el último cambio (marque el final) de la creación.

6. En cuyo (postrer) momento Tú vendrás con Tu espíritu bondadoso y Tu poder soberano manifestándote, ¡oh Ahura!, con obras cuya realización serán promovidas invariablemente por el más Recto de los Ordenes. Asimismo, Aramaiti (la Piedad, que mora en nuestro interior) pronunciará reglas de salvación, así (como leyes), obra de Tu entendimiento, al que ningún hombre puede engañar.

7. Sí concebí (ideas) de Ti, como (ser) liberal, ¡oh Gran Dador, Mazda Divino!, cuando Ella (la Obediencia, Tu mensajera) se acercó a mí y me interrogó de este modo: «¿Quién eres? ¿A quién rindes homenaje?» Dime aún: ¿cómo podré demostrar los signos (pruebas) que justifican estas mis

preguntas (signo), reveladoras de la razón que las mueve, encaminadas a conocerte a ti mismo?

8. Entonces, yo, Zarathustra, le respondí como primera contestación: (Me gustaría ser), en verdad te lo digo, un fuerte, poderoso castigador y atormentador de los malvados, y para los justos (en cambio), todo poderosa ayuda y (todo) alegría. Pues me voy a dedicar a preparar el Reino de Mazda (aquí, en el Mundo), puesto que deseo ardientemente su llegada, al tiempo que le celebro (a El) cantando sus (excelencias) mediante alabanzas.

9. Sí, de Ti, ¡oh liberal Ahura Mazda!, aprendí cuando se acercó a mí (Tu heraldo), todo lleno de Tu Poderosa y Buena Inteligencia, y me interrogó de este modo: «¿Para qué deseas obtener conocimientos y para qué conseguir beneficios?» Porque entonces (deseaba yo) elocuencia para alabarte y fuego de santidad con objeto de ser creído. (Y en conseguirlo, por si me lo ofrecieses y brindases), meditaré mientras pueda (al tiempo que formo proyectos para extender Tu nombre y Tu santo poder entre Tu pueblo).

10. Dígnate concederme igualmente (Tu espíritu) de justicia (para que habite en mi interior). De todo corazón te ruego hagas llegar también a mí esa tu perfecta prontitud mental (que va a serme tan necesaria). Por conseguirlo uno mis plegarias hacia Ti con las de Aramaiti (nuestra fuente de Piedad). Es más, obra Tú mismo (te lo ruego) dentro de mí al mismo tiempo que los santos poderosos. Formula (Tú mismo también) nuestras preguntas, las que pudiéramos hacerte, pues una pregunta hecha por Ti (como supremo inspirador) es como esas preguntas de los poderosos cuando Tú, Gobernador Supremo, haces que manifiesten sus inapelables deseos.

11. Sí, conocí que eres liberal, ¡oh Ahura Mazda!, cuando se acercó a mí tu (mensajero), emisario de tu Buena Mente. Y con sus palabras impresionada quedó, ante todo, mi alma. Pues aquel mensaje tan tuyo (me declaró sin engañarme), que mi suerte sería sufrir entre los hombres. Por mi parte (acepté ese lote, lo sigo aceptando), y dispuesto estoy a hacer lo que Tú digas que es lo mejor.

12. Y puesto que cuando Tú llegas y hablas, habla plenamente Tu Justicia (siempre legal e irrebatible), no utilices (te lo suplico) palabras no oídas aún (es decir, desconocidas todavía en cuestiones relativas a la fe), ni me mandes salir (a cumplir mi misión entre ellos) antes que haya llegado a mí Sraosha (Tu Obediencia), para que vaya de la mano conmigo, y de este modo (bañado y protegido) con Tu esplendor poderoso (pueda comunicar) a las multitudes capaces de seguirme, la mejor de las bendiciones (es decir), la excelencia de (Tus) dones espirituales (de bienestar y de paz).

13. Esto aprendí gracias a Tu liberalidad, ¡oh Ahura Mazda!, cuando se acercó a mí (Sraosha, la Obediencia), portadora de Tu Buena Mente. (Y por lo mismo me atrevo a pedir a tu generosidad lo que necesito), con objeto de poder dar a conocer a los hombres los fines verdaderamente sagrados de (tus propósitos) y de tus deseos. (Todo para que les sirva de guía a propósito de

los ritos que deben practicar.) (En cuanto a mí), concédeme también una larga vida (bendición) que ningún osado puede arrancar de Ti por la fuerza. Y, en fin, el (don) de conseguir ese lugar deseado que obtendré (si no me lo niegas) dentro de Tu Reino.

14. Sí, como el hombre versado (en Tu ley) y que tiene posesiones da a su amigo (lo que éste le pide, así dame Tú) a mí, ¡oh Gran Creador!, tu gracia abundante y alegre cuando por medio de Tu poder soberano y movido por (necesidades de Tu causa) y por Tu Recto Orden me adelante para salir al encuentro y despertar a los jefes con objeto de moverlos hacia Tus preceptos (puros), en unión de todos aquellos que, recordándolas muy bien, recitan Tu palabra de Mathra.

15. Sí, de Ti aprendí, ¡oh Ahura Mazda!, cuando se acercó a mí Tu Sraosha (la Obediencia), portadora de la gracia de Tu Buena Mente (es decir, de Tu Poderosa Inteligencia, y me dijo): «Permíteme que (te) enseñe y haga comprender cuál es la mente mejor (el estado de espíritu más) sosegado y sufrido. Así como (que es preciso no permitir) que un hombre principal gane a su causa a los malvados (como adulador que busca ayuda), mientras con (mente sosegada por la fe) Tus santos han traído para Ti, ¡oh Ahura!, a muchos pecadores (convertidos y dispuestos a hacer penitencia).»

16. Así, ¡oh Ahura Mazda!, amo yo, Zarathustra, a Tu espíritu, y todos los hombres llenos de liberalidad oran así mismo (a mi lado). Sea, pues, la Justicia fuerte, como la vida (cuando Tú la proteges y estimulas), y vístase e identifíquese con ella. Y que en este Reino (santo, que es el tuyo), brille (con esplendor) semejante al del Sol, la Piedad, que, como guardadora y depositaría en su interior de Tu Recta Inteligencia, nos colme de bendiciones en pago a nuestras buenas obras.

YASNA XLIV

PREGUNTAS FORMULADAS A AHURA Y ACTOS DE DEVOCIÓN POR SU GRACIA

1. Esto te pregunto, ¡oh Ahura!, contéstame rectamente: Cuando hay que ofrecer alabanzas, ¿cómo formularé estas alabanzas a uno como Tú, ¡oh Mazda!? Que el Ser incomparable que eres Tú lo declare al amigo (tuyo) como yo, con objeto de ofrecernos (al hacerlo) ayuda amistosa de acuerdo con Tu Justicia (esta Justicia que mora en nuestro interior cuando Tú lo permites), con objeto de que el que es como Tú se acerque a nosotros por obra de Tu Benéfica Inteligencia (que también, cuando Tú lo dispones, anida dentro de nosotros).

2. He aquí (ahora) lo que quiero saber, ¡oh Ahura!, respóndeme rectamente: ¿Es que basta agradarte a Ti para que con ello podamos servir al Ser Supremo del mejor mundo (el Cielo)? Sí, indícame el modo de servir

(sirviéndote) a ese gran jefe (que eres), que puede concedernos las (bendiciones de su gracia y) que otorga (compensaciones en reconocimiento por nuestros servicios), pues El, liberal (como es, es decir, como eres), por medio del Recto Orden (mantendrá alejados de todos nosotros) la ruina, guardián como es de los dos mundos, oh Mazda (pues a Ti me dirijo), Tú todo alma y nuestro amigo!

3. Esto deseo (también) saber, ¡oh Ahura Mazda!, dime, pues, de verdad: ¿Quién fue el primer padre por obra de generación, del Orden Recto (dentro del Mundo)? ¿Quién marcó al sol y a las estrellas, que todos los días nos alumbran, su camino invariable? ¿Quién fijó las leyes mediante las cuales crece y mengua la luna, sino Tú? Me gustaría saber, ¡oh Gran Creador!, estas cosas y otras semejantes.

4. Esto te pregunto (ahora), ¡oh Mazda!, contéstame rectamente: ¿Quién sostiene la Tierra desde abajo y quién sujeta las nubes desde arriba para que no se caigan? ¿Quién hizo las aguas y las plantas? ¿Quién ha uncido los vientos a las nubes de tormenta para que se muevan a gran velocidad? ¿Quién, ¡oh Gran Creador!, es el que inspira los buenos pensamientos (dentro de nuestras almas)?

5. Esto te pregunto (al punto), ¡oh Ahura Mazda!, dime (pues) con claridad: ¿Quién como hábil artesano ha hecho la luz y las tinieblas? ¿Quién ha sido el autor del sueño y del deleite (que procuran a veces las horas de vigilia)? ¿Quién (hizo nacer y difundió) las auroras, los mediodías y las medianoches, monitores (para el hombre) y verdaderos (guías) del deber?

6. (He aquí) lo que ahora deseo saber, ¡oh Ahura Mazda!, dime con verdad lo que a (mi vez) tengo que divulgar: ¿Aumenta en realidad la Piedad (que amamos) el orden sagrado dentro de nuestras almas? ¿Les ha dado a tus verdaderos santos el Reino (tan deseado) a favor de la Recta Inteligencia? ¿Para quién has creado Tú a la madre Kine productora de gozos (y beneficios), sin la cual (es decir, sin ganados) nuestra vida sería angustiosa?

7. He aquí lo que te pregunto aún, ¡oh Ahura!, contéstame justamente: ¿Quién modeló a Aramaiti (nuestra Piedad), la bien amada, lo mismo que a Ti, poder soberano? ¿Quién con su sabiduría directora ha hecho que el hijo reverencie al padre? (¿Quién hizo que fuese amado?) Con preguntas como éstas, en tan gran número, ¡oh Mazda!, te acoso. A Ti, ¡oh Espíritu bondadoso, hacedor de todo!

8. Y (ahora) te pregunto (todavía), ¡oh Ahura!, respóndeme con sinceridad para que pueda, por mi parte, ponderar tus revelaciones (y excelencias), ¡oh Mazda!, así como las palabras que (Te) pregunta (desde nuestro interior) Tu (propia) Buena Mente, para que podamos llegar, a favor de Tu Orden, a la (recta) preparación de esta vida. Sí, dime cómo podrá mi alma crecer en bondad con alegría. Que así sea (todo ello).

9. He aquí otra pregunta, ¡oh Ahura!, respóndeme con sinceridad: ¿Cómo santificaré la fe de Tu pueblo, fe que me ha enseñado el bondadoso señor del

reino, así como me ha enseñado las advertencias que él dice iguales a las tuyas a causa (sin duda) de su (soberanía poderosa) y elevada, es decir, por obra de su poder, pues mora en una mansión parecida (sin duda) a la creada por Tu Orden Perfecto y Tu Acertada Inteligencia?

10. Esto quiero saber (así mismo), ¡oh Ahura!, dime con sinceridad si esta fe santa, que es lo mejor de todo y que camina de la mano de Tu pueblo, mejorará mis tierras en Asha (siguiendo) Tu Orden. Y si las palabras de Aramaiti (nuestra Piedad) justificarán nuestras obras. (En cuanto a) las oraciones de mi entendimiento (mis meditaciones, éstas) te buscan a Ti, ¡oh Mazda!

11. (Ahora he aquí lo que) te deseo preguntar, ¡oh Ahura! Contéstame de modo claro: ¿Cómo podrá acercarse la (Piedad una vez más y siempre luego para toda la eternidad) a tus (adoradores), a quienes se les manifiesta Tu Fe, ¡oh Señor! Sí, te suplico que me contestes, ya sabes que soy el primero de tus (siervos). A los otros (tanto los dioses enemigos como sus infames adoradores), objeto son de mi odio espiritual.

12. Y ahora te preguntaré, ¡oh Ahura!, respóndeme con (entera) rectitud: ¿Quién es el justo, en el sentido en que te formulo (como bien sabes) mis preguntas? ¿Quién es el malo? ¿Para quién es (y cuál es el destino) del malvado? ¿Quién es peor y por qué no se considera como pecador vil al que se levanta contra mí (en este intento por conseguir tu bendición)?

13. Esto me interesa saber (también), ¡oh Ahura!, háblame, pues, con sinceridad: ¿Cómo desterraré de nosotros a ese Demonio de la Mentira y le enviaré con los que, llenos de rebeldía, están debajo? Los amigos de la justicia (tal y como ésta vive en tus elegidos) no sacan luz alguna provechosa (de sus enseñanzas. Como a veces les ocurre también a los consejeros del hombre santo), cuando no estiman en nada las insinuaciones que Tu Benéfica Inteligencia (les hace llamando a su alma).

14. Esto te pregunto (todavía), ¡oh Ahura!, contéstame rectamente: ¿Cómo me las arreglaré para poner a ese Demonio de la Mentira en (las redes) de tu Orden Perfecto (orden que vive en nuestros espíritus) para que lo aniquile por medio de Tu Mathra de doctrina y para sembrar una terrible destrucción entre sus perversos creyentes e impedir así que estos opresores engañosos y obstinados alcancen sus (bárbaros) fines?

15. Y ahora te pregunto, ¡oh Ahura!, contéstame con rectitud: Si por medio de Tu Justicia (que habita dentro de nuestras almas) tienes poder más que suficiente sobre ellos, poder que basta para protegerme cuando las huestes se encuentren enardecidas por el odio (en su intento esforzado por conseguir) esas promesas que Tú estás dispuesto a mantener, ¿cómo, ¡oh Mazda!, y a cuál de las dos huestes darás la victoria?

16. Y esto deseo (ahora) preguntarte, ¡oh Ahura!, y te ruego me contestes con claridad: ¿Quién podrá destruir victorioso (a nuestros enemigos) para proteger (haciéndolo) a (todos) los vivientes por medio de Tu doctrina y por

su causa? Sí, revélame con claridad (hazme conocer) a un señor (a un jefe) poderoso (que pueda salvarnos) en las dos vidas. Que nuestra obediencia a Tu Recta Inteligencia nos acerque a ese hombre, ¡oh Mazda!, sea el que sea quien tú quieras que venga (en nuestra ayuda).

17. Esto te pregunto ahora, ¡oh Mazda!, dímelo rectamente: ¿Cómo, ¡oh Ahura!, me dirigiré (en qué términos), ayudado por Ti, a esa (gran) conferencia (verdadera) consumación tuya en que se cumple el deseo que (en ella) se expresa: el deseo de ser jefe (y de estar sostenido) por (la esperanza del) bienestar y de la Inmortalidad (deseos poderosos sostenidos por Tu gracia) y por ese (santo) Mathra (expresión oral de Tu pensamiento), que guía de modo acertado nuestros pasos, invariablemente, hacia la justicia interior?

18. Y tras haber obtenido tu audiencia y la sagrada ayuda directora de Tu Orden, te ruego, ¡oh Ahura!, te dignes decirme con claridad cómo lograré el premio establecido por ese Tu Orden Recto (a saber): diez yeguas (de mucho precio) emparejadas con sus machos y un camello (signos éstos de honor y bendita abundancia para Tu jefe. Te pido estos dones para ofrecerlos en sacrificio). Pues me han dicho que el Bienestar (además de la salvación y de la Inmortalidad), son dones que Tú darás como gracia especial (a Tus huestes conquistadoras).

19. Esto te pregunto ahora, ¡oh Ahura!, contéstame francamente: Cuando se trata de un apóstata, de aquel que no da este don (de bienestar y salvación) al que se lo merece, es más, que no se lo da al (trabajador serio de la tierra, a aquel que en modo alguno honra al Demonio de la Mentira, ni siquiera) al orador correcto (que pronuncia las palabras del sacrificio), por este trato injusto Te pregunto: ¿qué merece?, aunque conozco bien la suerte que le espera el día postrero.

20. (¿Y qué será de nuestros decepcionados adversarios?) ¿Han reinado alguna vez los (adoradores) de Daeva como reyes divinos? (Esto deseo aún preguntarte): Los adoradores de Daeva, que luchan en favor de aquellos (que obran el mal, ¿han reinado, no obstante, alguna vez?). ¿Ellos, por quienes Karpán y Usigk entregaron a la sagrada Kine a la Rapiña y por los que floreció Kavián con fuerza duradera? (Tampoco éstos nos han procurado nunca una riqueza tribal ni bendiciones) ni han traído agua a los campos para Kine, de acuerdo con el Orden Recto (que reina en nuestras huestes), para promover su crecimiento y bienestar.

YASNA XLV

DOCTRINA DEL DUALISMO DE NUEVO. HOMENAJE A AHURA

1. Sí, hablaré: Oídme, escuchadme ahora (tanto) los que venís de cerca como los que venís de lejos en busca de (conocimientos). Ahora ponderad

claramente (conmigo) todo (lo que le concierne al Gran Creador). No nos quitará la vida (la del cuerpo ni la del alma) por segunda vez el falso maestro. Los malvados cercados están con su fe y su lengua.

2. Sí, hablaré de los dos primeros Espíritus del Mundo, de los cuales el más bondadoso dijo así al dañino: Ni nuestros pensamientos, ni nuestros mandamientos, ni nuestra inteligencia, ni nuestras creencias, ni nuestras obras, ni nuestra conciencia, ni nuestras almas están de acuerdo (en nada).

3. De este modo (y con clara palabra) proclamaré esta primera (enseñanza) al Mundo. Enseñanza que me reveló el Omnisciente Ahura Mazda. Y aquellos de vosotros que no cumplan ni obedezcan a este Mathra así (es decir), tal como lo concibo y declaro ahora, acabará la vida en la aflicción.

4. Y he aquí cómo proclamaré a este (Ser) Optimo: Mediante (el discernimiento de su) Justicia, Mazda, que ha establecido (todo lo bueno), ha sabido (que lo que El dice es verdad). Por mi parte, declararé que El es el padre de la Buena Mente (la Recta Inteligencia que trabaja dentro de nosotros). E igualmente (El) ha engendrado a su hija (nuestra) Piedad mediante sus buenas obras. El Señor, que todo lo ve, no puede engañarse.

5. Sí (de este modo) proclamaré lo que me dijo el Liberalísimo (Ahura), estas palabras, que son las mejores que pueden escuchar los mortales. Sobre aquellos de los aquí presentes que me presten su atención bajará el Bienestar para bendecirles y el Ser inmortal, así como el Señor. (Este) a favor de las obras hijas de la Buena Mente. (O sea, de las obras buenas, de las obras rectas, que inspiración suya siempre son.)

6. También os hablaré de aquel que es el mejor de todos, alabando por medio de mi justicia—ya que en mí obra el bien—a cuantos (se desprenden de todo con recta intención). Que Ahura Mazda se digne oír con su bondadosísimo (y clemente) espíritu las preguntas que le hice en homenaje suyo (reconociendo su sabiduría) inspirado por la Buena Mente (es decir, por su poderosa Inteligencia). Dígnese siempre iluminarme con su Sabiduría la más elevada y mejor.

7. Sí, proclamaré a Aquel cuyas bendiciones buscarán (siempre) los dispuestos a hacerle ofrendas, tanto aquellos que viven ahora como los que vivieron anteriormente, y lo que harán así mismo los que constituyan las generaciones futuras. En verdad, hasta las almas de los justos (las desearán, ¡oh bendiciones incomparables y necesarias!), en la inmortalidad eterna. Desearán, sí, las bendiciones para los justos y la aflicción para los malvados. Pues esto ha establecido Ahura Mazda, el Creador de cuanto existe, para (que se cumpla) en todo su Reino.

8. Y a El serviré fielmente (celebrándole) mediante himnos de homenaje, pues ahora le veo con toda claridad con mis (propios) ojos (tal como es), es decir, Señor bueno en pensamientos, palabras y obras, al conocerle por medio de mi justicia (es decir, mi recto apreciar lo que en mí no se engaña), a

El, que es ¡Ahura Mazda! Por lo que le ofreceremos nuestras alabanzas (no sólo aquí, sino también) en el Paraíso (eternamente, todos cuantos en El creemos).

9. Sí, a El buscaremos con nuestra mente superior (con nuestra mejor inteligencia) para honrarle. Y El, que desea (el bien), vendrá a nosotros (para colmarnos de dones y bendiciones), y ello tanto en nuestras alegrías como (consuelos) en nuestras tristezas. Sí, dígnese El, Ahura Mazda, hacernos (además) vigorosos. Y ello tanto a nosotros como a nuestro ganado, por medio del poder real de Khshathra, para que (carentes de necesidades) promovamos (con alegría) el bien inspirados por su Buena Mente (nacida gracias a El en nuestro interior) y (así mismo) por su Justicia.

10. A El, que con su espíritu eterno es (en verdad) el Señor Ahura Mazda, buscamos en el Yasna de nuestra Piedad (a El exclusivamente dedicado), con objeto de alabarle y rendirle homenaje. Pues El ha establecido en su Reino, mediante su Santo Orden y su Buena Mente (o sea, mediante lo bueno, lo justo y lo recto, dos bienes, los mejores): el Bienestar y la Inmortalidad. Pues está decidido a conceder esta pareja poderosa y eterna a nuestra Tierra (y a la creación entera).

11. (Por nuestra parte) engrandeceremos (con nuestra piedad) y alabaremos a Aquel que ha menospreciado a los dioses Daevas y a los hombres engañados, que antes se mofaban de El. Muy diferentes son éstos de aquel que le rindió homenaje. Tal es el que, mediante la bondadosa Fe de Saoshyant, es igualmente el Señor del poder salvador, es decir, un amigo, un hermano y un padre para nosotros, o sea, ¡el señor Mazda!

YASNA XLVI

SUFRIMIENTOS PERSONALES. ESPERANZAS Y SÚPLICAS

1. ¿En qué tierra estableceré mi religión, que aquí es rechazada? ¿Adónde iré con mis alabanzas? Ni el (príncipe) deudo, ni el caballero aliado, ni nadie me hace (ofrecimientos que puedan ayudar a mi causa), ni siquiera los trabajadores y mucho menos los tiranos de la provincia. Así (las cosas), ¿cómo voy a establecer debidamente (los fundamentos) de mi fe y conseguir Tu (gracia), Señor?

2. Esto me ocurre, ¡Mazda!, y por eso me veo incapaz de alcanzar lo que deseo. Sin contar que mis rebaños son tan reducidos (la pobreza aleja a todos), como escasos los que me siguen. Por eso clamo a Ti, ¡Señor! (rogándote, implorándote), me ayudes con Tu gracia como un amigo ayuda a su amigo. De modo que para satisfacer las necesidades de mi espíritu y de nuestra causa, muéstrame las riquezas de tu Poderosa Inteligencia (para que, al menos, sea reconfortada la tan escasa mía).

3. ¿Cuándo llegarán, ¡oh Gran Dador!, los dispuestos a iluminar mis días manteniendo el Recto Orden y a propagarle por el Mundo? ¿Cuándo van a aparecer los planes de los Soashyants portadores de la salvación con sus elevadas revelaciones? ¿A quién acudirá en busca de ayuda (su Jefe), que tiene a Tu Buena Mente (es decir, a la Inteligencia Rectora, por compañera)? Por mi parte, a Ti te escojo, ¡oh Señor de Vida!, como mi maestro y jefe.

4. Pero hasta que vengan a mí los que me ayuden todo seguirá (hundido) en la (oscuridad). El hombre malo, el gobernador perverso dotado de malos poderes y que consume su vida practicando malas acciones, mantiene alejados a los portadores del Recto Orden para que no progrese Kine (nuestra única esperanza de bienestar y de que gracias a él, ¡pues no hay obstáculo comparable a la pobreza para todo!, pueda avanzar la causa sagrada) dentro de la región y de la provincia. Por tanto, cualquiera que le prive de su poder, ¡oh Mazda!, o de la vida atesorará riquezas de Sabiduría santa (que redundarán en beneficio de la prosperidad) de Kine.

5. (Si) el que, como gobernador, no trata con agravio al que se le acerca suplicante (portándose) como un buen ciudadano, como sabio en cuanto a sus deberes y votos sagrados; que vive según la justicia, discierne a los malos (a esos cabecillas que me rechazan y detienen a los que propagan la Fe); que él, como (juez justo) proclame (la venganza, es decir, el castigo que merece), es (otro) señor (hostil). Sí, que le aplaste cuando salga (dispuesto a acercarse a nosotros con malas intenciones).

6. (Y el que le deje en su error culpable tiene mi maldición.) Sí, el que tiene el poder (fuerza suficiente) y no se aproxima a él (para reprocharle duramente) irá a la mansión de la Mentira, feudo del Atormentador.

7. ¿A quién me has dado entonces, ¡oh Mazda!, como guardián, puesto que ese malvado me hace aún objeto de su odio? ¿Y a quién tengo sino a Ti lleno de Fuego poderoso y de Sabiduría, ¡oh Mazda! (según puedo juzgar) por muchas acciones que se han cumplido en las que se ha mostrado el poder de Tu Justa Regla? Concédeme, pues, ese poder (siquiera) espiritual (para que pueda) proclamar (Tus verdades) a favor de la (santa) Fe.

8. Y en lo que respecta a aquel que (ahora con malos poderes) entorpece mi tarea, ¡que no me alcance su ardiente (ira)! Antes bien, que se vuelva contra él (su mala voluntad y su pernicioso influjo). Que se apodere de su cuerpo el espíritu que aleja el bienestar. Que no (reciba ninguna ayuda que) pudiera librarle de la miseria. Que le ocurra todo ello tal y como lo digo inspirado por un odio vengativo (pero justo), ¡oh Señor!

9. Pero ¿quién es el que quiere ayudarme voluntariamente y enseñarme el modo de adorarte a Ti dignamente, santo y liberal Ahura? Las palabras que dijo de Ti el creador de Kine, destinadas a ayudarla y al mismo tiempo al Recto Orden ritual, son las que ahora quiere (oír y aprender) de mí (Tu pueblo), ¡oh Señor Mazda!

10. Quienesquiera que sean, hombres o mujeres, que me den esos dones de vida, que sabes son los mejores, ¡oh Mazda!, y que me bendigan por medio de Tu Buena Mente. Con ellos iré, los acompañaré y los invitaré a que Te rindan homenaje (en la Tierra), pues con todos ellos avanzaré finalmente hasta el puente del Juez.

11. (Tanto ellos como yo necesitamos ayuda con urgencia, pues ahora) se unirán los reinos (las fuerzas) de Karpán y de Kavi para destruir la vida del hombre mediante malas acciones, ellos contra quienes se encarnizarán rabiosas sus propias almas y sus propias conciencias. Y cuando se acerquen allí donde (se levanta) el Puente del Juez (errarán el camino y caerán) y su morada será para siempre la mansión de la Mentira, en contraposición a la suerte que espera a los que creen en Dios y caminan con paso firme, considerándome a mí como su guía y su auxiliar.

12. Mas para el penitente todavía hay esperanza, pues no caerá como ellos desde el puente Kinvat al eterno dolor, como les ocurrirá a ellos todos (nuestros antiguos enemigos) cuando de entre las tribus y provincias de Turanian, y hasta entre las más poderosas de Fryana, surjan aquellos que promueven la causa de la Piedad con energía y celo. Con ellos morará Ahura mediante su Buena Mente (guiando y ayudando su inteligencia), y a ellos les confiará Sus mandamientos acompañándolos con su gracia para que los cumplan con alegría.

13. Sí, aquel de entre los hombres que favorece a Zarathustra Spitama con dones, adecuado es para la proclamación (de las excelencias del Más Alto) y a él le dará Ahura Mazda una vida (próspera). Igualmente hará que prosperen los pueblos (que le sigan) en bondad mental. Por consiguiente, le consideraremos, ¡oh Ahura!, como un buen compañero Tuyo y apto para (conservar y promover) Tu Justicia (y para salir a tu encuentro).

(Una voz entre los jefes)

14. (¿Pero dónde está ese hombre?) ¿Dónde tienes, Zarathustra, un amigo (para que te ayude en) la gran causa? ¿Hay alguno que desee hablar sobre esto? (Zarathustra contesta: Sí, tengo un hombre así.) Es nuestro Kavi Vistaspa, el heroico (y no sólo a él, sino a todos aquellos) a los que Ahura Mazda reunirá en asamblea (en favor de su profeta). A todos éstos hablaré también y les instaré a unirse a mi causa mediante palabras (que me inspirará) su Buena Mente.

15. ¡Oh vosotros, Haekataspas, Spitamas!, a vosotros os dirigiré ahora la palabra, ya que vosotros sabéis discernir lo legal de lo ilegal, para que cimentéis (sobre una base firme) y vuestras acciones, de acuerdo con el Recto Orden y con las leyes primitivas del Señor.

16. (Igualmente, hablaré con los Hvogvas.) Tú, Frasahostra Hvogva (te estoy viendo). Avanza con los que te ayudan generosamente. Con aquellos

por los que oramos para la salvación. Ve donde la Piedad se une con el Recto Orden. Donde están los Reinos deseados de la Buena Mente. Donde mora Mazda en su honorabilísimo palacio.

17. Allí declararé en voz alta con versos medidos, no con líneas desiguales (todas tus alabanzas), ¡oh Gamaspa Hvogva! Entonaré cánticos de homenaje con la Obediencia como norma de mis ofrecimientos. Y cantaré (también a Mazda), sí, a El, que discierne sabiamente lo que es legal e ilegal con sus maravillosas ideas sobre la justicia.

18. A cualquiera que me (ofrezca) santidad le corresponden los mejores dones. Sí, le haré partícipe de las riquezas de mi (espíritu) a través, ¡oh Mazda!, de Tu Buena Mente (mi constante inspiradora). Pero aquel que nos entregue a la angustia, Señor, le castigaré con opresión de ánimo, deseando, como deseo, satisfacer Tu voluntad de justa (venganza). Esta es la decisión de mi entendimiento y de mi voluntad.

19. (Sí, esto anuncio seriamente): Aquel que inspirado por la Justicia (en su mente y en su vida, en pensamientos y Obras) realice de verdad, para mi Zarathustra, lo más útil (en favor de mi causa), cual es mi deseo (al que apresuran mis palabras movidas de celo ardiente), ése recibirá recompensas más allá de este Mundo, en unión de todas las bendiciones espirituales ganadas por la sagrada madre Kine. Pues esto me encomendaste Tú (que promulgase e hiciese saber), ¡oh sapientísimo Mazda!

YASNA XLVII

LIBERALIDAD DE AHURA

1. Ya mi (su santo escogido, este hombre que soy), le dará Ahura Mazda los dos mayores dones: Su Inmortalidad y el Bienestar Universal, por medio de Su bondadoso espíritu (de acuerdo) con Su Mente Santísima, y como premio a mi deseo de conservar Su Recto Orden moral en palabras y obras. Y ello (en virtud de) la (fuerza y sabiduría) de Su Poder soberano (cimentado) en la Piedad (que reina en su Pueblo).

2. Sí (esa bendición, que es la) mejor (creación) de este espíritu liberalísimo, la llevará a cabo Ahura Mazda con palabras proferidas por boca de Su Benéfica Inteligencia (que habita por gracia suya en el interior *de* Sus profetas), y con las dos manos de Aramaiti (Su Piedad, que vive en el interior de nuestra alma) y mediante tan sabia (beneficencia), El es padre del Recto Orden (que por voluntad suya está dentro de nuestras vidas con objeto de dirigir nuestras adoraciones).

3. Y Tú eres en esto, ¡oh Ahura Mazda!, el Generoso por excelencia a quien pertenece y quien posee el espíritu (liberalísimo). Y probando que lo posees has creado a la jubilosa Kine (es decir, nuestras vacas, los ganados de los hombres, en los que mora parte de tu dichoso espíritu). Y en lo que (a

esta riqueza respecta), Tú la concederás como alegres pastos de paz a (Tu) Aramaiti (nuestra Piedad), ya que por ella (yo y cuantos te siguen) nos aconsejamos guiados, Señor, por Tu Buena Mente (por Tu Sabia Inteligencia).

4. (Pero este Tu espíritu liberal dispensa no sólo bendiciones y premios a los buenos), sino que (por él también) los malos (enemigos de la Fe) reciben daño (que les causa) este espíritu liberal Tuyo, ¡oh Mazda! (como pago a sus obras). Es decir, lo contrario que a los santos (piadosos). (Y, sin embargo, la soberbia del gobernador desprecia siempre a los justos.) Por lo que el débil (el pobre, puede, como única) libertad (de la que no se le puede privar) prestar obediencia sumisa a Tus santos (seguidores), mientras que el rico y poderoso está (al servicio) de los malvados.

5. Pero Tú, ¡oh Ahura Mazda!, mediante tu (benditísimo y) libérrimo espíritu, darás estos dones (ya mencionados) a Tu santo, dones que son los mejores. Los malos, en cambio, tienen su porción (lo que les está destinado) lejos de Tu amor (a causa de) persistir en las obras (que complacen) a la Mente Perversa.

6. Sí, esto (les) darás Tú, ¡oh Ahura Mazda!, por disposición de Tu justiciero espíritu y por obra de Tu Fuego, a los bandos esforzados, dos, como bien sabes, mediante el aumento de nuestra Piedad, perseverancia en el ritual debido y en la justa verdad moral. Muy particularmente y sobre todo Piedad (esa Piedad) que instruye (y edifica) a las multitudes que acuden (llenas de fe, ardor y esperanza) ¡en busca de su rostro! (¡Deseando verla y que se les entre en el alma!)

YASNA XLVIII

LUCHAS ANTICIPADAS Y PLEGARIAS PARA LOS CAMPEONES Y DEFENSORES

1. Si con su actuación en el ofrecimiento de dones de acuerdo (siempre) con el Recto Orden (Tu santo) hiere al Demonio de la Mentira (el espíritu que inspira a nuestros enemigos), cuando en verdad llegue lo que se ha llamado (y sigue llamándose) un engaño y cuando sea una realidad la vida inmortal (para felicidad y alegría) de los hombres y (aflicción) de los Daevas (los perversos demonios-dioses), entonces (Tu fiel adorador) aumentará (todavía) la proclamación de tus alabanzas, ¡oh Señor!, y con ello se multiplicarán las venturas (y esperanzas de tu pueblo).

2. Dime, ¡oh Señor! (cuál será el final), pues Tú lo sabes. Dime que me concederás fuerza y valor antes que llegue a ser jefe de tus tribus (y para que lo consiga) luego de los conflictos (postreros). ¿Destruirá (al fin) el campeón de Tu Santo Orden al hereje perverso? Y si así ha de ser, ¿cuándo lo hará? Porque si se gana esta batalla (nuestra) vida acabará bien.

3. (Sí, dímelo), pues para el hombre iluminado (por la fe y la esperanza) es la mejor enseñanza que puede dispensar el benéfico Ahura por medio de (sus revelaciones); estas (revelaciones dispuestas por su) Santo Orden, liberal como Él y sabio como Su inteligencia. Así como es también lo mejor que nos pueden enseñar los que nos hacen conocer (otras) verdades secretas (en Su nombre). Su jefe, como Tú, ¡oh Mazda!, dotado está (por concesión Tuya) de entendimiento y de ideas (propias) de Tu Buena Mente.

4. (Sí, revélame el secreto de la batalla futura, pues el hombre iluminado) debe seguir de cerca los mandatos de la santa Fe (por la que se esfuerza y lucha). En verdad, ¡oh Mazda!, el que doblega su mente (hasta llegar a) lo que es mejor y más santo tiene que seguir a Daena (Tu Bondad Perfecta) muy de cerca en palabras y obras. Su voluntad y deseos deberán estar de acuerdo con las creencias que ha elegido y será (versado) en muchos aspectos de Tu entendimiento (que lo discierne todo).

(Invocación a Aramaiti, personificación de la Sabiduría Divina)

5. (Pero mientras no conozca el resultado (debo, seguro) confiar y rezar.) Que obtengan el poder los reyes honrados. Que no nos gobiernen malos monarcas (sino que los justos ganen la partida y nos rijan) mediante obras de buen juicio, ¡oh Tú, piadosa sabiduría Aramaiti!, que das a la mente de los hombres la mejor de las bendiciones como (su) más santa descendencia. Sí, en cuanto

a Kine (¡oh Aramaiti!), permite que su fatigoso trabajo continúe y haz que en cuanto a prosperidad ésta sea cada vez mayor en provecho de nuestra dicha.

6. Pues ella (con sus beneficios) nos proporcionará hogares felices y (mientras vivamos) con esta esperanza por obtener la cual te dirigimos anhelantes nuestras plegarias ansiosas de bienestar, confiados quedamos, no dudando en la comprensión y generosidad de tu Buena Inteligencia. Concédenos igualmente fuerza perdurable (para que podamos realizar todas las obras que nos induce a ejecutar Tu Buena Mente). Y que Mazda haga crecer las hierbas de los prados para que Kine (pueda alimentarse), tal cual lo dispuso al ordenar las cosas cuando estableció la vida primitiva.

(Zarathustra vuelve de nuevo a dirigirse a Ahura)

7. (Y que en la contienda venidera sean asesinados sus dos mortales enemigos.) Caiga abatido el Demonio de la Furia y de la Rapiña. Destruye (también) a la Envidia (que conspiraría contra nuestro Trono y nuestro poder). En cuanto a vosotros, los que estáis por el triunfo de la Buena Inteligencia y de acuerdo con nuestro Orden justo y santo, ¡mantened seguro ese refugio a cuyo sagrado vínculo pertenece el hombre bueno! Y, por

consiguiente, ¡oh Ahura! (con objeto de salvar a tus esforzados santos, que trabajan y se afanan hoy con suerte diversa), colocaré este refugio en el mundo que Tú tienes destinado para ellos.

8. (¿Y cómo te imploraré el don de esta victoria?) ¿Cuál es la oración (poderosa) para que venga (a nosotros) Tu santo Reino? ¿Qué plegaria (debo hacer) para conseguir la sagrada recompensa y bendiciones para mi (alma)? ¿Cómo buscaré quien me ayude abiertamente en la tarea de (extender y mantener) tu (perfecto) Orden al tiempo que vivo de las obras de Tu Santo Espíritu?

9. (¿Cuánto, sí, se cambiará la fe (toda esperanza) en realidad visible? ¿Y cuándo llegaré a discernir con absoluta seguridad si Tú tienes, en efecto, poder sobre todo, por obra de Tu Santo Orden (este Orden que nos dirige y preserva aquí, en la Tierra), ¡oh Tú!, en cuyas manos están mis pesares y mis dudas? Haz, te lo suplico, que yo, Tu profeta salvador, encuentre y obtenga (para) mi dicha (y tranquilidad) la gracia de Tu Buena Mente, que obra (tantas) maravillas. Sí, que Tu Saoshyant pueda ver la recompensa que merecer ser suya.

10. ¿Cuándo vendrán, ¡oh Mazda!, los hombres de mente perfecta? ¿Y cuándo desterrarán de aquí la suciedad de esa alegría (falsa y contaminada de pecado) con la que quieren aplastarnos los Karpans llenos de celo colérico y mediante cuya inspiración (mantienen) sus injustas leyes los tiranos de las provincias?

11. Sí, ¿cuándo aparecerá (triunfante) nuestra Piedad (cada vez más sólida) y perfecta, juntamente con Tu Justicia? ¿Cuándo vendrá trayendo la felicidad a nuestros hogares y abundantes pastos en nuestras tierras (para nuestras vacas y demás ganado)? ¿Y quién nos dará (al fin) una vida tranquila libre (de las persecuciones y atropellos) de los crueles de mala fe y costumbres perversas? ¿Sobre quién se posará la sagrada sabiduría de Tu Buena Mente (para guiarle) en su tarea (esta tarea de rescatarnos y vengarnos)?

12. ¿A quién, sí (elegirá Tu Justicia para que lleve a cabo tal empresa?) La respuesta (¿está ya cerca?) Que así sea, pues tal (queremos y esperamos) los Salvadores de las Provincias y los que ayudados con la gracia de Tu Buena Mente irán de la mano de la agudeza mental (según ésta es entendida entre tus santos), cumpliendo todos tus mandamientos, ¡oh Ahura!, con la ayuda (aún) de Tu Orden Santo y de acuerdo (enteramente) con él. Sí, hombres deben surgir. Hombres resueltos enemigos del odio (y en todo amigos nuestros).

YASNA XLIX

VICISITUDES Y ESPERANZAS. HONOR A FRASHAOSTRA Y A OTROS JEFES

1. Bandva ha luchado siempre contra mí. (Sí, desde que apareció por primera vez ya amenazador, por desgracia siempre ha sido suya la ventaja en la lucha.) Es el más poderoso (en cuanto a fuerza bruta) y (valiéndose de esta ventaja) quiere aplastar la mía cada vez que trato de ganar a los descontentos (es decir, los que de algún modo dependen y se unen a mí) poniendo en ello un (celo) santo. Ven, pues, ¡oh Mazda!, con dones (que sean verdaderos medios para que pueda vengarme) y para (curar) mi tristeza. Por medio de Tu Buena Mente (tan pródiga en inspirados recursos) consígueme la muerte (de Bandva).

2. (Sí, en efecto, es el más fuerte) y obrando como mal juez (este malvado) de Bandva (no hace sino) dudar y aquilatar todo (en mi diligente programa de propagación de nuevas ideas de reforma). Es (además) un farsante, está (continuamente) alejado del Recto Orden (de toda idea sana del Deber), del que no recibe (ninguna inspiración feliz) y sí (por el contrario) (las de realizar) muchas hirientes calamidades. No ha conservado y fortalecido la bondadosa Piedad, don perfecto (y el mejor) en la Tierra, ni ha hecho preguntas a Tu Recta Inteligencia, ¡oh Ahura! (para conseguir luz interior que guiara rectamente sus pasos).

3. Pero (¡todavía no se ha perdido todo!), pues has fundado, ¡oh Mazda!, esta dirección religiosa (nuestras santas creencias por las que se luchó cuando nuestra última batalla perdida) y has establecido (de modo inconmovible) Tu Bendito Orden (ordenada manera de vivir que lo puede todo) para bendecirnos y salvarnos. Por su parte, en favor del juez (injusto) se ha levantado el Demonio de la Mentira dispuesto a asestar sus golpes (por él). Por eso te ruego (muy encarecidamente), ¡oh Ahura!, que no nos abandone la protectora jefatura de Tu Buena Mente (y que ella sea la que rija a nuestro pueblo y a los que nos gobiernan). De este modo repudio aún a todos los aliados de los malvados.

4. Los que fomentan y ayudan a la Furia de la Rapiña con mala voluntad y con su Rama (envidia) y (no, a causa de ella, mediante un apoyo silencioso, sino) valiéndose también de sus lenguas (cuya elocuencia demuestra que su) voluntad y deseos no están por las buenas obras, sino por las malas, éstos apoyan y establecen a los Daevas (aumentando su poder) y no al Señor. Es la Fe, su Fe pervertida, y la (insidiosa Perspicacia de los malvados) la que les mueve a obrar así.

5. Pero él (el amigo soberano), ¡oh Mazda!, es nuestro (digamos) grueso, abundante (corpulento sostén), que (se atreverá a arremeter contra esos

enemigos incrédulos) y (sostendrá) y guardará la Fe (frente a la Furia envidiosa) ayudado por el poder de la Buena Mente (Tu Fuerza Justiciera). Pues todos los hombres (que tienen como estrella y norte) la Piedad son ciudadanos avisados y prudentes (que obran) de acuerdo con el Orden Santo, es decir, como son todos los que verdaderamente están dentro de tu Reino, ¡oh Señor!

6. Y ahora os pediré a ambos, a Ti, ¡oh Mazda!, y a ti, Justicia (Divina, que habitas dentro de tu Mathra), que habléis (y me digáis) lo que hay dentro de las intenciones de vuestra voluntad para que (después de haber conocido vuestro interior, como debe conoceros el iluminado), pueda discernir rectamente el modo de anunciar las (verdades) y con ellas a la pura Daena, que es la Fe en Ti, ¡oh Señor!

7. Y (conforme hablo siguiendo las enseñanzas de Asha) que presten atención (a mis palabras) los ciudadanos (firmemente adictos) favorecidos por Tu Buena Mente (es decir, por la Rectitud y la Justicia), ¡oh Mazda! Es más, preste oídos también él (el jefe no enemigo, al contrario), inclinado y de acuerdo (con los dictámenes del) Recto Orden. Y Tú escucha también (Señor, y dime): ¿Quién será el aliado y quién el deudo del (otro) señor, que con sus dones y (normas legales) instruye y difunde alabanzas dignas de Dios para bien de la masa que le sirve?

8. (Y no pregunto en vano, pues ha aparecido y hemos encontrado a uno así para nosotros, que, además, está muy cerca.) A Frashaostra le has dado Tú la categoría de guardián patrocinador; la jefatura (de acuerdo con el) Recto Orden, ¡oh Ahura! Por eso te pediré aún esto: Que le confirmes ese gracioso don. Y para mí Te ruego que hagas ahora que esa jefatura protectora (no actúe fuera de las normas propias) de Tu Reino, y que los dos seamos muy bendecidos por Ti, y los primeros para siempre en este mismo Reino tuyo.

9. Y también, sí, que el agricultor celoso y frugal, creado así para prestar ayuda y merecer bendiciones, preste atención y escuche cuando yo llame, ¡oh Mazda! Que el agricultor veraz (que oye tu palabra y la repite), y que vive bajo esa jefatura protectora, no se mezcle con los malvados. Que tan sólo las naturalezas creyentes reciban la mejor recompensa. Y de este modo, en el curso del Orden Santo estarán en verdad unidos Gamaspa y el «héroe».

10. (Y así como estos campeones están de este modo unidos en esa recompensa), yo también pondré bajo Tu protección a la Buena Mente tuya (que se manifiesta dentro de los vivos) y a los espíritus (de los muertos). (Y del mismo modo), sí (dejo en tus manos) nuestras humildes alabanzas (que te ofrecemos) en prueba de que realmente existe Tu Aramaiti (que es nuestra Piedad). E igualmente nuestro celo en el sacrificio. Y esto lo hacemos para promover (y honrar) Tu Gran Poder soberano (entre Tu pueblo) con vigor infatigable (?).

11. (Pero en lo que se refiere a los réprobos infieles), a las almas (de los que murieron en pecado, estas almas) se reunirán con aquellos hombres

malos, que sirven a sus (también) malos gobernantes, a los que hablan con palabras malas y que albergan (en su interior) malas conciencias. Tales almas saldrán (en el Infierno) a darles la bienvenida) al tiempo que malos alimentos. Y su morada estará siempre en la mansión de la Mentira.

YASNA XLIX, 12-L

Y.XLIX.12. ¿Y qué ayudas de gracia tienes (¡oh Ahura Mazda!) para Zarathustra, que te invoca, y qué puedes concederle dentro siempre de Tu Recto Orden (es decir, de lo bueno, de lo conveniente y de lo justo)? Sí (¿qué ayudas de gracia tienes para mí) para que las reciba (mi alma) por obra de Tu Buena Mente? ¿Para mí, que aún te celebraré con mis alabanzas, ¡oh Gran Creador!, suplicándote me concedas lo mejor de acuerdo con Tus fines?

Y.L.1. Sí, ¿va a recibir efectivamente mi alma una gracia auxiliadora en unión de Tus bendiciones, ¡oh Señor!, dones (ambos) indispensables para mí? ¿Hay acaso un salvador que libere al pueblo y al ganado? En cuanto a mí, ¿quién me salvará si no lo hacéis el Recto Orden y Tú mismo, Ahura? He aquí lo que quisiera que me dijeses, así como si puede haber gracia para mí fuera de Tu Mente Santísima.

2. (Y si Tu guardián va a salvar realmente nuestra riqueza), ¿cómo lo conseguirá y de qué medios se valdrá para proteger debidamente a Kine, productora de beneficios (y símbolo viviente) de nuestra mejor paz? (¿Cómo verá tal hombre cumplido su deseo de verla provista de pastos (abundantes) para el bienestar de su pueblo?) (Sólo este camino es el justo): Dígnate, pues, ¡oh Ahura!, concederme tierras que posea con justicia. Con justicia, sí, y libremente. Tierras que buscaré y obtendré (como conquistas para la causa). ¡Concédeme este don, Señor!

3. (Sí, que el creador de gozos) me asegure esta posesión mediante Tu Recto Orden (Orden que él ayuda a traer como signo vivo) de Tu protección. Y que (el ciudadano más valeroso) pueda darle a su vez recompensa mediante un justo y suficiente trabajo, todo de acuerdo con Tu Autoridad Soberana. (Que ese heroico fundador le conceda este don al que pueda hacer florecer en paz la granja más expuesta), mediante el vigor (y ánimo que le conceda Tu bendita protección), es decir, la porción de tierra más próxima a los campos que los enemigos tienen como suyos.

4. (Y por ello, como acción de gracias y lleno de esperanza), Te ofreceré un sacrificio (al tiempo que mil) alabanzas, ¡oh Ahura Mazda!, y asimismo a Tu Recto Orden y a Tu Santísima Mente (cuyo templo mejor es el pecho de tus santos) y de acuerdo con Tu Poder Soberano y Sagrado, con cuya ayuda el que tiene sus deseos (puestos en el Cielo) puede marchar por el camino recto. Y en Tu Palacio (alegrado siempre por) las canciones, oiré las alabanzas que Te ofrecen Tus Santos (los felicísimos) que ven tu rostro. Y (lo conseguiré por medio de estos Yasnas que Te ofrezco aquí).

5. Y estamos dispuestos así mismo (a cantar Tus alabanzas y a anunciar Tus palabras), ¡oh Ahura Mazda!, contando con Tu gracia y (según lo dispuesto y grato) a Tu Recto Orden. Y ello puesto que Tú avanzas como amigo del predicador de Tu palabra Mathra mediante actos no encubiertos de positivo alivio. Con lo que tal predicador, Mathra de Tu verdad, puede conducirnos y establecernos en el bienestar (ahora) y en la gloria (luego).

6. (Por eso le incitaré insistentemente a que lleve a cabo su tarea. A que proclame el camino recto) el que ya eleva su voz en Mathras, ¡oh Ahura Mazda!, él, Zarathustra, el amigo fiel (seguidor del) Recto Orden, y con adoración humilde predica motivos de entendimiento (destinados a obtener paz) en esta Tierra, y guía con voz que proclama Tu doctrina (enseñando el camino que conduce a la Gloria). Que la proclama y la enseña de acuerdo con Tu Buena Mente (que es como su constante ley).

7. (Y junto con este predicador principal de Tu palabra comprometeré a otros siempre en pro de la misma causa.) Unciré a tus (siervos al sagrado deber), ¡oh Ahura!, ligeros y bien alentados y dispuestos (como corceles para que dirijan su curso hacia el Cielo). Y llegando así (por fin) a los Puentes (donde rige) Tu adoración santa y perfecta. Sí, unciré (y comprometeré) a Tus poderosos mediante Tu Recto Orden y Tu Buena Mente. Y con ellos cabalga Tú también y sé mi ayuda.

8. (Y cuando unza a Tus predicadores de Mathra para su carrera, entonces) me acercaré a Ti con la adoración más profunda y mediante pies métricos sagrados (como estos que ahora te dirijo yo, Zarathustra, y los que puedan dirigirte los semejantes a mí), pies métricos (versos) de adoración celosa, oídos y conocidos ya a mucha distancia de aquí y con los brazos extendidos (en actitud suplicante). Sí (me acercaré) a Ti, ¡oh Mazda!, en unión de Tu Verdad ritual sagrada, con el homenaje del que presta ayuda libremente y con la santa virtud de (Tu) Buena Mente (en mi alma).

9. Sí, me acercaré a Ti con estos Yasnas de Tu sacrificio alabándote (como respuesta a Tu Misericordia), ¡oh Ahura! Y a ti, ¡oh Justicia!, mediante las acciones santas (hijas de) tu Buena Mente (que vive en nuestro interior). Todo ello mientras tenga fuerza y poder sobre mi don y privilegio sagrado. Y (mientras) actuando como el sabio me haga (como él) un suplicante que consigue lo que pide.

10. (Todo mi deseo y mi plegaria es esto.) Por consiguiente, cualquier cosa que haga (mediante estas primeras obras de adoración), es más, cualquier (obra santa) que brille como digna a los ojos de (todos) los hombres a favor de Tu Buena Mente (cuyo carácter comparten, como comparten y predican Tu gloria), las estrellas, los soles y la Aurora que nos trae la luz del día: todo ello, todo, son (como predicadores y heraldos) anunciadores de Tus Alabanzas, ¡oh Tú, Gran dador y Señor!

11. De modo que me llamarán Tu loador (por antonomasia) precisamente a causa de alabarte como Te alabaré más y más (cada vez) mientras pueda

(inspirado siempre) por Tu Justicia. Y que el Hacedor del Mundo me ayude por medio de (Su) Buena Mente (infundida también a mis compañeros y servidores). De modo que podamos hacer todo (del modo más) a propósito para fomentar (la causa santa) por medio de Tu gracia, don incomparable en pro (de nuestro bien).

YASNA LI

INSTRUCCIONES Y SÚPLICAS A UNA ASAMBLEA DE FIELES

1. (Entre todo lo que deseamos hay que escoger, en primer lugar, el buen Gobierno (de Ahura), como aquello que principalmente nos acarreará la felicidad.) (Un gobierno semejante) se opone, mediante el Orden santo (que le penetra) y mediante el celo piadoso (de sus verdaderos servidores), a las acciones que nos oprimen. Por tanto, ¡oh Gran Creador!, permíteme que ayude a traer (este Poder Soberano), que es el mejor para nosotros en todo momento preciso.

2. Y, en primer lugar, pediré estas dos bendiciones tuyas, ¡oh Tú, Gran Creador!, y Tú, su Recto Orden. Y te pediré también a nuestra Piedad (personificada). Concédeme, igualmente, que tu Regla Soberana dirija nuestros (bienes) y riquezas (para que nos dé ésta y nos la conserve, y también) esas bendiciones espirituales que son útiles para nuestra adoración (a Ti, ¡oh Ahura!, por obra de la inspiración en nuestras almas) de Tu Buena Mente.

3. Y no soy yo sólo el que Te suplica así, sino que haciéndolo hablaré por todos los que en sus acciones (tanto morales como rituales, de su conducta o de su fe) se rigen por Tu (ley) y por esas palabras inspiradas que salen de la boca de Tu Buena Mente (cuando habla dentro de Tu Mathra). Sí, todos ellos se han congregado para oírnos, principalmente a Ti, ¡oh Ahura Mazda!, que eres el principal en cuanto a guía y luz.

4. (Todos claman en voz alta por Ti, ¡oh Mazda!, y yo con ellos y en su nombre te pregunto): ¿Dónde está el señor (el jefe prometido), guardador de nuestra (ley hecha efectiva), que nos salvará de los peligros más temibles? ¿El señor frugal (y honrado), guardador (así mismo) de (nuestro celo por tu causa) cada vez más despierto? ¿Dónde está (dispuesto a prestarnos ayuda) y (mostrarnos) misericordia? ¿Hasta dónde se acercan (además), a nosotros, Tu Justicia y la bondadosa Aramaiti (nuestra Piedad)? ¿Por qué dirección viene Tu Mente Santísima para guardarnos y guiarnos? ¿Y por dónde viene (así mismo), ¡oh Gran Creador!, Tu Poder Soberano (para ser nuestro director y nuestra defensa)?

5. Y es el labrador de la tierra el que te pregunta (todo) esto, ¡oh Ahura! (yo, Tu santo escogido). Y te he preguntado esto tratando de descubrir cómo podrá (llegar) a ser nuestra (mayor esperanza), la sagrada Kine (con toda su

riqueza en ganado. Buscaré esto, sí), movido por los motivos que fluyen de Tu Recto Orden (y por mi inclinación y amor a Tu Causa). Recto, como lo soy yo en mis obras, y prudente (como yo, así mismo), puesto que dirijo mi adoración humilde (hacia Aquel, ¡Tú!), que, como gobernador justo (siempre), ha elegido un guía también justo para aquellos que ha creado.

6. Y como contestación parcial a su pregunta (la pregunta del pueblo que tiene sus ojos puestos en mí) y para desvanecer su duda anuncio ahora la verdad: El que da a este (ciudadano bueno) lo que aún es mejor que su bondad (lo que la supera), el que le regala, sí (lo que pide), de acuerdo con su inclinación religiosa, es (nuestro) Ahura Mazda (no un falso dios, como cualquiera de los Daevas). Y a través de su Autoridad divina (establecida aquí de un modo preliminar), Ahura enviará algo peor que el mal (y ello no sólo aquí, sino también) cuando la postrera transformación de todo lo creado, a los que impiden la celebración de los sacrificios y no ofrecen nada (por su parte) a la bendita causa.

7. (Y si así es como le regalarás graciosamente a él, a Tu pueblo, lo que te pida), concédeme a mí también, ¡oh Tú, liberalísimo Espíritu, Divino Mazda!, Tú, que has creado a Kine y le has dado las aguas y los pastos (necesarios para su sustento), Inmortalidad y Bienestar, esos dos beneficios eternos, por obra de Tu Buena Mente (haciendo que lleguen a mí), a favor de la doctrina (revelada mediante inspiradas palabras).

8. (Sí, concédeme estos dos dones incomparables, puesto que disponiendo de ellos), ¡oh Mazda!, hablaré por Ti, pues al hombre inteligente le debe ser anunciada en Tu nombre la suerte desdichada que espera a los malvados, así como la salvación que aguarda al que ha mantenido el Orden santo (tanto en Tu pueblo como en su alma). Porque el justo encuentra su recompensa en sus obras, así como se alegra con el Mathra, que es declarado a los sabios.

9. (Y cuando yo hable anunciaré en Tu nombre valiéndome de esa) agudeza mental (que alcanza la decisión), agudeza que Tú has dispensado a los esforzados de los dos bandos (de Tu mundo, satisfactorio para los que te siguen). Lo que (precisamente) anunciaré (no hay duda) valiéndome del fuego ardiente (que me prestas). Lo declararé, sí, por la dádiva (que me has hecho) de esa espada de justicia forjada con acero (divino) para (felicidad de) los dos mundos. Dígnate (pues) bendecir y ayudar a Tu santo (vengador), ¡oh Ahura Mazda!, para (que me sea posible) herir a los malvados (con la hoja de esta espada).

10. (Sí, que el que crea en Ti hiera al malvado en lo vivo, pues éste, completamente apartado de nuestra santa regla), ¡oh Ahura Mazda!, trata de destruir mi vida, es hijo de la creación de la Mentira y pertenece a los descreídos. Mientras que yo (al contrario) acudo a Asha (Tu Recto Orden, en busca de ayuda). Que se digne (pues) venir (a mí) al mismo tiempo que Tus bendiciones.

11. (Y vosotros, que llenáis la gran asamblea, de vosotros hablo cuando con los labios me dirijo al Señor.) (En verdad), ¡oh Ahura!, ¿quién es amigo de Spitama, de mí, Zarathustra? ¿Quién ha hecho una pregunta a la Divina Justicia (acercándose con sus méritos a ella)? ¿Quién recibe y fomenta a la bondadosa Piedad? ¿Quién (en fin) ha sido considerado apto para la gran causa de Tu Buena Mente?

12. (¿Quién es digno?, preguntaré, pues Zarathustra siempre lo fue desde los primeros días. Nunca fue un ser contaminado.) Paederast nunca ganó su atención ni los seguidores de Kavi lograron atraerle en este puente (de tentación) que es la Tierra cuando su cuerpo se hizo maduro, aunque los dos se abalanzaron a él con el poder impuro de sus senos.

13. (Y resultará igualmente victorioso en el verdadero Puente del Juicio, pues) la conciencia del hombre justo aplastará, no hay duda (al espíritu) del malvado, mientras que el alma de éste recibirá repulsas y rabiará llena de fiera desesperación en el abierto puente de Kinvat, al tiempo que se esforzará (en vano) mediante obras (gestos) y (palabras maldicientes) de la lengua por alcanzar (y contaminar) las sendas de Asha (por las que llegan las almas fieles).

14. (Y tal cual son esos espíritus perdidos, así son nuestros enemigos.) Los Karpans no son amigos de las criaturas (ni dan) cosechas abundantes a los campos a favor de (pastos) ricos para Kine (objetivo principal de nuestras oraciones), sino que, por el contrario, producen dolor con sus obras y sus enseñanzas. Y al final (?) conducirán a esos (seres, a los que guían) con sus doctrinas, a la Mansión de la Mentira.

15. En cambio, he aquí la recompensa que Zarathustra anunció, ante todo (a sus amigos, los que se aconsejan de Asha), y son aptos para la causa: Ahura Mazda vendrá, en primer lugar, a su Mansión de Canciones, Garodmán, y después (seguidamente), la Buena Mente (que está dentro de cada uno) os dará dones al tiempo que os bendecirá (por haber adoptado) la causa del Recto Orden (y os considerará como sus huéspedes).

16. (Y uno de vosotros, el más grande, ha alcanzado la sabiduría, que está bendecida con una promesa); Kavi Vistaspa la ha alcanzado en el Reino de nuestra gran causa (de devoción) movido en su trabajo por los cánticos de la Buena Mente (que habla en Mathra); sí, ha logrado esa sabiduría que concibió el bondadoso Ahura de acuerdo con Asha, para de este modo enseñarnos la salvación.

17. (Y no sólo se ha señalado la santidad entre nuestros príncipes, sino que) Frashaostra el Hvogva, ha presentado una forma querida y bendita (a su hijo). Quiera Ahura Mazda, que tiene el Poder Soberano, concedérnosla. Y mediante la (propagación de la) buena religión recibirla vosotros con deseo y por la gloria de Asha (que ella, sí, ayudará a la gran causa).

18. Sí, esta (santa) sabiduría, ¡oh Gamaspa el Hvogva!, la están escogiendo estas (multitudes piadosas) por medio de su Justicia, como el (verdadero)

esplendor de la riqueza (esos hombres piadosos que se están) ganando el reino donde (gobierna la Buena Mente). Y concédeme a mí también, ¡oh Mazda!, lo que reciben ellos con alegría por obra de Tu gracia.

19. (Esta plegaria ha sido oída de antemano.) El heroico (Kavi Vistaspa ha dado) este Poder Soberano establecido, ¡oh Maidhyomah el Spitama! El, que es sabio mediante la Religión y que busca la (verdadera) vida, nos la concede; sí, ha pronunciado las leyes de Ahura, nuestro Hacedor, y anunció lo que es lo mejor para (nuestra) vida.

20. Todos (los Generosos Inmortales), por consentimiento unánime, deseosos de ayudarnos (están dispuestos) a concedernos este don bendito. (Quieren igualmente afianzar el Recto Orden entre nosotros) mediante la Buena Mente (que mora en nuestro pueblo) y quieren revelarnos las palabras con las que la Piedad (anuncia sus verdades). Y aceptando el sacrificio que les ofrecemos entre homenajes y alabanzas, dígnese alcanzamos la gracia de Ahura Mazda.

21. (Sí, este Kavi Vistaspa), el hombre de Aramaiti, es bondadoso e inteligente en palabras y obras. (Como recompensa), dígnese Ahura darle esa bendita Justicia, sin otra ayuda que la religión, más ese Poder Soberano establecido por la Buena Mente (la Poderosa Inteligencia tuya, en su pueblo). Y esta misma bendición la solicitaré de tu gracia, para mí.

22. Pues Ahura Mazda conoce al hombre, cuyo mejor don para el sacrificio me ha sido dado a mí (y en acción de gracias por todo y rezando por conseguir ulteriores mercedes), adoraré (a los eternos); sí, adoraré a aquellos que

han vivido siempre, que siguen viviendo, y pronunciando sus santos nombres me acercaré a sus (tronos) con mis alabanzas.

YASNA LIII

GATHA LLAMADO VASHISTA ISTIS COMPUESTO (NO POR ÉL SEGURAMENTE, ES UN SIMPLE CANTO DE MATRIMONIO) EN LAS POSTRIMERÍAS DE LA VIDA DE ZARATHUSTRA

1. La mejor oración ha sido contestada, la plegaria de Zarathustra Spitama, para que Ahura Mazda le conceda esas dádivas (las más apreciadas) que fluyen del Recto Orden (el buen comportamiento) y que conducen a una vida favorecida con una duración eterna, y que aquellos que le engañaron (acaben por convertirse) de buena fe en discípulos (capaces) de buenas palabras y de buenas obras.

2. Y que Kavi Vistaspa, el Spitama de Zarathustra, y Frahaostra con ellos, ofrezcan propiciación a Mazda en pensamientos, palabras, obras y en confesiones de Yasna mientras le rinden alabanzas, preparando caminos rectos (para nosotros) y hasta la fe del Saoshyant, que encontrará Ahura.

(El señor de la fiesta)

3. Y te lo darán todo a Ti, ¡oh Pourukista, Haekat-aspid y Spitami! (como la más) joven (de entre) las hijas de Frashaostra con ellos, ofrezcan propiciación a Mazda en pendadero servicio de la Buena Mente (que debe guiar y presidir tu vida en su calidad) de jefe y guardián de Asha y de Mazda. Aconsejaos bien (una vez juntos) de la inteligencia de Aramaiti, generosísima y piadosísima (siempre), y que obra mediante actos justos.

(Ella contesta)

4. Le amaré y rivalizaré con él (en practicar el bien), pues desde que fui instruida por (mi) padre (me) ganó (en favor de su causa). Para el amo y los trabajadores y para el deudo del señor, la brillante bendición de la Buena Mente; para los puros, la pureza, y para mí, el discernimiento (que gané gracias a su consejo). Que Mazda nos lo conceda. Que Ahura nos dé una conciencia recta para siempre.

(El sumo sacerdote de la fiesta)

5. Os voy a dar (a vosotras), doncellas, unos consejos (muy adecuados) para las futuras esposas, yo, que los conozco (bien). Prestad atención a mis (palabras): Mediante estas leyes de la Fe que os anuncio obtendréis la vida de la Buena Mente (es decir, cuanto es necesario en virtud y piedad, tanto para la Tierra como para ganar el Cielo). (Y a vosotros, novios y novias), que cada uno ame al otro de un modo totalmente justo. Sólo así será feliz para los dos la vida del hogar.

6. (¡Oh hombres y mujeres!, estas cosas no pueden ser más reales y verdaderas). Yo guardo a mis (fieles) y les protejo del Demonio de la Mentira, y de este modo hago que progresen (en bienestar y en bondad). Y os pido que odiéis la Mentira (con ese odio propio de los que no son) sus fiadores. Esto le pido a los espíritus para que el cuerpo (la expulse de sí). Pues aquellos que están con Vayu (y le colocan en el poder haciéndole su jefe), la propia vergüenza (en que incurrirán) echará a perder su gloria. Por estos medios llega a los que tergiversan la verdad. (Si seguís sus pasos) matará vuestra vida mental.

7. Para vosotros será la recompensa de esta gran causa (¡oh mujeres justas!). Pues cuando el deseo carnal, que partiendo del cuerpo inflama el corazón, desciende luego hasta donde llega el espíritu del mal (decidido a arruinaros), recurrid (no lo dudéis), ¡oh mujeres!, al campeón para que os ayude en la empresa (con lo que venceréis la tentación). Por consiguiente, que vuestra última palabra sea: «¡Vayu!» (gritadla en tono triunfal).

8. Que (las inclinaciones de los pecadores) sean anuladas por estos medios y los (pecados) sean consumidos igualmente. Que (nuestro campeón), sostenido y ayudado por buenos reyes, entregue al que hiere las conciencias (como a un cautivo en la batalla). Con objeto de mantener nuestros hogares en paz, que ataque a los mentirosos y encadene a la muerte. Y que (el resultado) sea rápido.

9. Valiéndose de falsos creyentes, el Atormentador hace apostatar a los que Te ayudaban (aquellos que en otros tiempos ayudaron también a nuestros héroes no volverán a socorrernos). Los que perdieron (nuestra) amistad lo desean y el réprobo lo quiere, animado por la voluntad que alberga de conquistar nuestro honor. ¿Dónde está, pues, el Señor justo que les quite la vida y los (defraude) arrancándoles sus poderes, ¡Mazda! Tuyo es ese poder (que desterrará y conquistará). Y Tuyo es el Reino y por él y mediante la promesa de que puede ser alcanzado conquistas (las bendiciones) más elevadas (y fervientes) de los pobres que viven rectamente.

EL VENDIDAD - SADE

EL VENDIDAD-SADE

PRIMER FARGARD

La idea que ha presidido a la composición de este primer fargard o capítulo, no ofrece oscuridad. Ahura Mazda enumera ante Zoroastro los diversos países que ha creado; nombra dieciséis: todos, en principio, eran perfectos, pues Ahura Mazda no puede crear sino lo muy bueno. Pero cuando Ahura Mazda crea algo bueno, al punto su antagonista Agra Mainyú, el Genio malo, se esfuerza por destruir el mérito y excelencias de tal creación. Para ello lleva a todos los países obra de Ahura Mazda, calamidades destinadas a ejercer allí grandes estragos. La importancia de este relato es real para la historia de las poblaciones indo-germánicas en general, y para la de Persia en particular. Diversos sabios alemanes (Heeren, Ideen zur Geschichte; Lassen, Indische alterthums Kunde; Rhode, Die heilige sage des endvolks, entre otros) han reconocido en este pasaje del Vendidad la huella de conocimientos mitad históricos, mitad mitológicos destinados a proporcionar datos útiles relativos a los permenores geográficos de la época de la composición del Avesta. Pero si desde el punto de vista de la idea de conjunto este capítulo está exento de dificultades, todo lo contrario ocurre cuando se examina los detalles. Los nombres de las localidades indicadas han desaparecido; encontrar los países a los cuales se aplican es una tarea de las más espinosas. Los recursos de la etimología fallan aquí; los parsis mismos no pueden suministrar indicación alguna a propósito de esto; las explicaciones de los redactores de la traducción huzvaresch muestran que su ignorancia sobre el verdadero sentido de estas palabras era total. Con ayuda del sánscrito y de los antiguos clásicos, se ha tratado de salir de apuros y se ha pensado, no sin verosimilitud, que había un cierto orden en esta enumeración geográfica, y que partía de Oriente para dirigirse a Occidente, indicando los lugares de acuerdo con su mayor o menor distancia respecto al punto de partida.

1. Ahura Mazda dijo al santo Zarathustra.

2. Yo he creado, ¡oh santo Zarathustra!, una creación de delicias; nada que se acercase a ella ha podido ser creado antes;

3. Pues si yo no hubiese, ¡oh santo Zarathustra!, creado un lugar, una Tierra de delicias a la que nada de cuanto existe pudiera acercarse,

4. El Mundo entero que está dotado de cuerpo hubiera sido transportado a Eryana-Vaeja.

5. Yo he creado los primeros y los mejores de los lugares y de los sitios, yo que soy Ahura Mazda.

6. El Eryana-Vaeja [24] de la buena creación.
7. Al punto Agra-Mainyús, que está lleno de muerte, creó un antagonista.
8. Una gran serpiente y el invierno que los Daevas habían creado [25].
9. Los meses de invierno son allí en número de diez, los meses de estío, dos.
10. Y éstos son fríos en el agua, fríos en la tierra, fríos en los árboles.
11. Al punto es en medio de la tierra, es en el corazón de la tierra,
12. Donde penetra el invierno, y es entonces cuando llega el colmo del mal.
13. Yo he creado el segundo y el mejor de los lugares y de los sitios, yo que sol Ahura Mazda.
14. Gau, la mansión de Sughdha.
15. Entonces Agra-Mainyús, él que está lleno de muerte, suscitó un antagonista.
16. Una avispa que está llena de muerte para los rebaños y para los campos.
17. Yo creé el tercero y el mejor de los lugares y de los sitios, yo que soy Ahura Mazda,
18. Murú, el santo, el sagrado.
19. Entonces Agra-Mainyús, él que está lleno de muerte, creó un antagonista.
20. Malos discursos.
21. Yo creé el cuarto y el mejor de los lugares, yo que soy Ahura Mazda,
22. Bakhdhi, la hermosa (ciudad), con sus elevadas banderas [26].
23. Entonces Agra-Mainyús, él que está lleno de muerte, creó un antagonista,
24. Animales feroces y carniceros.
25. Yo creé el quinto y el mejor de los lugares, yo que soy Ahura Mazda,
26. Nisa, que está entre Murú y Bakhdhi [27].

---

[24] Este país debe ser situado en el extremo oriental de la meseta iraniana, hacia las fuentes del Oxus y del Jajarles. Más tarde se hizo del Eryana-Vaeja un país fabuloso. Según el *Mino-khired,* los hombres viven allí trescientos años, las vacas cuatrocientos, los ganados ciento cincuenta. Los mortales no están expuestos a enfermedades, ignoran la mentira y carecen de deseos envidiosos; los hombres pueden comer juntos y con satisfacción de un mismo pan; todos los cuarenta años, nace un niño de un hombre y una mujer, y la ley de Ahura Mazda reina en este país sin oposición.

[25] *Daevas* o *devs* son, en el Zoroastrismo, los demonios o malos espíritus; es decir, lo contrario que los *devas* (en sánscrito *daiva,* dios) en la mitología hindú, y entre los budistas y los jainistas, que son los buenos espíritus.

[26] Bakhdhi es hoy la ciudad de Balkh.

[27] Se podría ver en Nisa la ciudad de Nesaya que menciona Estrabón (XI, 7) y que está situada en Hirkania; cierto que entonces su situación no estaría ya de acuerdo con lo que indica el texto. Se ha supuesto que pudieron existir dos

27. Entonces Agra-Mainyús, él que está lleno de muerte, creó un antagonista.
28. La duda *(es decir, la incredulidad)*.
29. Yo creé el sexto y el mejor de los lugares, yo que soy Ahura Mazda,
30. Haroyú, que es rica en casas [28].
31. Entonces Agra-Mainyús, él que está lleno de muerte, creó un antagonista,
32. La pereza y la pobreza.
33. Yo creé el séptimo y el mejor de los lugares y de los sitios, yo que soy Ahura Mazda,
34. Vaekereta, la mansión de Dujak.
35. Pero Agra-Mainyús, él que está lleno de muerte, creó un antagonista,
36. Una Pairika, Khnantheti, que se vinculó a Keresaspa [29].
37. Yo creé el octavo y el mejor de los lugares y de los sitios, yo que soy Ahura Mazda,
38. Urvá, que esté llena de *campos* del mejor trigo [30].
39. Pero Agra-Mainyús, él que esté lleno de muerte, creó un antagonista,
40. La mancha fatal.
41. Yo creé el noveno y el mejor de los lugares, yo que soy Ahura Mazda,
42. Khnenta, la mansión de Vehrkana [31].
43. Pero Agra-Mainyús, él que esté lleno de muerte, creó un antagonista,
44. Vicios infames y contra natura [32].

---

ciudades con el nombre de Nisa o Nesa, pero ello no adelantaría nada en cuanto a saber dónde estaba la aquí mencionada. En todo caso, en Media existió una ciudad llamada Nisaya.

[28] Haroya o Hariva, según las inscripciones cuneiformes. La Hareya de los antiguos autores griegos es, sin duda, la ciudad de Herat, famosa hace algo más de un siglo a causa del papel que desempeñó en los acontecimientos políticos de los que el Asia central fue teatro. Es llamada aún Heri, y un río que atraviesa su territorio, lleva el nombre de Heri-Sur, aunque poco alejado de Haroya.

[29] Alusión a antiguas creencias poco conocidas.

[30] Se ignora qué localidad puede ser esta citada con el nombre de Urvá.

[31] Vehrkana se encuentra en el Gurgán (el Djordán de los árabes). Los iranios sustituyen la sílaba *gu* por la *v*.

[32] Como se ve, hasta los griegos, en todos los códigos religiosos, se censuraban y castigaban los llamados pecados o vicios contra natura. En la *Biblia* vemos a Yahvé no salvar de dos ciudades en que estos vicios eran corrientes, Sodoma y Gomorra, sino a Loth y a los suyos (exceptúa su mujer convertida en estatua de sal por volverse a mirar atrás; sin duda Yahvé no quería que se contemplase la iniquidad que cometía destruyendo enteramente dos ciudades en las que perecían los autores de las faltas contra natura, es decir, los a su juicio culpables, más los inocentes, mujeres y niños que había en ella). Por cierto que en el Corán, Mahoma cuenta un detalle curioso : a los sodomitas que se presentaron en casa de Loth

45. Yo creé el décimo y el mejor de los lugares, yo que soy Ahura Mazda,
46. Harakaiti, la hermosa ciudad (33).
47. Pero Agra-Mainyús, él que está lleno de muerte, creó un antagonista,
48. Prácticas culpables y responsables, el enterrar los cadáveres (34).
49. Yo creé el undécimo y el mejor de los lugares, yo que soy Ahura Mazda,
50. Haetumat, la (ciudad) brillante, resplandeciente (35).
51. Pero Agra-Mainyús, él que está lleno de muerte, la creó un antagonista,
52. El pecado de los Yatús (36).

---

para que éste les entregase a los ángeles que habían venido a prevenirle para que escapase a la mañana siguiente, Yahvé, indignado ¡les sacó los ojos! Pero como decía al principio, los griegos, cuyo dios principal, Zeus, era pederasta (recordemos el rapto de Ganimedes), cuando se cansaba del otro sexo, para disculparle, sin duda, tenían todos, o casi todos, aficiones parecidas.

(33) Se debe ver en Harakaiti la *Arachosia* de los griegos. En las inscripciones cuneiformes esta palabra se escribe *Harauvatis*.

(34) Como se sabe, los parsis, en vez de enterrar los cadáveres los colocan en las torres del Silencio, para que sean devorados por buitres y cuervos.

(35) Es difícil determinar la situación de Haetumat. La traducción huzvaresch vierte este nombre por el de Itomand, y, según el Bundehesch, es el de un río en el Sedchestán.

(36) Yatús, los magos. Tal era, al menos, la opinión de Anquetil Duperron, que dice a propósito de este pasaje: "La magia, arte muy malo, hace aparecer todo cuanto se desea y procura todo. Cuando la magia llega y se la ve, parece algo grande; pero cuando se presenta con todo su imperio, no llega sino del mal principio, del jefe de los males." Por su parte, los parsis parecen creer que el pecado de Yatú consiste en hacer heridas que no han curado al cabo de cinco días. Dejando a un lado las fantasías vengamos a algo más interesante: a Abraham-Jacinto Anquetil-Duperron ilustre orientalista (1731-1805) que enamorado de la lengua y de la religión de los antiguos parsis, marchó a la India para ponerse en contacto con los allí refugiados y poder estudiar y dar a conocer sus libros sagrados de los que apenas se tenía noticia en Europa. Llegado a Pondichery, sufrió toda clase de penalidades no tan sólo a causa de su penuria económica, sino de la guerra a que se entregaban allí en aquel momento franceses e ingleses. Al fin, en 1758, en Murate, consiguió hacer un buen amigo, Darab, gracias al cual fue iniciado en los misterios del culto al Fuego. También consiguió reunir, a fuerza de sacrificios, una importante colección de manuscritos que, vuelto a Francia, cedió en 1762 a la Biblioteca del rey. En 1178 apareció su obra capital, el texto y traducción del *Avesta*. Aún publicó una porción de obras sobre el Oriente, muy interesantes, y numerosos artículos en las *Memorias* de la Academia de inscripciones y bellas artes en la que entró en 1763. Luis XVI y luego Napoleón, le señalaron pensiones, que rechazó siempre, muriendo muy pobre en 1805. He aquí un caso de hombre verdaderamente admirable: sabio, modesto, ilustre;

53. Es la señal mediante la cual se le reconoce.
54. Es el índice en virtud del cual se manifiesta.
55. A todas partes adonde llegan, los Yatús causan la muerte.
56. Prometen dar cuanto se desea,
57. Pero son impostores que no vienen sino para dar la muerte
58. Y para herir el corazón.
59. Yo creé el duodécimo y el mejor de los lugares y de los sitios, yo que soy Ahura Mazda,
60. Ragha, que consta de tres poblados [37].
61. Pero Agra-Mainyús, él que está lleno de muerte, la creó un antagonista,
62. La duda culpable y llena de orgullo.
63. Yo creé el decimotercero y el mejor de los lugares y de los sitios, yo que soy Ahura Mazda,
64. Chakhra, la fuerte [38].
65. Pero Agra-Mainyús, él que está lleno de muerte, la creó un antagonista,
66. Prácticas culpables y reprensibles: el quemar a los muertos.
67. Yo creé el decimocuarto y el mejor de los lugares y de los sitios, yo que soy Ahura Mazda,
68. Varena la de los cuatro ángulos [39].

---

muerto pobre habiendo merecido todo, incluso la riqueza que tantos otros tienen sin haberla ganado ni haber hecho nada por merecerla. En cuanto a los *parsis,* se da este nombre al grupo descendiente de los antiguos persas que escapando a la persecución musulmana al ser conquistada Persia por éstos y derrumbada la dinastía de los Sasánidas, prefirieron huir a adoptar, como se les exigía, la religión de los invasores. (El grupo que se quedó lo constituyen los llamados *guebres).* Protegidos los que llegaron a la India (por supuesto, como se puede comprender tras muchas y no alegres vicisitudes), por el rajá Jadi Rana que les permitió establecerse en su territorio e incluso construir un templo, tras nuevas inquietudes y persecuciones, acabaron por establecerse en Bombay (siglo XVII), donde siguen, ejerciendo hoy una influencia importante tanto económica como política. Actualmente son unos 90.000, distinguiéndose, en general, por sus hábitos de trabajo, honradez, generosidad y filantropía. En cuanto al pehlvi o pehlevi, lengua a la que fue traducida el *Avesta,* parece ser que fue el idioma hablado en Persia hasta la conquista de este país por los musulmanes; hoy es lengua desaparecida. Se estima que fue la transición entre el antiguo persa, el avestin, y el moderno.
[37] Ragha es una ciudad de Media. Los antiguos geógrafos hablaban de ella como población la más importante de este país. La situaban cerca del *Mons-Caspius.* Su nombre moderno es Rei.
[38] Se ignora dónde pudo estar Chakhra.
[39] Varena, es decir, la cuadrada. No hay unanimidad acerca de dónde pudo estar esta ciudad. La tradición de los parsis la coloca en el Taberistán.

69. Para ella nació Thraetaono que estranguló a la serpiente Dahaka [40].

70. Pero Agra-Mainyús, él que está lleno de muerte, la creó un antagonista,

71. Señales funestas y males fastidiosos que llenaron aquellos lugares [41].

72. Yo creé el decimoquinto y el mejor de los lugares y de los sitios, yo que soy Ahura Mazda,

73. Hapta-Hendu [42].

74. Pero Agra-Mainyús, el que está lleno de muerte, le creó un antagonista,

75. Señales funestas y un calor malo.

76. Yo creé el decimosexto y el mejor de los lugares y de los sitios, yo que soy Ahura Mazda,

77. Al occidente de Ragha [43],

78. Donde el pueblo se gobierna sin reyes.

79. Pero Agra-Mainyús, él que está lleno de muerte, le suscitó un antagonista,

80. El invierno, que fue creado por los Daevas (y la helada que mancha el país).

81. Hay aún otros lugares, otros sitios; llanuras y países.

SEGUNDO FARGARD

Este capítulo, lo mismo que el primero, no parece haber formado parte del Vendidad primitivo; como parece evidente que el objeto del Vendidad sea formular prescripciones legales contra la impureza; el capítulo que nos ocupa es, lo mismo que el primero, enteramente extraño a este propósito. Es muy probable, pues, que se trate de dos fragmentos de alguna antigua obra mitológica o histórica conservada por casualidad cuando la pérdida de los antiguos escritos de los persas, y que fueron puestos en el Vendidad, no sabiendo dónde colocarlos.

---

[40] Thraetano o Thrita inventor de la agricultura y de las artes.

[41] Texto oscuro. Anquetil-Duperron, aceptando lo que creían los parsis sobre estos males fastidiosos, escribe: "Produjo las reglas de las mujeres en todas las aldeas habitadas de aquellos lugares."

[42] Hepta-Hendu, las siete Indias. Esta designación se explica recordando que en los *Vedas,* el nombre *Sepia Sindhavas,* los siete ríos, designa el país de los hindúes. Anquetil-Duperron observa que, según la glosa pehlvi, el *Hapté-Heanda* era un país dividido en siete partes sometidas a un solo rey. Como el calor era mucho, las mujeres alcanzaban muy pronto las señales de la nubilidad.

[43] Se ha creído que la localidad así designada debía estar en la parte de Asiria inmediata a Armenia, o en el Khorazán. Anquetil-Duperron traduce: "La gran Rendheiao, país cubierto de caballeros que no reconocían a jefe alguno."

Este resto de antiguas leyendas heroicas de Persia es por lo demás de verdadera importancia para la historia primitiva de la India y de Persia. Los eruditos se interesaron siempre mucho por ellos. Y se ha supuesto, y tal vez no caprichosamente, que estos restos fueron formados de la reunión de otros fragmentos. Las interpolaciones que ofrecen parecen demostrarlo.

1. Zarathustra preguntó a Ahura Mazda: ¡Oh tú, Ahura Mazda, tú santo y muy sagrado, creador de todos los seres corporales, y muy puro!, dime:

2. ¿Cuál ha sido el primero de los hombres con el cual has conversado, tú que eres Ahura Mazda?

3. Si no ha sido conmigo, Zarathustra. ¿A quién has enseñado la ley que viene de Ahura y que es la de Zarathustra?

4. Entonces Ahura Mazda respondió: «Fue con el hermoso Yima, el que está a la cabeza de una reunión digna de elogios, ¡oh puro Zarathustra! [44].

5. Es con él con el primer hombre con el que conversé, yo que soy Ahura Mazda.

6. Antes de conversar con él, ¡oh Zarathustra!, yo le he enseñado la ley que proviene de Ahura, hoy la de Zarathustra.

7. Pues yo le he hablado, ¡oh Zarathustral, yo que soy Ahura Mazda, y le he dicho:

8. Seme sumiso, ¡oh hermoso Yima!, hijo de Vivaghao, pues tú eres quien debe meditar y llevar (extender) mi ley.

9. Entonces Yima el hermoso me respondió, ¡oh Zarathustra!:

10. Yo no puedo ser el que enseñe, el que medite, el que lleve (y dé a conocer) la ley.

11. Entonces yo le dije, ¡oh Zarathustra!, yo que soy Ahura Mazda:

12. Si tú no quieres obedecerme, Yima, y llegar a ser el que enseñe y lleve la ley (la extienda y dé a conocer).

13. Entonces vela sobre los mundos que son míos: vuelve mis mundos fértiles. Obedéceme en tu calidad de protector de los mundos; aliméntalos y vela por ellos.

14. Entonces Yima el hermoso me respondió, ¡oh Zarathustra!:

15. Yo velaré por los mundos que te pertenecen; yo volveré los mundos fértiles, yo te obedeceré en cuanto a ser el protector de los mundos, encargado de alimentarlos y de velar por ellos.

16. Para que durante mi dominio no haya ni viento frío, ni calor, ni corrupción, ni muerte.

17. Entonces yo le llevé las armas de la victoria, yo que soy Ahura Mazda.

18. Una lanza de oro y un cuchillo fabricado también con oro.

19. Yima, pues, está en condiciones de llevar (el fardo) de la soberanía.

---

[44] En lugar de Yima, Anquetil-Duperron lee: "Djimchid, jefe de pueblos y rebaños." Este monarca, de la estirpe de los antepasados de Zoroastro, juega un papel muy importante en las tradiciones de los parsis.

20. Trescientos países fueron dados a Yima como su parte de dominio.

21. Esta tierra llena de ganados, de animales salvajes, de hombres, de perros, de pájaros y de fuegos rojos y ardientes, fue para él.

22. Los ganados, los animales y los hombres no encontraron espacio para ellos.

23. Entonces seiscientos países fueron cedidos a Yima, para que reinase en ellos.

24. Aquella tierra llena de ganado, de animales salvajes, de hombres, de perros, de pájaros y de fuegos rojos y ardientes, fue de él.

25. Los ganados, los animales y los hombres no hallaron sitio para ellos.

26. A causa de lo cual novecientos países fueron dados a Yima para que reinase en ellos.

27. Esta tierra, llena de ganado, de animales salvajes, de hombres, de perros y de pájaros y de fuegos rojos y ardientes, fue de él. Los ganados, los animales y los hombres no hallaron sitio para ellos.

28. Entonces yo hablé a Yima y le dije: Yima, el hermoso, hijo de Vivaghao [45],

29. Esta tierra está llena de ganado, de animales salvajes, de hombres, de perros, de pájaros y de fuegos rojos y ardientes.

30. El ganado, los animales y los hombres no hallan sitio para ellos.

31. Entonces Yima se elevó hasta las estrellas, hacia el mediodía, por la ruta que sigue el Sol.

32. E hirió a esta Tierra con su lanza de oro.

33. Y la hendió con el cuchillo.

34. Y habló de este modo: «¡Oh Spenta Armaiti! [46]. Ejecuta con amor lo que voy a decirte:

35. Marcha hacia adelante, sal y camina de lado, de acuerdo con mi orden,

36. Tú que llevas en tu seno (y das vida) a ganados, animales y hombres.»

37. Y Yima caminó después sobre esta Tierra a la que había vuelto fértil, y que era un tercio más considerable que antes.

38. Sobre esta tercera parte nueva se extendieron los ganados, los animales y los hombres.

39. Y Yima caminó, sí, sobre esta Tierra a la que había vuelto fértil, y que era un tercio más considerable que antes.

40. Y sobre esta tercera parte nueva se extendieron los ganados, los animales y los hombres.

41. Según su voto (deseo) y su voluntad, pues su voluntad se cumple siempre.

---

[45] Vivaghao o Vivenghám, el primero que, habiendo invocado al profeta y monarca Hom, obtuvo de él un hijo.

[46] Nombre de la Tierra.

42. El creador Ahura Mazda llevó la asamblea (de los seres vivos) con el concurso de los Yazatas [47] celestes; es célebre en la Eryana-Vaeja [48] creada pura.

43. El brillante Yima reunió la asamblea de los hombres más virtuosos en la célebre Eryana-Vaeja, creada pura.

44-45. A esta reunión vino el creador Ahura Mazda con los Yazatas celestes que son renombrados en la Eryana-Vaeja.

46. Entonces Ahura Mazda habló a Yima: «Yima, el hermoso, hijo de Vivaghao,

47. Los males del invierno pueden herir a las criaturas revestidas de un cuerpo,

48. A causa de lo cual un invierno rudo y pernicioso sobreviene.

49. Los males del invierno pueden herir a las criaturas revestidas de un cuerpo.

50. A causa de lo cual la nieve podría caer en gran abundancia,

51. Sobre las cimas de las montañas, sobre las pendientes de las alturas.

52. ¡Oh Yima! Aparta los ganados de tres sitios.

53. Cuando se encuentran en lugares en que el peligro es grande.

54. Cuando están en la cima de las montañas.

55. Cuando están en lo más profundo de los valles.

56. Condúcelos a las mansiones más seguras.

57. Antes de este invierno, el país ha dado cosechas.

58. Arriba corren las aguas, abajo es la fusión de la nieve.

59. Nubes, ¡oh Yima!, podrían cubrir un lugar habitado por seres dotados de cuerpo,

60. Donde no se ve sino los pies tanto del ganado mayor como del menor.

61. Traza pues un recinto que no tenga, por cada uno de sus cuatro costados, sino la longitud de la carrera de un caballo.

62. Lleva hasta él los gérmenes de los ganados, de los animales, de los hombres, de los perros, de los pájaros y del fuego rojo y ardiente.

63. Traza un recinto semejante para que sirva de mansión a los hombres.

64. Traza un recinto semejante para que sirva de mansión a las vacas que dan leche,

65. Reúne en él las aguas en una extensión de un hathra [49],

---

[47] Yazata, en sánscrito yajata, el venerable, en persa moderno ized. Los musulmanes de Persia se sirven de este nombre para designar a Dios.

[48] Eryana-Vaeja, el país del Irán, morada de los Magos y de los sectarios de Zoroastro. En cuanto al sentido exacto del título honorífico que ofrece la expresión "célebre en la Eryana-Vaeja", la doctrina de los parsis no es suficientemente conocida como para que no resulte algo exagerada.

[49] Medida de longitud de la que se desconoce, con seguridad, la dimensión.

66. Haz habitar allí a los pájaros,
67. En el lugar que tiene siempre color de oro.
68. Fija allí tu morada.
69. Coloca en ella columnas, patios, pisos.
70. Lleva allí los gérmenes de todos los hombres y de todas las mujeres,
71. Los que son en esta Tierra los más grandes, los mejores y los más hermosos.
72. Lleva allí también los gérmenes de toda especie,
73. De aquellos que en esta Tierra son los más grandes, los mejores y los más hermosos.
74. Lleva allí los gérmenes de toda clase de árboles,
75. De aquellos que son en esta Tierra los más altos y los más sabrosos.
76. Lleva allí los gérmenes de todos los alimentos,
77. De aquellos que en esta Tierra son los más dulces y los más sabrosos.
78. Colocados por parejas y que sean inagotables,
79. Hasta que los hombres estén reunidos en este recinto [50].
80. Que no haya allí ni discordia, ni impugnación [51].
81. Ni antipatía, ni enemistad.
82. Ni miseria, ni falsedad.
83. Ni pobreza, ni enfermedad.
84. Ni dientes que vayan más allá de lo justo [52].
85. Ni deformidad corporal.
86. Ni ninguna otra de las señales que son las señales de Agra-Mainyús, y con las cuales ha herido a los hombres.
87. Construye nueve puentes en las localidades (aldeas) considerables.
88. Seis en las medianas, tres en las pequeñas.
89. Sobre los puentes superiores trae los gérmenes de mil hombres y mujeres.
90. Sobre los de en medio, los gérmenes de seiscientos; sobre los de abajo, los gérmenes de trescientos.
91. Conduce allí con la lanza de oro a los que están en el recinto.
92. Levanta una alta torre y haz en ella una ventana que la ilumine siempre por sí misma.»
93. Yima dijo entonces: «¿Cómo puedo trazar un círculo, conforme a las instrucciones que me das, Ahura Mazda?»

---

[50] Los hombres que habitan el recinto trazado por Yima, no son considerados como inmortales. Según los parsis modernos, su vida es de trescientos años.

[51] La traducción de *frakavv* y de *apakavv* por discordia e impugnación, podría ser discutida. Según la traducción huzvaresch, podría ponerse: "ni elevación ni rebajamiento".

[52] Es decir, hombres ambiciosos y crueles que nada les detenga con tal de medrar y enriquecerse a costa de los demás.

94. Ahura Mazda dijo entonces a Yima: «Yima, el hermoso, hijo de Vivaghao,

95. Oprime esta tierra con tus talones, golpéala con las manos,

96. Exactamente como los hombres lo harán en la Tierra habitada.»

97. Yima trazó entonces un recinto teniendo, en cada uno de sus cuatro lados, la extensión de la carrera de un caballo.

98. A él trajo los gérmenes de los ganados, de los animales de tiro, de los hombres, de los perros, de los pájaros y del fuego rojo y ardiente.

99. Yima hizo al punto otro recinto semejante para mansión de los hombres.

100. Hizo otro semejante para que habitasen las vacas que producen leche.

101. Reunió allí las aguas en la extensión de un hathra.

102. Hizo habitar allí a los pájaros.

103. En aquel lugar constantemente de color de oro,

104. Levantó una habitación,

105. Columnas, torres, pisos y cercas todo alrededor.

106. Llevó allí los gérmenes de todos los hombres y de todas las mujeres,

107. De aquellos que en la Tierra son los más grandes, los mejores y los más hermosos.

108. Trajo allí los gérmenes de todas las especies de animales,

109. De aquellos que en la Tierra son los más grandes, los mejores y los más hermosos.

110. Trajo allí los gérmenes de todos los árboles,

111. De aquellos que en la Tierra son los más altos y los más sabrosos.

112. Trajo allí los gérmenes de todos los alimentos,

113. De aquellos que en la Tierra son los más dulces y los más sabrosos.

114. Los llevó allí a todos por parejas y de modo que no pudiesen perecer.

115. Entre los hombres que había en aquel recinto,

116. No había ni querellas, ni disensiones,

117. Ni antipatía, ni enemistad,

118. Ni miseria, ni trapacería,

119. Ni pobreza, ni enfermedad,

120. Ni dientes que fuesen más allá de la medida (en avaricia y crueldad),

121. Ni deformidad corporal,

122. Ni ninguna de las señales que constituyen las señales de Agra-Mainyús y que él ha hecho caer sobre los hombres.

123. Hizo nueve puentes en las localidades considerables,

124. Seis en las medianas, tres en las pequeñas.

125. Trajo hasta los puentes superiores los gérmenes de mil hombres y mujeres,

126. Sobre los puentes de en medio, los gérmenes de seiscientos, y sobre los de abajo los gérmenes de trescientos;

127. Trajo allí los que estaban en el recinto que había trazado con la lanza de oro.

128. Hizo todo alrededor de este recinto una muralla elevada, una torre y una ventana que procuraba luz a la parte interior.

129. «Creador de los seres provistos de cuerpo, y purificador,

130. ¿De qué especie son las luces, ¡oh santo Ahura Mazda!, que iluminan el recinto que Yima ha trazado?»

131. Ahura Mazda respondió: «Son luces creadas espontáneamente, y luces creadas, en su totalidad, en un orden regular.

132. Se ve a las estrellas, a la Luna y al Sol, seguir juntos (hacer juntos) la misma carrera [53].

133. Cuentan como un día lo que es un año.

134. Cada cuatro años, nacerá, de estos dos hombres, dos criaturas humanas; una pareja, un niño macho y un niño hembra.

135. Y lo mismo ocurrirá con las especies animales.

136. Estos hombres llevan la vida más hermosa en el recinto que Yima ha hecho.»

137. «Creador de los seres dotados de cuerpo, purificador,

138. ¿Quién ha desarrollado la ley mazdayánica en este recinto que Yima ha hecho?»

---

[53] El sentido de estos dos últimos versículos no es muy claro. Estaría un poco más traduciendo en el versículo 131: "Son unas, nacidas espontáneamente y las otras creadas." Pues, indudablemente, quiere decir esto; que unas, los astros, que iluminan desde arriba, no han tenido principio; mientras que las que sirven para alumbrar en la Tierra, son creadas por el hombre. En cuanto al versículo 132, indudablemente, quiere decir que para los bienaventurados que residen en el recinto trazado por Yima, no existe ni día ni noche; es decir que para ellos, los astros recorren todos el mismo camino. Anquetil-Duperron tradujo: "Toda la luz primera, elevada, brillante, ha sido dada (al principio), esta luz que brilla en sí misma (de una vez) al mismo tiempo y por la cual ven los astros, la Luna y el Sol." Parece evidente que el orientalista francés no comprendió bien la verdadera significación del texto, pero su equivocación, si equivocación hay, es de las más excusables, pues es casi imposible coger con claridad, sin error, y dar con fidelidad ideas tan oscuras, expresadas, además, en un idioma que no hay medio de llegar a conocer bien. Tal vez en el texto original y primero, las cosas estuviesen más claras, pero sobre que a fuerza de copias el sentido pudo variar, hay que tener en cuenta que, incluso, estas cuestiones suelen ser escritas ya de un modo nebuloso, ora porque no sea capaz de mayor claridad la inteligencia que trabaja en campos siempre fabulosos y oscuros, ora para permitir a otros que, por hacer luz, hagan al mismo tiempo dinero. Porque que de los frecuentes engaños religiosos han vivido durante muchos siglos numerosas pandillas de grandes y solemnes vagos, sobre esto sí que no hay duda ni oscuridad alguna.

139. Ahura Mazda respondió: ¡Oh santo Zarathustra!, ha sido el pájaro Karschipta [54].

140. «Creador de los seres dotados de cuerpo, purificador,

141. ¿Cuál y quién es este señor y este legislador?»

142. Ahura Mazda respondió:

143. «Es Urvatat-Naro [55] y tú, ¡oh Zarathustra!»

TERCER FARGARD

Tras dos capítulos de carácter histórico-legendario, viene éste que se acerca más a lo legislativo. ¿Formó desde un principio parte del Vendidad, o bien están sólo un fragmento de alguna producción antigua relativa sobre todo a la agricultura? He aquí algo imposible de decidir. Tal cual se muestra a nosotros, este capítulo no ofrece dificultades desde el punto de vista general. En respuesta a las preguntas de Zoroastro, Ahura Mazda le revela cuáles son las cinco cosas que le son más agradables en la Tierra, y cuáles son las que, en cambio, le son más desagradables, así como, cuáles son las cinco cosas que contribuyen más *a* la satisfacción de la Tierra. Entre estas preguntas y respuestas son intercaladas diversas observaciones que rompen el hilo de la narración y que en parte se vuelven a encontrar en otros capítulos del Vendidad, en donde, por supuesto, están más en el lugar que las corresponde. En el Minokhired se encuentra también la enumeración de cosas desagradables; pero esta enumeración es más extensa, pues en lugar de cinco son diez; entraña, además, otros cambios.

1. Creador de los seres dotados de cuerpo, ¡oh purificador!,

2. ¿Cuál es la cosa más agradable a esta Tierra?

3. Ahura Mazda respondió: «El que un hombre santo marche sobre ella, ¡oh santo Zarathustra!

4. Con la leña del sacrificio en la mano, el baresma [56] en la mano, la taza en la mano, el mortero en la mano.

---

[54] Este pájaro no es nombrado en la traducción de Anquetil-Duperron; en su lugar, cita a Pazchután, que fue el segundo hijo del rey Gustap, el cual llegó a ser inmortal y fue encargado de llevar la ley al Vadjemguerd. El *Bund-Dehech* menciona al pájaro Karespat como el que pronuncia el Avesta.

[55] Oroeted-Nero, el hombre fuerte, según Anquetil. Fue el primer hijo de Zoroastro con su segunda mujer, y el jefe de los labradores.

[56] El baresma o barsom es un haz o manojo de ramas de árbol que tiene un lugar importante en el culto de los parsis; no debe ser cortado sino por un hombre puro; el número de sus ramas, de las ramas de que se compone (veintitrés o treinta y cinco), varía según el oficio que se celebra. Al rezar debe ser tenido este haz en la mano izquierda. A medida que se avanza en el estudio de la mayor parte de las religiones y se ve tanto el aparato absurdo que forma su trama, como lo no menos absurdo de sus cultos y ceremonias, liturgia *y* prácticas que fuera de la época en

5. Pronunciando palabras en todo conformes con la ley, invocando a Mithra, que da la fertilidad, y a Rama-Kastra.»

6. Creador de los seres dotados de cuerpo, purificador,

7. ¿Qué hay, en segundo lugar, de más agradable a esta Tierra?

8. Ahura Mazda respondió: «Es cuando un hombre sabe construirse una morada,

9. Provista de fuego, provista de ganado, donde hay una mujer, hijos y gran cantidad de animales en los ganados.

10. Y cuando hay en esta casa abundancia de animales, abundancia de honradez, abundancia de forrajes, de perros, de mujeres, de jóvenes, de fuego, y de todo cuanto hace una vida dichosa.»

11. Creador de los seres dotados de cuerpo, purificador,

12. ¿Qué hay, en tercer lugar, de más agradable a esta Tierra?

13. Ahura Mazda respondió: «El sitio donde el cultivo de la tierra produce, ¡oh santo Zarathustra!, granos, forrajes y árboles frutales,

14. Donde el hombre riega la tierra árida o quita el agua a tierras demasiado húmedas.»

15. Creador de los seres dotados de cuerpo, purificador,

16. ¿Qué hay, en cuarto lugar, de más agradable a esta Tierra?

17. Ahura Mazda respondió: «El sitio donde nace más ganado y más animales de tiro.»

18. Creador de los seres dotados de cuerpo, purificador,

19. ¿Cuál es el objeto que viene en quinto lugar entre aquellos que son lo más agradable a esta Tierra?

20. Ahura Mazda respondió: «El sitio en que hay más ganado y más animales de tiro y a causa de ello más estiércol.»

21. Creador de los seres dotados de cuerpo, purificador,

22. ¿Cuál es la primera cosa desagradable a esa Tierra y qué la impide ser favorable?

23. Ahura Mazda respondió: «Es cuando llega a ser mansión de la violencia [57], ¡oh santo Zarathustra!

24. Cuando los Daevas salen de las cavernas con los Drujas» [58].

---

que los hombres las concedieron *fe*, inspiran risa, cuando no lástima hacia los que las creyeron y practicaron, no se explica uno que tras ellos el hombre, salvo contadas excepciones, pues todos no han sido felices revolcándose en el lodo creyendo que lo hacían en las nubes, pueda ser considerado como un ente de razón.

[57] Texto oscuro. Sigo el sentido que le dio Anquetil-Duperron. Otros opinan que el texto pudiera hacer alusión al comercio carnal de los Daevas y las Drujas, de donde nacerían seres impuros.

[58] Drujas, Darudjs o Drujs, espíritus malignos e impuros creados por el príncipe malo Agra-Mainyús. Su misión era desolar el Mundo y sembrar en él la muerte.

25. Creador de los seres dotados de cuerpo, purificador,
26. ¿Cuál es la segunda cosa más desagradable a esta Tierra?
27. Ahura Mazda respondió: «El sitio en que hay más perros muertos y hombres muertos enterrados» [59].

---

[59] Esta respuesta era, al menos, lógica dada una de las facetas de esta religión que, como sabemos, consideraba como pecado, sacrilegio o crimen imperdonable (palabras, las tres, muy difíciles de separar en todas las religiones, pues si algunos pecados, como los llamados veniales, no llegan a crímenes, ni de conciencia, quedándose en la categoría de faltas, sí todos los crímenes y sacrilegios son pecados), el profanar la tierra, elemento puro por excelencia, como el fuego, con el contacto de algo tan impuro como un cadáver. Para evitar esto, como también sabemos, los mazdeístas construían (y siguen construyendo, claro está, parsis y guebres), las Dakhmas o "torres del silencio" en las que dejaban y siguen dejando los cadáveres a la voracidad de buitres y demás aves que se suelen alimentar de carroña. Por la misma razón, para no acercar nada al otro elemento puro, el fuego, prohibían la incineración de los cadáveres, práctica corriente entre los vecinos inmediatos de los persas, los hindúes. Es decir, que lo que entre unos era una práctica santa y piadosa, en otros un sacrilegio y un gravísimo pecado. Un abismo separaba también a los mazdeístas de los griegos para los que lo peor que les podía ocurrir era morir y quedar sin sepultura. Para unos, el contacto de los cuerpos muertos impurificaba todo aquello que tocaba, para otros lo santo, incinerarlos y arrojar las cenizas a los ríos sagrados; a los terceros, les horrorizaba que los cadáveres quedasen sin sepultura a causa de que si tal ocurría, las almas (aquellas almas que, sin duda, al escapar del cuerpo en el que habían estado como en una tumba, según se llegó a afirmar al adquirir las almas carácter divino, dejaban un trozo de materia que, sin ellas, era impuro, según los mazdeístas), rondaban en torno a los vivos atormentándolos... Allí, aquí, allá, más allá, por todas partes la fantasía, el fanatismo, las supersticiones, ¡la ignorancia en suma!, inventando toda clase de mentiras, majaderías y patrañas; creando religiones, dioses, liturgias y toda clase de doctrinas y prácticas, a cuales más imposibles y disparatados, los dioses, y a cuales más absurdas y estúpidas tantas veces, éstas. Por fortuna, como las religiones, como cuanto es obra de los hombres, no pueden sustraerse a la ley del progreso, poco a poco, muy lentamente, pues nada más difícil de desarraigar que las creencias, tanto más cuanto más irracionales e insensatas, fueron evolucionando y mejorando; contribuyendo, sobre todo, a esta evolución y mejoramiento, la aparición en ellas del elemento *moral*. Las llamadas religiones superiores, si en efecto lo son, es a causa de admitir, aconsejar e incluso prescribir, al haberlos dado cabida en sus códigos religiosos, una serie de preceptos morales ajenos en absoluto a muchas religiones antiguas. Yo me imagino alguna de estas religiones superiores como trípode que sostiene un vaso en el que arde, con suave y sutil perfume, la esencia de lo moral que contienen, pero cuyos pies aún se hunden en el cieno de los viejos fetichismos y rancias creencias torpes, de las que aún no han podido desprenderse enteramente, a causa de ser precisamente a lo que se agarra la fe. Pero, en fin, como lo que embalsama, y se eleva, y eleva, y es útil, es lo moral, esperemos a que un día el humo de este

28. Creador de los seres dotados de cuerpo, purificador,
29. ¿Cuál es la tercera cosa que a la Tierra le resulta más desagradable?
30. Ahura Mazda respondió: «Es el sitio en que se construyen más Dakhmas [60], en los cuales se exponen los cuerpos de los muertos.»

---

fuego que arde en el vaso superior, tenga fuerza suficiente para arrancar los pies del trípode del fango y se eleve arrastrando el todo para, en definitiva, dejar caer cuanto no sea moral, es decir, cuanto no sea útil, saludable y beneficioso perfume.

[60] El sentido de este versículo es muy oscuro pues si los o las Dakhmas eran las "torres del silencio", indispensables en el mazdeísmo, ¿cómo leemos aquí que a la Tierra, con mayúscula o con minúscula, podía serle desagradable que hubiese muchas de estas torres hechas, precisamente, para evitar que el contacto de los cadáveres la impurificase? Con objeto de encontrar una explicación se ha supuesto que lo que en realidad pretendía Ahura Mazda (aunque ni lo dice ni nada lo hace sospechar, claro está), era que no se llorase a los muertos, prohibición que ya existía en diversos pueblos semíticos. En el *Sadder,* única parte que se conocía de los escritos atribuidos a Zoroastro antes de los trabajos de erudición más modernos, traducidos por Thomas Hyde *(Historia religionis veterum Persa-rum,* Oxford, 1700), se lee, de acuerdo con lo que nos ocupa: *Si quis de hoc male mundo discedit, nemo debet flere propter illum.* En realidad, cuando lloramos a los muertos lo que llora es nuestro egoísmo. Si sentimos que se hayan muerto es a causa de vernos privados de ellos: si eran útiles, por llevarse, como suele decirse, la llave de la despensa; si sentimos hacia ellos cariño (en todas sus manifestaciones y formas a que nos somete la Naturaleza), porque nos duele, nos hiere aquello de que nos priva el ser que se ha ido; pero egoísmo siempre porque si en vez de sentir con la carne pensásemos, ¿podríamos dejar de alegrarnos? Si mucha verdad es que el Mundo es un valle de lágrimas, ¿cómo podríamos lamentarnos de que un ser al que queremos, y más cuanto más afecto y cariño nos una a él, deje un Mundo donde todo nos cerca, empezando por las contrariedades, las enfermedades y todas las formas de dolor, para entrar de nuevo allí de donde salimos: de la paz perpetua? Con mucha más razón los que creen en Paraísos llenos de venturas.

Pero volviendo al sentido de nuestro versículo, yo me atrevería a darle otro diferente a este de las lágrimas. Y es, y para ello me apoyo en el versículo 23 cuando Ahura-Mazda asegura que lo más desagradable a la Tierra es convertirse en un lugar de violencia, que el que hubiese que construir muchas Dakhmas o "torres del silencio", indicaría su necesidad, es decir, guerras y perturbaciones del mismo género que obligasen, a causa del número anormal de muertos, a construir muchas Dakhmas. Con lo que, en definitiva, Ahura Mazda lo que condenaría sería las guerras y contiendas que hacían de la Tierra un lugar de maldición.

En cuanto a las cosas desagradables y odiosas a la Tierra, el *Minokhired* enumera las diez siguientes: 1.ª el sitio donde está el Infierno; 2.ª el sitio donde el hombre puro sufre la muerte; 3.ª el lugar en que los Daevas y los Drujs se reúnen; 4.ª el lugar en que se levanta un templo consagrado a los ídolos; 5.ª el sitio en que un hombre malo fija su residencia; 6.ª el sitio en que los cadáveres son enterrados; 7.ª el lugar donde los Kharfesters hacen sus agujeros; 8.ª el lugar en donde los

31. Creador de los seres dotados de cuerpo, purificador,

32. ¿Cuál es la cuarta cosa más desagradable a la Tierra?

33. Ahura Mazda respondió: «Aquella donde hay más cavernas horadadas por las bestias que Arihmán ha creado.»

34. Creador de los seres dotados de cuerpo, purificador,

35. ¿Cuál es la quinta cosa más desagradable a la Tierra?

36. Ahura Mazda respondió: «Es, ¡oh santo Zarathustra!, aquella donde la mujer o el hijo de un hombre santo (bueno) se alejan del camino recto,

37. Yendo y viniendo, cubriéndose la cabeza de polvo, llorando y lamentándose [61].»

38. Creador de los seres dotados de cuerpo, purificador,

39. ¿Cuál es aquel que en primer lugar hace sentir a la Tierra mayor satisfacción?

40. Ahura Mazda respondió: «Aquel que desentierra los cadáveres de los perros y de los hombres metidos en la tierra.»

41. Creador de los hombre dotados de cuerpo, purificador,

42. ¿Cuál es aquel que en segundo lugar hace sentir a esta Tierra la mayor satisfacción?

43. Ahura Mazda respondió: «Es aquel que allana y arregla la tierra tras haber destruido los Dakhmas que habían sido construidos encima, y en los cuales los cadáveres eran expuestos [62].

44. Un hombre solo no debe jamás llevar un cadáver.

45. Si un hombre solo lleva un muerto,

46. El hasús le vuelve impuro, cogiéndole por la nariz, por los ojos, por la lengua, por la cara y por detrás.

47. El hasús (Drukhs) [63] brota de las uñas de aquellos que cometen estos pecados,

---

hombres se apartan del bien para practicar el mal; 9.ª el sitio en que la tierra cultivada se ha tornado desierto; 10.ª el sitio en que han sido arrojados los restos de uñas y cabellos cortados.

Total, que lo que para un cristiano es un campo santo, para un parsi es un campo de maldición, y que el horno crematorio hacia el que el parsi sentiría horror y el cristiano poca o ninguna simpatía, al hindú no le sería desagradable. Y todo, ¿por qué? Pues, simplemente, porque a cada uno les enseñaron de niños creencias diferentes a propósito de las cuales, si se parasen a reflexionar unos instantes, acabarían por encogerse de hombros y darse las manos.

[61] Es decir, haciendo lo contrario de lo que parece que aconsejaba Ahura Mazda: no llorar a los muertos (véase la nota anterior).

[62] Aquí se vuelven a presentar las dudas que asaltan a propósito del versículo 30, y aun con más insistencia, a no ser que se interprete de este modo: que la Tierra es feliz viendo que desaparecen de sobre ella las "torres del silencio", cuya presencia y peso parecen repugnarla no obstante ser el único medio de que los cadáveres no la impurifiquen con su contacto.

48. Y quedan impuros para siempre, perpetuamente y sin remedio.»
49. Creador de los seres dotados de cuerpo, purificador,
50. ¿Qué lugar le está reservado al hombre que lleva a los muertos?
51. Ahura Mazda respondió: «El más desprovisto de agua y de árboles que haya en la Tierra,
52. El más seco y el más árido,
53. Allí donde les es más difícil subsistir a los ganados y a los animales de tiro,
54. Así como al fuego de Ahura Mazda y al Baresma que es reunido a la santidad y al hombre santo» [64].
55. Creador de los seres dotados de cuerpo, purificador,
56. ¿A qué distancia del fuego, a qué distancia del agua, a qué distancia del Baresma, a qué distancia de los hombres puros?
57. Ahura Mazda respondió: «A treinta pasos del fuego, a treinta pasos del agua, a treinta pasos del Baresma que en ellos es puesto, a tres pasos de los hombres puros.
58. Los mazdayasnas deben, en esta Tierra, hacer una corta de árboles [65].
59. Deben llevar allí alimentos así como vestidos
60. Los más malos,
61. Los más vulgares.
62. Deben comer estos alimentos, deben ponerse estos vestidos,
63. Manteniéndose a la distancia prescrita, manteniéndose lejos del muerto.
64. Aquel que come cerca del muerto, o que se pone los vestidos cerca de él, caerá enfermo; envejecerá y no tendrá posteridad.
65. Los mazdayasnas deben, por la fuerza y prontamente, conducirle a las montañas.
66. Le cortarán la cabeza todo a lo largo del cuello; el cuerpo será abandonado a las criaturas voraces de Spenta Mainyús, a los pájaros que se alimentan de carne y a los Kahrkasas [66].

---

[63] O, como traduce Anquetil, el Darudj Nerosch. Tan pronto como un hombre muere, ese espíritu impuro pasa a su cadáver y mancha a todo y a todos cuantos le tocan.

[64] Este Beresma parece ser, en efecto, algo así como el espíritu de santidad, esencia divina especial para los escogidos y que los hace superiores a los demás hombres.

[65] Este Baresma parece haber sido intercalado no sin haber sufrido alteraciones. Los versículos 48 y 59 se vuelven a encontrar en el séptimo fargard; los versículos 66 y siguientes, en el noveno, donde parecen estar más en su sitio. Los versículos 60 y 61 son traducidos tan sólo de acuerdo con una conjetura.

[66] Estos Kahrkasas pudieran ser hombres dotados de alma demoníaca y perversa, como los "rakshasas" hindúes que tienen un papel tan importante en el *Ramayana*.

67. Pero si dice que se arrepiente de todo cuanto ha cometido de culpable en pensamientos, en palabras y en obras;

68. Si confiesa humildemente el mal que ha hecho,

69. La pena borrada quedará por el arrepentimiento.

70. Si no se arrepiente de sus acciones culpables,

71. Quedarán para siempre sin ser expiadas.»

72. Creador de los seres dotados de cuerpo, purificador,

73. ¿Cuál es aquel que, en tercer lugar, causa la mayor alegría a la Tierra?

74. Ahura Mazda respondió: «Aquel que llena el mayor número de cavernas horadadas por las criaturas de Agra-Mainyús.»

75. Creador de los seres dotados de cuerpo, purificador,

76. ¿Cuál es aquel que, en cuarto lugar, causa más satisfacción a la Tierra?

77. Ahura Mazda respondió: «Es aquel que hace producir más a la tierra así como frutas a los árboles, ¡oh santo Zarathustra!

78. O que procura agua a tierras áridas, o que libra a la tierra del agua que le sobra.

79. La tierra que no es cultivada no está satisfecha,

80. Cuando puede recibir la sembradura del cultivador.

81. Pues es buena para servir de morada a los hombres.

82. El ganado que permanece largo tiempo sin reproducirse tiene un buen crecimiento.

83. Y la tierra es buena para los animales machos [67].

84. Aquel que trabaja la tierra a derecha y a izquierda, con el brazo derecho y con el brazo izquierdo, ¡oh santo Zarathustra!

85. Recibe de la tierra su verdadera opulencia.

86. Lo mismo que un amigo generoso con una amiga a la que quiere, recibe de ella posteridad a cambio de la riqueza que de él recibe.

87. Aquel que cultiva esta tierra, ¡oh santo Zarathustra!, a derecha y a izquierda, con el brazo derecho y con el brazo izquierdo,

88. Esta tierra le habla del modo siguiente: Hombre, si me consagras tu trabajo a derecha y a izquierda, con el brazo derecho y con el brazo izquierdo,

89. Yo te sostendré siempre y yo vendré a ti.

90. Yo te traeré toda clase de alimentos.

91. Aquel que no cultiva esta tierra, ¡oh santo Zarathustra!, a izquierda y a derecha, con el brazo derecho y con el brazo izquierdo,

---

[67] Los versículos 79-83 son, sin duda, una nueva interpolación. Su propio laconismo en el texto original les hace oscuros. Tratando de evitarlo, algunos eruditos han seguido el sentido que da la versión huzvaresch. Los siguientes, hasta el 95, también parecen fuera de lugar.

92. La Tierra le dirige estas palabras: Hombre, si no me consagras tu trabajo a derecha y a izquierda, con el brazo derecho y con el brazo izquierdo,

93. Estarás siempre errante ante las puertas de otro, con objeto de mendigar alimentos.

94. Te traerán víveres (de que comer), mientras que tú permanecerás fuera llorando.

95. Los que viven en la abundancia te harán participar de este modo de sus riquezas.»

96. Creador de los seres dotados de cuerpo, purificador,

97. ¿Cuándo se manifiesta el crecimiento de la ley mazdayánica?

98. Ahura Mazda respondió: «Cuando se cultiva celosamente las tierras que dan grano, ¡oh santo Zarathustra!

99. Aquel que cultiva los productos de la tierra, cultiva la pureza.

100. Cumple la ley mazdayánica,

101. Desarrolla la ley mazdayánica,

102. En una extensión de cien Paitistanas,

103. En una extensión de mil Paitidaranas,

104. En una extensión de diez mil Yasna-keretas [68].

105. Donde hay frutos los Daevas se estremecen.

106. Donde hay sementera los Daevas tosen.

107. Donde hay espigas los Daevas lloran.

108. Donde hay cosechas abundantes, de allí los Daevas escapan.

109. Es en los sitios en donde hay cosechas donde los Daevas son más duramente heridos.

110. Van al Infierno, liquefactándose como hierro ardiendo.

111. Entonces se recita este manthra [69]:

112. Nadie, si no come, es capaz de obrar,

113. Ni tiene fuerza para cumplir buenas obras.

114. Ni es capaz de trabajar vigorosamente en el cultivo de la tierra.

115. Pues todos los seres dotados de cuerpo viven del alimento que toman; si no comen, mueren.»

116. Creador de los seres dotados de cuerpo, purificador,

117. ¿Qué es lo que, en quinto lugar, causa a la Tierra mayor satisfacción?

118. Ahura Mazda respondió: «¡Oh santo Zarathustra!, aquel que trabaja en esta Tierra, para el hombre santo. Al que no,

119. Se le arrojará lejos de esta Tierra, a las tinieblas,

---

[68] Se ignora el sentido de todas estas palabras: Paitistanas, Paitidaranas y Yasna-keretas.

[69] Manthra (en sanscrito "instrumento para traer el pensamiento") himno o fórmula utilizada con propósito encantatorio o ritual.

120. Para que sea entregado a los sufrimientos, para que sea arrojado en el lugar de la desolación,

121. Y lanzado sobre hierbas agudas» [70].

122. Creador de los seres dotados de cuerpo, purificador,

123. Si se entierra en esta tierra perros muertos y hombres muertos, y no se les desentierra en el espacio de la mitad de un año,

124. ¿Qué pena se debe sufrir?

125. Ahura Mazda respondió: «El culpable debe recibir cinco golpes con correas hechas con piel (de caballo), y quinientos golpes de craosho-churana» [71].

126. Creador de los seres provistos de cuerpo, purificador,

127. Si se entierra en esta tierra perros muertos y hombres muertos, y no se los desentierra en un año entero,

128. ¿Qué pena se debe sufrir?

129. Ahura Mazda respondió: «Que el culpable reciba mil golpes de correas de piel de caballo y mil golpes de craosho-churana.»

130. Creador de los seres dotados de cuerpo, purificador,

131. Si se entierra en esta tierra perros muertos y hombres muertos y pasan dos años sin desenterrarlos,

132. ¿Qué pena se debe sufrir?

133. ¿Cuál debe ser la expiación?

134. ¿Cuál es la purificación?

135. Ahura Mazda respondió : «No hay pena, no hay expiación, no hay purificación.

136. Acciones tales son siempre inexpiables.

137. Aquel que las ha cometido debe obrar del modo siguiente:

---

[70] Este pasaje, versículos 119, 120, 121, parece interpolado, puesto que nada tiene que ver con lo anterior; o corrompido al menos.

[71] Una vez más hay que limitarse a reproducir expresiones o palabras del texto cuyo sentido cuanto se puede hacer es conjeturar. Como, por supuesto, hizo el propio Anquetil-Duperron a quien ni los propios parsis, que tampoco sabían con seguridad qué quería decir la expresión "craosho-charana", pudieron sacarle del apuro; por lo que se limitó a decir que tal vez pudiera suponerse que se trataba de correas hechas con piel de camello, y que los golpes podían ser evitados pagando un número igual de *dermis* o *derhems,* peso y moneda empleados en Asia. Pero se ha dudado de que ya en una época tan remota el principio consistente en el rescate de una pena por dinero, es decir, a favor de una multa, fuese admitido. Además, en parte alguna del *Vendidad* se hace ni la menor alusión a la existencia de la moneda. En cuanto a la primera palabra, he seguido la interpretación de Anquetil, ya aceptada por otros; la palabra zenda es *astra* que algunos parsis explican como significando un instrumento agudo, especie de aguijón como el empleado para hacer avanzar el ganado mayor. En sánscrito la misma palabra es bastante semejante: *ashtrá.*

138. Que escuche y observe la ley de los mazdayasnas.

139. Si no escucha y no observa la ley mazdayánica,

140. La ley no borrará los pecados de los que son culpables, como hace con los que se arrepienten,

141. Si no vuelven a caer en malas acciones.

142. La ley mazdayánica, ¡oh santo Zarathustra!, libera al hombre que la observa de los lazos de que estaba rodeado,

143. Hace desaparecer el engaño.

144. Borra el asesinato de un hombre puro.

145. Borra el enterramiento de los muertos.

146. Borra las acciones para las cuales no hay expiación.

147. Borra las deudas considerables que el pecador ha contraído.

148. Borra todos los pecados que el hombre comete.

149. La ley de los mazdayasnas, ¡oh santo Zarathustra!, lleva lejos del hombre puro todos los pensamientos, acciones y palabras culpables, lo mismo que el viento rápido y fuerte purifica el cielo.

150. Feliz, ¡oh Zarathustra!, aquel que ha realizado buenas acciones.

151. La ley mazdayánica levanta enteramente todos los castigos.»

CUARTO FARGARD

Este capítulo puede ser catalogado entre los que ofrecen mayores dificultades. Se habla en él largamente de los diversos pecados y de su explicación; da, en primer lugar, la enumeración de los pecados que, al menos según la tradición, llevan el nombre de Mithra-Drujas, o, en el dialecto más reciente, de Mihirán-Drujas, y que son frecuentemente mencionados como faltas graves, sin ser, no obstante, expresamente especificados. Las consecuencias de estos pecados alcanzan no tan sólo a sus autores, sino incluso a sus parientes. La pena en que hacen incurrir va de trescientos a mil golpes, y es tanto más fuerte puesto que, en el resto del Vendidad, doscientos golpes son considerados como una pena muy severa, de tal modo que raramente es sobrepujada. Vienen luego (ver 53 a 115) penas relativas a diversos delitos. Desde el versículo 115 al final se encuentran fragmentos muy oscuros y entre los cuales hay por lo menos grandes interpolaciones. Se ha pensado que este fargard, que forma una especie de código penal, debió de formar parte de alguna colección de leyes. Entre los persas, como entre los otros pueblos orientales, la jurisprudencia estaba íntimamente ligada a la teología; no tendría, pues, nada de particular el que prescripciones legales se encontrasen en un libro sagrado. Es preciso observar, por lo demás, que las penas estipuladas en este capítulo, no son precisamente castigos infligidos a un culpable, sino medios empleados para purificar el alma que ha sido manchada por acciones inmorales.

1. Aquel que no acoge favorablemente la oración del hombre que le implora

2. Es un ladrón de la oración, puesto que la rechaza por la fuerza.

3. Del día y de la noche hace su propiedad o su morada [72].

4. ¡Oh creador! ¿Cuál es el número de tus Mithras y de los de Ahura Mazda? *(Mithra-Darudj, Pecados inspirados por Darudj, enemigo de Mithra.)*

5. Ahura Mazda respondió: «Hay seis, ¡oh santo Zarathustra!

6. El primero, cuando se da su palabra.

7. El segundo, cuando se hacen chocar las manos una contra otra.

8. El tercero se refiere a la recompensa debida a una cabeza de ganado.

9. El cuarto se refiere a la recompensa debida a una
bestia de tiro.

10. El quinto se refiere a la recompensa debida al hombre (que instruye).

11. El sexto se refiere a la recompensa debida a una aldea,

12. A una aldea que da productos abundantes, que es grande y fértil.

13. Se comete el primer Mithra cuando se da su palabra y no se cumple.

14. Se le comete poniendo sin buena fe las manos una en la otra.

15. Se le comete poniendo las manos con intención de engañar.

16. Se le comete prometiendo una recompensa a una cabeza de ganado,

17. Y cuando se la retiene con injusticia.

18. Se la comete prometiendo una recompensa a un animal de tiro,

19. Y cuando se la retiene con injusticia.

20. Se comete prometiendo una recompensa al hombre que instruye,

21. Y cuando se la retiene con injusticia [73].

---

[72] Texto oscurísimo este de los versículos 1 a 3. Los esfuerzos de los intérpretes por aclararlos no han sido hasta ahora, que yo sepa al menos, muy afortunados. Se ha pensado que podía tratarse de sumas prestadas y retenidas indebidamente, o de testimonios de honor que no se podría, sin cometer grave falta, negarse a dar. Según una traducción inglesa de este pasaje, hecho hace ya mucho tiempo por un parsi de Bombay, el sentido sería, que si un hombre contrae una deuda con intención de no pagar, y si dice: "el hombre que me ha prestado esta suma no se acuerda de ella", es un ladrón de marca; tan culpable como el que se apodera de los bienes de otro. Este delito hace que los Drujs (o demonios hembras) sean vueltas fecundas, y el culpable es considerado como tal ya constantemente.

[73] Como se verá, la claridad continúa no distinguiendo a la mayor parte de estos versículos, empezando por el 4.° A menos de hacer sobre cada uno un comentario cuya certeza nada nos garantizaría, pues además de las variaciones que haya podido sufrir el texto primitivo quedando en el que llegó a manos de Anquetil-Duperron, hay que tener en cuenta las dificultades que ofrece la traducción de textos escritos en idiomas ya des-aparecidos y siempre imperfectamente conocidos, y además, la manera de idear, tan distinta de la nuestra, de los hombres que los redactaron hace tantos siglos. Así, por ejemplo, leemos lo de las recompensas ofrecidas (y no cumplidas luego, y que a causa de ello merecen

22. Se la comete cuando se promete una recompensa a las aldeas,
23. Y cuando se la retiene con injusticia.»
24. Creador, ¿cuál será la pena de los que cometen este pecado no manteniendo su palabra?
25. Ahura Mazda respondió: «El castigo será de trescientos castigos [74] o una ofrenda proporcionada a este tiempo que harán los padres del culpable.»

---

castigo) a una cabeza de ganado (indudablemente, no parece que pueda ser otra cosa, carnero, oveja, cabra, etc.), y a una bestia de tiro (o carga: caballo, yegua, mulo, camello, burro, lo que sea), lo que no deja de sorprendernos a menos de darnos cuenta de lo que representaba para los hombres de entonces uno de estos animales, con los que, seguramente, convivían, y que tenían para ellos más valor, muchas veces, que un hijo. Digo esto porque mucho más recientemente, en Arabia (como vemos en el *Corán* donde Mahoma suprimió tan bárbara costumbre), se enterraba vivas, con mucha frecuencia, a las niñas recién nacidas, considerándolas como una carga. En cuanto al valor que se debía conceder, en aquellos tiempos, a los animales domésticos, es una buena prueba lo que era para los hindúes, por ejemplo, una vaca de la que obtenían leche y crías. De no considerarlas punto menos que deidades, ¿hubiera podido concedérseles el respeto y verdadero culto que incluso hoy merecen? De modo que no es extraño que aquellos antiguos persas ofreciesen a sus animales recompensas a cambio de rendimientos superiores en productos (leche, estiércol, lo que fuese y necesitasen más), o en esfuerzo; es decir, exactamente como a aquellos que los instruían. En cuanto a las aldeas, por lo que dice de "a una aldea que da productos abundantes, que es extensa y fértil", sin duda, era por considerarlas, en unión de los campos que las rodeaban, como divinidades, llevados de la manía, hija de la necesidad de protección ante las inevitables calamidades naturales que tantas veces les castigarían, de imaginar dioses por todas partes. Téngase en cuenta, además, que tal vez se estuviese aún en el período religioso de transición, entre el *animismo* y su avance inmediato: el personalizar y deificar todo cuanto amenaza o, por el contrario, favorecía, tanto las fuerzas y fenómenos de la Naturaleza como ciertos animales contra los que no había defensa, o que, por el contrario, tan útiles e indispensables eran para que la vida fuese menos dura. Respecto al versículo 4.º, primero de las dificultades actuales, o bien se le traduce al pie de la letra, como he hecho, exponiéndonos a no entenderle, o se le interpreta, por ejemplo: ¡Oh creador! ¿Cuál es a tu juicio, ¡oh Ahura Mazda!, el horror que Darudj inspira, como enemigo de Mithra (el Sol que desde su altura lo contempla todo), a los hombres tus criaturas? Naturalmente, esto se hubiera entendido un poco mejor, pero, de dar en cada dificultad no el texto tal cual ha llegado a nosotros, sino lo que yo imagino que pudo decir primitivamente, hacer tal cosa, ¿no hubiese equivalido a dar un Vendidad más mío que de Zarathustra o de los magos que le atribuyesen lo que iban inventando?

[74] Estos trescientos castigos hay que entenderlos en el sentido de trescientos años pasados en el Infierno; y luego, cuando se hable de seiscientos, setecientos, etc., lo mismo. Ahora, ¿qué duración tenían para aquellos persas estos años infernales? Tal vez menos que los años solares. O bien había la costumbre de exagerar por

26. Creador, ¿cuál será la pena de aquellos que ponen las manos una en la otra, y faltan luego a lo que se comprometieron?

27. Ahura Mazda respondió:« El castigo será de seiscientos castigos o una ofrenda proporcionada a este tiempo que harán los parientes del culpable.»

28. ¿Cuál será la pena de los que niegan a una cabeza de ganado la recompensa que le es debida?

29. Ahura Mazda respondió: «El castigo será de setecientos castigos o una ofrenda proporcionada a este tiempo que harán los parientes del culpable.»

30. Creador, ¿cuál será la pena de los que niegan a un animal de tiro la recompensa que le es debida?

31. Ahura Mazda respondió: «El castigo será de ochocientos castigos o una ofrenda proporcionada a este tiempo que harán los parientes del culpable.»

32. Creador, ¿cuál será la pena de los que niegan al hombre que enseña la recompensa que le es debida?

33. Ahura Mazda respondió: «El castigo será de novecientos castigos o una ofrenda proporcionada a este tiempo que harán los parientes del culpable.»

34. Creador, ¿cuál será la pena de aquellos que niegan a una aldea la recompensa que la sea debida?

35. Ahura Mazda respondió: «El castigo será de mil castigos o una ofrenda proporcionada a este tiempo que harán los parientes del culpable.»

36. Creador, si alguno engaña con sus palabras,

37. ¿Cuál es su pena? [75].

38. Ahura Mazda respondió: «Trescientos golpes con las correas de piel de caballo y seiscientos con el craosho-charana.»

39. Creador, si alguno pone las manos una en la otra y lo hace de mala fe,

40. ¿Cuál es su pena?

41. Ahura Mazda respondió: «Que le den seiscientos golpes con las correas de piel de caballo, y seiscientos con el craosho-charana.»

---

atemorizar, o, por el contrario, para dar como mérito el vivir mucho; única razón que pudo mover a los redactores del *Antiguo Testamento* para atribuir a los patriarcas (Matusalén al parche) existencias, en duración, tan fuera de lo normal. En cuanto a las ofrendas dadas como rescate de estos años de Infierno, sin duda, podían darlas tanto los padres, si vivían, como los parientes, si aquéllos se habían ido junto a Ahura Mazda, y por eso he puesto ora padres ora parientes.

[75] Su pena en este Mundo, claro está, pues en el otro allí estaba Darudj y quién sabe cuántos compadres infernales más para hacerle arabescos en aquella lengua embustera con la que había engañado a sus compañeros de Planeta. ¡Ah, por qué no leerán esto, y lo creerán, los que ahora aseguran, escapando de la verdad con la velocidad de la luz, por ejemplo, que la vida baja, cuando todos vemos, por el contrario, que sube y sube de tal manera que pronto vamos a tener que ser lanzados en cohetes, como los astronautas, para poder alcanzarla!

42. Creador, si alguno rehúsa a una cabeza de ganado la recompensa que le es debida,

43. ¿Cuál es su pena?

44. Ahura Mazda respondió: «Que le peguen setecientas veces con las correas de piel de caballo, y setecientas veces con el craosho-charana.»

45. Creador, si alguno rehúsa a una bestia de tiro la recompensa que le es debida,

46. ¿Cuál es su pena?

47. Ahura Mazda respondió: «Que le peguen ochocientas veces con las correas de piel de caballo, y ochocientas veces con el craosho-charana.»

48. Creador, si alguien rehúsa al hombre (que le instruye) la recompensa que le es debida,

49. ¿Cuál es su pena?

50. Ahura Mazda respondió: «Que le peguen novecientas veces con las correas de piel de caballo, y novecientas veces con el craosho-charana.»

51. Creador, si alguien rehúsa a una aldea la recompensa que le es debida,

52. ¿Cuál es su pena?

53. Ahura Mazda respondió: «Que le peguen mil veces con las correas de piel de caballo, y mil veces con el craosho-charana.

54. Si alguien se dispone a pegar a un hombre, comete el Agerepta.

55. Si le derriba, comete el Avaoirista.

56. Si la venganza ha excitado su espíritu, comete el Aredus (76).

57. Al quinto de los pecados del Aredus, el hombre cumple su cuerpo» (77).

---

(76) Las tres palabras que emplea el texto para indicar las faltas de que se trata, se pueden traducir por intento o tentativa la primera, por acción la segunda y por mala intención la tercera. El *Avaoirista* es una herida hecha en un momento de cólera pero sin premeditación, mientras que el *Aredus* es un ataque calculado y dispuesto de antemano. Según Anquetil-Duperron, tener el propósito de golpear a alguien con un arma es el *aguerefté;* golpearle y herir, el *euvereshté,* herir de modo que la herida no se haya curado sino al cabo de dos días, es el *aredosch*.

(77) Se ha supuesto que esto significa que cuando un hombre ha cometido cinco veces el mismo pecado, si este pecado es el *aredus,* es decir, un crimen con premeditación, contra otro, ya no está sujeto a ningún castigo corporal; que tales faltas son ya cuestión, en cuanto a su sanción, del alma. Según la tradición huzvaresch, tal culpable incurre en el *tanafur* o *poso-tenvao;* es decir, el cuerpo (queda) más allá; o sea que reincidencia semejante impide pasar el puente *Tchinvat* o Tchinvad que es preciso cruzar para ir a la región venturosa, y que al Infierno cae sin remedio. Claro que si con la esperanza de cosa tan terrible se libraba de los correazos y del craosho-charana, puede que muchos se felicitasen de haber sido animados por el espíritu de venganza puesto que lo otro podría llegar o no llegar. Hay que creer que no todos serían bobos de remate ya entonces. En el *Ramayana* tenemos el ejemplo de un brahmán, un tal Jabali, ateo, es decir, que no creía en aquella caterva de dioses de la mitología hindú. Y luego en Grecia

58. Creador, cuando un hombre ha incurrido en el Agerepta,

59. ¿Cuál es su castigo?

60. Ahura Mazda respondió: «Que le peguen cinco veces con las correas de piel de caballo y cinco veces con el craosho-charana.

61. La segunda vez que le peguen diez veces con las correas de piel de caballo y diez con el craosho-charana.

62. La tercera vez, que le peguen quince veces con las correas de piel de caballo y quince con el craosho-charana.

63. La cuarta vez, que le peguen treinta veces con las correas de piel de caballo y treinta con el craosho-charana.

64. La quinta vez, que le peguen cincuenta veces con las correas de piel de caballo y cincuenta con el craosho-charana.

65. La sexta vez, que le peguen setenta veces con las correas de piel de caballo y setenta con el craosho-charana.

66. La séptima vez, que le peguen noventa veces con las correas de piel de caballo y noventa veces con el craosho-charana.»

67. Si realiza este acto por la octava vez, sin que las faltas anteriores sean expiadas,

68. ¿Cuál es su pena?

69. Ahura Mazda respondió: «Que den a este cuerpo culpable doscientos golpes con las correas de piel de caballo y doscientos con el craosho-charana.»

70. Creador, si un hombre ha incurrido en el Agerepta, y si nada ha expiado,

71. ¿Cuál es su pena?

72. Ahura Mazda respondió: «Que golpeen su cuerpo culpable doscientas veces con las correas de piel de caballo y doscientas con el craosho-charana.»

73. Creador, si un hombre ha cometido el Avaoirista,

74. ¿Cuál es su pena?

75. Ahura Mazda respondió: «Que le golpeen dándole diez golpes con las correas de piel de caballo, diez con el aguijón y quince golpes con el chaosho-charana. La segunda vez quince golpes. La tercera treinta. La cuarta cincuenta. La quinta setenta. Si cae una séptima vez en esta falta, sin haber expiado las precedentes, que golpeen su cuerpo culpable doscientas veces con las correas de piel de caballo, doscientas con el aguijón y doscientas con el craosho-charana.»

76. Creador, si un hombre ha incurrido en el Avaoirista, sin haber expiado nada,

77. ¿Cuál es su pena?

---

no digamos: los espíritus más eminentes primero, y luego todos los poetas cómicos, se reían a desternillarse, de los dioses. ¿Por qué en Persia no sucedería lo mismo, siquiera algunas veces?

78. Ahura Mazda respondió: «Que se golpee su cuerpo culpable doscientas veces con las correas de piel de caballo, y doscientas con el craosho-charana.»

79. Creador, si un hombre ha golpeado a otro cometiendo de este modo el Aredus,

80. ¿Cuál es su pena?

81. Ahura Mazda respondió: «Que le golpeen dándole diez golpes con las correas de piel de caballo, diez golpes con el aguijón y quince golpes con el craosho-charana. La segunda vez quince golpes. La tercera treinta. La cuarta cincuenta. La quinta setenta. Si cae una séptima vez en esta falta, sin haber expiado las precedentes, que se golpee su cuerpo culpable doscientas veces con las correas de piel de caballo, doscientas con el aguijón y doscientas con el craosho-charana.»

82. Creador, si un hombre ha golpeado rudamente a otro por detrás, y si no ha expiado su falta,

83. ¿Cuál es su pena?

84. Ahura Mazda respondió: «Que le golpeen treinta veces con las correas de piel de caballo y treinta con el craosho-charana.

85. La segunda vez, que le golpeen cincuenta veces con las correas de piel de caballo y cincuenta con el craosho-charana.

86. La tercera vez, sesenta golpes y la cuarta noventa. Si comete una quinta vez esta falta, sin haber expiado las precedentes, que se golpee su cuerpo culpable doscientas veces con las correas de piel de caballo, y otras doscientas con el craosho-charana.»

87. Creador, si un hombre que ha golpeado a otro rudamente no se arrepiente de su falta,

88. ¿Cuál es su pena?

89. Ahura Mazda respondió: «Que se golpee su cuerpo culpable doscientas veces con las correas de piel de caballo, y otras doscientas con el craosho-charana.»

90. Creador, si un hombre hace a otro una herida tal que la sangre corra,

91. ¿Cuál es su pena?

92. Ahura Mazda respondió: «Que se golpee su cuerpo culpable cincuenta veces con las correas de piel de caballo y otras cincuenta con el craosho-charana. La segunda vez, que le den setenta golpes. La tercera noventa.»

93. Si comete por cuarta vez esta falta, sin haber expiado las precedentes,

94. ¿Cuál es su pena?

95. Ahura Mazda respondió: «Que golpeen su cuerpo culpable doscientas veces con las correas de piel de caballo y otras doscientas con el craosho-charana.»

96. Creador, si un hombre hace a otro una herida de la cual corra la sangre y si no ha expiado su falta [78],

97. ¿Cuál es su pena?

98. Ahura Mazda respondió: «Que se golpee su cuerpo culpable doscientas veces con las correas de piel de caballo y otras doscientas con el craosho-charana.»

99. Creador, si alguno golpea a otro de tal modo que le rompa un hueso,

100. ¿Cuál es su pena?

101. Ahura Mazda respondió: «Que le golpeen setenta veces con las correas de piel de caballo y otras setenta con el craosho-charana. La segunda vez, que le golpeen noventa veces.»

102. Si comete esta falta una tercera vez, sin haber expiado las precedentes, ¿cuál es su pena?

103. Ahura Mazda respondió: «Que golpeen su cuerpo culpable doscientas veces con las correas de piel de caballo y otras doscientas con el craosho-charana.»

104. Creador, si un hombre ha dado a otro un golpe tal que un hueso de éste ha sido roto, y no expía su falta, ¿cuál debe ser su pena?

105. Ahura Mazda respondió: «Que se golpee su cuerpo culpable doscientas veces con las correas de piel de caballo y otras doscientas con el craosho-charana.»

---

[78] Este insistir una y otra vez sobre la falta de expiación de las faltas, y el hecho de que cuando no ha ocurrido la pena sea cada vez mayor, parece evidenciar que los que cometían una falta-pecado-delito (las tres palabras venían a ser una tratándose de un código político-religioso, puesto que el juez supremo era un dios) tenían, en realidad, dos castigos, el primero expiar su falta resarciendo al perjudicado económicamente, es decir, mediante lo que se estipulase entre ellos como valor del perjuicio causado, que, indudablemente, tenía que pagar ora en ganado, moneda de entonces, ora en prestación de servicios; y en paz con el perjudicado, era cuando, sin duda, venía el quedar en paz con la sociedad, este segundo castigo a modo de ejemplaridad, lo que le obligaba a hacer conocimiento con las correas de piel de caballo y con el craosho-charana, públicamente. Esta necesidad de indemnizar previamente al perjudicado, era regla, y muy justa indudablemente, en todos los códigos antiguos, empezando por el de Ammurabí y terminando por el Corán, donde, así mismo, se ve que hasta el derecho de venganza se podía rescatar poniéndose de acuerdo con la víctima, o con los suyos, si había muerto. Los sistemas penales modernos mantienen, en principio, un criterio semejante, y así se observa que, con frecuencia, los castigos suelen ir acompañados de la obligación de indemnizar a los perjudicados. Ahora bien, para que esto fuese realmente efectivo, sería preciso que las penitenciarías fuesen, al mismo tiempo, escuelas de trabajo. Mantener a los reclusos en la holganza es no solamente inútil sino perjudicial.

106. Creador, si un hombre hace a otro una herida que pone su vida en peligro,

107. ¿Cuál debe ser su pena?

108. Ahura Mazda respondió: «Que se le golpee noventa veces con las correas de piel de caballo, y otras noventa con el craosho-charana.»

109. Si comete esta falta una segunda vez sin haber expiado las precedentes,

110. ¿Cuál debe ser su pena?

111. Ahura Mazda respondió: «Que se golpee su cuerpo culpable doscientas veces con las correas de piel de caballo y otras doscientas con el craosho-charana.»

112. Creador, si aquel que hace a otro una herida capaz de poner su vida en peligro, no expía su falta,

113. ¿Cuál debe ser su pena?

114. Ahura Mazda respondió: «Que se golpee su cuerpo culpable doscientas veces con las correas de piel de caballo y otras doscientas con el craosho-charana [79].

115. Al punto sus acciones quedarán borradas.

116. Es preciso caminar por el camino de la pureza.

117. Según el mandamiento de la pureza.

118. Si hombres vienen aquí, hermanos o amigos, en conformidad con la ley,

119. Deseosos de expiar sus faltas, y de regular lo que afecta a sus bienes o a sus mujeres;

120. Aquel que debe purificar las faltas de un hombre se acercará y recogerá su bien.

121. Tendrá cuidado de su mujer, procurándole los medios de subsistir.

122. Encargará al sacerdote el recitar al manthra-spenta,

---

[79] A partir de aquí hasta el final del fargard, la traducción de los capítulos que constituyen la terminación de este capítulo es, indudablemente, una de las partes más espinosas y difíciles del Vendidad; los eruditos han hecho esfuerzos indecibles para poder dar una traducción inteligible, pues en realidad el texto está compuesto de fragmentos que tienen muy poco que ver unos con otros. Sin duda, los primeros copistas alteraron el texto, lo que hace que hoy no se tengan sino conocimientos muy imperfectos de temas tan deshilachados y oscuros. Parece que este pasaje se refería a la expiación de los pecados mediante la lectura del Avesta, pero casi hay que contentarse con suponer esto. En todo caso esto tendría valor en cuanto a los simples pecados, no en cuanto a los delitos, como bien lo demuestran los versículos 143 y siguientes, en los cuales se exige a los delincuentes algo muy distinto que oraciones; es decir, que paguen no con los labios sino con su cuerpo. En fin, lo que si se comprueba inmediatamente, demostrando todo lo anterior, es que ya el versículo 115 nada tiene que ver con los que le preceden.

123. Durante la primera y la segunda parte del día, y durante la primera y la segunda parte de la noche [80].

124. Para el desarrollo de la inteligencia que se aleja de la pureza,

125. Por la pureza y la oración para el desarrollo de la inteligencia con objeto de que en ella permanezca constantemente,

126. Hasta el medio del día y de la noche, sin dormirse ni de día ni de noche.

127. Hasta que hayan pronunciado todas las palabras que han pronunciado los antiguos Herbeds [81],

128. Que han hecho con agua hirviendo para los hombres, ¡oh Zarathustra!

129. No digas que es preciso no darle de comer ni vestidos.

130. En lo que concierne al hombre casado, yo le nombro, ¡oh santo Zarathustra!

131. Antes que aquel que no está casado.

132. Aquel que mantiene una casa antes que aquel que no la tiene, el padre de familia antes que el hombre que no tiene hijos,

133. El rico antes que el pobre.

134. Aquel que favorece la multiplicación del ganado es, entre todos los hombres, el que más combate a Vohumano; está por encima de aquel que no presta un servicio semejante.

135. Una vez muerto,

136. Tiene el valor de un Acperena, de una pequeña cabeza de animal de ganado, del valor de una bestia de tiro, del valor de un hombre.

137. Pues este hombre combate al Asto-vidhotus [82].

138. Combate contra el Ishus Rathakhto.

139. Combate contra Zemaka (el demonio del Infierno) y le arrebata un vestido [83].

140. Combate contra el cerebro del hombre malo.

141. Combate contra Ashemaogho, el impuro, que no ha comido [84].

---

[80] Es decir, al levantarse el Sol, a mediodía, al ponerse el Sol y a media noche.

[81] El Herbed era, y seguramente sigue siendo, un miembro del último orden de la jerarquía de los parsis. Anquetil traduce esto del siguiente modo: "En primer lugar el Herbed recita (mi palabra) sobre el hombre muerto, [oh Zarathustra!, con rapidez semejante a la del agua que corre."

[82] O Astuiad, el dev, el demonio de la muerte. Demonio encargado de llevarse las almas y de cerrar la boca de los moribundos. Sobre él se vuelve a hablar en el versículo 26 del fargard V.

[83] Anquetil-Duperron hace comprender el sentido de este versículo traduciendo lo siguiente: "Golpeará al invierno, y el hombre no tendrá necesidad de cubrirse con tantos vestidos."

[84] O bien: "Golpeará al impuro Ashemaogho (y este demonio quedará debilitado como un hombre) que no ha comido."

142. Cuando ha emprendido esta acción por primera vez, no por segunda vez.

143. Si los hombres que habitan el Mundo de los seres dotados de cuerpo no se conducen según la ley,

144. Que les corten el cuerpo con un cuchillo de hierro,

145. Que les corten el cuerpo de abajo arriba.

146. Si los hombres que habitan el Mundo de los seres dotados de cuerpo no se conducen según la ley,

147. Que les aten el cuerpo con cadenas de hierro,

148. Que les aten de abajo arriba.

149. Si los hombres que habitan el Mundo de los seres dotados de cuerpo no se conducen según la ley,

150. Cada uno de ellos precipita sin quererlo a cien hombres en el Infierno,

151. A causa de sus relaciones con los habitantes de este Mundo de los seres dotados de cuerpo.

152. Si los hombres que habitan el Mundo de los seres dotados de cuerpo no se conducen según le ley,

153. Cada uno de ellos comete, sin saberlo, un gran pecado.

154. Si los hombres que habitan el Mundo de los seres dotados de cuerpo no se conducen según la ley,

155. Es como si cada uno de ellos entrase fraudulentamente y sabiendo lo que hacía en el agua amarilla hirviendo, y que cometiese también el pecado contra Mithra» [85].

156. Creador, si un hombre entra fraudulentamente en el agua amarilla hirviendo como si dijese la verdad, pero engañando a Mithra,

157. ¿Cuál debe ser su pena?

158. Ahura Mazda respondió: «Que le den siete golpes con la correa de piel de caballo y otros siete con el craosho-charana.»

QUINTO FARGARD

Este capítulo entra al fin en la cuestión principal de que se ocupa el Vendidad: la mancha ocasionada por los cuerpos muertos, y los medios de librarse de ella. Empieza por ofrecer indicación de las diversas eventualidades que no hacen incurrir en manchas que causan impureza bien que hubiese

---

[85] Es muy difícil dar un sentido satisfactorio a este pasaje que es sumamente oscuro. M. Spiegel, uno de los buenos traductores y comentaristas del Vendidad, pensaba que podría ser cuestión de una especie de ordalía o juicio de Dios. Anquetil-Duperron traduce: "Aquel que promete hacer correr (sobre mi Tierra) el agua brillante y fecunda de un río, y que miente a lo que ha prometido con conocimiento de causa, como el Mithra-Darudj."

derecho a suponer lo contrario. El que escribió el capítulo explica al punto que el fuego y el agua no matan a nadie; no hacen sino atraer hacia ellos las partes que pertenecen a Ahura Mazda. (Evidentemente, con palabras al menos, todo se puede afirmar e incluso sostener y demostrar, muy particularmente si no hay derecho a decir lo contrario, como ocurre treinta siglos después de haber sido escrito lo anterior, allí donde no tienen derecho a hablar sino los Ahura Mazda directores de orquesta. Cuando a teólogos posteriores a estos que redactan el Vendidad se les hizo observar, a ellos que aseguraban que su Ahura Mazda era un Dios esencialmente bueno y padre de los hombres, criaturas suyas, que cómo entonces permitía que el dolor llenase el Mundo y que las primeras víctimas de él fuesen estas criaturas, se apresuraron a responder que nada santificaba tanto como el dolor, y que si precisamente el Ahura Mazda que ellos defendían hacía sufrir a los hombres, era para luego recompensarlos en proporción a estos sufrimientos. Como, por fortuna para ellos, en sus manos estaba entonces la primera manifestación del Infierno aquí, en la Tierra, los antros donde en nombre de su Ahura Mazda se atormentaba a los que se suponía que dudaban de su misericordia, no hubo medio de saber si lo que decían lo creían ellos mismos de verdad. Aquí ahora y respecto a la afirmación peregrina de que «agua y fuego no matan a nadie», hubiera habido que preguntar a los parientes y deudos de los ahogados y de los perecidos, por ejemplo, en el incendio de su casa o de un bosque. Pero sigamos, tanto más cuanto que estas cuestiones y otras semejantes no hay medio ya de resolverlas.) Al punto trata este capítulo de la conducta a seguir con los cuerpos muertos, en verano y en invierno (ver 3549); de la purificación del agua que ha pasado por un cadáver (ver 50-64); cuestión relativa al mucho valor del Vendidad (ver 65-82); sobre la mancha que resulta de la muerte de un ser humano o de un animal, para las personas que vivían con él (ver 83-122); sobre lo que hay que hacer con el fuego en caso de muerte (ver 123-135); cómo hay que obrar a propósito de las mujeres que traen al Mundo un niño muerto, y respecto de las paridas (ver 136-160); en fin, sobre el uso de los vestidos llegados a ser impuros (ver 161-178). Capítulo muy interesante y que daría mucho que pensar a los que lo redactaron, puesto que estando la muerte tan próxima a la vida y siendo incluso su fin natural, nada más expuesto que establecer entre ambos estados un antagonismo de tal modo radical. Si de pronto hubiera caído por allí alguno de los que más tarde sostendrían que morir no era morir, sino por el contrario, empezar a vivir, ¿cuántos golpes con correas de piel de caballo y con el craosho-charana hubieran sido aplicados sobre sus costillas?

1. Un hombre muere en los precipicios del valle.
2. Los pájaros bajando desde las cimas de las montañas acuden a los precipicios del valle.
3. Se lanzan sobre el cuerpo del muerto y le deshacen.

4. Los pájaros vuelven a volar al punto desde los precipicios del valle a las cimas de las montañas.

5. Se encaraman a un árbol, ora flexible, ora resistente.

6. Le manchan con su saliva y con sus excrementos; arrojan sobre él pedazos del cadáver.

7. Un hombre sube desde los precipicios del valle hacia las cimas de las montañas.

8. Se acerca al árbol donde está aquel pájaro: quiere madera para encender fuego.

9. Golpea el árbol, le hiende, le abate, le quema.

10. ¿Cuál es su pena?

11. Ahura Mazda respondió: «Ningún cadáver que es llevado por los perros, las aves, los lobos, los vientos o las moscas, mancha a un hombre.

12. Si los cadáveres llevados por los perros, las aves, los lobos, los vientos y las moscas volviesen a los hombres impuros,

13. Todos los objetos que hay en el Mundo dotado de cuerpo, gozarían de muy poca pureza; serían culpables del Khraodjat-Urva y del Pesho-Tanus [86],

14. A causa de la multitud de cadáveres de los que mueren en esta Tierra.»

15. Creador, un hombre extiende agua sobre un campo de trigo;

16. El agua corre sobre aquel campo una segunda, una tercera vez;

17. Luego de la cuarta vez, el perro, la pantera y el lobo traen un cadáver a aquel campo.

18. ¿Cuál es la pena?

19. Ahura Mazda respondió: «Ningún cadáver que es llevado por los perros, las aves, los lobos, los vientos o las moscas, mancha a un hombre.

20. Si los cadáveres llevados por los perros, las aves, los lobos, los vientos y las moscas volviesen a los hombres impuros,

21. Todos los objetos que hay en el Mundo dotado de cuerpo gozarían de muy poca pureza; serían culpables del Khraodjat-Urva y del Pesho-Tanus,

22. A causa de la multitud de cadáveres y de los que mueren en esta Tierra.»

23. Creador, cuando el agua golpea (envuelve) a un hombre (le mata)?

24. Ahura Mazda respondió: «el agua no golpea a un hombre,

25. Sino que he aquí lo que ocurre a propósito de esto:

26. Asto Vidhotus [87] le ata (inmoviliza); las aves se le llevan una vez atado.

---

[86] Hay que explicar estas dos palabras. El pesho-tanus o tanafur es el nombre de las faltas graves que pueden cometer los mazdayasnas, y que arrastran castigos severos; el Khraodjat-Urva o dureza de corazón, es aún una falta más criminal.

[87] Ya hemos encontrado en el fargard precedente el nombre Astovidhotu. Es el Asta vahat o Astahvat de la mitología de los parsis. Es representado como defensor de la causa de Agra-Mainyús (o mal principio), en el juicio al cual son

27. El agua le lleva (por su parte de un lado para otro), hacia adelante, hacia atrás, el agua (le empapa), le lava.

28. Las aves le devoran.

29. De este modo la casualidad le lleva hacia adelante y hacia atrás (de un lado para otro).»

30. Creador, cuando el fuego toca a un hombre, ¿le mata?

31. Ahura Mazda respondió: «El fuego no toca (mata) a ningún hombre.

32. Asto-Vidhotus le ata; los pájaros se llevan a aquel que ha sido atado.

33. El fuego consume sus huesos y su fuerza vital.

34. Llega, por casualidad, por delante y por detrás.»

35. Creador, cuando el verano ha pasado, cuando el invierno es venido,

36. ¿Cómo los mazdayanas deben conducirse?

37. Ahura Mazda respondió: «En cada casa, en cada aldea, deben levantar tres Katás para aquel que ha muerto.»

38. Creador, ¿cómo deben ser construidos estos Katás para los muertos?

39. Ahura Mazda respondió: «No deben tocar la cabeza (que será) colocada en posición levantada.

40. No deben levantarse (tampoco) por encima de las manos y de los pies.

41. Tal debe ser el Katá que la ley prescribe para un cuerpo muerto.

42. Deben colocar en él durante dos noches el cuerpo privado de vida, durante tres noches o durante un mes,

43. Hasta que las aves escapen volando (tras haberle descarnado), que los árboles les hayan crecido,

44. Que los seres perniciosos (los Daevas, demonios) se alejen, y el viento seque la tierra.

45. Cuando las aves se alejan volando, los árboles han crecido (un poco), los seres perniciosos se han marchado y el viento ha secado la tierra,

46. Entonces es cuando los mazdayasnas deben exponer cada cuerpo al Sol.

47. Cuando estos mazdayasnas no exponen cada cuerpo al Sol,

48. Entonces escribe esta pena para todo cuanto dure un año, como ya ha sido escrita a propósito de la muerte de un hombre puro,

49. Hasta que el cadáver ser purificado, la impureza borrada, y las aves hayan devorado el cadáver.»

50. Creador, tú que eres Ahura Mazda, ¿haces bajar el agua

51. Del mar de Vuru Kasha [88] con el viento y las nubes?

---

sometidas las almas que tienen que pasar por el puente Tchinvat. El nombre Asto-vidhotus significa "el que tritura los huesos".

[88] Lago o río Vurokesché, como escribe Anquetil. Se supone que se trata del lago Erivan, en Armenia, pero sin seguridad alguna. Vuelvo a repetir que estamos en el reino de las conjeturas.

52. ¿La llevas al cadáver, tú que eres Ahura Mazda? ¿La llevas a la impureza, tú que eres Ahura Mazda? ¿La extiendes sobre los huesos, tú que eres Ahura Mazda?

53. ¿Traes tú estas cosas al mar de Puitiká? (89).

54. Ahura Mazda respondió: «Ocurre tal cual tú dices, ¡oh Zarathustra!, tú que eres puro.

55. Yo hago, yo que soy Ahura Mazda, descender el agua del mar de Vuru-Kasha con el viento y las nubes.

56. Yo la llevo al cadáver, yo que soy Ahura Mazda; yo la llevo a la impureza, yo que soy Ahura Mazda; yo la extiendo sobre los huesos, yo que soy Ahura Mazda.

57. Yo llevo estas cosas al mar de Puitika; se vuelven ardientes en medio del mar.

58. Las aguas purificadas corren desde el mar de Puitika al mar de Vuru-Kasha,

59. Hasta el árbol Hvapa.

60. Mis árboles de todas clases crecen entonces.

61. Yo hago estas aguas en forma de lluvia, yo que soy Ahura Mazda.

62. Como alimento para el hombre puro, como forraje para la vaca de buena raza.

63. El hombre puede comer los frutos de la cosecha; el forraje es para la vaca.

64. Esto es lo que es bueno; esto es lo hermoso, como tú dices, tú que eres puro.»

65. El puro Ahura Mazda alegró con estas palabras al puro Zarathustra.

66. «La pureza es, luego del nacimiento, lo mejor que hay para el hombre (90).

67. Posee la pureza, ¡oh Zarathustra!, y observa la ley mazdayánica,

68. Aquel que se conserve puro en pensamientos, palabras y acciones dignas de alabanza.»

69. Creador, ¿en qué consiste la grandeza, la bondad y la hermosura en virtud de las cuales esta ley, que ha sido dada contra los Daevas, sobrepuja a todas las demás palabras, por grandes, buenas y hermosas que puedan ser?

---

(89) Se ha pensado que pudiera tratarse del Fase, pero, una vez más, se trata de una simple conjetura.

(90) Idea o creencia enteramente contraria a la de la mitología griega en donde oímos, varias veces, decir que la mayor desgracia para el hombre es nacer y, lo mejor que le puede ocurrir, de tener esta desgracia, es morir cuanto antes. El haber sido denominado por otros, el Mundo, como "valle de lágrimas", además de ser verdad en términos generales, para demostrar que los que tal dijeron pensaban algo semejante, y no que el nacer, como afirma aquí Ahura Mazda, fuese lo mejor para el hombre.

70. Ahura Mazda respondió: «¡Oh santo Zarathustra!, esta ley dada contra los Daevas sobrepuja en grandeza, en bondad y en hermosura, a todas las demás palabras,

71. Como el mar de Vuru-Kasha sobrepuja a todas las demás aguas,

72. Como las grandes corrientes de agua absorben a las pequeñas,

73. Como los grandes árboles cubren a los pequeños,

74. Como el cielo rodea a esta Tierra.

75. Ha sido dicho por el Ratu, ha sido dicho por el Craoshavareza [91].

76. Que aquel que ha pecado la recite, y si no toma como obligación el hacer recitar (el Vendidad) que se le abandone.

77. Si no quiere dar (con este objeto) lo que ha sido prescrito, que no se le dé nada de comer.

78. Si no encarga al Ratu (el sacerdote) que lo haga, que nadie se cuide de él.

79. El Ratu tiene el poder de castigarle tres veces.

80. Si ha cometido otras acciones culpables,

81. La pena queda de este modo remitida.

82. Si no ha cometido otras acciones culpables, son remitidas para siempre.»

83. Creador, si varios hombres están juntos en la misma casa, en la misma habitación o sobre la misma estera,

84. Junto a uno otros dos,

85. O cinco, o cincuenta, o ciento con las mujeres;

86. Si uno de estos hombres muere, ¿sobre cuántos de estos hombres cae el Drukhs-Nasus, con las cosas impuras, la corrupción y la putrefacción (en la que cae el cadáver)?

87. Ahura Mazda respondió: «Si hay un sacerdote, el Drukhs-Nasus corre hasta en medio de esos personajes (los presentes).

88. Si se posa sobre el undécimo, mancha al décimo [92].

89. Si hay un guerrero, el Drukhs-Nasus corre hasta en medio de estos personajes, ¡oh santo Zarathustra!

90. Si se posa sobre el décimo, mancha al noveno.

91. Si hay un cultivador, el Drukhs-Nasus corre hasta en medio de estos personajes, ¡oh santo Zarathustra!

92. Si se posa sobre el noveno, mancha al octavo.

---

[91] Ratu, Rotvi o Raspi, nombre que sirve para designar el ministerio del sacerdote parsi que oficia. El Craoshavareza es también un sacerdote, pero no se sabe con exactitud cuáles eran sus funciones.

[92] Si las materias pútridas que salen de un cadáver tocan a un hombre, el que está cerca de él se volverá impuro. Los parsis distinguen dos clases de impureza: la primera es la que produce el tocamiento de un ser impuro por sí mismo; se llega a ser entonces manchado *(hamrid); la* segunda clase es la que es comunicada por una persona que ha llegado a ser *hamrid*.

93. Si hay un perro de ganado, este Drukhs-Nasus corre hasta en medio de estos personajes, ¡oh santo Zarathustra!

94. Si se posa sobre el octavo, mancha al séptimo.

95. Si hay un perro que pertenece a una aldea, este Drukhs-Nasus corre hasta en medio de estos personajes, ¡oh santo Zarathustra!

96. Si se posa sobre el séptimo, mancha al sexto.

97. Si hay un perro que vaya tras la pista de la sangre (de caza), este Dukhs-Nasus corre hasta el centro de estos personajes, ¡oh santo Zarathustra!

98. Si se posa sobre el sexto, mancha al quinto.

99. Si hay un perro joven, ese Drukhs-Nasis corre hasta el centro de estos personajes, ¡oh santo Zarathustra!

100. Si se posa sobre el quinto, mancha al cuarto.

101. Si hay un perro que todavía no vea, ese Drukhs-Nasus corre hasta en medio de estos personajes, ¡oh santo Zarathustra!

102. Si se posa sobre el cuarto, mancha al tercero.

103. Si hay un perro que acaba de nacer, este Drukhs-Nasus corre hasta en medio de esos personajes, ¡oh santo Zarathustra!

104. Si se posa sobre el tercero, mancha al segundo.

105. Si hay un perro que acaba precisamente de recibir la vida, este Drukhs-Nasus corre hasta en medio de esos personajes, ¡oh santo Zarathustra!

106. Si se posa sobre el segundo, mancha al primero.

107. Si hay un perro que aún no tiene vida, este Drukhs-Nasus corre hasta en medio de estos personajes, ¡oh santo Zarathustra!

108. Si se posa sobre el primero, mancha al primero.»

109. Creador, allí donde hay un perro Urupis [93],

110. ¿A cuántas criaturas de Spenta-Mainyús mancha inmediatamente este perro Urupis y las mancha mediatamente?

111. Ahura-Mazda respondió: «Este perro Urupis no mancha a las criaturas de Spenta-Mainyús ni mediatamente ni inmediatamente,

112. Excepto a aquel que le pega o le mata,

113. A éste queda unido para siempre.»

114. Creador, cuando hay en medio (de hombres) una serpiente con dos patas llena de malicia, muy perjudicial e impura [94],

---

[93] Urupis o Uropesch. Anquetil-Duperron cree que se trata de una especie de zorro. ¿No sería más bien un perro lobo?

[94] Anquetil supone, con razón, que se trata aquí de la serpiente infernal Asetmugh. De haber dicho serpiente con cuatro patas, se hubiera podido pensar en un lagarto; tanto más cuanto que, inmediatamente, se habla de estos animales, que puede que entonces fuesen considerados peligrosos y venenosos incluso, como aún hoy la ignorancia achaca lo mismo a los sapos, por ejemplo, y se sigue

115. ¿A cuantas criaturas de Spenta Mainyús mancha directamente y a cuantas indirectamente? [95].

116. Ahura-Mazda respondió: «Así como un lagarto cuya rapidez ha sido desecada y que ha muerto hace un año,

117. Mancha cuando está vivo,

118. Mancha indirectamente a las criaturas de Ahura-Mazda,

119. Y las mancha directamente.

120. Vivo mancha el agua; vivo apaga el fuego; vivo conduce al ganado por el mal camino; vivo golpea al hombre mediante un golpe que perjudica a la fuerza vital y al conocimiento [96].

---

persiguiendo bárbaramente a muchos animales a los que, por el contrario, deberíamos respetar y proteger.

[95] Para comprender esto, hay que tener en cuenta que, según las creencias de los parsis, cuando Agra-Mainyús (el principio malo) o uno de sus demonios mata a una criatura pura, constituye para él una victoria puesto que se apodera de un cadáver y disminuye el número de hombres puros que hay en la Tierra. Cuanto más elevada era la jerarquía del muerto y mayor su importancia, más grande era la mancha. En cambio, la muerte de una criatura de Agra-Mainyús no mancha, puesto que esta muerte es un triunfo para Ahura Mazda, es decir, para el buen principio. ¡Y cosas tan inocentes (no quiero emplear otro calificativo) como éstas y otras muchas que vamos viendo, constituyeron, durante siglos, la religión de muchos millones de hombres, y aún hoy de varios miles de ellos, modelos, por otra parte, de honradez, laboriosidad y filantropía, como son la mayor parte de los parsis de la India! Nunca acabaremos de asombrarnos de lo que es capaz, en bueno y en malo, en razonable y en estúpido, en soberanamente grande y en ínfimo y abyecto, el cerebro humano.

[96] Leyendo todo esto, y como se vuelve a hablar inmediatamente de "reptiles de dos patas", se acaba por pensar si, en efecto, había entonces una variedad de lagartos con sólo dos extremidades, descendientes muy disminuidos y venidos a menos, de aquellos dimetrodontes gigans, lagartos carnívoros enormes, de tres metros de largo, tan abundantes en los Estados Unidos en la era primaria, es decir, hace 250 millones de años; o, mucho más cerca de nosotros, bien que aún a 90 millones de años, los extraños triceratops, bestias enormes de siete metros protegidas por un tremendo caparazón defensivo. En todo caso, si hoy no creo que haya lagartos con sólo dos patas, sí los hay que, en vez de cuatro tan sólo tienen cuatro muñones, e incluso que no tienen ninguna, como el lagarto llamado cecilia o luzón (orvet, en francés). Los ictiosauros o peces lagartos de la era secundaria (hace 150 millones de años) no tenían como patas sino aletas como las ballenas; sin contar que, poco más o menos por la misma época, los pájaros nacieron de pequeños reptiles bípedos no especializados, de modo análogo a los pequeños mamíferos. En todo caso una cosa es evidente hubiese o no lagartos de dos patas: que había mamíferos en la Persia de entonces también con dos patas, capaces de creer que reptiles de tan sólo dos extremidades, eran capaces de hacer lo que leemos en el versículo 120, ¡y que aún hoy bípedos humanos semejantes son

121. Este reptil de dos patas, tan perjudicial y tan impuro, es no menos pernicioso cuando está vivo, ¡oh santo Zarathustra!

122. Vivo aleja del hombre puro alimentos, espigas, árboles (hasta) el hierro; una vez muerto no ocurre lo mismo.»

123. Creador, llevamos, ¡oh puro Ahura-Mazda! a las habitaciones que tenemos en este Mundo dotado de cuerpo, el fuego, el baresma, la taza, el haoma y el mortero.

124. Si luego, en esta mansión, un perro o un hombre llega a morir,

125. ¿Cómo los mazdayasnas (que en ella viven) deben conducirse?

126. Ahura-Mazda respondió: «Deben, ¡oh santo Zarathustra! sacar fuera de esta mansión el fuego, el baresma, la taza, el haoma y el mortero.

127. Deben también sacar el muerto afuera,

128. Lo mismo que un hombre debe, según la ley, ser llevado luego de su muerte y consumido.»

129. Creador, ¿cómo los mazdayasnas deben traer el fuego a la morada en que este hombre ha muerto?

130. Ahura-Mazda respondió: «Estos mazdayasnas deben esperar durante nueve noches, si se está en invierno, y durante un mes, si se está en verano.

131. Estos mazdayasnas pueden, al punto, traer el fuego a la morada en que tal hombre ha muerto.»

132. Creador, si estos mazdayasnas traen el fuego a la casa en que el hombre ha muerto,

133. Antes que hayan transcurrido nueve días, antes que un mes haya pasado,

134. ¿Cuál es la pena?

135. Ahura Mazda respondió: «Que se golpee a este cuerpo culpable doscientas veces con las correas de piel de caballo, y otras doscientas con el craosho-charana.»

136. Creador, si en esta casa de los mazdayasnas una mujer queda encinta,

137. Luego de un mes, dos meses, tres, cuatro, cinco, seis, siete, ocho, nueve o diez meses,

138. Y esta mujer trae al Mundo no un niño, sino una cosa privada de vida,

139. ¿Cómo estos mazdayasnas deben conducirse?

140. Ahura-Mazda respondió: «Deben llevar a esta mujer al sitio que sea más puro en aquella mansión mazdayánica,

141. Al sitio más seco,

142. Que sirva menos de camino al ganado y a las bestias de carga,

143. Y el fuego de Ahura-Mazda, el Baresma que es reunido en la santidad, y el hombre puro.»

---

capaces de creer muchas cosas no más reales y verdaderas que éstas, de esto no hay duda puesto que convivimos con ellos!

144. Creador, ¿a qué distancia del fuego, a qué distancia del agua, a qué distancia del Baresma que está unido con ellos, a qué distancia del hombre puro?

145. Ahura-Mazda respondió: «A treinta pasos del fuego, a treinta pasos del agua, a treinta pasos del Baresma, a tres pasos del hombre puro.

146. Estos mazdayasnas deben trazar un recinto sobre esta tierra.

147. Deben traer a él a esta mujer, con alimentos y vestidos.»

148. Creador, ¿cuáles son los alimentos que primeramente debe comer esta mujer?

149. Ahura-Mazda respondió: «Ceniza con orina de vaca;

150. Tres gotas, seis o nueve.

151. De este modo expulsa a los Dakhmas que están en el interior de las mujeres fecundas.

152. Que acuda en seguida a la dulce leche de las yeguas, de las vacas, de las ovejas y de las cabras,

153. A frutos pequeños y gruesos,

154. A la carne preparada sin agua, al trigo candeal puro sin agua y al vino sin agua.»

155. Creador, ¿cuánto tiempo las mujeres paridas deben esperar antes de hacer uso de la carne, del trigo candeal y del vino?

156. Ahura-Mazda respondió: «Deben esperar tres noches; hay que esperar tres noches antes que hagan uso de carne, trigo y vino.

157. Pasadas tres noches, que la parida se lave el cuerpo desnudo con orina de vaca y agua, al punto quedará pura.»

158. Creador, ¿cuánto tiempo pasadas estas tres noches las paridas deben esperar, cuánto hace falta esperar hasta que queden purificadas en lo que afecta a su casa, a sus alimentos y a sus vestidos, y puedan reunirse con las otras mazdayasnas?

159. Ahura-Mazda respondió: «Deben esperar nueve noches; es preciso esperar nueve noches tras las tres noches, para que queden purificadas respecto a su morada, sus alimentos y sus vestidos, y puedan reunirse con las otras mazdayasnas.

160. Pasadas nueve noches, pueden lavarse con orina de vaca y agua, con el cuerpo desnudo; entonces quedan puras.»

161. Creador, ¿cuándo estos vestidos tras la purificación y el lavado, quedan de nuevo (entera y totalmente) purificados,

162. Por el Zaota, por el Havanán, por el Atarevaksha, por el Frabereta, por el Abereta, por el Asnate, por el Aaeth-viskara, por el Craoshavareza [97], por el sacerdote, por el guerrero, por el cultivador?

---

[97] Estos diversos nombres designan a los sacerdotes parsis en el ejercicio de sus funciones: Zaota, aquel que tiene el zur (objeto consagrado, por ejemplo, leche, agua, carne, granos, etcétera). Havanán, el que lleva el Haván (especie de sable).

163. Ahura-Mazda respondió: «Estos vestidos no son purificados de nuevo tras la purificación y el lavado,

164. Por el Zaota, por el Havanán, por el Atarevaksha, por el Frabereta, por el Aberet, por el Asnata, por el Raethviskara, por el Craoshavareza, por el sacerdote, por el guerrero, por el cultivador.

165. Cuando, en esta casa de los mazdayasnas, una mujer es afligida por la menstruación,

166. O cuando su fruto ha sido golpeado (herido), o la casa es manchada por una herida,

167. Cuando esta mujer (según costumbre) en un lugar apartado, que coja sus vestidos.

168. Y teniéndolos en sus manos, y prodigando alabanzas (a Ahura-Mazda), los use,

169. Pues Ahura-Mazda no quiere que otras personas empleen los menores fragmentos de vestidos,

170. Ni siquiera de la longitud de un hilo, ni siquiera de la longitud del que

171. Proviene (de una madeja) devanada mediante una rueda

172. Si esas mazdayasnas ponen una parcela de estos vestidos sobre un muerto,

173. Aunque no tuviese sino la longitud y el grosor de un hilo,

174. El hombre no sería ya puro en toda su vida, y luego de su muerte no tendría parte en el Paraíso,

175. Sino que iría al lugar destinado para los malos,

176. Lugar que viene de las tinieblas

177. Y donde las tinieblas más espesas se extienden.

178. Sois vosotros quienes hacéis *este lugar, vosotros que* sois malos; a causa de vuestras acciones y de vuestras leyes, caéis en la mansión más desolada.»

Aterevaksha, el que prepara el fuego. Frabereta, el que lleva los diversos objetos necesarios para la ceremonia. Aberet, el que lleva el agua. Asnata, el que dirige las abluciones. Raethviskara, el que expía las impurezas. El Craoshavareza el que tal vez determina las penas. El sentido de este pasaje es que ni los sacerdotes ni los personajes enumerados en este versículo pueden llevar o tocar los vestidos de la mujer impura, ni siquiera luego de haber sido lavados.

SEXTO FARGARD

Este fargad es la continuación de lo empezado en el capítulo anterior, a propósito de la mancha que ocasionan los cadáveres. Trata de la conducta a seguir con la tierra sobre la cual ha sido encontrado un cuerpo muerto (ver 1 a 15); de las penas en que incurren los que manchan a propósito un trozo de tierra echando o poniendo sobre él un cuerpo muerto (ver 16 a 51); sobre lo que hay que hacer cuando se encuentra o se ve un cadáver que arrastran las aguas (ver 52 a 63); acerca de la purificación del agua que ha sido manchada por el cadáver (ver 64 a 82), y del Haoma vuelto impuro (ver 83 a 90). Los versículos del 91 al 106 que termina el capítulo, están dedicados a indicar lo que es preciso hacer con los cuerpos muertos. Si aquí, en Persia, al grupo de magos que completaron, si es que existió, la obra de Zarathustra, y en otras partes los levitas o sacerdotes de todas clases, brahmanes u otros que a su vez crearon patriarcas y profetas para con su supuesta autoridad consolidar los preceptos jurídico-religiosos que a su juicio convenía imponer, se les ocurre en vez de considerar impuros los cadáveres y dejarlos a la voracidad de las aves comedoras de carroña, quemarlos, como en la India, o darles tierra en campos que llamaron santos no obstante albergar, sin duda alguna, un tanto por ciento muy considerable de cuerpos que en vida correspondieron a forajidos, asesinos, vagos, desvergonzados, taimados y bribones; si en vez de todo ello se les ocurre, como decía, asegurar que Ahura Mazda, Brahma, Siva, Vichnú, Yahvé o el Dios que más les pluguiese quería que los muertos fuesen colocados bajo tierra cuatro palmos al pie de un frutal, hubiera habido en la Tierra, hace siglos, vergeles tan buenos por lo menos como los que más tarde ofrecería Mahoma a los que creyesen que no había otro Dios que Alá, y que él era su profeta.

1. ¿Cuánto tiempo hay que dejar sin cultivar la tierra sobre la cual mueren perros u hombres?

2. Ahura-Mazda respondió: «La tierra sobre la cual mueren perros u hombres debe permanecer un año sin ser cultivada, ¡oh santo Zarathustra!

3. Los mazdayasnas no deben, antes que un año haya transcurrido, trabajar la tierra sobre la cual perros u hombres mueren, ni echar agua sobre ella.

4. Pueden, si tal es de su agrado, cultivar las otras tierras y regarlas.

5. Si los mazdayasnas, antes que haya transcurrido un año, trabajan la tierra sobre la cual hayan muerto hombres o perros, o echen agua sobre ella,

6. Cometen el pecado de enterrar a los muertos junto al agua, la tierra y los árboles.»

7. Creador, cuando los mazdayasnas cultivan la tierra sobre la cual han muerto hombres o perros, antes que un año haya transcurrido, o cuando echan agua en ella,

8. ¿Cuál es la pena?

9. Ahura-Mazda respondió: «Que golpeen a este cuerpo culpable doscientas veces con las correas de piel de caballo, y otras doscientas veces con el craosho-charana.»

10. Creador, si los mazdayasnas quieren horadar arroyos, con objeto de regar la tierra para los cultivos,

11. ¿Cómo deben hacer?

12. Ahura-Mazda respondió: «Los mazdayasnas deben examinar bien la tierra, con objeto de ver si no encuentran en ella cabellos, uñas, cosas impuras y sangre aún fluida.»

13. Creador, si no examinan la tierra con objeto de ver si hay en ella cabellos, uñas, cosas impuras y sangre aún fluida,

14. ¿Cuál es la pena?

15. Ahura-Mazda respondió: «Que golpeen su cuerpo culpable doscientas veces con las correas de piel de caballo y otras doscientas con el craosho-charana.»

16. Creador, si al arrojar sobre la tierra un hueso de perro muerto o de un hombre muerto, aunque no fuese más grueso que la falange superior del dedo meñique,

17. Saliese de él grasa o medula,

18. ¿Cuál es la pena?

19. Ahura-Mazda respondió: «Que le den treinta golpes con la correa de piel de caballo y otros treinta con el craosho-charana.»

20. Creador, si alguien tira a la tierra un hueso de perro muerto o de hombre muerto,

21. Tan grueso como la falange superior del dedo de en medio (corazón),

22. Y sale de él grasa o medula,

23. ¿Cuál es la pena?

24. Ahura-Mazda respondió: «Que le golpeen cincuenta veces con las correas de piel de caballo y otras cincuenta con el craosho-charana.»

25. Creador, si alguno arroja a tierra el hueso de un perro muerto o de un hombre muerto.

26. Tan grueso como la falange superior del dedo más gordo,

27. Y sale de él grasa o medula,

28. ¿Cuál es la pena?

29. Ahura-Mazda respondió: «Que le den setenta golpes con las correas de piel de caballo y otros setenta con el craosho-charana.»

30. Creador, si alguien arroja a tierra un hueso de perro muerto o de hombre muerto,

31. De la longitud de un dedo, y del grosor de una costilla,

32. Y sale de él grasa o medula.

33. ¿Cuál es la pena?

34. Ahura-Mazda respondió: «Que le peguen noventa veces con las correas de piel de caballo y otras noventa con el craosho-charana.»

35. Creador, si alguien tira a tierra un hueso de un perro muerto o de un hombre muerto,
36. De longitud de dos dedos y del grosor de dos costillas,
37. Y sale de él grasa o medula,
38. ¿Cuál es la pena?
39. Ahura-Mazda respondió: «Que golpeen su cuerpo culpable doscientas veces con las correas de piel de caballo, y otras doscientas veces con el craosho-charana.»
40. Creador, si alguien tira a tierra un hueso de perro muerto o de un hombre muerto,
41. De la longitud de un brazo, y del grueso de la cadera,
42. Y sale de él grasa o medula,
43. ¿Cuál es la pena?
44. Ahura-Mazda respondió: «Que le golpeen cuatrocientas veces con las correas de piel de caballo y otras cuatrocientas veces con el craosho-charana.»
45. Creador, si alguien arroja a tierra un hueso de un perro muerto o de un hombre muerto,
46. Tan grueso como la cabeza de un hombre,
47. Y del cual salga grasa o medula,
48. ¿Cuál es la pena?
49. Ahura-Mazda respondió: «Que le golpeen seiscientas veces con las correas de piel de caballo, y otras seiscientas con el craosho-charana.
50. Creador, si alguien arroja a la tierra el cuerpo entero de un perro muerto o de un hombre muerto,
51. Y de él sale grasa o medula,
52. ¿Cuál es la pena?
53. Ahura-Mazda respondió: «Que le golpeen mil veces con las correas de piel de caballo y otras mil con la craosho-charana.»
54. Creador, cuando los mazdayasnas, yendo a pie o en barco, no importa de qué manera ocurra, encuentren un cadáver que sobrenada en el agua,
55. ¿Cómo deben proceder?
56. Ahura-Mazda respondió: «Luego de haberse descalzado y de haberse quitado sus vestidos,
57. Deben detenerse, ¡oh Zarathustra!
58. Entrando en el agua deben sacar al muerto, ¡oh Zarathustra!
59. Deben entrar en el agua hasta los pies, hasta las rodillas, hasta el medio del cuerpo, hasta la altura de un hombre,
60. Hasta que lleguen junto al cadáver.»
61. Creador, cuando estos cadáveres están podridos y oliendo mal,
62. ¿Cómo los mazdayasnas deben proceder?
63. Ahura-Mazda respondió: «En el modo que les sea posible coger el cuerpo con ambas manos, deben retirarle del agua y depositarle sobre tierra seca.

64. Se harían criminales dejando en el agua huesos, cabellos, uñas, materias impuras y sangre fluida.»

65. Creador, si el agua de un estanque es alcanzada por las materias impuras provenientes de un cadáver, ¿hasta qué distancia el Drukhs-Nasus podrá cercarle y aislarle?

66. Ahura-Mazda respondió: «Seis pasos en cada una de las direcciones.

67. El agua es impura y no debe ser empleada hasta que el cadáver haya sido retirado.

68. Deben también retirar el cadáver y depositarle sobre tierra seca.

69. Deben retirar del estanque la parte de agua manchada, la mitad, la tercera parte, la cuarta o la quinta,

70. Si ello es posible; si es imposible, el agua permanece impura.

71. Cuando el cadáver ha sido retirado, cuando ha sido sacado del agua, ésta queda pura y puede servir para los usos de los hombres y de los animales, a su conveniencia y exactamente como antes.»

72. Creador, si el agua de los pozos y de las fuentes que salen de la tierra es alcanzada por materias impuras que provienen de un cadáver, ¿hasta qué distancia el Drukhs Nasus podrá cercarlas y aislarlas?

73. Ahura-Mazda respondió: «Esta agua es impura y no puede ser empleada hasta que el cadáver haya sido retirado.»

74. Creador, si el agua que proviene del deshielo de la nieve y del hielo es alcanzada por las materias que provienen de un cadáver, ¿hasta qué distancia el Drukhs Nasus podrá cercarla y aislarla?

75. Ahura-Mazda respondió: «Tres pasos en la dirección de cada uno de los cuatro puntos cardinales.»

76. Creador, si el agua de un estanque es alcanzada por las materias impuras que provienen de un cadáver, ¿hasta qué distancia el Drukhs Nasus podría cercarla y aislarla?

77. Ahura-Mazda respondió: «Se debe también retirar el cadáver del agua y depositarle sobre tierra seca.

78. Una vez que el cadáver ha sido retirado, cuando el agua ya no está helada, esta agua es pura y puede servir para el uso de los hombres y de los animales, a su conveniencia y exactamente como antes.»

79. Creador, si un agua corriente es alcanzada por las materias impuras que provienen de un cadáver, ¿hasta qué distancia el Drukhs Nasus podrá cercarla y aislarla?

80. Ahura-Mazda respondió: «Muy poco río arriba y muy poco río abajo: seis pasos por cada lado.

81. Esta agua es impura y no puede ser empleada hasta que el cadáver haya sido retirado.

82. Se debe también sacar el cadáver del agua y dejarle sobre terreno seco.

83. Cuando el cadáver ha sido retirado, cuando la lluvia ha caído tres veces sobre él, entonces aquella agua es pura y puede servir para el uso de los hombres y de los animales a su conveniencia y exactamente como antes.»

84. Creador, si se ha llevado sobre el Haoma un perro o un hombre muerto, ¿cuál es la porción de este árbol que permanece pura, ¡oh Ahura-Mazda! (98).

85. Ahura-Mazda respondió: «Todo él es puro. ¡oh puro Zarathustra!

86. El Haoma estrujado no sufre ni descomposición ni muerte.

87. Pero es preciso no hacer uso del jugo correspondiente a la parte sobre la cual haya reposado el cadáver.

88. Se puede hacer uso del jugo de la porción que haya quedado a una distancia de cuatro dedos.

89. Hay que depositarlo en tierra en medio de la habitación.

90. Hasta que haya transcurrido un año.

91. Acabado este año, puede ser empleado por los hombres puros a su voluntad y exactamente como antes.»

92. Creador, ¿adónde deberemos llevar los cuerpos de los muertos, ¡oh Ahura-Mazda! adónde deberemos depositarlos?

93. Ahura-Mazda respondió: «A los lugares más altos, ¡oh santo Zarathustra!

94. Allí donde los perros y las aves los descubran más fácilmente.

95. Los mazdayasnas deben sujetar a los muertos por los pies y por los cabellos,

96. Con hierro, piedra o plomo.

97. Si no obran de este modo, los perros y las aves que devoran las carnes se llevarían huesos (con trozos de carne) hasta las aguas y los árboles.»

98. Creador, si no los atan bien y los perros y las aves se llevan huesos hasta el agua y los árboles,

99. ¿Cuál es la pena?

100. Ahura-Mazda respondió: «Que golpeen el cuerpo del culpable doscientas veces con la correa de piel de caballo, y otras doscientas con el craosho-charana.»

101. Creador, ¿adónde debemos llevar los cuerpos de los muertos, ¡oh Ahura-Mazda! adónde debemos llevarlos?

102. Ahura-Mazda respondió: «Es preciso depositarlos en un lugar elevado

103. Por encima de los perros, por encima de las panteras, por encima de los lobos (99),

---

(98) El *haoma* (no me acuerdo si ya lo he dicho) es un brebaje sagrado, preparado por los sacerdotes mazdeanos y parsis, con el jugo del arbusto del mismo nombre: la savia de este arbusto es mezclada con leche y con agua. Simboliza el brebaje de la inmortalidad.

104. De tal modo que no puedan ser mojados por el agua pluvial.

105. Si los mazdayasnas pueden, deben colocar los cuerpos sobre piedras, tapices o morteros ⁽¹⁰⁰⁾.

106. Si no pueden, que los pongan sobre su propio lecho o sobre una estera, expuestos a la luz, extendidos sobre el suelo, y al abrigo del Sol.»

SEPTIMO FARGARD

Este capítulo es continuación del precedente. Trata, sobre todo, de cuanto se relaciona con los cadáveres y con los objetos que están en contacto con ellos. La purificación de los vestidos y de la madera manchada por su contacto es tratada también. La impureza de la tierra donde los cadáveres son enterrados y cómo es preciso obrar con respecto a las mujeres que dan a luz antes del término normal, todo esto es cuestión así mismo de varias recomendaciones. En medio de todo ello va intercalado un largo viaje (ver 94 a 121) que nada tiene que ver con lo que antecede ni con lo que sigue. Lo que da pretexto para que Zoroastro, el santo Zarathustra, como suele ser dicho siempre (estos profetas, o se estimaban mucho ellos mismos, si eran ellos mismos los que escribían bien que pusiesen constantemente a su Dios por pantalla, o, si eran otros los que hablaban en su nombre, lo hacían también con el mayor respeto tanto más cuanto que los beneficios de la fe, es decir, las ofrendas con motivo de los llamados sacrificios en honor de la Divinidad, por gracia especial de ésta era destinada siempre a sus estómagos); lo que da pretexto, decía, para que Zoroastro se informe e informe, sobre el modo

---

⁽⁹⁹⁾ Es decir, suficientemente alto para que estos animales voraces no puedan alcanzar el cadáver. Pues de hacerlo, sobre todo si eran los perros, al arramblar cada uno con un pedazo, hubieran sembrado la impureza por innumerables lugares; todos aquellos en que se hubieran detenido para acabar de devorar lo que hubieran podido llevarse. Y lo mismo buitres y cuervos que, de no estar, como se aconseja, los cadáveres bien atados, lo que los obligaba a devorarlos en las torres del silencio o lugares elevados donde hubiesen sido dejados, hubieran podido también llevarse pedazos para acabar de comérselos en los arboles o sobre las peñas. En todo caso, lo curioso sería saber cómo se llegó a esta idea de lo puro y de lo impuro, y por qué esto último recayó de tal modo sobre los cuerpos muertos. Por lo demás, que una vez instituido de derecho divino, que pudiéramos decir, se creyese, esto era natural, si por natural entendemos en esta y ocasiones semejantes, el aceptar como artículo de fe, precisamente porque se cree en ello, aquello, probablemente que no admitiríamos de aplicar a la cuestión en lugar de la fe, la reflexión. Pero como esta manera de obrar ha sido la norma durante muchos siglos en todas partes, y aún sigue imperando, no queda sino aceptar los hechos y alegrarnos de que así ocurra, o deplorarlo, si se piensa de modo contrario.

⁽¹⁰⁰⁾ Este versículo parece una glosa introducida en el texto para confirmar lo que se dice en el versículo 7.°.

como deben obrar los hombres que se consagran al arte de curar; y de lo que por ello deben obtener en concepto de recompensa. En todo tiempo, tres variedades de hombres fueron particularmente estimados por los demás a causa de la ignorancia de los que estimaban: los sacerdotes, los adivinos y los médicos. Los primeros por el hecho de estar más directamente en contacto, tal afirmaron siempre y por muy pocos dejaron de ser creídos, con los seres superiores que tanto podían perjudicar o favorecer; los segundos, porque dotados de facultades aún superiores que aquéllos, en lo que afectaba a cosa tan importante como saber de antemano lo que podía ocurrir, mientras no se pensó que de un modo general tal cosa era imposible, también hicieron fortuna. Hoy, sus representantes son, en buen sentido, los meteorólogos, los que nos predicen el tiempo de un modo científico, es decir, racional; en mal sentido todos cuantos siguen engañando a los tontos y viviendo a su costa practicando toda clase de mancias (μαντειος, μαντειον) facultad de predecir, predicción, oráculo, adivinación); en fin, los galenos, pues si muy conveniente es creer que después de esta vida habrá otra y que los que están a partir un piñón con los que luego de esta vida nos pueden procurar otra llena de goces o de sufrimientos, conviene que no nos olviden aunque ello nos cueste algunos sacrificios pecuniarios, que aún hay algo en modo alguno despreciable por si acaso lo otro no pasa de una fantasía, que esta vida que es algo real y que no hay medio de negar, la crucemos lo mejor posible y hagamos durar, sin grandes molestias, el mayor tiempo que esté en nuestras manos, y en las de los médicos, el que así sea. Por ello la importancia de médicos y Medicina, y el que Zarathustra o el o los que escribieron estos fargards, no los olvidasen; así como tampoco a los enfermos, pues sin duda porque había ya curanderos que sobre no curar hacían que enfermase toda la familia, de inanición, a causa de llevarse cuanto en la casa había, el propio Dios de esta religión dicta reglas sobre cuestión tan importante.

1. Zarathustra preguntó a Ahura-Mazda: Ahura, celeste y muy santo creador de los mundos dotados de cuerpo, ¡oh tú que eres muy puro!

2. ¿Cómo ese Drukhs Nasus se arroja sobre los hombres muertos?

3. Ahura-Mazda respondió: «Con la muerte, ¡oh santo Zarathustra! sobreviene la pérdida de todo sentimiento de vida.

4. Ese Drukhs Nasus acude desde las regiones del norte bajo la forma de una mosca de dañinos ataques, lanzando gritos (zumbidos), ejerciendo un desmembramiento sin límites para los Khrsfstras más detestables.»

5. Creador, cuando esos cuerpos hayan sido heridos por los perros, por los lobos, por los brujos, por las enfermedades, por los accidentes, por los hombres, por la violencia, por el terror; ¿al cabo de cuánto tiempo ese Drukhs Nasus se arroja sobre ellos?

6. Ahura-Mazda respondió: «Tras la división del día más cercano.»

7. Creador, cuando varios hombres están reunidos en el mismo lugar, se encuentran sobre una misma estera, o en la misma habitación,

8. Sea que de este modo haya dos en presencia de un tercero,

9. O cinco, o cincuenta, o ciento con las mujeres,

10. Si uno de estos hombres muere, ¿a cuántos de estos hombres alcanzará el Drukhs Nasus con la descomposición, la podredumbre y la impureza del cadáver?

11. Ahura-Mazda respondió: «Si es un sacerdote el que ha muerto, este Druks acude, ¡oh santo Zarathustra!

12. Y si se arroja sobre el decimoprimero de estos hombres, mancha al décimo.

13. Si es un guerrero, ese Drukhs Nasus acude, ¡oh santo Zarathustra!

14. Y si se arroja sobre el décimo, mancha al noveno.

15. Si es un cultivador, ese Drukhs Nasus acude, ¡oh santo Zarathustra!

16. Y si se arroja sobre el noveno, mancha al octavo.

17. Si es un perro que pertenece a la casa, ese Drukhs Nasus acude, ¡oh santo Zarathustra!

18. Y si se arroja sobre el octavo, mancha al séptimo.

19. Si es el perro de un vecino ese Drukhs Nasus acude, ¡oh santo Zarathustra!

20. Y si se arroja sobre el séptimo, mancha al sexto.

21. Si es un perro cualquiera ese Drukhs Nasus acude, ¡oh santo Zarathustra!

22. Y si se arroja sobre el sexto, mancha al quinto.

23. Si es un perro joven, ese Drukhs Nasus acude, ¡oh santo Zarathustra!

24. Y si se arroja sobre el quinto, mancha al cuarto,

25. Si éste no tiene con los otros sino una sola habitación y una misma estera que le sirve de cobertor.»

26. Creador, cuando varios tapices y varias esteras están extendidos en la habitación (en que está el muerto) y llegan a ser alcanzados por las materias impuras y la descomposición (que sale del cadáver), ¿cuántos son alcanzados por el Drukhs Nasus?

27. Ahura-Mazda respondió: «Es el tapiz exterior, aquel sobre el que reposa el cuerpo, al que el Drukhs Nasus alcanza con las impurezas (que salen del cadáver).»

28. Creador, ¿cómo, ¡oh puro Ahura-Mazda! los vestidos que han tocado el cuerpo de un perro muerto o de un hombre muerto, pueden volver a ser puros?

29. Ahura-Mazda respondió: «Volverán a ser puros, ¡oh puro Zarathustra!

30. De la manera siguiente:

31. Cuando hayan sido manchados por la humedad, por la inmundicia,

32. Los mazdayasnas deben destrozar y enterrar estos vestidos.

33. Cuando no han sido manchados por la humedad, ni por la inmundicia,

34. Los mazdayasnas deben lavar estos vestidos con orina de vaca.

35. Cuando los vestidos están hechos de crines, es preciso lavarlos tres veces con orina de vaca, frotarlos tres veces con agua, dejarlos suspendidos en la ventana de la casa durante seis meses y bien expuestos al aire.

36. Si están hechos con pieles de animales, es preciso lavarlos seis veces con orina de vaca, frotarlos seis veces con tierra, lavarlos seis veces con agua, dejarlos suspendidos en la ventana de la casa durante seis meses y bien expuestos al aire.

37. El agua llamada Ardvi Sura, ¡oh santo Zarathustra! purifica mis vasos.

38. Purifica las semillas de los hombres.

39. Purifica los frutos del cuerpo de las mujeres.

40. Purifica la leche de las mujeres [101].»

41. Creador, ¿cómo estos vestidos podrán servir de nuevo tras haber sido purificados,

42. Para el Zaota, para el Havanán, para el Atarevahks, para el Frabereta, para el Aberet, para el Asnata, para el Raethviskara, para el Craoshavareza [102], para el sacerdote, para el guerrero, para el cultivador?

43. Ahura-Mazda respondió: «Esos vestidos, luego de haber sido lavados y purificados, no podrán servir,

44. Ni para el Zaota, ni para el Havanán, ni para el Ataverakhs, ni para el Frabereta, ni para el Averet, ni para el Asnata, ni para el Rraethviskara, ni para el Craoshavareza, ni para el guerrero, ni para el cultivador.

45. Si en esta mansión mazdayánica una mujer es cogida del flujo menstrual.

46. O si su fruto ha sido herido y una herida mancha la casa,

47. La estera con la que se cubre manchada está,

48. Hasta que ella extienda sus manos para orar y celebrar las alabanzas.

49. Ahura-Mazda no quiere que parcelas de sus vestidos sean empleadas por otras personas.

50. Aunque no tengan sino el grueso de un hilo.

51. Del grueso de un hilo sacado de un paquete de algodón,

52. Si los mazdayasnas ponen sobre un muerto una parcela de estos vestidos.

---

[101] Los versículos del 37 al 40 son una interpolación que cuanto hace es romper el hilo de lo que se iba diciendo. Anquetil-Duperron ha traducido este pasaje del modo siguiente: "La tela será purificada por el agua Arduisons, esta agua que es mía, ¡oh Zoroastro!, que da la semilla al joven, que hace a la mujer fecunda, y da la leche a la que ha recibido el germen."

[102] Anquetil-Duperron tradujo este pasaje del modo siguiente: "¿Será a aquel que tiene el zoin, a aquel que lleva el hisvan, a aquel que prepara el fuego, o a aquel que lleva (todo cuanto es necesario), o al que lleva el agua, o al discípulo distinguido (por su inteligencia), o al grande, o al maestro, o al fiel que hace obras meritorias, o al Athoné, o al militar, o al labrador?"

53. Aunque sólo fuese del grueso de un hilo sacado de un paquete de algodón,

54. Pues ya no serían puros durante el resto de su vida, y, después de su muerte, no tendrían parte en el Paraíso.

55. Llenarían el lugar destinado a los malos,

56. Lugar que es tenebroso como salido de las tinieblas,

57. Que es las tinieblas mismas.

58. Vosotros, los que sois malos, vosotros sois los que, mediante vuestras acciones y vuestra ley, hacéis de ese lugar la mansión del dolor.»

59. Creador, los hombres que han comido cadáver de un perro muerto o de un hombre muerto, ¿son, ¡oh puro Ahura-Mazda! puros ellos también?

60. Ahura-Mazda respondió: «Son impuros, ¡oh puro Zarathustra!

61. Estos hombres están hechos para el Infierno.

62. Incluso si se quitase a estos hombres lo blanco del ojo,

63. El Drukhs-Nasus se arrojaría sobre sus uñas [103].

64. Son de este modo impuros para siempre.»

65. Creador, los hombres que, a causa de su falta de juicio, llevan con impureza un cadáver al agua o al fuego (como los hindúes que, tras incinerar los cadáveres arrojaban las cenizas a los ríos), ¿son puros, ¡oh puro Ahura-Mazda! o impuros?

66. Ahura-Mazda respondió: «Son impuros ¡oh puro Zarathustra!

67. Los malos que se han manchado con cadáver son los primeros asistentes del perro Madhakha [104].

68. Los que se han manchado con los cadáveres son el mayor apoyo (la causa principal) de la sequía que destruye las espigas.

69. Los que se han manchado con los cadáveres son el mayor apoyo del invierno que los Daevas han creado, invierno que mata a los ganados y lo llena todo de nieve.

70. El Drukhs Nasus se arroja sobre sus uñas.

71. Son impuros para siempre.»

72. Creador, la madera sobre la cual ha sido llevado el cadáver de un perro o de un hombre, ¿es pura o impura, Ahura-Mazda?

73. Ahura-Mazda respondió: «Es pura, ¡oh puro Zarathustra!

---

[103] "Este hombre inútilmente se deshará en lágrimas, se pondrá amarillo de dolor, aunque la membrana (llamada conjuntiva) se le saliese del ojo, ni ello impediría al Darudj Nerosch apoderarse de él de la cabeza hasta los pies." (Traducción de Anquetil-Duperron.)

[104] Pasaje oscuro que Anquetil-Duperron traduce de este modo: "Aquel que ayuda él mismo a un perro a llevar un muerto al agua es darvand (adorador de Ahrimáns el condenado)." Los párrafos que siguen encierran tradiciones mitológicas de las que es sumamente difícil hacerse una idea exacta. Sobre el perro Madhakha tampoco se sabe nada.

74. De esta manera:

75. Cuando este cadáver no ha sido aún destrozado por los perros o por las aves de presa,

76. Deben tomar de esta madera la longitud de un vitasti, si está seca; de la longitud de un frarathné [105], si está húmeda.

77. Deben ponerla en tierra, en la dirección de los cuatro puntos cardinales, y verter sobre ella agua una vez; entonces queda pura.

78. Cuando el cadáver ha sido ya deshecho por los perros o por las aves de presa [106],

79. Deben tomar de esta madera la longitud de un frarathné, si está seca; la longitud de un frabaza, si está húmeda.

80. Deben ponerla sobre la tierra, en la dirección de los cuatro puntos cardinales, y verter sobre ella agua una vez; entonces queda pura.

81. Deben, en lo que afecta a la madera seca, y en lo que afecta a la madera húmeda,

82. Y en lo que atañe a la madera dura, colocarla sobre la tierra, en dirección hacia los cuatro rincones cardinales, regarla una vez con agua, y en seguida queda pura.»

83. Creador, ¿cómo es preciso purificar los granos y los forrajes, ¡oh puro Ahura-Mazda! sobre los cuales el cadáver de un perro o de un hombre ha sido llevado?

84. Ahura-Mazda respondió: «Es purificado, ¡oh puro Zarathustra!

85. De esta manera:

86. Cuando este cadáver no ha sido aún destrozado por los perros o por las aves de presa,

87. Deben tomar de estas cosas la longitud de un frarathné, si están secos; o la longitud de un frabaza, si están húmedos,

88. Ponerlos sobre la tierra, en la dirección de los cuatro rincones cardinales, regarlos una vez con agua, y al punto quedarán puros.

89. Pero si el cadáver ha sido ya destrozado por los perros o por las aves de presa,

90. Deben tomar como la longitud de una frabaza, si están secos; la longitud de un vibaza, si están húmedos,

91. Colocarlos en tierra en dirección a los cuatro rincones cardinales, regarlos una vez con agua, y al punto quedarán puros.

92. Lo mismo es preciso hacer para los frutos secos y para aquellos que son húmedos,

---

[105] Según Anquetil-Duperron, el *frarathné* es el doble del *viteschté* o *vitasti*, y éste es igual a doce dedos.

[106] Anquetil traduce: "Si el perro le ha herido desde arriba (con sus ojos)", pero un cadáver que ha sido advertido por un perro no es más impuro que si no hubiese sido visto por este animal.

93. Para los que son cultivados y para los que no lo son; para los que son cortados y para los que no son cortados; para los que tienen cascarón y para los que no tienen cascarón.»

94. Creador, si los mazdayasnas se hacen médicos,

95. ¿A quiénes deben curar los primeros, a los daevayasnas o a los mazdayasnas?

96. Ahura-Mazda respondió: «Deben tratar de curar a los daevayasnas antes que a los mazdayasnas [107].

97. Si el médico trata por primera vez a un daevayasna y éste muere, y luego, por segunda vez, a otro daevayasna y éste muere también, y aun por tercera vez a otro daevayasna, que también muere,

98. Incapaz será ya jamás de curar.

99. No debe, pues, intentar ya nunca curar a un mazdayasna, no debe ocuparse de los mazdayasnas, ni hacer con ellos operaciones.

100. Si intenta algo con los mazdayasnas, si los trata, si practica en ellos alguna operación,

101. Debe expiar las heridas de los heridos, sufriendo la pena del Baodho-Versta [108].

102. Si opera por la primera vez a un daevayasna, y éste sale de la operación; si la segunda vez opera también a un daevayasna, y éste se salva; si la tercera vez que opera es a otro daevayasna, y también tiene acierto,

103. Entonces ya siempre podrá ejercer su arte.

104. Y ya podrá tratar como quiera a los mazdayasnas. Podrá, sí, a su voluntad, curar a los mazdayasnas operándolos. Y los mazdayasnas pueden, si les place, recurrir a él.

105. Que cure a un sacerdote a cambio de una piadosa bendición [109].

---

[107] Como el lector habrá comprendido, los *daevayasnas* son los adoradores de los Daevas o divinidades malas, es decir, los réprobos y los impíos; mientras que los mazdayasnas son los adoradores de Ahura Mazda, el Dios bueno. Por lo que con mucha razón y prudencia éste que, sin duda, no fiaba mucho en la ciencia de los galenos de entonces, aconsejaba que éstos empezasen por ensayarse con los impíos, y sólo si con esto demostraban tener arte para curar, podían luego tratar de curar a sus fieles. Algo así debía de seguir practicándose hoy, y sólo cuando los médicos hubiesen probado curando a los suyos (padres, hijos y parientes), que no eran peligrosos con los ajenos, deberían ensayar su ciencia sobre éstos. Mientras que suele ocurrir lo contrario, o sea que, tras ejercitarse con los extraños, cuando alguno de los suyos cae enfermo... acuden a que otro médico los cure.

[108] Algunos comentaristas, entre ellos Spiegel, suponen que esta palabra, Baodho-Versta, designa un pecado cometido con propósito deliberado. Pero Anquetil-Duperron la había dado otro sentido entendiendo por bodoveresté, o baodo vereschtehé, las junturas cortadas; es decir, que se cortarían en pedazos los miembros del culpable.

106. Que cure al jefe de una casa, por el precio de un pequeño animal de ordeñe.

107. Que cure al jefe de una aldea, por el precio de una bestia de tiro de talla mediana.

108. Que cure al jefe de una ciudad, por el precio de una bestia de tiro de gran talla.

109. Que cure al jefe de una provincia, por el precio de una yunta de bueyes.

110. Cuando cura a la mujer del propietario de una casa, que una burra sea su recompensa.

111. Cuando cure a la mujer de un jefe de aldea, que una vaca sea su recompensa.

112. Cuando cure a la mujer de un jefe de ciudad, que una yegua sea su recompensa.

113. Cuando cure a la mujer de un jefe de provincia, que una camella sea su recompensa.

114. Que cure a un hijo del jefe de una aldea, por el precio de un animal de ordeñe de gran talla.

115. Que cure a un animal de ordeñe de gran talla, por el precio de otro mediano.

116. Que cure a uno mediano por el precio de un pequeño.

117. Que cure a un pequeño animal de ordeñe por el precio de un animal de caza.

118. Si un gran número de médicos se reúnen, ¡oh santo Zarathustra!

119. Médicos con cuchillo, médicos con plantas, médicos con palabras de bendición,

120. Aquel de entre ellos que cura mejor es el que emplea como medio de curación el Manthra-Spenta.»

121. (Este versículo, tal cual le dan los manuscritos, está tan desprovisto de sentido que no suele traducirse.)

122. Creador, ¿cuánto tiempo, cuando el muerto yace en tierra expuesto a la luz y a las miradas del Sol, la tierra permanece pura?

123. Ahura-Mazda respondió: «El muerto puede permanecer yaciendo sobre la tierra, expuesto a la luz y a las miradas del Sol, sin que la tierra deje de ser pura.»

124. Creador, ¿cuánto tiempo el cuerpo de un hombre puede permanecer sepultado en la tierra, hasta que la tierra sea pura?

125. Ahura-Mazda respondió: «El cuerpo de un hombre, ¡oh santo Zarathustra! puede permanecer cincuenta años en la tierra, hasta que ésta sea pura.»

---

(109) Cobrar en dinero o especies y pagar con bendiciones: suerte envidiable la de aquellos magos.

126. Creador, ¿cuánto tiempo los cadáveres de los hombres pueden ser expuestos sobre los Dakhamas, hasta que la tierra sea pura?

127. Ahura-Mazda respondió: «No es pura, ¡oh Zarathustra! sino después que este polvo se ha mezclado.

128. Anima, ¡oh santo Zarathustra!, a todo hombre en el Mundo dotado de cuerpo a destruir estos Dakhmas.

129. Aquel que destruye estos Dakhmas tanto cuanto es capaz,

130. Expía en pensamientos, palabras y actos,

131. Todos los pecados que puede haber cometido en pensamientos, en palabras y en actos [110].

132. Las dos potencias celestes no entrarán en combate a causa de este hombre,

133. El día de su marcha hacia el Paraíso.

134. Las estrellas, la Luna y el Sol le alaban, ¡oh Zarathustra!

135. Y yo le alabo, yo que soy Zarathustra, el creador, diciendo:

136. ¡Salve a ti, hombre que has venido de las regiones perecederas o de las imperecederas!»

137. Creador, ¿dónde están los Daevas, dónde están los adoradores de los Daevas, dónde está el lugar al que los Daevas acuden, dónde el lugar en el que los Daevas se reúnen, al que llegan de cincuenta lados, de cien lados, de mil lados, de diez mil lados, de un número infinito de lados?

138. Ahura-Mazda respondió «En estos Dakhmas que son levantados sobre el suelo (que podría ser mejor empleado), donde son colocados los cadáveres de los hombres, ¡oh santo Zarathustra!

139. Allí están los Daevas, allí están los adoradores de los Daevas, allí el lugar al que los Daevas acuden, allí el lugar en que los Daevas se reúnen, de diez mil lados, de un número infinito de lados.

140. Los Daevas se reúnen, ¡oh santo Zarathustra!, en torno a los Dakhmas, y allí se acoplan.

141. Cuando en el Mundo de los seres dotados de cuerpo, coméis, ¡oh hombres! alimentos preparados y carne cocida,

142. Encontráis placer, ¡oh hombres!, en aquello que coméis.

143. Así mismo la alegría de los Daevas es grande,

144. Cuando se apoderan de los cuerpos entregados a la putrefacción.

145. Pues en estos Dakhmas reside la descomposición, la enfermedad, la impureza, la fiebre, el estremecimiento.

146. En estos Dakhmas, los hombres están más expuestos que nunca a la muerte.

147. Según el Hufrashmo-Daiti,

---

[110] Este precepto significa que constituía un gran mérito destruir los Dakhmas levantados en terrenos útiles y capaces de ser cultivados, y que era preciso colocarlos en los lugares áridos y desérticos.

148. Los que tienen poco miedo del juicio no producen envidia a los que tienen mucho [111].

149. Á Jannaya incumbe la tercera parte de esta descomposición,

150. Con los riñones, las manos y el gaesus» [112].

151. Creador, si en esta mansión de los mazdayasnas una mujer se queda encinta [113] y,

152. Al cabo de un mes, de dos, de tres, de cuatro, de cinco, seis, siete, ocho, nueve o diez meses,

153. La mujer trae al Mundo, no un niño, sino algo privado de vida,

154. ¿Cómo los mazdayasnas deben obrar?

155. Ahura-Mazda respondió: «Deben llevar a esta mujer al sitio más puro de aquella mansión mazdayánica.

156. Al sitio que esté más seco,

157. Que sirve como medio de camino a los ganados y a los animales de carga,

158. Y el fuego de Ahura-Mazda, el Baresma, que está reunido en la santidad del hombre puro.»

159. Creador, ¿a qué distancia del fuego, a qué distancia del agua, a qué distancia del Baresma que con ellos está reunido, a qué distancia del hombre puro?

160. Ahura-Mazda respondió: «A treinta pasos del fuego, a treinta pasos del agua, a treinta pasos del Baresma, a tres pasos del hombre puro.

161. Estos mazdayasnas deben trazar un recinto sobre esta tierra.

162. A él deben traer a esa mujer con alimentos y vestidos.»

---

[111] Interpretación de M. Spiegel. Este sabio hace notar, por lo demás, que los versículos 147 a 50, corrompidos en los manuscritos, son punto menos que ininteligibles, por lo que su traducción es puramente conjetural. Anquetil-Duperron, por su parte traduce: "Los Devs quieren destruir en estos Dakmes los cuerpos de los hombres, pero gracias a la protección del pájaro Hufrasmodad, no se atreven a comer ni los cuerpos pequeños ni los grandes." En el Izeschné, Anquetil había hablado ya (t. II, página 225) de este pájaro que era nada menos que el gallo celestial. Pero el señor Spiegel dio otra interpretación, enteramente diferente a la palabra Hufrashmo-daiti, piensa que puede significar el levantar del Sol. La traducción huzvaresch y la versión sánscrita se limitan a reproducir textualmente esta palabra sin dar interpretación alguna.

[112] El sentido de este pasaje escapa. Tal vez se trate de una interpolación de un copista. La palabra *graecus,* cuya verdadera significación no es muy conocida, se vuelve a encontrar en el Yasna (cap. 9); y se cree que designa un arma. Anquetil-Duperron traduce esto del modo siguiente: "El Dev-dje (quiere) destruir los tres sitios manchados; es preciso que el alma se encuentre en el mundo en estos tres sitios."

[113] Todo este pasaje ha sido ya encontrado en el quinto fargard.

163. Creador, ¿cuáles son los alimentos que esta mujer debe comer en primer lugar?

164. Ahura-Mazda respondió: «Ceniza con orina de vaca,

165. Tres gotas, o seis, o nueve.

166. Con ello expulsa a los Dakhmas que están en el interior.

167. Que al punto acuda a la dulce leche de las yeguas, de las vacas, de las ovejas y de las cabras.

168. A frutos pequeños y gruesos.

169. A la carne preparada sin agua, a trigo candeal puro sin agua y a vino sin agua.»

170. Creador, ¿cuánto tiempo las mujeres paridas deben esperar antes de hacer uso de la carne, del trigo candeal y del vino?

171. Ahura-Mazda respondió: «Deben esperar tres noches, es preciso esperar tres noches, antes que hagan uso de la carne, del trigo y del vino.»

172. Creador, si esta mujer es alcanzada por la fiebre mientras que su cuerpo está impuro,

173. Si es herida por dos fastidiosos males, el hambre y la sed,

174. Esta mujer, ¿debe beber agua?

175. Ahura-Mazda respondió: «Debe beber, sí.

176. Y si esta agua es para ella de gran utilidad, purificará su vida

177. Recitando una oración entre las oraciones que son conocidas por los hombres sabios y puros.

178. Pero si bebe el agua con sus manos,

179. Hace caer una pena sobre vosotros; sobre vosotros los mazdayasnas.

180. (Esta pena es borrada mediante la recitación del ratu y del craoshovareza.)»

181. ¿Qué pena es ésta? ¡oh Ahura-Mazda!

182. Ahura-Mazda respondió: «Para castigar este cuerpo culpable, que se le golpee doscientas veces con el aguijón y otras doscientas con el craoshocharana.»

183. Creador, ¿cómo vuelven a ser puros los vasos de los cuales nos servimos para comer [114] y aquéllos que han servido para transportar el cadáver de un perro o de un hombre?

184. Ahura-Mazda respondió: «Son purificados, ¡oh santo Zarathustra!

185. De la manera siguiente:

---

[114] Debe entenderse la palabra "vaso" más bien que en el sentido corriente, en el de recipiente o utensilio, pues de otro modo resultaría absurdo (bien que tantas cosas lo parezcan a causa de una traducción siempre dificultosa no tan sólo por obra de la lengua en que está escrito el texto, sino de la imperfección de éstos alterados por copias y otras cien causas); resultaría absurdo, decía, pensar en vasos corrientes para transportar cuerpos muertos.

186. Si son de oro, se los lava una vez con orina de vaca, que los froten una vez con tierra, que los laven una vez con agua, y quedarán puros.

187. Si son de plata, que los laven seis veces con orina de vaca, que los froten seis veces con tierra, que los laven seis veces con agua, y quedarán puros.

188. Si son de tierra, de gres o de plomo, permanecen impuros para siempre.»

189. Creador, ¿cómo los animales que han comido cadáver de un perro o de un hombre son purificados?

190. Ahura-Mazda respondió: «Serán purificados, ¡oh Zarathustra! del modo siguiente:

191. Que no traigan, durante un año, su carne[115], ni sus quesos en sacrificio para el Baresma.

192. Luego de un año pueden, como antes, servir para ser usados por los hombres puros.»

193. ¿Cuál es el hombre, ¡oh puro Ahura-Mazda! que siendo puro tanto en pensamientos como en deseos, destruye no obstante la pureza; que es puro de pensamientos, que es puro en sus deseos, y que, no obstante, favorece a los Drujas?

194. Ahura-Mazda respondió: «Aquel, ¡oh puro Zarathustra! que es puro en sus pensamientos y en sus deseos, pero que no obstante favorece a los Drujas.

195. Es aquel que lleva, sin que haya sido purificada, agua manchada por la impureza de un cadáver.

196. Aquel que lleva sin previa purificación agua en las tinieblas de la noche.»

OCTAVO FARGARD

Este capítulo, el más largo de todos, trata de los mismos temas que los precedentes: ¡Esa terrible preocupación que sentían los que imaginaron y redactaron este texto por la «impureza» que alcanzaba a tantas cosas, como era fatal, a causa de la muerte y de los cadáveres en que la muerte se manifestaba! Porque nada preocupa tanto a los hombres, por lo que podemos colegir por los textos sagrados, primeras manifestaciones que han quedado de su modo de pensar y sentir en todas las épocas, como el hecho de morir. Las innumerables fantasías creadas en torno a una esperada vida

---

[115] Aunque el texto dice carne, ¿no se tratará de un nuevo error de copia? Porque lo lógico parece que debiera de decir leche, tanto más cuanto que, inmediatamente, se habla de queso. Pero en fin, no seamos demasiado exigentes ni quisquillosos, puesto que preocupado esencialmente de la *pureza,* empieza él mismo por carecer de tan importante cualidad.

posterior, lo prueba suficientemente. Como no hay mal que por bien no venga, éste pierdetiempo tuvo una parte buena: acercar a las religiones, incluso a las más absurdas (pensemos siquiera en una, la egipcia, y en su curioso Libro de los Muertos, destinado precisamente a servir como de cicerone o de guía turística a los difuntos, en el supuesto más allá), la primera idea moral, al nacer la creencia de que la vida en el otro lado, dependía exclusivamente de éste. Es decir, que los malos irían a los distintos, pero todos poco apetecibles Infiernos, y los buenos a reunirse con los dioses en los codiciados Paraísos. En una palabra: que morir no era morir, que era lo que se temía, sino pasar a una nueva vida; feliz acontecimiento, en principio al menos, que venía a resolver algunas otras cuestiones también importantes, entre otras, la esperanza de los muchísimos, casi todos, para los que el Mundo no había sido sino un ergástulo, una verdadera prisión y lugar de injusticias y sufrimientos, poder esperar justicia al fin ¡mas la satisfacción de ver sufrir a los que sin otro derecho que el muy torcido que dio a tantos la fuerza, les habían hecho sufrir a ellos! Como además estas ideas a lo que de moral y justicia encerraban, unían el ser un inacabable filón para los que en todas las religiones se decían ministros y representantes de las divinidades en la Tierra, se comprende y explica que una vez nacidas adquiriesen la frondosidad que adquirieron en todas partes. Pero volvamos a nuestro fargard en el que, lo relativo a purificaciones e impurificaciones, es cortado por algunas adiciones que interrumpen el curso de lo que se va exponiendo, y que por lo mismo, indudablemente fueron intercaladas por error. El modo de proceder respecto a las casas en que son depositados cuerpos muertos, que a veces era imposible sacar rápidamente a causa del mal tiempo; los medios de purificación que era preciso emplear con aquellos que habían transportado los cadáveres y que forzosamente habían tenido que permanecer junto a ellos; la purificación del fuego que a veces había sido manchado también; todo ello y sobre todo ello se extiende cumplidamente este fargard. En todo caso una cosa parece evidente, además de la gran influencia que ejerció el mazdeísmo sobre las religiones posteriores: que aquel horror de los mazdeanos o mazdayánicos (está mejor mazdeanos, pero mazdayánicos es más pintoresco y como en las religiones casi todo suele serlo, no me importa emplear esta palabra) hacia muertos y enterradores parece haber trascendido y desteñido de modo tan perfecto, que aún hoy nos es poco grato cuanto con lo no vivo, a menos que se coma, se relaciona.

1. Si a la sombra de un árbol o sobre lo cubierto por un arbusto,
2. Un perro o un hombre viene a morir,
3. ¿Cómo deben conducirse los mazdayasnas? ¡oh santo Ahura-Mazda!
4. Ahura-Mazda respondió: «Deben formar un dakhma y levantarle.
5. Cuando crean que un cadáver es susceptible de ser transportado,
6. Deben llevarle a su habitación y deben dejar (salir) esta habitación,

7. Y deben purificar la casa quemando en ella Uravasnas, Vohu-Gaonas, Vohu-Keretis, Hadha-Naepatas y toda clase de árboles aromáticos.

8. Cuando crean que su casa puede ser transportada,

9. Deben transportarla y dejar en ella al muerto [116].

10. Y deben purificar la casa quemando en ella Uravasnas, Vohu-Gaonas, Vohu-Keretis, Hadha-Naeptas y toda clase de árboles aromáticos.»

11. Creador, si un perro o un hombre muere en esta casa mazdayánica,

12. Y a causa de la lluvia, o de la nieve, o de que sople un viento violento, o que la oscuridad se haya extendido de tal modo que algo de todo ello impida trabajar aquel día,

13. ¿Qué deben hacer los mazdayasnas?

14. Ahura-Mazda respondió: «En el sitio en que, en esta morada mazdayánica, la tierra está más seca y más pura;

15. En el sitio que es el mismo en el camino de los ganados y de las bestias de carga, en donde se encuentran el fuego de Ahura-Mazda, el Beresma, que es reunido en la pureza, y el hombre puro.»

16. Creador, ¿a qué distancia del fuego, a qué distancia del agua, a qué distancia del Beresma que a ellos está reunido, a qué distancia de los hombres puros?

17. Ahura-Mazda respondió: «A treinta pasos del fuego, a treinta pasos del agua, a treinta pasos del Beresma que a ellos está reunido, a treinta pasos de los hombres puros.

18. Es allí donde los mazdayasnas deben cavar una fosa en esta tierra.

19. Esta fosa tendrá como profundidad medio pie en tierra dura, y, en tierra blanda, su profundidad será igual a la de la mitad de la talla de un hombre.

20. Deben traer y poner encima polvo y ladrillos, piedras o tierra seca.

21. Deben dejar allí durante dos noches, tres noches o un mes, el cuerpo privado de vida,

22. Hasta que las aves escapen volando, los árboles se crucen, que los malos se alejen, que el viento seque la tierra.

23. Cuando los pájaros hayan volado, cuando la tierra esté seca,

24. Entonces los mazdayasnas deben compartir esta mansión.

25. Dos hombres puros y robustos deben coger al muerto,

26. Desnudo y sin vestidos, puesto sobre ladrillos, piedra o mortero.

27. Deben depositarle sobre esta tierra,

28. Donde será más fácilmente advertido (visto) por los perros carniceros y por las aves de presa.

29. Los que llevan al muerto deben entonces sentarse a tres pasos del cuerpo,

---

[116] Cuando el Vendidad fue redactado, los parsis habitaban en tiendas, lo que explica el sentido del versículo.

30. Mientras el puro Ratu habla del modo siguiente a los mazdayasnas: Mazdayasnas:

31. Que traigan aquí orina con la cual los que han llevado el cuerpo deben lavar sus cabellos y su cuerpo.»

32. Creador, ¿cómo debe ser, ¡oh puro Ahura-Mazda, la orina

33. Con la cual los que han llevado el cuerpo deben lavar sus cabellos y el suyo propio?

34. ¿Debe ser orina de ganado, de bestia de carga, o de hombre o de mujer?

35. Ahura-Mazda respondió: «Debe ser orina de ganado o de bestias de carga, pero no de hombres ni de mujeres,

36. A excepción de parientes machos o hembras.

37. Estos pueden suministrar la orina con la cual aquellos que han transportado el cuerpo pueden lavarse los cabellos y el cuerpo.»

38. Creador, si han hecho pasar por un camino perros u hombres muertos,

39. ¿Cómo deben pasar por este camino los ganados, las bestias de carga, los hombres, las mujeres, el fuego que es hijo de Ahura-Mazda y el Beresma unido a ellos en santidad?

40. Ahura-Mazda respondió: «El paso por este camino debe ser prohibido a los ganados, a las bestias de carga, a los hombres y a las mujeres, al fuego, que es el hijo de Ahura-Mazda, y al Baresma que a ellos es asemejado en cuanto a santidad.

41. Un perro amarillo con cuatro ojos [117] o un perro blanco con orejas amarillas,

42. Deben ser conducidos tres veces por este camino.

43. De este modo, ¡oh santo Zarathustra! si se conduce a un perro amarillo con cuatro ojos o uno blanco con orejas amarillas,

44. El Drukhs Nasus huye entonces hacia las regiones septentrionales.

45. Si no, que conduzcan seis veces por este camino, ¡oh santo Zarathustra! un perro amarillo con cuatro ojos o uno blanco con orejas amarillas.

46. Pues el Drukhs Nasus escapa hacia las regiones septentrionales, ¡oh santo Zarathustra! si se conduce un perro amarillo con cuatro ojos o uno blanco con orejas amarillas.

---

[117] De este modo traduce M. Spiegel literalmente el texto zenda, *ein Hund mit vier Augen*. Anquetil-Duperron por su parte: "un perro que tiene las dos cejas y los dos ojos amarillos", con lo que ofrece un sentido destinado a destruir lo que el texto, vertido literalmente, tendría de absurdo. Pero lo más lógico parece, por lo que se lee en el versículo siguiente, traducir: Un perro con los ojos y las orejas amarillas.

47. Si no, que hagan pasar nueve veces por este camino un perro amarillo con cuatro ojos y no uno blanco con orejas amarillentas.

48. Y con ello, ¡oh santo Zarathustra! este Drukhs Nasus huye hacia las regiones septentrionales.

49. Un sacerdote debe primero recorrer este camino pronunciando las palabras de bendición: Yatha, ahu, veryo [118].

50. De la santidad de Vohu-mano.

51. La soberanía pertenece a Ahura.

52. ¿Qué protector ha dado Ahura-Mazda a mí y a mis iguales (a mis discípulos),

53. Cuando los malos tratan de perjudicarme,

54. A no ser tú, el fuego y el Vohu-mano, cuando de acuerdo, ¡oh Ahura-Mazda! con tus actos? Ven, pues, en mi socorro.

55. Enséñame tu ley mediante ese Destur.

56. Que combate y triunfa, gracias a tu apoyo y a tu doctrina.

57. Haz conocer por mí en uno y otro lugar un Ratu por la ley.

58. Craosha podría venir, así como Vohu-mano.

59. ¡Oh Mazda! Pueda mi voto realizar lo que es el voto de todos!

60. ¡Que Ahura-Mazda y Spenta-Armaiti nos protejan contra nuestros enemigos!

61. Yo rechazo a los Daevas-Druckhs, yo no rechazo lo que viene de los Daevas, yo rechazo lo que han hecho y creado.

62. Yo rechazo al Drukhs; ¡huye lejos de aquí, oh Drukhs! Yo rechazo al Drukhs. Que huya hacia las regiones del Norte y que no mate a los seres dotados de cuerpo.

63. Entonces los mazdayasnas podrán a su capricho pasar por esos caminos, así como los hombres, las mujeres, los ganados, las bestias de carga, el fuego, hijo de Ahura-Mazda, y el Beresma que se les reúne en cuanto a santidad

64. Los mazdayasnas podrán entonces preparar a su gusto, en esta mansión, su alimento con carne y vino; y serán puros y sin mancha como antes.»

65. Creador, si alguien arroja sobre un muerto un vestido hecho de lana, o con pieles de animales, aunque no fuesen más grandes que el pie de un hombre,

66. ¿Cuál es su pena?

67. Ahura-Mazda respondió: «Que le peguen cuatrocientas veces con el aguijón y otras cuatrocientas veces con el craosho-charaná.»

68. Creador, si alguien arroja sobre un muerto un vestido hecho con lana o con pieles de animales, aunque no fuese más grande que un calzado,

---

[118] Esta oración forma parte del Izeschné. Anquetil-Duperron la traduce de este modo: "Es la oración que trae el cumplimiento de los deseos del hombre piadoso."

69. ¿Cuál es su pena?

70. Ahura-Mazda respondió: «Que le peguen seiscientas veces con el aguijón, y otras seiscientas con el craosho-charana.»

71. Creador, si alguien arroja sobre un muerto un vestido de lana o de pieles de animales, tan grande como el vestido de un hombre,

72. ¿Cuál debe ser la pena?

73. Ahura-Mazda respondió: «Que le peguen mil veces con el aguijón y otras mil con el craosho-charana.»

74. Creador, si alguno deja involuntariamente que su semilla se derrame,

75. ¿Cuál es la pena?

76. Ahura-Mazda respondió: «Que le peguen ochocientas veces con el aguijón y otras ochocientas con el craosho-charana.»

77. Creador, si alguno deja voluntariamente perderse su semilla,

78. ¿Cuál es la pena?

79. ¿Cuál su pecado?

80. ¿Cuál la purificación?

81. Ahura-Mazda respondió: «No hay pena, no hay purificación

82. Para estos actos son para siempre inexpiables.

83. Pero con respecto a aquellos que pueden ser expiados, hay que obrar de la manera siguiente:

84. Si alguien venera y ejecuta la ley mazdayánica,

85. O si ni venera ni escucha la ley;

86. La Ley borrará sus pecados de aquellos que venera la ley mazdayánica,

87. Si no cometen ya más acciones culpables.

88. Porque la ley, ¡oh santo Zarathustra! libera de sus lazos al hombre que la venera.

89. Ella borra el engaño.

90. Ella borra el asesinato de un hombre puro.

91. Ella borra el enterrar a los muertos.

92. Ella borra los actos inexpiables.

93. Ella borra la deuda más considerable.

94. Ella borra todos los pecados que el hombre ha cometido.

95. La ley, ¡oh santo Zarathustra! se lleva todo cuanto hay de malo en los pensamientos, las palabras y los actos de un hombre puro, así como el viento rápido y fuerte purifica el cielo.

96. Hay buenos resultados, ¡oh santo Zarathustra! si se realizan buenas acciones.

97. La ley mazdayánica suprime enteramente todas las penas.»

98. Creador, ¿qué es un Daeva? ¿Qué es un adorador de los Daevas?

99. ¿Cuál es el compañero de los Daevas? ¿Cuál es aquel que sirve de mansión a los Daevas?

100. ¿Qué es la concubina de un Daeva? ¿Cuál es aquel que él mismo es un Daeva?

101. ¿Qué es un Daeva entero? ¿Quién se vuelve antes de la muerte un Daeva? ¿Quién es después de su muerte un Daeva incorporal?

102. Ahura-Mazda respondió: «Aquel que tiene con los hombres un comercio ilícito o que a él se somete por orden suya, ¡oh santo Zarathustra!

103. Es un Daeva, es un adorador de los Daevas; es un compañero de los Daevas; es un vaso (una mansión) de los Daevas;

104. Es un Daeva él mismo, es un Daeva entero (completo).

105. Es antes de su muerte un Daeva; tras su muerte será un Daeva incorporal,

106. Si se entrega con otro hombre a actos infames.»

107. Creador, ¿cómo serán purificados los hombres, ¡oh santo Ahura-Mazda! que hayan estado junto al cadáver desecado de un hombre muerto hace más de un año?

108. Aura-Mazda respondió: «Son puros, ¡oh puro Zarathustra!

109. Porque lo que es seco no se vincula en lo que es, pues si fuese de otro modo,

110. Todos los seres dotados de cuerpo que hay en el Mundo, del que soy soberano, estarían pronto desprovistos de toda pureza y verían sus cuerpos manchados de pecados, a causa de la multitud de cuantos han muerto en esta Tierra.»

111. Creador, ¿cómo llegan a ser puros, ¡oh puro Ahura-Mazda,

112. Los que han encontrado el cadáver de un perro o de un hombre muerto?

113. Ahura-Mazda respondió: «Se vuelven puros, ¡oh puro Zarathustra!

114. De la manera siguiente:

115. Si el cadáver ha sido ya deshecho por los perros carniceros o por las aves de presa,

116. Pueden purificar su cuerpo con orina de vaca y agua, con lo que vuelven a ser puros,

117. Pero si estos cadáveres no han sido aún devorados por los perros carniceros y por las aves de presa,

118. Esos mazdayasnas deben, la primera vez, hacer tres agujeros en esta Tierra,

119. Deben, al punto, purificar su cuerpo con orina de vaca, no con agua.

120. Y deben traer delante de ellos a los perros; no hay que traerlos detrás, ni traerlos desde el principio (antes de la primera ablución).

121. La segunda vez los masdayasnas deben hacer tres agujeros en esta Tierra.

122. Deben, al punto, purificar su cuerpo con orina de vaca, no con agua.

123. Deben traer ante ellos los perros; no es preciso traerlos detrás, ni traerlos desde el principio (antes de la primera ablución).

124. Deben esperar hasta que la punta de los pelos que hay sobre la parte superior de la cabeza esté seca.

125. A la tercera vez, estos mazdayasnas deben hacer tres agujeros en esta Tierra, a tres pasos de los ya hechos.

126. Pueden, entonces, purificar su cuerpo con agua, no con orina.

127. Deben, en primer lugar, lavarle las manos.

128. Si las manos no son lavadas, todo el cuerpo permanece impuro.

129. Cuando las manos han sido lavadas tres veces, entonces con las manos lavadas,

130. Que rieguen por delante la parte superior de su cabeza.»

131. Creador, cuando el agua pura riega por delante la parte superior de su cabeza,

132. ¿Adónde se retira el Druhs Nasus?

133. Ahura-Mazda respondió: «El Drukhs Nasus se retira entre las cejas de este hombre.»

134. Creador, cuando el agua pura llega hasta entre las cejas de este hombre,

135. ¿Adónde este Drukhs Nasus se retira?

136. Ahura-Mazda respondió: «Ese Drukhs Nasus se retira sobre la nuca.»

137. Creador, cuando el agua pura llega a la nuca,

138. ¿Adónde se va el Drukhs Nasus?

139. Ahura-Mazda respondió: «El Druks Nasus se va a sus mejillas.»

140. Creador, cuando el agua pura llega a sus mejillas,

141. ¿Adónde se va el Drukhs Nasus?

142. Ahura-Mazda respondió: «El Drukhs Nasus se va a su oreja derecha.»

143. Creador, cuando el agua llega a su oreja derecha,

144. ¿Adónde se retira el Drukhs Nasus?

145. Ahura-Mazda respondió: «El Drukhs Nasus se va a su oreja irquierda.»

146. Creador, cuando el agua pura llega a su oreja izquierda,

147. ¿Adónde se retira el Drukhs Nasus?

148. Ahura-Mazda respondió: «El Drukhs Nasus se va al hombro derecho.»

149. Creador, cuando el agua pura llega al hombro derecho,

150. ¿Adónde el Drukhs Nasus se retira?

151. Ahura-Mazda respondió: «El Drukhs Nasus se va al hombro izquierdo.»

152. Creador, cuando el agua pura llega al hombro izquierdo,

153. ¿Adónde el Drukhs Nasus se retira?

154. Ahura-Mazda respondió: «Este Drukhs Nasus se va a la cadera derecha.»

155. Creador, cuando el agua pura llega a la cadera derecha,

156. ¿Adónde se va el Drukhs Nasus?

157. Ahura-Mazda respondió: «El Drukhs Nasus se va a la cadera izquierda.»
158. Creador, cuando el agua pura llega a la cadera izquierda,
159. ¿Adónde va el Drukhs Nasus?
160. Ahura-Mazda respondió: «El Drukhs Nasus se va a la parte superior del pecho.»
161. Creador, cuando el agua pura llega a la parte superior del pecho,
162. ¿Adónde se va el Drukhs Nasus?
163. Ahura-Mazda respondió: «El Drukhs Nasus se marcha a su espalda.»
164. Creador, cuando el agua llega a la espalda,
165. ¿Adónde se va el Drukhs Nasus?
166. Ahura-Mazda respondió: «El Drukhs Nasus se va al pezón derecho.»
167. Creador, cuando el agua pura llega al pezón derecho,
168. ¿Adónde se va el Drukhs Nasus?
169. Ahura-Mazda respondió: «El Drukhs Nasus se va al pezón izquierdo.»
170. Creador, cuando el agua pura llega al pezón izquierdo,
171. ¿Adónde se va el Drukhs Nasus?
172. Ahura-Mazda respondió: «El Drukhs Nasus se va a la costilla derecha.»
173. Creador, cuando el agua pura llega a la costilla derecha,
174. ¿Adónde se va el Drukhs Nasus?
175. Ahura-Mazda respondió: «El Drukhs Nasus se va a la cadera izquierda.»
176. Creador, cuando el agua pura llega a la cadera izquierda,
177. ¿Adónde se va el Drukhs Nasus?
178. Ahura-Mazda respondió: «El Drukhs Nasus se va a la cadera derecha.»
179. Creador, cuando el agua pura llega a la cadera derecha,
180. ¿Adónde se va el Drukhs Nasus?
181. Ahura-Mazda respondió: «El Drukhs Nasus se va a cadera izquierda.»
182. Creador, cuando el agua pura llega a la cadera izquierda,
183. ¿Adónde se va el Drukhs Nasus?
184. Ahura-Mazda respondió: «El Druks Nasus se va al bajo vientre.
185. Si se trata de un hombre, riégale en primer lugar por detrás, luego por delante.
186. Si se trata de una mujer, riégala primero por delante, luego por detrás.»
187. Creador, cuando el agua pura llega al bajo vientre,
188. ¿Adonde se va el Drukhs Nasus?
189. Ahura-Mazda respondió: «El Drukhs Nasus se va (¡por tercera vez!) a la cadera derecha.»

190. Creador, cuando el agua pura llega a la cadera derecha,

191. ¿Adónde se va el Drukhs Nasus?

192. Ahura-Mazda respondió: «El Drukhs Nasus se va a la cadera izquierda.»

193. Creador, cuando el agua pura llega a la cadera izquierda.

194. ¿Adónde se va el Drukhs Nasus?

195. Ahura-Mazda respondió: «El Drukhs Nasus se va a la rodilla derecha.»

196. Creador, cuando el agua llega a la rodilla derecha,

197. ¿Adónde se va el Drukhs Nasus?

198. Ahura-Mazda respondió: «El Drukhs Nasus se va a la rodilla irquierda.»

199. Creador, cuando el agua pura llega a la rodilla izquierda.

200. ¿Adónde se va el Drukhs Nasus?

201. Ahura-Mazda respondió: «El Drukhs Nasus se va sobre el hueso de la pierna derecha.»

202. Creador, cuando el agua pura llega al hueso de la pierna derecha,

203. ¿Adónde se va el Drukhs Nasus?

204. Ahura-Mazda respondió: «El Drukhs Nasus se va al hueso de la pierna izquierda.»

205. Creador, cuando el agua pura llega al hueso de la pierna izquierda,

206. ¿Adónde se va el Drukhs Nasus?

207. Ahura-Mazda respondió: «El Drukhs Nasus se va al pie derecho.»

208. Creador, cuando el agua pura llega al pie derecho,

209. ¿Adónde se va el Drukhs Nasus?

210. Ahura-Mazda respondió: «El Druks Nasus se va al pie izquierdo.»

211. Creador, cuando el agua pura llega al pie izquierdo,

212. ¿Adónde se va el Drukhs Nasus?

213. Ahura-Mazda respondió: «El Drukhs Nasus se va al tobillo del pie derecho.»

214. Creador, cuando el agua pura llega al tobillo del pie derecho,

215. ¿Adónde se va el Drukhs Nasus?

216. Ahura-Mazda respondió: «El Drukhs Nasus se va al tobillo del pie izquierdo.»

217. Creador, cuando el agua pura llega al tobillo del pie izquierdo,

218. ¿Adónde se va el Drukhs Nasus?

219. Ahura-Mazda respondió: «Será relegado bajo la planta de los pies como las alas de una mosca.

220. Entonces, extendiendo los dedos de su pie, y levantando el talón,

221. Debes regar la planta de su pie derecho.

222. Entonces del Drukhs Nasus se retirará a la planta del pie izquierdo.

223. Entonces debes regar su pie izquierdo.

224. Entonces el Drukhs Nasus se retirará bajo los dedos del pie como el ala de una mosca.

225. Entonces, extendiendo los dedos de su pie, y levantando el talón,

226. Debes regar los dedos de su pie derecho.

227. Entonces el Drukhs Nasus se retirará a los dedos del pie izquierdo. Extiende los dedos de su pie izquierdo,

228. Y entonces el Drukhs Nasus será expulsado hacia las regiones septentrionales (¡al fin!) con la forma de una mosca.»

229. Creador, cuando los mazdayasnas, yendo a pie, o en un barco, o sobre un animal, o llevados sea de la manera que sea,

230. Llegan junto a un fuego en el cual se queman cadáveres,

231. Donde se queman o donde son puestos cadáveres para quemarlos,

232. ¿Cómo deben conducirse? ¿Qué deben hacer?

233. Ahura-Mazda respondió: «Deben golpear aquel fuego que devora los cadáveres.

234. Deben golpear la parte de encima.

235. Deben deshacer la hoguera.

236. Deben llevarse al muerto.

237. Que se encienda fuego con madera nueva.

238. Con árboles que contengan gérmenes de fuego.

239. O con árboles que ardan rápidamente y den fuerza al fuego.

240. Que esparzan estos árboles sobre el fuego.

241. Con objeto de que se consuma cuanto más deprisa mejor.

242. El primero que traiga el primer brazado de madera, debe dejarlo por tierra,

243. A un vitasti del fuego que ha quemado el cadáver.

244. Y debe esparcir esta madera sobre el fuego, con objeto de que se consuma lo más rápidamente posible.

245. Que se ponga en tierra el segundo, el tercero, el cuarto, el quinto, el sexto, el séptimo, el octavo, el noveno brazado de madera a un vitasti del fuego que ha consumido el cadáver.

246. Si se lleva allí madera en la pureza, ¡oh santo Zarathustra!

247. Madera de Urvasni, de Bohu-Kereta, de Hadha-Naepta o de algún otro árbol aromático,

248. Sea cual sea el lado hacia el que el viento extienda el olor del fuego,

249. De allí el fuego de Ahura-Mazda llegará como siendo capaz de causar la muerte,

250. De un millar de Daevas invisibles que salen de las tinieblas. Un millar de perversas criaturas, de Yatus y de Pairikas [119].»

---

[119] Anquetil-Duperron traduce del siguiente modo este pasaje bastante oscuro de por sí: "Que el olor del fuego de Ormuzd (Aura Mazda) se extiende hacia las (diferentes) partes (del Mundo), por mil lados, y destruye a los Devs ocultos (en

251. Creador, si alguien lleva a su morada ordinaria el fuego que ha devorado a un cadáver,

252. ¿Cuál será la recompensa de este hombre, cuando el cuerpo y el alma se hayan separado?

253. Ahura-Mazda respondió: «Será igual a la que tendría si hubiese llevado a su casa diez mil tizones encendidos del fuego ordinario» [120].

254. Creador, si un hombre apaga el fuego de la injusticia, si lleva (a su morada) el fuego con el cual se cuecen en los hornos los vasos de tierra, si lleva el fuego con el cual son trabajados los minerales, el fuego de un taller donde el oro es trabajado, el fuego de un taller donde el hierro es trabajado, el fuego de un taller donde la piedra es trabajada, el fuego de un taller de fundidor; si lleva el fuego lejos de los rebaños, lejos de los caminos por donde pasan los animales domésticos, lejos de un campo (cultivado), lejos de las habitaciones.

255. ¿Cuál será la recompensa a este hombre, cuando el alma y el cuerpo se separen?

256. Ahura-Mazda respondió: «Sería igual a la que tendría si hubiese llevado a su morada mil tizones encendidos del fuego ordinario.

257. Como si hubiese llevado al lugar conveniente, quinientos braseros encendidos.

258. Como si hubiese llevado al lugar conveniente, cuatrocientos braseros encendidos.

259. Ahura-Mazda añadió: «Tantos cuantos vasos hay, tantos cuantos vasos lleva al lugar conveniente.

260. Tantos cuantos árboles hay, otros tantos fuegos lleva al lugar conveniente [121].

261. Lleva al lugar conveniente cien fuegos.

262. Lleva al lugar conveniente noventa fuegos.

263. Lleva al lugar conveniente ochenta fuegos.

---

el crimen), gérmenes de tinieblas, los Durvands de dos pies, los Magos y los Parsis."

[120] Anquetil traduce de este modo: "Ella será la misma que si, en el Mundo que existe por mi potencia, llevase prontamente al Dadgah diez mil fuegos ardientes", y añade: "el mérito de esta acción es proporcionado al grado de mancha de que se libra al fuego, y a la dificultad que puede haber en llevarle al Dadgah, ocasionada por el alejamiento del Dadgah".

[121] Los versículos 259 y 260 carecen, en realidad, de sentido e incluso no parece que sean continuación de lo anterior ni antecedente de lo que sigue. Aun traduciendo en el 259 en vez de Ahura Mazda respondió, Ahura Mazda añadió, no se adelantaría gran cosa; el texto está tan corrompido que habría que inventarlos enteramente de querer que tuviesen algún sentido. ¿Pero acaso lo tiene lo que sigue si se piensa en la respuesta de Ahura Mazda que leemos en el versículo 270?

264. Lleva al lugar conveniente setenta fuegos.
265. Lleva al lugar conveniente sesenta fuegos.
266. Lleva al lugar conveniente cincuenta fuegos.
267. Lleva al lugar conveniente cuarenta fuegos.
268. Lleva al lugar conveniente treinta fuegos.
269. Lleva al lugar conveniente veinte fuegos.»
270. Ahura-Mazda dijo aún: «Su recompensa será igual a la que tendría si el Mundo de los seres dotados de cuerpo, trajese diez fuegos al lugar conveniente.»
271. Creador, ¿cómo será purificado un hombre, ¡oh puro Ahura-Mazda! que sea encontrado junto a un muerto en un lugar desierto y alejado de toda casa?
272. Ahura-Mazda respondió: «Será purificado, ¡oh puro Zarathustra!
273. Del modo siguiente:
274. Cuando el cadáver ha sido ya destrozado por un perro carnicero o por las aves,
275. Entonces puede lavar su cuerpo con orina de vaca.
276. Que se lave treinta veces, que se frote treinta veces las manos,
277. Lavándose también la cabeza.
278. Cuando el cadáver no ha sido aún destrozado por un perro carnicero ni por las aves,
279. Que se lave quince veces, que se frote quince veces,
280. Que recorra la extensión del primer Hathra,
281. Que se apresure a correr ante él,
282. Hasta que alguien de este Mundo dotado de cuerpo venga a su encuentro; entonces que grite en voz alta:
283. Yo he venido cerca de un cuerpo muerto sin desearlo en pensamientos, palabras y actos.
284. Mi deseo es la purificación.
285. Si corre y haciéndolo encuentra a un hombre;
286. Si este hombre no le purifica, tendrá por su parte la tercera parte del acto.
287. Que recorra la extensión de un segundo Hathra.
288. Cuando la haya recorrido y encuentre una segunda persona,
289. Si no le purifica tampoco,
290. Se hace culpable de la mitad del acto.
291. Que recorra la extensión de un tercer Hathra.
292. Y si encuentra una tercera persona,
293. Si no le purifica, se hace responsable del acto entero.
294. Que continúe avanzando rápidamente,
295. Hasta que encuentre la primera morada, aldea o caserío; entonces que levante la voz,

296. Y diga: Yo he llegado junto a un cuerpo muerto sin desearlo en pensamientos palabras ni actos.

297. Mi deseo es la purificación.

298. Si corre y haciéndolo encuentra a un hombre;

299. Si no le purifica, que purifique su cuerpo con orina de vaca y agua, y quedará puro.»

300. Creador, si el agua está en el camino,

301. Y el que está impuro entra en esta agua, lo que merece castigo,

302. ¿Cuál es la pena?

303. Ahura-Mazda respondió: «Cuatrocientos golpes con el aguijón, y otros cuatrocientos con el craosho-charana.»

304. Creador, si hay árboles en medio del camino,

305. O fuego, y el que está impuro va por *él,*

306. ¿Cuál es la pena?

307. Ahura-Mazda respondió: «Cuatrocientos golpes con el aguijón y otros cuatrocientos con el craosho-charana.

308. Es la pena, es la expiación,

309. Que el hombre puro debe cumplir; si no la cumple,

310. Irá a la mansión de los Drujas.»

NOVENO FARGARD

En este fargard se trata ampliamente de algo ya indicado, bien que someramente, en el capítulo anterior, a saber, de las ceremonias necesarias para la purificación de aquellos que han estado en contacto con los cadáveres. Viene al punto la indicación de las recompensas a las que tienen derecho los sacerdotes necesarios para tan importante ceremonia. Como, en efecto, tal ceremonia en esta religión tiene particular importancia, y como el texto del Vendidad es con frecuencia oscuro, los traductores y comentaristas, empezando por Anquetil-Duperrón, se han solido permitir dejar a un lado el texto y fantasear por su cuenta. Pero yo creo que por buena que sea la intención de informar al lector, en ocasiones como ésta debemos contentarnos con el texto tal cual esté sin meternos a rehacerle por nuestra cuenta, pues quienes únicamente podrían hacer esto sería en tal caso los propios sacerdotes parsis, enmendando con una prudente mezcla de celo religioso y de interés crematístico lo necesario para completar su particular trípode religioso; es decir, a Ahura-Mazda, a los clientes siempre ávidos de ceremonias, y a su estómago.

1. Zarathustra preguntó a Ahura-Mazda: Ahura-Mazda, celeste y muy santo creador de los seres dotados de cuerpo,

2. ¿Cómo los hombres que están en el Mundo de los seres dotados de cuerpo deben conducirse,

3. Con objeto de purificar el cuerpo de aquel que se ha vuelto impuro a causa de haber tocado un cuerpo muerto?

4. Ahura-Mazda respondió: «Deben dirigirse, ¡oh santo Zarathustra! hacia un hombre puro,

5. Que pronuncie palabras verdaderas y que recite el Manthra (el *Avesta);*

6. Y que conozca perfectamente la ley de los mazdayasnas.

7. Cortará los árboles de acuerdo con la longitud de esta tierra;

8. En una longitud de nueve vihazu, y por cada uno de los cuatro costados,

9. En el sitio que esta tierra está más desprovista de agua y de árboles, donde el país es muy puro y seco;

10. Allí donde están los caminos, donde se encuentran menos ganados, bestias de tiro, el fuego de Ahura-Mazda, el baresma que va unido a la santidad y el hombre puro.»

11. Creador, ¿a qué distancia del fuego, a qué distancia del agua, a qué distancia del baresma a qué distancia del hombre puro?

12. Ahura-Mazda respondió: «A treinta pasos del fuego, a treinta pasos del agua, a treinta pasos del baresma, a tres pasos del hombre puro.

13. Debes practicar un primer agujero profundo de dos dedos si el verano ha transcurrido, profundo de cuatro dedos si el invierno ha transcurrido.

14. Debes practicar un segundo agujero, un tercero, un cuarto, un quinto, un sexto, cada uno a un paso del otro.»

15. ¿Cuál debe ser la extensión de este paso? —«Tres pies.

16. Debes excavar otros tres agujeros,

17. Profundos de dos dedos, si el verano ha transcurrido, profundos de cuatro dedos, si el invierno ha transcurrido.»

18. ¿A qué distancia de los primeros? —«A tres pasos.»

19. ¿Qué extensión deben formar estos tres pasos?

20. «La extensión de nueve pies.

21. Traza un surco mediante un útil puntiagudo de metal.»

22. ¿A qué distancia de los agujeros? —«A tres pasos.»

23. ¿Qué extensión deben formar estos tres pasos?

24. «La extensión de nueve pies.

25. Haz al punto doce surcos.

26. Tres separados y encierra el uno en el otro.

27. Tres separados y encerrados en los precedentes.

28. Tres separados y colocados enteramente por encima, tres separados y colocados enteramente por debajo [122].

---

[122] Como estas descripciones son un poco complicadas, Anquetil-Duperron juzgó oportuno explicarlas mediante una figura. Se pregunta uno si vale la pena de aclarar aquellas cosas y prácticas que, si precisamente producen algún efecto es, no hay duda, a causa de que su misma oscuridad e incomprensión las da carácter

29. Trae tres piedras al espacio de nueve pies que habrán formado los tres pasos.

30. Del safa, o del dadru, o del zao-vareta, o de alguna variedad de tierras duras (123).

31. Al punto, que aquel que está manchado se acerque a estos agujeros.

32. Entonces colócate, ¡oh Zarathustra! junto al surco exterior.

33. Recita estas palabras: *Nemascha ya armaitis yjacha* (124).

34. Que el hombre manchado repita: *Nemascha ya armaitis yjacha.*

35. Este Drukhs quedará privado de toda fuerza, mediante cada una de estas palabras.

36. Por la derrota del perverso Agra-Menyús;

37. Por la derrota de Aeshma, cuyo ataque es violento.

38. Por la derrota de los Daevas nazanianos.

39. Por la derrota de todos los Daevas.

40. Es preciso entonces echar orina de vaca en un vaso (recipiente) de hierro o de plomo.

41. Debes extenderla; luego coger un palo que tenga nueve nudos.

42. Colocar el vaso de plomo delante del palo.

43. Luego y ante todo, que sean lavadas las manos de aquel a quien se trata de purificar.

44. Si sus manos no son, ante todo, lavadas,

45. Todo su cuerpo se torna impuro.

46. Cuando sus manos han sido lavadas tres veces,

47. Entonces con las manos lavadas,

48. Riégale la parte superior de la cabeza.

49. Entonces el Drukhs Nasus cae en el intervalo entre las cejas de este hombre,

50. Riega sus cejas.

51. Entonces el Drukhs Nasus cae sobre la nuca,

52. Riega la nuca.

---

maravilloso y eficaz. La llave de la fe, en la mayor parte de las religiones, es precisamente el esoterismo; lo que queda, según afirman los que viven de ellas, fuera de la comprensión; lo misterioso o archimisterioso. Pues de estar al alcance de la inteligencia y poder ser explicados y demostrados fácilmente, ¿podrían sentarse y hacer florecer en los vastos campos de la fe la mayor parte de los credos y la casi totalidad de los dogmas?

(123) No habiendo sido posible saber de qué clase de piedras se trata, traductores y comentaristas se han visto reducidos a transcribir, simple y fonéticamente, estas palabras.

(124) Esta oración o conjuro de encantamiento o desencantamiento, se encuentra en la segunda parte del *Yasna*. Anquetil-Duperron la traduce de este modo: "Dirijo mi oración a la dulce tierra; que mi rey (que es) inteligente, marche (mucho tiempo) por ella."

53. Entonces el Drukhs Nasus cae sobre la mandíbula,
54. Riega la mandíbula.
55. Entonces el Drukhs Nasus cae sobre la oreja derecha,
56. Riega la oreja derecha.
57. Entonces el Drukhs Nasus cae sobre la oreja izquierda,
58. Riega la oreja izquierda.
59. Entonces el Drukhs Nasus cae sobre el hombro derecho,
60. Riega el hombro derecho.
61. Entonces el Drukhs Nasus cae sobre el hombro izquierdo,
62. Riega el hombro izquierdo.
63. Entonces el Drukhs Nasus cae sobre el sobaco derecho,
64. Riega el sobaco derecho.
65. Entonces el Drukhs Nasus cae sobre el sobaco izquierdo,
66. Riega el sobaco izquierdo.
67. Entonces el Drukhs Nasus cae sobre la parte superior de su pecho,
68. Riega la parte superior de su pecho.
69. Entonces el Drukhs Nasus cae sobre la espalda,
70. Riega la espalda.
71. Entonces el Drukhs Nasus cae sobre el pezón derecho,
72. Riega el pezón derecho.
73. Entonces el Drukhs Nasus cae sobre el pezón izquierdo,
74. Riega el pezón izquierdo.
75. Entonces el Drukhs Nasus cae sobre el costado derecho.
76. Riega el costado derecho.
77. Entonces el Drukhs Nasus cae sobre el costado izquierdo,
78. Riega el costado izquierdo.
79. Entonces el Drukhs Nasus cae sobre la cadera derecha,
80. Riega la cadera derecha.
81. Entonces el Drukhs Nasus cae sobre la cadera izquierda,
82. Riega la cadera izquierda.
83. Entonces el Drukhs Nasus cae sobre el bajo vientre,
84. Riega el bajo vientre.
85. Si se trata de un hombre, riégale primeramente por detrás, luego por delante.
86. Si se trata de una mujer, riégala primero por delante y luego por detrás.
87. Entonces el Drukhs Nasus cae sobre el hueso de la pierna derecha,
88. Riega el hueso de la pierna derecha.
89. Entonces el Drukhs Nasus cae sobre el hueso de la pierna izquierda,
90. Riega la pierna izquierda.
91. Entonces el Drukhs Nasus cae sobre la rodilla derecha,
92. Riega la rodilla derecha.
93. Entonces el Drukhs Nasus cae sobre la rodilla izquierda,

94. Riega la rodilla izquierda.
95. Entonces el Drukhs Nasus cae sobre el tobillo del pie derecho,
96. Riega el tobillo del pie derecho.
97. Entonces el Drukhs Nasus cae sobre el tobillo del pie izquierdo,
98. Riega el tobillo del pie izquierdo.
99. Entonces el Drukhs Nasus cae sobre el pie derecho.
100. Riega el píe derecho.
101. Entonces el Drukhs Nasus cae sobre el pie izquierdo.
102. Riega el pie izquierdo.
103. Entonces el Drukhs Nasus cae sobre el talón derecho,
104. Riega el talón derecho.
105. Entonces el Drukhs Nasus cae sobre el talón izquierdo,
106. Riega el talón izquierdo.
107. Entonces el Drukhs Nasus cae sobre la planta de los pies como una mosca que tuviese alas,
108. Entonces, cogiéndole por los dedos de los pies y levantando el talón,
109. Riega la planta del pie derecho.
110. Entonces el Drukhs Nasus se coloca sobre la planta del pie izquierdo,
111. Riega la planta del pie izquierdo.
112. Entonces el Drukhs Nasus se coloca sobre los dedos de los pies como una mosca que tuviese alas,
113. Entonces, extendiendo los dedos de su pie, y levantando el talón,
114. Debes regar los dedos del pie derecho.
115. Entonces el Drukhs Nasus se retira bajo los dedos del pie izquierdo,
116. Riega los dedos del pie izquierdo.
117. Entonces el Drukhs Nasus será expulsado a las regones septentrionales bajo la forma de una mosca [125].

---

[125] Jolines con el Drukhs Nasus! Perdóname, lector, que por necesidad de ajustarme al texto haya tenido que hacerte leer este rosario de estupideces puestas por quién sabe qué mago de los que estropearon la religión de Zarathustra, en boca del buenísimo Ahura Mazda. Y para indemnizarte y que descanses un poco de la fatiga que te habrá causado la punto menos que insoportable letanía, te voy a contar un cuento que me ha recordado el latazo anterior. Se trata de dos amigos que había aquí en la Tierra que, no obstante ser enteramente opuestos y por ello mismo, no podían vivir el uno sin el otro; eran como uña y carne, como el muérdago y la encina, inseparables, ¡ea! Inseparables hasta que la benéfica muerte que no respeta uniones, amistades, ni lazos y poder alguno de la Tierra, vino a separarlos. En efecto, yendo juntos de excursión en un aparato mecánico de dos ruedas, se les echó encima otro de cuatro, y mientras Pedro, el malo, pues incluso los dos se llamaban Pedro, salía del accidente con sólo unos chichones, él, el malísimo, el rematado, el representante aquí de Satanás, el que llamándole canalla, sinvergüenza, ladrón y hasta impío, apenas se empezaban, a enumerar sus

118. Debes (es el momento), recitar estas palabras cuyo poder es grandísimo: *Yata, ahu, vezyo.*
119. En el primer agujero, el hombre quedará libre del Nasus.
120. En el segundo agujero debes pronunciar las mismas palabras, y en el tercero, y en el cuarto y en el quinto y en el sexto. El hombre manchado debe

---

muchas y variadas cualidades, el otro Pedrito, el angelical, pues verdaderamente era un santo, se fue tras quedar su cuerpo como las piedras con asfalto cuando sobre ellas pasa la apisonadora, ¡se fue al Paraíso! No vemos en ello injusticia ni un acto de ciega y torcida fatalidad, puesto que, por el contrario, era lo natural y, si bien se mira la cosa, lo justo y hasta lo conveniente, pues al punto, dejando al fin a aquel demonio de amigo, se encontró frente a San Pedro que le abría sin que ni que llamar tuviese, la puerta del Cielo, mientras le decía afabilísimamente: Entra, entra, hijo mío y bien venido seas. ¡Esos dichosos conductores que sin tener que ir a parte alguna con prisa corren disparados a más de cien por hora! ¡Al Infierno irán todos donde se los unciará a norias tan profundas que no podrán pasar de un par de kilómetros por latigazos que reciban! En cuanto a ti hijito, como hoy Dios no puede recibirte, toma esta túnica azul, póntela, ve a aquel armario donde hay arpas, coge una y encaramándote a aquella nubecilla rosa, entretente entonando alabanzas al Señor. Cuando llegue la noche, vuelve el arpa al armario, y mañana ya te diré. Y en efecto, Pedrito se puso la túnica, fue al armario, se hizo con un arpa, y sentado en la nubecilla rosa empezó a entonar alabanzas en honor del Señor, y no mal por cierto, pues tenía bastante buena voz.

Entre tanto en la Tierra (no olvidemos que en el Cielo los días son mucho, mucho más largos que aquí, aunque a causa de la felicidad de los que allí están, los bienaventurados no lo adviertan en demasía), llegó al fin el momento en que Pedro, el malo, pasó, a su vez, a mejor vida. Pero qué digo mejor, cerrar los ojos por última vez, sentirse cogido por el pescuezo y transportado al Infierno, fue todo uno. Y apenas llegado cual no sería por una parte su alegría y por otra su estupor, al encontrarse de manos a boca con el no olvidado amigo, ¡con su Pedrito! ¡Con su angelical Pedrito! Cuando, tras el larguísimo abrazo, la emoción le permitió hablar, exclamó: —¿Pero, como tú aquí, Pedrito? ¿No fuiste al Cielo? —¡Sí!—suspiró Pedrito tristemente—.— ¿Entonces? —Pues verás, llegué, me recibió San Pedro, y como Dios no podía recibirme aquel día, me dio una túnica preciosa, un arpa, y me encargó que entretuviese el tiempo entonando alabanzas al Señor. —Que gustarían mucho, porque con la voz que tienes... —Sí, tal vez; pero en el cielo los días son muy largos, las nubes muy húmedas y horas y horas entonando cantatas... Y al día siguiente lo mismo: Coge un arpa, vete a aquella otra nube y sigue cantando... Y así el tercero y el cuarto, y el quinto, y siempre: Mañana será cuando veas a Dios, hoy coge el arpa... Hasta que, al fin, me dijo una tarde: De mañana sí que no pasa, te lo aseguro, puedes dormir tranquilo. Y a la mañana siguiente, al acudir lleno de esperanza, me suelta: Qué contrariedad, Pedrito, figúrate que hoy tampoco, pero que de mañana no pasa, te doy mi palabra, de modo que anda, coge el arpa y... Y yo, sin poder contenerme, exclamé: ¡Jolines con el arpa! (Bueno, en vez de jolines dije otra palabra que empieza por ce.) Y desde entonces estoy en el Infierno.

sentarse en medio del agujero, en el interior del espacio que forman los otros agujeros,

121. A una distancia de cuatro dedos.

122. Que se purifique con tierra lavándose con ella completamente.

123. Hay que frotarle quince veces con tierra.

124. Hay que esperar a que los cabellos colocados en la parte superior de su cabeza estén secos.

125. Hasta que su cuerpo esté seco, hasta que el polvo esté seco [126].

---

[126] Sin duda hay que comprender, aunque el texto no lo específica, que todos estos frotes y lavamientos purificantes debían de ser hechos con tierra húmeda, pues de otro modo no se comprende que hubiese que esperar a que cabellos y cuerpo estuviesen secos. Pero es que los textos han sufrido tantas manipulaciones, tantos retoques, tantas alteraciones y han sido víctimas de tantas copias, que no se pueden tomar sino para darse una idea de lo que era y fue la religión de Zarathustra, es decir la de los antiguos persas, una vez que los famosos magos se apoderaron de ella y, para explotarla valiéndose de la ignorancia y general fanatismo, la transformaron en todo lo que vamos leyendo. Los *magos* eran, como se sabe, primitivamente, una de las seis tribus que formaban la confederación de los medos. Como los levitas en Palestina, ellos se especializaron en el conocimiento y práctica del ritual religioso. De la religión de los magos apenas queda otra cosa que los *gatha* conservados en el *Avesta*, que, además, nada tenían que ver con ellos si, como se supone, es cuanto queda de lo que predicó Zarathustra, cuya doctrina ellos, como he dicho, transformaron a su gusto y conveniencia. En todo caso, sus tradiciones más o menos modificadas, se fueron transmitiendo, particularmente en Persia, en tiempo de los Arsácidas hasta llegar a ser la religión del Estado, muy especialmente al advenimiento de los Sasánidas. Como se sabe, los Arsácidas fueron 28 reyes cuya dinastía duró desde el año 256 antes de nuestra era hasta el 224 de ella. El último monarca, Artabán V, fue vencido por los romanos con la complicidad del lugarteniente del monarca, Ardeshir Babogan, puesto en el trono por los vencedores en pago a su traición y fundador de la dinastía de los Sasánidas. Durante esta dinastía, los magos fueron objeto de una gran veneración, llegando a constituir una verdadera casta, un positivo Estado dentro del Estado. Una vez más se dio el caso de un traidor que, elevado por las circunstancias a la cabeza de un Estado, tuviese, para afianzar y consolidar su poder ilegítimamente adquirido, que acudir a todos los posibles apoyos, entonces a los magos, sin darse cuenta o sin preocuparse de que éstos, con el tiempo, llegarían a ser tan fuertes o más que sus descendientes. Poderosos, fanáticos e intolerantes, los magos de la época de los Sasánidas, persiguieron implacablemente a los adeptos de otras religiones. Una vez dueños del gran bollo, no consentían que nadie tratase de compartirlo con ellos, y con el pretexto de que su religión era la mejor y la única verdadera, no admitieron otra en sus dominios. Su modo de obrar ni era el primero ni había de ser el último. Algunos de aquellos magos, pertenecientes a las clases inferiores, recorrieron el mundo romano entregándose con gran fortuna a prácticas de baja magia, a causa de lo cual el

126. Entonces el hombre manchado debe ir hacia los otros agujeros.

127. En el primer agujero, debe lavarse dos veces con agua; purificará siempre su cuerpo.

128. En el segundo agujero, debe lavarse dos veces con agua; purificará siempre su cuerpo.

129. En el tercer agujero, debe lavarse tres veces con agua; seguirá purificando su cuerpo.

130. Entonces que se hagan fumigaciones sobre él (con humo de madera) de urvasni, vohu-gaona, vohu-kereti, hadha-naepata [127] o todo otro árbol aromático.

131. Al punto debe ponerse su vestido.

132. El hombre manchado debe seguidamente retirarse a su casa.

133. En el lugar de la impureza, debe acostarse en medio de la habitación, alejado del resto de los mazdayasnas.

134. No debe acercarse ni al fuego, ni al agua, ni a los ganados, ni a los árboles, ni a los hombres puros, ni a las mujeres puras,

135. Hasta que hayan transcurrido tres noches.

136. Luego de tres noches, debe lavarse, desnudo el cuerpo, con orina de vaca y agua, y entonces quedará puro.

137. Debe acostarse en medio de la mansión, alejado del resto de los mazdayasnas.

138. No debe acercarse ni al fuego, ni al agua, ni al ganado, ni a los árboles ni a los hombres puros, ni a las mujeres puras,

139. Hasta que seis noches hayan transcurrido.

140. Luego de seis noches, debe lavarse, desnudo el cuerpo, con orina de vaca y agua, y entonces quedará puro.

141. En el lugar de la impureza, debe acostarse en medio de la habitación, alejado del resto de los mazdayasnas.

142. No debe acercarse ni al fuego, ni al agua, ni al ganado, ni a los árboles, ni a los hombres puros ni a las mujeres puras,

143. Hasta que nueve noches hayan transcurrido.

144. Luego de nueve noches, debe lavarse, desnudo el cuerpo, con orina de vaca y agua, y entonces quedará puro.

145. Entonces puede acercarse al fuego, al agua, al ganado, a los árboles, a los hombres puros y a las mujeres puras.

146. Se purifica a un Athrana [128] mediante una piadosa bendición.

---

nombre de *mago* acabó por quedar como sobrenombre para designar a todos los adivinos, hechiceros y brujos, sobrenombre que ha perdurado.

[127] Ante la imposibilidad de saber y, por tanto, traducir el nombre de estos árboles, no queda otro recurso que dar su transcripción fonética.

[128] Athrana o athorné, sacerdote. Aunque se comprende difícilmente que aquellos sabios y santísimos magos-sacerdotes pudieran impurificarse (sin duda Ahura

147. Se purifica al jefe de una provincia a cambio de un camello macho de gran tamaño.
148. Se purifica al jefe de una ciudad a cambio de un caballo de gran alzada.
149. Se purifica al jefe de una aldea a cambio de un toro de gran peso.
150. Se purifica al jefe de una casa a cambio de una vaca.
151. Se purifica a su mujer a cambio de una vaca.
152. Se purifica a un aldeano, si tiene bienes, por una vaca capaz de transportar cargas.
153. Se purifica a un niño a cambio de un ave también pequeña.
154. Cuando los mazdayasnas pueden hacerlo, deben dar al purificador una cabeza de ganado o un animal de tiro.
155. Cuando no pueden darle una cabeza de ganado o un animal de tiro, deben darle otros objetos,
156. Con objeto de que el purificador se aleje de su casa contento y sin rencor (odio).
157. Si el purificador se aleja de las casas descontento y con rencor (odio),
158. Entonces, ¡oh santo Zarathustra! el Drukhs Nasus se arroja sobre los hombres impuros y les ataca nariz, ojos, lengua y trasero [129].

Mazda lo consentía alguna vez para poner a prueba su humildad), como su impurificación no podía ser nunca como la de los seglares, mediante una piadosa bendición que, sin duda alguna, ellos mismos se podrían echar, quedaban como nuevos. No es lo mismo que una gota de tinta caiga sobre un papel secante que sobre un disco de oro. Sobre aquél hay tinta para rato, sobre éste basta pasar sobre ella un paño ligeramente húmedo para que el noble metal recupere su brillo y pureza. Lo que sigue en los siguientes versículos parece indicar que, no obstante lo indicado, para que el que perdía la pureza volviese a recuperarla, incluso el pulcro lavado del cuerpo con orina de vaca y agua, como en todo el proceso de purificación intervendría, por lo menos, un santo y avisado athrana, éste tenía que ser gratificado, como vemos, en relación con los medios de cada uno.

[129] Realmente el Drukhs Nasus era malísimo. Pero hay algo que no se comprende bien, a saber: no, claro está, que el santo y sabio athrana que se desvivía por aquel impurificado, al que acababa por dejar como una patena, no le reclamase el camello, caballo, toro bien gordo, etc., que tan bien se había ganado y que de no recibir lo que merecía, se alejase de la morada de quien tanto había beneficiado, descontento y hasta con su poquito de rencor en el alma y de odio en el generoso corazón, pues esto es humano y, por consiguiente, natural; de modo que no es esto lo que sorprende sino cómo el endemoniado Drukhs Nasus se ponía de parte de los virtuosos athranas y caía ¡hasta sobre el trasero de los roñosos! en vez de animarlos, como parece que hubiera debido haber hecho, a que lo fuesen. Claro que en todo lo religioso hay tanto de misterioso e incomprensible, que lo mejor es aceptar, como suele hacerse, cuanto se afirma, sin tratar de comprender. En todo caso, lo que parece evidente es que los athranas persas eran mucho mejores, rencor y odio incluso tenidos en cuenta, que los brahmanes hindúes, puesto que en

159. Este Drukhs Nasus se arroja sobre las uñas de aquel que ha realizado el mal,

160. Y queda impuro para siempre.

161. Y sólo con gran sentimiento, ¡oh santo Zarathustra! el Sol alumbra a los impuros y la Luna o las estrellas les dan su luz.

162. Mientras que el purificador que aleja al Drukhs Nasus del hombre manchado, llena de gozo al Sol y a los astros.

163. Y es motivo de satisfacción para el fuego, para el agua, para la tierra, para el ganado, para los árboles, para el hombre puro y para la mujer pura.»

164. Zarathustra preguntó: Creador de los seres dotados de cuerpo, purificador,

165. ¿Cuál es la recompensa que obtiene, cuando su alma es separada del cuerpo, aquel que aleja el Nasus de un hombre manchado?

166. Ahura-Mazda respondió: «Se promete a este hombre como recompensa en el otro mundo, la entrada en el Paraíso.»

167. Zarathustra preguntó: Creador de los seres dotados de cuerpo, purificador,

168. ¿Cómo debo combatir a ese Nasus que, de los muertos, viene a manchar a los vivos?

169. Ahura-Mazda respondió: «Pronuncia las palabras llamadas Bishamruta.

170. Pronuncia las palabras llamadas Trishamruta. Pronuncia las palabras llamadas Chathrushamruta [130].

171. El Nasus es expulsado entonces, ¡oh santo Zarathustra! como herido por una flecha disparada por un arco. Hace falta un año para que la hierba, seca, recubra de nuevo la tierra; así mismo el Nasus no podrá, durante un año, mezclarse con los hombres.»

172. Creador, si un hombre quiere hacerse purificar, y el purificador no ha aprendido a conocer lo que ordena la ley,

173. ¿Cómo debo combatir a ese Drukhs que desde los muertos se arroja sobre los vivos?

174. ¿Cómo debo combatir a ese Nasus que, a causa de los muertos viene a manchar a los vivos?

---

los *Vedas* vemos "que el que no daba bastante a los brahmanes, condenado era en el Infierno a masticar cabellos, sentado en un charco de sangre". Se comprenderá, pues, que junto a estos enconadísimos brahmanes, los athranas zoroastrianos rezumaban bondad por los cuatro costados. Ahora, el Drukhs Nasus, éste sí que no tenía perdón de Ahura Mazda.

[130] Anquetil-Duperron traduce del modo siguiente este pasaje: "Pronunciad, decid claramente la palabra que es preciso pronunciar dos veces; pronunciad, decid claramente la palabra que es preciso pronunciar tres veces; pronunciad, decid claramente ¡la palabra que hay que pronunciar cuatro veces!"

175. Ahura-Mazda respondió: «Ese Drukhs Nasus se vuelve entonces todavía más mortal que lo era antes.

176. Extiende las enfermedades y la muerte lo mismo que antes.»

177. Creador, ¿Cuál es la pena?

178. Ahura-Mazda respondió: «Los mazdayasnas deben atarle.

179. Deben primero atarle las manos, deben arrancarle los vestidos.

180. Deben cortarle la cabeza, según la longitud de la espalda (131).

181. Que su cuerpo sea entregado a las criaturas carniceras del Spenta-Maynos, a los pájaros que devoran los cuerpos y a los Kahrkasas.

182. Si se dice: Este hombre hace penitencia por todos los pensamientos, palabras y actos culpables,

183. Si ha cometido otras malas acciones,

184. La pena queda entonces expiada por su penitencia.

185. Si ha cometido otras acciones culpables y no se arrepiente de ellas,

186. Entonces jamás serán expiadas.»

187. ¿Quién es aquel, ¡oh Ahura-Mazda! que trajo la enfermedad, que trajo la muerte?

188. Ahura-Mazda respondió: «Fue, ¡oh santo Zarathustra!, el impuro Ashemaogha.

189. Cuando en el mundo de los seres dotados de cuerpo son administradas las purificaciones, y el purificador no sabe lo que la ley ordena,

190. Entonces, ¡oh santo Zarathustra! los alimentos que obran y fortifican, la abundancia y la fertilidad, la salud, el bienestar, la producción de granos y forrajes abandonarán estos lugares.»

191. Creador, ¿cuándo volverán a estos lugares los alimentos que engrasan y fortifican, la abundancia y la fertilidad, la salud, el bienestar, y la producción de granos y forrajes?

192. Ahura-Mazda respondió: «No se verá volver a estos lugares, ¡oh santo Zarathustra! los alimentos que engrasan y fortifican, la abundancia y la fertilidad, la salud, el bienestar y la producción de granos y forrajes,

193. Hasta que ese impuro Ashemaogha quede vencido y anonadado.

194. O hasta que en estos lugares se celebre durante tres días y tres noches, el santo Craosha,

195. Sobre un fuego ardiente, con el Baresma reunido, con el Haoma elevado (132).

---

(131) Versículo muy oscuro que Spiegel ha traducido literalmente dando a la palabra *Kameredha* el sentido de cabeza o cráneo. Anquetil-Duperron creyó que se trataba de *Ramera,* cintura, y tradujo de este modo: "Le será arrancada la piel todo a lo largo (empezando) por la cintura."

(132) Anquetil-Duperron traduce los versículos 194-195 del modo siguiente: "Se recitará en esta comarca el Iescht, se rogará a Serosch durante tres días y tres noches. Para ello se encenderá fuego, se beberá el Barrom, el Hom será puesto

196. Entonces vuelven a estos lugares los alimentos que engordan y fortifican, la abundancia y la fertilidad, la salud, el bienestar y la producción de los granos y forrajes.»

DECIMO FARGARD

Este capítulo de extensión muy inferior al noveno está destinado a desarrollar uno de los puntos que éste toca ligeramente: las oraciones eficaces para expulsar a los demonios, oraciones que es preciso recitar antes de la ceremonia de purificación descrita en el capítulo precedente. Estas oraciones están escritas en un dialecto distinto del resto del Vendidad y son repetición de las que se encuentran en la segunda parte del Yasna. Tras ellas vienen otras fórmulas que se empleaban o podían emplearse como conjuros. Estas pertenecen a una época más reciente, por lo que se supone que no formaban parte del texto primitivo. Ahora bien, la creencia de que mediante conjuros, es decir, mediante palabras mágicas, o sea, por medios sobrenaturales, se podían evitar las influencias malignas debidas muy particularmente a los demonios, a los que gracias a tales palabras (exorcismos que la propia Iglesia más tarde aconsejaba e incluso ordenaba practicar contra el espíritu maligno) eran puestos en fuga, es muy antigua; seguramente nacerían como defensa natural contra ellos, apenas estos supuestos seres perniciosos y enemigos de dioses y hombres fueron imaginados. O sea que ya desde muy antiguo fue creencia natural, aún no extinguida hoy, de que se podía mediante ciertas palabras y determinadas prácticas llamadas conjuraciones, influir no tan sólo sobre los espíritus del mal en los que firmemente se creía, sino con los propios dioses, genios y espíritus de todas clases. Y anclada firmemente la idea de que mediante conjuros debidamente pronunciados (pues constituían todo un arte en el que eran maestros los sacerdotes de los diferentes cultos, si se trataba de dioses, y todos los tunantes de uno y otro sexo que siempre vivieron a costa de esta variedad de la tontería general, de tratarse de demonios, genios, efrits, djins y demás supuestos seres relacionados con lo infernal) se podía influir sobre la voluntad no tan sólo de los dioses, sino, y muy especialmente, contra la potencia de las divinidades maléficas, nació el arte de la magia gracias a la cual era posible conocer las palabras y fórmulas necesarias para tan interesantes fines. Y por ello el que hubiese (y siga habiendo, y seguirá mientras la ignorancia, las supersticiones y los fanatismos sigan paseándose por el Mundo) dos clases de magia, la llamada blanca o beneficiosa y la negra que, según se creía, ponía a los que la practicaban en

---

(sobre la piedra Arvis)." Craosha o Serosch es uno de los principales Izeds, personaje divino que juega un gran papel en la doctrina de los parsis. Es el rey del Mundo, al que recorre tres veces cada día y cada noche. Protege a los hombres y vela por aquellos que son puros.

relación estrecha y directa con las potencias infernales. Estos poderes imaginarios, que ciertos hombres, con el propósito de engañar a los demás y vivir a su costa, se atribuían sobre las fuerzas de la Naturaleza y sobre los elementos no sólo naturales, sino extranaturales, tuvieron especial importancia en los cultos orientales, que, en su mayor parte y a partir y por influencia del mazdeísmo, admitían un antagonismo entre el dios creador y conservador del Mundo, y el espíritu destructor y maléfico. El tipo, como digo, de estos cultos, fue la religión que nos ocupa, que como vemos, por una parte admite la existencia de un dios del bien, Ahura-Mazda u Ormuzd, y por otra la de Agra Mainyús o Arhimán, genio del mal que se opone a la obra del primero, a su poder y a su voluntad, y que seguiría oponiéndose hasta que al fin fuese vencido. Y como los magos, sacerdotes de esta creencia pasaban por sabios en muchas cosas especialmente en astrología, y cuantos no hacían fortuna en Persia se extendieron por el mundo romano empleando su ciencia en engañar a cuantos se ponían en contacto con ellos, de aquí que la palabra «mago» acabase por ser sinónima de brujo, brujos engañadores y trapaceros redomados para los que, claro está, no creían en sus embusteras artes.

1. Zarathustra preguntó a Ahura-Mazda: Celeste y muy santo Ahura-Mazda, creador de los seres dotados de cuerpo,

2. ¿Cómo debo combatir a ese Drukhs que desde los muertos se arroja sobre los vivos? ¿Cómo debo combatir a ese Nasus que, desde los muertos, viene a manchar a los vivos?

3. Ahura-Mazda respondió: «Pronuncia las palabras llamadas Bishamruta [133].

4. Pronuncia las palabras llamadas Thrishamruta.

5. Pronuncia las palabras llamadas Chathrushamruta.

6. Pronuncia las palabras llamadas Bishamruta, Thrishamruta, Chathrushamruta.»

7. Creador, ¿cuáles son las palabras llamadas Bishamruta?,

8. Ahura-Mazda respondió: «He aquí las palabras llamadas Bishamruta.

9. Pronuncia dos veces las palabras: Ahya, yasa, humatanam.

10. Ashahya, at, sairi humain, thva, isem.

---

[133] Anquetil-Duperron traduce del modo siguiente esta oración que forma parte del *Izeschne:* "Que mi rezo hecho con las manos puras te sea agradable, Ormuzd, primero entre los excelentes, que has hecho todo cuanto es puro. Pensar puramente, hablar puramente, obrar puramente: esto es lo que yo emprendo; lo que yo enseño a los hombres; que ello sea bueno para mí. Aquel que es puro de palabra, que es puro de actos, concédele las dos felicidades. Concédeme, ¡oh Ormuzd I, que piense, diga y haga lo que es bueno, a mí que camino en la pureza. Yo que soy puro, ordena, Ormuzd, que mis deseos sean cumplidos; yo que te obedezco continuamente y con todo celo, haz que llegue para mí aquello que deseo."

11. Yo combato a Agra-Mainyús y expulso de esta casa, de esta aldea, de esta ciudad, de este país, del hombre manchado, de la mujer manchada, del jefe de la casa, de la aldea, de la ciudad, de la provincia; yo le expulso de toda criatura pura.

12. Yo combato al Nasus, yo combato la mancha mediata, yo combato la mancha inmediata, yo expulso de la casa, de la aldea, de la ciudad, de la provincia, del hombre manchado, de la mujer manchada, del jefe de la casa, de la aldea, de la ciudad, de la provincia; yo le expulso de toda criatura pura.»

13. Creador, ¿cuáles son las palabras llamadas Thrishamrata?

14. Ahura-Mazda respondió: «He aquí las palabras llamadas Thrishamrata.

15. Repítelas tres veces.

16. Ashém [134].

17. Yo combato a Indra, yo combato a Sora, yo combato al Daeva Naogheti, expulsándole de esta casa, de esta aldea, de esta ciudad, de este país.

18. Yo combato a Torú, yo combato a Zexicha [135], expulsándole de esta mansión, de esta aldea, de esta ciudad, de este país.»

19. Creador, ¿cuáles son las palabras llamadas Chathrushamrata?

20. Ahura-Mazda respondió: «He aquí las palabras llamadas Chathrushamrata.

21. Pronúncialas cuatro veces.

22. Yatha.

23. Yo combato al Daeva Aeshma lleno de malicia, yo combato el Daeva Akatasha, expulsándole de esta casa, de esta aldea, de esta ciudad, de este país.

24. Yo combato al Daeva de la lluvia, yo combato al Daeva del viento, expulsándolos de esta casa, de esta aldea, de esta ciudad, de este país.

25. Estas son las palabras que están en los Gathas: Bishamratha, Thrishamrata y Chathrushamrata.

26. Estas son las palabras que triunfan de Ayra-Menyás.

27. Estas son las palabras que triunfan de Aeshma lleno de malicia.

---

[134] ¡Oh benéfico Ormuzd que has creado la Tierra, que das la abundancia al Mundo y al rey que es puro de corazón! Háblame, ocúpate de mí, concédeme (lo que deseo) desde la altura en que te encuentras.—El rey que es puro (santo), y elevado como yo, yo le daré cuanto desea, yo tendré cuidado de él como si fuera de mí mismo, de mí que soy Ormuzd, santo y célebre. *(Traducción de Anquetil-Duperron.)*

[135] Es el deseo de Ormuzd que el jefe (de la ley) haga obras puras y santas. Bahmán da (la abundancia) a aquel que obra santamente en el Mundo. Tú estableces rey, ¡oh Ormuzd! a aquel que alivia y alimenta al pobre. ¡Oh Ormuzd, tú que me hablas con pureza, que me enseñas lo que debo hacer, a caminar con pureza de corazón, yo te invoco con santidad! ¡Oh tú, rey, cumple públicamente los deseos puros!

28. Estas son las palabras que triunfan de los Daevas mazanianos.

29. Estas son las palabras que triunfan de todos los Daevas.

30. Estas son las palabras verdaderamente enemigas de los Drukhs y de los Nasus que se arrojan sobre los vivos desde los muertos.

31. Estas son las palabras verdaderamente enemigas de los Drukhs y de los Nasus que, saliendo de los muertos, manchan a los vivos.

32. Debes también, ¡oh Zarathustra! hacer nueve agujeros,

33. Allí donde lo tierra está más desprovista de agua y de árboles,

34. Donde no ofrece alimentos ni a los hombres ni a los ganados.

35. La pureza es, luego del nacimiento, lo mejor que hay para el hombre.

36. La pureza, ¡oh Zarathustra!, es la ley de los mazdayasnas.

37. Aquel que se mantiene puro mediante buenos pensamientos, palabras y actos,

38. Llega no tan sólo a purificarse él mismo, sino incluso a purificar a los otros hombres en este Mundo de los seres dotados de cuerpo.

39. Tal es el hombre que se mantiene puro mediante
buenos pensamientos, buenas palabras y buenas acciones.»

UNDECIMO FARGARD

Este capítulo se ofrece como continuación del que le precede; en él se encuentran oraciones extraídas del Yasna, e indicadas como poderosas para la purificación de cuanto de impuro puede producirse no sólo en la Tierra (habitaciones, fuego, tierra, árboles, rebaños, etc.), sino en los astros y, como dice el versículo tercero, «de todos los bienes que Ahura-Mazda ha creado y que tienen un origen puro». Ello mismo parece indicar que este capítulo fue interpolado, pues la idea de la posible impurificación de los cuerpos celestes por obra de un cadáver no parece haber formado parte de las ideas primitivas del magismo; es más bien opinión de fecha más reciente. Claro que bien considerada esta cuestión que pudiéramos decir de legitimidad, ¿qué salvaríamos del Avesta, es decir, que de cuanto hoy consideramos relativo al zoroastrismo o mazdeísmo de empeñarnos en que procede realmente del que se da como su fundador, cuando sabemos que el propio Avesta, libro sagrado por excelencia, perdido, o al menos profundamente alterado cuando con motivo de las conquistas de Alexandros lo oriental se mezcló profundamente con lo griego, quedó la religión de los magos reducida a una doctrina en la que las antiguas creencias de Persia muy supersticiosas ya de por sí, se mezclaron y combinaron con otras supersticiones ajenas a ellas, con elementos muy diversos de filosofía griega y tal vez no de los de mejor clase, dando todo ello lugar a una serie de escritos que circularon profusamente, muy especialmente en Alejandría, y que bien que bajo el nombre de Zoroastro tenían seguramente muy poco de él? Si a ello añadimos que el propio Zend-Avesta hace creer que muy poco tiempo después de muerto

Zarathustra, los magos, tras apoderarse de su obra volvieron a prácticas que él había condenado, tales como adorar a los elementos, servirse de dioses que el profeta no había conocido, por ejemplo Mithra; que una diosa nueva, Anahita, era introducida en el ya profundo panteón original; que toda una mitología y una psicología que le eran así mismo extrañas eran desarrolladas, y que incluso acabarían por adorarle a él mismo como a un dios, y a servirse de sus palabras de razón y de verdad como fórmulas mágicas cuyo sentido no importaba y sí la pretendida potencia o poder de sus sonidos, se comprenderá que, en realidad, todo en esta religión es moderno, por decirlo así y nada o muy poco del fundador de la primitiva y perdida doctrina, perdida salvo en sus líneas fundamentales. De tal manera que por conservar siquiera este «muy poco», se suele estimar que de todo cuanto queda sólo los Gathas pudieran ser de Zoroastro. Y se suele admitir que así sea a causa más que de otra cosa de su lenguaje arcaico. Si a ello se añade que el Zend-Avesta está formado por dos partes perfectamente distintas, escritas en dos dialectos diferentes, el Zenda y el pehlvi, y, en fin, que cuando los parsis que huyendo de los musulmanes se refugiaron en la India, hacia fines del siglo XIV, perdieron los manuscritos del Vendidad (que con el Izeschne—elevación del alma—, y el Vispered—jefes de los seres—) había sido escrito en zenda, manuscritos que habían traído de Persia, y que tuvieron que valerse de otro manuscrito que les procuró un destur (sacerdote), llamado Ardeschir, que desde entonces sirvió de tipo para todos los textos sagrados de esta religión que hoy corren por la India y por todas partes, se comprenderá en qué modo debemos ser poco exigentes en cuestiones de antigüedad, e incluso de paternidad y originalidad, en cuanto a ésta no obstante curiosa doctrina afecta.

1. Zarathustra preguntó a Ahura-Mazda: Ahura-Mazda, celeste y muy santo creador de los seres dotados de cuerpo,

2. ¿Cómo debo purificar la casa?

3. ¿Cómo debo purificar el fuego o el agua, o la tierra, o el ganado, o los árboles, o el hombre, o las estrellas, o la Luna, o el Sol, o las luces que no tienen principio? ¿Cómo debo purificar todos los bienes que Ahura-Mazda ha creado y que tienen un origen puro?

4. Ahura-Mazda respondió: «Debes recitar el rezo de purificación, ¡oh Zarathustra!

5. Y entonces esas casas volverán a estar puras.

6. Y lo mismo purificarás el fuego, el agua, la tierra, el ganado, los árboles, el hombre, la mujer, las estrellas, la Luna, el Sol y las luces que no tienen principio.

7. Debes recitar cinco Ahuma-Veryas, Yatha, ahu, veryo (es el deseo de Ormuzd, que el jefe de la ley haga obras puras y santas).

8. La Ahuma-Verya que protege el cuerpo: Yatha, ahu, verya (es el deseo de Ormuzd, que el jefe de la ley haga obras puras y santas).

9. Diciendo: Yo purifico esta casa y yo pronuncio estas palabras.

10. At, ma, etc. (¡Oh tú Ormuzd, que eres mi dios! Vela sobre mí, para que pueda vengarme de los Devs que quieren males para mí. Protégeme, ¡oh dios! con el fuego, con objeto de que pueda realizar el bien.)

11. Yo purifico el fuego y yo pronuncio estas palabras:

12. Anya thva, athio. (¡Oh tú fuego actuante desde el principio! Yo me acerco a ti, príncipe de unión entre Ormuzd y el ser absorbido en la excelencia. Ven, fuego, que estás en el hombre que camina por la tierra, fuego de Ormuzd llamado la vida del alma, ven al ruego de los que te invocan.)

13. Yo purifico esta agua, y yo pronuncio estas palabras:

14. Apo, at, yazamedé (yo hago izeschúe *(yo ofrezco mis homenajes)* al agua, yo tengo cuidado de mantenerla pura). (136)

15. Yo purifico esta tierra, y yo pronuncio estas palabras:

16. Imaam, ot, zanno (yo hago izescné a esta tierra visible, jefe de las hembras).

17. Yo purifico estos animales (ganado), y yo pronuncio estas palabras:

18. Gave, adés (yo recomiendo dar a los rebaños aquello de lo que tienen necesidad; aquel que obre así irá al behechts [a la mansión de Ormuzd]).

19. Yo purifico estos árboles, y yo pronuncio estas palabras:

20. At, aqya, asha (ahora, ¡oh santo Ormuzd! haz crecer a estos árboles en el Mundo en gran abundancia).

21. Yo purifico a este hombre, yo purifico a esta mujer, y yo pronuncio estas palabras:

22. At, eriema (en este Ariema que desea (la ley), los placeres se presentarán a los hombres y a las mujeres, ¡oh Zarathustra!)

23. Vagheus, rafedré (es la recompensa que Bahman concederá a la pureza de su corazón y al deseo que tienen de la ley).

24. Ashahya, yasa (que sean aún más puros y más celosos por la ley, y de este modo serán amados del gran Ormuzd).

25. Pronuncia ocho Ahuma-Veryas:

26. Yo combato a Aeshma, yo combato a Nasu.

27. Yo combato la mancha, la inmediata y la mediata.

28. Yo combato a Bushyasta el joven (137).

---

(136) Los Daevas nombrados en este versículo y en el 18, son los jefes de los satélites de Agra-Mainyús. El *Bundehesch* dice que Ahrimán creó las tinieblas de la materia; en primer lugar a Akumán y Andor, al punto a Sora y a Nuket, finalmente a Tarij y a Zarij. Es curioso ver a Indra y a Sora o Sorva (Siva), es decir a dos de las principales divinidades de la mitología hindú, consideradas por los parsis entre el número de los demonios. Claro que desde el momento en que los Daevas (De-vas) que en la India eran las divinidades, en Persia los demonios, todo lo demás no pasa de una consecuencia natural.

29. Yo combato a Bushyasta daregho-yara [138].

30. Yo combato al Perikia que importuna al fuego, al agua, a la tierra, al ganado y a los árboles.

31. Yo combato la impureza que importuna al fuego, al agua, a la tierra, al ganado y a los árboles.

32. Yo te combato, ¡oh perverso Agra-Menyús! expulsándote de la mansión del fuego, del agua, de la tierra, del ganado, de los árboles, del hombre puro, de la mujer pura, de las estrellas, de la Luna, del Sol, de la luz que no tiene principio, de todos los bienes que Ahura-Mazda ha creado y que tienen un origen puro.

33. Pronuncia cuatro Ahuna-Verygas: Yatha, ahu, veryo.

34. Tú has combatido al Aeshma, tú has combatido al Nasu.

35. Tú has combatido la impureza mediata e inmediata.

36. Tú has combatido a Bushyaneta el joven.

37. Tú has combatido a Bushyaneta darego-vaya *(el demonio embustero)*.

38. Tú has combatido al Perikia que importuna al fuego, al agua, a la tierra y al ganado.

39. Tú has combatido a la impureza que importuna al fuego, al agua, a la tierra, a los árboles y al ganado.

40. Tú has combatido al perverso Agra-Menyús, expulsándole de la mansión del fuego, del agua, de la tierra, del ganado, de los árboles, del hombre puro, de la mujer pura, de las estrellas, de la Luna, del Sol, de la luz que no tiene principio, de todos los bienes que Ahura-Mazda ha creado y que tiene un origen puro.

41. Tú debes recitar cuatro veces la oración: Mazda at moi, y cinco Ahuma-Veryas.»

---

[137] Bushyansta, el demonio del sueño; o, como dice Anquetil-Duperron, Boschapp, el dios que adormece.

[138] Todo esto es salirse por peteneras puesto que el santo Zarathustra le ha preguntado cómo debe purificar las mansiones, las moradas, las casas y el puro por excelencia al decirle, en primer lugar, que se laven los que las habitan así como sus vestidos, parece responder a lo que no le ha sido preguntado. Claro que entre los parsis o, por mejor decir, entre los zoroastrianos para los que primeramente fue escrito este tratado, tenían, sin duda, un concepto tal de la "pureza" y de la "impureza", que una y otra alcanzaban, si se trataba de una casa, a todo cuanto a ella pertenecía, si de una persona, a todo lo relacionado con ella; y en el primer caso, para que una morada estuviese pura, lo primero, sin duda, es que lo estuviesen y fuesen sus moradores. Si así se entiende, Ahura Mazda responde y habla como un libro, cual suele decirse.

DUODECIMO FARGARD

En este fargard se sigue tratando no tan sólo de las purificaciones sino de los rezos que conviene hacer en recuerdo de los padres fallecidos. Este capítulo, que no falta en ninguno de los manuscritos del Vendidad, sí, por el contrario, en todas las traducciones, a no ser en el manuscrito de Copenhague, número 2, el cual contiene una versión en huzvaresch muy defectuosa, por cierto, e incompleta. Esta circunstancia muestra que las traducciones proceden de un manuscrito único, pero no establece que este capítulo no forme parte del verdadero texto del Vendidad. En cuanto a la traducción huzvaresch tal cual ha llegado en los manuscritos ofrece una lengua en todo semejante a cierta inscripción que se posee de la época de Artaxerxes II en la que se encuentra el nombre de Mithra, dios de origen hindú del cual se hace también mención en el Avesta. Las leyendas de las medallas de los primeros Sasánidas están también en huzvaresch. De la traducción huzvaresch fue hecha también una versión sánscrita obra de dos guebres establecidos en la India allá por el siglo XV, Neriosengh, hijo de Dhaval y Ormuzdiar, hijo de Ramyar. Esta traducción comprende la mayor parte del Yasna, el Minokhised (diálogo de un sabio parsi con las inteligencias celestes), algunos Yashts y pequeños fragmentos. Del Vendidad tan sólo los seis primeros capítulos. Esta traducción prueba el celo con que los parsis, en aquella época, se esforzaban por hacer conocer su doctrina fuera del pequeño círculo de los suyos. Traducciones en guzerati, el dialecto de la provincia de este nombre, Guzerate, circularon bastante por todas las regiones del noroeste de la India; muchas de ellas tenían frente al texto en guzerati la versión en sánscrito. Este texto, revisado por un sabio parsi, Framji Aspendrarji, se encuentra en una edición litografiada del Avesta, publicada en Bombay, 1842-43. Por cierto, que esta palabra, Avesta, es la realmente adecuada para designar los libros sagrados parsis. La expresión Zend-Avesta es una forma moderna relativamente; posterior muy posiblemente a la invasión musulmana de la Persia. La palabra avesta, o en su forma más antigua apestak, significa texto; los parsis se servían de ella para designar, como digo, sus libros sagrados; no se servían de la palabra ley (din) a la que daban un sentido más restringido. En época más antigua se encuentra también la expresión manthro spento, la santa palabra, para designar los libros sagrados, expresión que, modernizándose, se convirtió en manserpent. Además de las traducciones más conocidas de los libros que suyos o no son atribuidos a Zoroastro, a saber la de Anquetil-Duperrón y la de M. Spiegel, el sabio e infatigable orientalista Eugenio Burnouf, además de hacer litografiar en París (1829-1832, in-fol.) el texto zenda del Vendidad-Sadé (especie de breviario del Vendidad, del Izeschne y del Vispered, del que se deben servir los sacerdotes parsis para hacer sus oraciones antes de la salida del Sol), publicó algunos años más tarde su Comentario sobre el Yasna (uno de los libros religiosos de los parsis), que, por cierto, dejó inacabado. El Yasna fue publicado también en lengua zenda, pero en caracteres guzarates con una traducción parafraseada en guzarate y un comentario redactado según las interpretaciones de los parsis, por Aspandiarji, en Bombay, 1843, 2 vol. in-8.° Brockhaus publicó en Leipsig, 1850, in-8.°, otra edición del Vendidad-Sadé. Thonnelier hizo una reproducción de esta misma obra, en litografía, traducida en lengua huzvaresch o pehlvi. Y otra, también litografiada, apareció en Bombay, hecha ésta por Manakehi Carsetji. En fin, el Zend-Avesta fue editado en Copenhague, en 1854, por Westergaard. En esta edición el texto zenda va acompañado de numerosas variantes. Para acabar esta breve enumeración diré que antes de todo lo citado no se conocía en Europa de los textos atribuidos a Zoroastro sino el Sadder, del que Thomas Hyde en su Historia religionis veterum Persanum (Oxford, 1700, in-4.°) dio (pág. 431-487V una traducción latina. De los importantes trabajos debidos a la erudición contemporánea y en todo caso posteriores a los citados, me ocuparé en otra ocasión.

1. Cuando el padre o la madre mueren,
2. ¿Cuántas oraciones deben recitar por ellos los hijos, el hijo por el padre, la hija por la madre?
3. ¿Cuántas por las personas piadosas, cuántas por los pecadores?
4. Ahura-Mazda respondió: «Treinta para los puros, sesenta para los pecadores.»
5. Creador, ¿cómo debo purificar las mansiones? ¿Cómo llegarán a ser puras?
6. Ahura-Mazda respondió: «Que los cuerpos sean lavados tres veces, que laven tres veces los vestidos, que reciten tres veces los Gathas.
7. Que el fuego sea celebrado, que el Baresma sea unido, que sea llevada el agua pura, el Zaothra.
8. Entonces las moradas volverán a estar puras, el agua podrá correr por ellas a su voluntad, los árboles podrán crecer allí a su gusto, los Amesha-Spenta podrán acudir como les plazca, ¡oh santo Zarathustra!»
9. Cuando un hijo muere, o una hija,
10. ¿Cuántas oraciones hay que pronunciar por ellos, el padre por el hijo y la madre por la hija?
11. ¿Cuántas por los puros, cuántas por los pecadores?
12. Ahura-Mazda respondió: «Treinta por los puros, sesenta por los pecadores.»
13. ¿Cómo debo purificar las moradas? ¿Cómo se vuelven puras?
14. Ahura-Mazda respondió: «Que los cuerpos sean lavados tres veces, que laven tres veces los vestidos, que reciten tres veces los Gathas.
15. Que el fuego sea celebrado, que el Baresma sea unido, que sea llevada el agua pura, el Zaothra.

16. Entonces las moradas volverán a estar puras, el agua podrá correr por ellas a su voluntad, los árboles podrán crecer allí a su gusto, los Amesha-Spenta podrán acudir como les plazca, ¡oh santo Zarathustra!» [139].

17. Cuando un hermano o una hermana mueren,

18. ¿Cuántas oraciones hay que decir por ellos, el hermano por la hermana, la hermana por el hermano?

19. ¿Cuántas por los puros, cuántas por los pecadores?

20. Ahura-Mazda respondió: «Treinta por los puros, sesenta por los pecadores.»

21. Creador, ¿cómo debo purificar las moradas? ¿Cómo se vuelven puras?

22. Ahura-Mazda respondió: «Que los cuerpos sean lavados tres veces, que laven tres veces los vestidos [140].

23. Que el fuego sea celebrado, que el Baresma sea unido, que sea llevada el agua pura, el Zaothra.

24. Entonces las moradas volverán a estar puras, el agua podrá correr por ellas a su voluntad, los árboles podrán crecer allí a su gusto, los Amesha Spenta podrán acudir como les plazca, ¡oh santo Zarathustra!»

25. Cuando el jefe de una casa muere o cuando su mujer muere,

26. ¿Cuántas oraciones hay que decir por ellos, cuántas para los puros, cuántas para los pecadores?

27. Ahura-Mazda respondió: «Durante seis meses para los puros, durante doce meses para los pecadores, las muchachas jóvenes e incluso los niños pequeños» [141].

28. Creador, ¿cómo debo purificar las moradas? ¿Cómo llegarán a ser puras?

---

[139] Como se ve, los versículos 13, 14, 15 y 16, son repetición exacta de los 5, 6, 7 y 8, como lo serán el 21, 22, 23 y 24, y una porción más todo a lo largo de este capítulo. En realidad, si el Vendidad puede ser considerado como el libro de las purificaciones, no menos como el de las repeticiones machaconas.

[140] ¿Aquí no hay que recitar los Gathas? Las casas donde morían los hermanos ¿quedaban menos impurificadas que cuando morían los padres o los hijos o es que, al copista, se le olvidó lo de los Gathas?

[141] Se ha supuesto que los versículos, del 25 al 27 son una adición al texto primitivo, puesto que no se indica quién debe rezar por estos jefes de las casas y, además, la duración de los rezos es fijada en meses en lugar de en número de oraciones. En todo caso, se trate de una adición o de un error de copia, más interesante es considerar, y ello con relación a todo el capítulo, la idea de la conveniencia de rezar por los que mueren, y ello no tan sólo si han sido piadosos sino si han sido pecadores. Y que sea el propio Ahura Mazda, es decir, aquel a quien deben ser dirigidos los ruegos en favor de los difuntos, objeto esencial de las oraciones, el que no tan sólo admita que debe ser rogado, sino que regule el número de rezos o el tiempo que éstos deban durar.

29. Ahura-Mazda respondió: «Lavando tres veces los vestidos, recitando tres veces los Gathas. Que celebren al fuego, que unan el Baresma, que lleven el agua pura, el Zaothra.

30. Haciéndolo así esas moradas se tornarán puras, el agua podrá correr por ellas a su capricho, podrán crecer los árboles, los Amesha-Spenta podrán acudir también a su capricho, ¡oh santo Zarathustra!»

31. Cuando un abuelo o una abuela muere, ¿cuántas oraciones es preciso decir?

32. ¿Cuántas para los puros, cuántas para los pecadores?

33. Ahura-Mazda respondió: «Veinticinco para los puros, cincuenta para los pecadores.»

34. Creador, ¿cómo debo purificar las moradas? ¿Qué hacer para que vuelvan a ser puras?

35. Ahura-Mazda respondió: «Lavando tres veces el cuerpo, lavando tres veces los vestidos, recitando tres veces los Gathas. Que celebran al fuego, que unan el Baresma, que lleven el agua pura, el Zaothra.

36. Haciéndolo así esas moradas se tornarán puras, el agua correrá por ellas a su capricho, a su capricho podrán crecer los árboles, los Amesha-Spenta podrán acudir también a su capricho, ¡oh santo Zarathustra!»

37. Cuando un nieto muere o una nieta muere, ¿cuántos rezos deben hacerse por ellos, el abuelo por el nieto, la abuela por la nieta?

38. ¿Cuántos para los puros, cuántos para los pecadores?

39. Ahura-Mazda respondió: «Veinticinco para los puros, cincuenta para los pecadores.»

40. Creador, ¿cómo debo purificar las moradas? ¿Cómo llegarán a quedar puras?

41. Ahura-Mazda respondió: «Lavando tres veces el cuerpo, lavando tres veces los vestidos, recitando tres veces los Gathas. Que el fuego sea celebrado, el Baresma unido, que lleven el agua pura, el Zaothra.

42. Haciéndolo así las moradas se tornarán puras, el agua podrá correr por ellas a su capricho, a su capricho podrán crecer los árboles, los Amesha-Spenta podrán acudir también a su capricho, ¡oh sabio Zarathustra!»

43. Cuando un tío o una tía mueren, ¿cuántas oraciones hay que hacer por ellos, cuántas para los puros, cuántas para los pecadores?

44. Ahura-Mazda respondió: «Veinte para los puros, cuarenta para los pecadores.»

45. Creador, ¿cómo debo purificar las moradas? ¿Cómo llegarán a quedar puras?

46. Ahura-Mazda respondió: «Lavando tres veces el cuerpo, lavando tres veces los vestidos, recitando tres veces los Gathas. Que el fuego sea celebrado, el Baresma unido, que lleven el agua pura, el Zaothra.

47. Haciéndolo así las inoradas se tornarán puras, el agua podrá correr por ellas a su capricho, a su capricho podrán crecer los árboles, los Amesha-Spenta podrán acudir también a su capricho, ¡oh santo Zarathustra!»

48. Cuando un sobrino o una sobrina mueren, ¿cuántos rezos hay que hacer por ellos? ¿Cuántos para los puros, cuántos para los pecadores?

49. Ahura-Mazda respondió: «Quince para los puros, treinta para los pecadores.»

50. Creador, ¿cómo debo purificar las moradas? ¿Cómo llegarán a quedar puras?

51. Ahura-Mazda respondió: «Lavando tres veces el cuerpo, lavando tres veces los vestidos, recitando tres veces los Gathas. Que el fuego sea celebrado, el Baresma unido, que lleven el agua pura, el Zaothra.

52. Haciéndolo así, las moradas se tornarán puras, el agua podrá correr por ellas a su capricho, a su capricho podrán crecer los árboles, los Amesha-Spenta podrán acudir también a su capricho, ¡oh santo Zarathustra!

53. Cuando un pariente o una parienta en cuarto grado muere, ¿cuántos rezos hay que decir por ellos? ¿Cuántos por los puros, cuántos por los pecadores?

54. Ahura-Mazda respondió: «Diez por los puros, veinte por los pecadores.»

55. Creador, ¿cómo debo purificar las moradas? ¿Cómo llegarán a quedar puras?

56. Ahura-Mazda respondió: «Lavando tres veces el cuerpo, lavando tres veces los vestidos, recitando tres veces los Gathas. Que el fuego sea celebrado, el Baresma unido, que lleven el agua pura, el Zaothra.

57. Haciéndolo así, las moradas se tornarán puras, el agua podrá correr por ellas a su capricho, a su capricho podrán crecer los árboles, los Amesha-Spenta podrán acudir también a su capricho, ¡oh santo Zarathustra!»

58. Cuando un pariente o una parienta en quinto grado muere, ¿cuántas oraciones hay que decir por ellos? ¿cuántas por los puros, cuántas por los pecadores?

59. Ahura-Mazda respondió: «Cinco para los puros, diez para los pecadores.»

60. Creador, ¿cómo debo purificar las moradas? ¿Cómo llegarán a quedar puras?

61. Ahura-Mazda respondió: «Lavando tres veces el cuerpo, lavando tres veces los vestidos, recitando tres veces Jos Gathas. Que el fuego sea celebrado, el Baresma unido, que lleven el agua pura, el Zaothra.

62. Haciéndolo así, las moradas se tornarán puras, el agua podrá correr por ellas a su capricho, a su capricho podrán crecer los árboles, los Amesha-Spenta podrán acudir también a su capricho, ¡oh santo Zarathustra!»

63. Cuando muere alguno de la familia que tenga otra fe,

64. ¿Cuantas criaturas de Spenta-Menyús mancha de una manera inmediata, y cuántas mancha de una manera mediata?

65. Ahura-Mazda respondió: «Como el lagarto que, luego de su muerte, queda desecado, y que revive al cabo de un año,

66. Igual, ¡oh santo Zarathustra! que la serpiente *(infernal) de dos* patas, muy pérfida e impura, cuando está viva [142].

67. Mancha inmediatamente a las criaturas de Spenta-Mainyús;

68. Las mancha de todas las maneras.

69. Viva, hiere al agua; viva, apaga el fuego; viva, hiere al hombre puro mediante un golpe funesto para la fuerza vital.

70. Porque está vivo, ¡oh santo Zarathustra! ese reptil pernicioso de dos patas, peligroso e impuro.

71. Y porque está vivo, hiere al hombre puro, privándole del Mundo, de los alimentos, de las cosechas, de los frutos, de los árboles y del hierro; pero no puede hacer otro tanto cuando ha muerto.»

DECIMOTERCER FARGARD

Este capítulo se abre con una explicación a propósito de un animal del género del perro, del cual los hombres desconocen la utilidad y al cual dan un nombre injurioso. Según la tradición, pues en realidad no se sabe de qué animal se trata, la narración haría referencia al puerco espín (o tal vez al erizo), que debería ser puesto entre las criaturas del dios bueno, pero que a causa de sus picantes púas, propias, por hirientes, de los seres perjudiciales obra del espíritu malo, era colocado en una categoría que no le correspondía. El autor le opone otro animal, probablemente el musgaño o algún otro análogo. Por supuesto, si se trataba del musgaño (animal carnicero de cabeza

---

[142] Pasaje oscuro. Empezando porque el santo Zarathustra pregunta a Ahura Mazda que a *cuántas* criaturas mancha, de su familia, el ateo que muere en ella, y el aún más santo Ahura Mazda, como si no le hubiese entendido bien, responde no mediante un número sino valiéndose de una comparación. Y era que, sin duda, tanto el santo como el tres veces santo debían de estar punto menos que entontecidos, el uno a fuerza de preguntar y el otro de responder treinta veces las mismas cosas. En cuanto a Anquetil-Duperron, primero entre los europeos que renegaría de tanta majadería, traduce aquí a propósito de esta serpiente: la antigua culebra infernal que tiene dos pies, el Asmogh impuro. Las culebras no tuvieron suerte en ninguna mitología; la instintiva repulsión que causan, hizo que siempre se viese en ellas el instrumento adecuado para que de estos animales se sirviesen los malos espíritus. Y por ello en la célebre del Paraíso judío se metió Lucifer, escogiendo su cuerpo de preferencia al de todo otro animal, para inducir a la primera pareja a que realizasen lo que era natural que realizasen. Más natural, en todo caso, que el que se lo prohibiese el que les había puesto en condiciones de que le fuesen desobedientes.

chica, hocico agudo, pies pequeños, pelaje fino y espeso, y de olor almizcleño), también se equivocaba pensando en él quien tal lo hiciera juzgándole como animal dañino para el hombre, puesto que sólo se alimenta de insectos y de arañas. En todo caso, matar al primero era un acto digno de castigo; dar la muerte al segundo un hecho que merecía recompensa. Esto parece indicar que ya se habían observado dos cosas: la primera la diferencia, en cuanto al hombre, entre los animales provechosos y los dañinos; aquéllos, merecedores de respeto, los otros, lo contrario; segunda, que a veces eran considerados como dañinos animales que en modo alguno lo eran y a los que se perseguía en virtud de leyendas creadas por la ignorancia (como durante siglos ha ocurrido con culebras, sapos, murciélagos y otra porción de animales amigos del hombre puesto que se alimentan de otros que tanto perjudican a los cultivos o qué tanto, como los mosquitos y moscas, molestan al hombre) o por simple perversidad y malos instintos. Aparte de esto, la mayor parte de este fargard (versículos 21 a 159) concerniente a la conducta a seguir a propósito de los perros. La utilidad de estos animales, sobre todo en lo que afectaba a la custodia y guarda de los ganados era muy grande, sobre todo en países montañosos y poblados de gran número de lobos y otros animales que, entonces sobre todo, aún ocurre en algunos sitios, representaban positivos peligros para los animales domésticos, es decir, regiones como en la que fue compuesto el Vendidad. El hecho de que este capítulo tal vez hubiera estado mejor colocado en el lugar que ocupa el tercer fargard no puede mover a creer, como con frecuencia se ha creído, que se trata de un capítulo lleno de detalles insignificantes e incluso indigno de formar parte del Vendidad. Claro está que cada uno es libre de apreciar y juzgar las cosas según su criterio particular, mas por mi parte, no sólo estimo que la importancia de este fargard era muy grande en la remota época en que fue escrito, sino que tanto entonces como ahora había y hay una diferencia como entre uno y diez entre el fargard que le precede, fatigoso rosario de bobadas repetidas una y otra vez a propósito de las dichosas impurezas causadas, según se creía entonces, por los cadáveres, y éste estimulando a estimar en su verdadero valor a animales tan útiles como el perro, animal en infinitas circunstancias amigo nuestro, y entonces ayuda y compañero indispensable.

1. ¿Cuál es la criatura que Spenta-Mainyús ha creado entre las criaturas que Spenta-Mainyús ha creado,

2. Que cada mañana cuando el Sol se levanta, viene como dando la muerte a mil criaturas de Agra-Mainyús?

3. Ahura-Mazda respondió: «Es el perro cuyo hocico y cabeza son afilados, el perro Vaghapara, al cual los hombres de mala lengua dan el nombre de Dujaka.

4. Es la criatura que Spenta-Mainyús ha creado entre las criaturas que Spenta-Mainyús ha creado,

5. Que cada mañana cuando el Sol se levanta, viene como dando la muerte a mil criaturas de Agra-Mainyús.

6. Aquel que mata, ¡oh santo Zarathustra! al perro cuyo hocico y cuya cabeza son afiliados, al perro Vaghaparta al cual los hombres de mala lengua dan el nombre de Dujaka,

7. Mata su alma hasta el noveno miembro.

8. El puente Chinvat difícil es para él de alcanzar [143],

9. Si durante su vida no expía su acción mediante Craoshas» [144].

10. Creador, si alguno mata al perro cuyo hocico y cabeza son afilados, al perro Vaghapara al cual los hombres de mala lengua dan el nombre de Dujaka,

11. ¿Qué pena merece?

12. Ahura-Mazda respondió: «Que le golpeen, dándole mil golpes con el aguijón, mil con el craosho-charana.»

13. ¿Cuál es la criatura que Agra-Mainyús ha creado entre las criaturas que Agra-Mainyús ha creado,

14. Que cada mañana, al salir el Sol, viene como dando la muerte a mil criaturas de Spenta-Mainyús?

15. Ahura-Mazda respondió: «El Daexa Zerimyagura [145] que los hombres de mala lengua llaman con el nombre de Zerimyaka, ¡oh santo Zarathustra!

---

[143] Este puente Chinvat o Tchinvat era, como se sabe, un puente por el que tenían que pasar las almas para llegar al Paraíso. Cuando era alcanzado por la de un justo, se ensanchaba y le permitía el paso sin dificultad alguna; pero si se trataba de un pecador, volvíase tan estrecho que llegaba a ser como el canto de un cuchillo muy afilado y, naturalmente, el alma pecadora que trataba de cruzarle lo más rápidamente posible caía a un abismo (el Infierno), donde las tinieblas eran tan espesas que se podían coger con las manos. Y ni que decir tiene que en ellas era ahumado y convertido en cecina.

[144] Es decir, recibiendo las nada gratas caricias del ya mencionado Craosho-charana, látigo de piel de buey seca y endurecida, con el que se medía las costillas de los que se juzgaba que lo merecían. El látigo fue un instrumento de castigo empleado en todos los países a causa de tener sobre todos los demás medios contundentes, la ventaja de hacer sufrir sin causar fracturas; lo que era particularmente útil, sobre todo con los esclavos que, considerados como objetos de valor, convenía conservar útiles para los trabajos que se exigían de ellos, lo que se conseguía con el látigo que los castigaba cuanto convenía, pero de cuyos efectos curaban pronto a fuerza de compresas y algún reposo.

[145] Anquetil-Duperron escribe Zecrenienghré en vez de Zerimyagura, justificando o explicando el nombre que emplea mediante dos palabras zendas que según él significarían *debilidad* y *pecado*. Todo es posible pero en la duda lo más lógico parece hacer una traducción lo más próxima posible, fonéticamente, a lo que se lee en la palabra que hay que verter. Los doctores parsis, por su parte, pretenden que este *dev,* este demonio de la ralea de los de Agra-Mainyús, se muestra bajo la

16. Es la criatura de Agra-Mainyús entre las criaturas que Agra-Mainyús ha creado.

17. Que cada mañana, cuando el Sol se levanta, viene como dando la muerte a mil criaturas de Spenta-Mainyús.

18. Aquel que mata, ¡oh santo Zarathustra! al Daeva Zerimyagura, al que los hombres de mala lengua llaman Zerimyaka, ¡oh santo Zarathustra!

19. Expía haciéndolo todo cuanto de culpable ha cometido con pensamientos, palabras y obras.

20. Obtiene de este modo el perdón de cuanto culpable ha cometido con pensamientos, palabras y obras.

21. Aquel que pega a uno de esos perros que pertenecen a la aldea o al rebaño, o a uno de esos que van tras una pista de sangre por haber sido enseñados a ello (146)

22. (Sufrirá el castigo de que) su alma pase abrumada de angustia y de pena, de este Mundo a aquel que está por encima de la Tierra,

23. Como un lobo que busca a quien herir en un gran bosque.

24. Nadie prestará socorro a su alma a causa de su crueldad y de su infamia.

25. Los perros que apartan el peligro y que guardan los puentes, no le prestarán socorro, a causa de su crueldad y de su infamia.

26. Aquel que hiere a un perro que pertenece a un rebaño,

---

forma de una tortuga, apareciendo a media noche para combatir a Ahura Mazda. Entiéndase más bien, a alguna de las criaturas creadas por éste, en la eterna lucha entre ambas potencias, la del bien y la del mal. M. Spiegel da otro sentido a la palabra zerimyagura; cree que significa el que como en la oscuridad o en un lugar profundo, y que se trataría aquí de un hámster (mamífero roedor que abunda desde el Rin hasta el Obi, río de Siberia; hámster es voz alemana) o de algún animal semejante.

(146) Como se ve, había sin duda perros, unos destinados a proteger las aldeas, muy particularmente de noche (sin duda, como actualmente aún en ciertos poblados de tribus atrasadas, las aldeas estaban rodeadas de una empalizada que se cerraba por la noche), ladrando al olfatear la llegada de animales peligrosos (lobos, osos, tal vez panteras o leones), otros que cumplían el mismo papel acompañando a los ganados u otros rebaños de animales domésticos, y, finalmente, los adiestrados a seguir un rastro de sangre, es decir, para la caza. Estos detalles y, consiguientemente, todo el capítulo, es muy interesante pues demuestra cómo se vivía en aquellas aldeas de Persia, muy particularmente en los tiempos en que Zoroastro pudo dedicarse a predicar en ellas su doctrina que, como se ve, tendía no tan sólo a hacer a los hombres mejores con el pretexto (seguridad para él tal vez) de que ayudasen a Ahura Mazda, obrando bien, a combatir a Agra-Mainyús, sino también en el sentido más corriente (moral práctica inmediata) de que adaptasen su conducta y manera de obrar y de vivir a prácticas convenientes para la marcha más segura y acertada a la vida actual.

27. O que le corta las orejas o los extremos de las patas;
28. Si un ladrón o un lobo llega hasta los rediles y roba algo del ganado,
29. Debe ser responsable de la pérdida.
30. (Por consiguiente), que expíe las heridas (que hizo) al perro mediante la pena del Boadhovarsta.
31. Si aquel que hace una herida a un perro que pertenece a una aldea,
32. O que le corta las orejas o los extremos de las patas;
33. Si un ladrón o un lobo llega hasta los rediles y roba algo de ganado,
34. El tal debe ser responsable de la pérdida.
35. (Por consiguiente), que expíe las heridas (que hizo) al perro mediante la pena del Boadhovarsta.»
36. Creador, si alguno hace a un perro una herida peligrosa que pone su vida en peligro,
37. ¿Cuál será su pena?
38. Ahura-Mazda respondió: «Que le peguen ochocientas veces con el craosho-charana.»
39. Creador, si alguien hace a un perro que pertenece a la aldea una herida peligrosa que pone en peligro su vida,
40. ¿Cuál será su pena?
41. Ahura-Mazda respondió: «Que se le pegue setecientas veces con el craosho-charana.»
42. Creador, si alguno hace a un perro una herida peligrosa que pone su vida en peligro,
43. ¿Cuál será su pena?
44. Ahura-Mazda respondió: «Que le peguen seiscientas veces con el craosho-charana» [147].
45. Creador, si alguien hace a un perro joven una herida peligrosa que pone en peligro su vida,
46. ¿Cuál será su pena?
47. Ahura-Mazda respondió: «Que le peguen quinientas veces con el craosho-charana.
48. Y que lo mismo ocurra cuando se trate del Jajus, del Vijus y del Cukuruna, así como con los Urupis de agudos dientes, el robusto Raopis, e igualmente para todos los animales de la variedad perro de Spenta-Mainyús, a excepción del perro acuático.»

---

[147] En el versículo 42 debe faltar algo puesto que, siendo la pregunta la misma que en el versículo 36, la pena correspondiente es menor. Tanto más creo justificada la sospecha cuanto que en el versículo 39 hay el detalle de que el perro pertenezca a una aldea, y en el 45, de que el perro sea joven; luego aquí falta un detalle que justifique por qué al que le haga una herida grave, que ponga en peligro su vida, merezca seiscientos azotes en vez de ochocientos como merecía antes.

49. Creador, ¿en qué lugar (a qué distancia) debe estar el perro que pertenece a un rebaño?

50. Ahura-Mazda respondió: «A un Yujyesti de los rediles: es el sitio en que puede encontrar al ladrón o al lobo.»

51. Creador, ¿en qué lugar debe estar el perro que pertenece a una aldea?

52. Ahura-Mazda respondió: «A la distancia de un hathra de las aldeas, donde puede encontrar al ladrón o al lobo.»

53. Creador, ¿cuál es el lugar que le conviene a un perro que va tras una pista de sangre?

54. Ahura-Mazda respondió: «Junto a aquel que quiere tener un perro para que proteja su cuerpo.»

55. Creador, si alguien da malos alimentos a un perro que pertenece a un rebaño, ¿con qué pecado se mancha?

56. Ahura-Mazda respondió: «Su falta es tan grande como si diese malos alimentos al dueño de una gran casa en este Mundo de los seres dotados de cuerpo.»

57. Creador, si alguien da malos alimentos a un perro que pertenece a una aldea, ¿con qué pecado se mancha?»

58. Ahura-Mazda respondió: «Su falta es tan grande como si diese malos alimentos al dueño de una casa media en este Mundo de los seres dotados de cuerpo.»

59. Creador, si alguien da malos alimentos a un perro de los que van tras una pista de sangre, ¿con qué pecado se mancha?

60. Ahura-Mazda respondió: «Su falta es igual a aquella con la que se mancharía si diese malos alimentos a un hombre que llegase a su casa y que tuviese las señales en virtud de las cuales se le reconocería como un Atharva.»

61. Creador, si alguien da malos alimentos a un perro joven, ¿con qué pecado se mancha?

62. Ahura-Mazda respondió: «Su falta es igual a la que cometería si diese malos alimentos a un joven puro.»

63. Creador, si alguien da malos alimentos a un perro que pertenece a un rebaño,

64. ¿Cuál es su pena?

65. Ahura-Mazda respondió: «Que hieran su cuerpo culpable dándole noventa golpes con una correa de caballo, noventa con el craosho-charana.»

66. Creador, si alguien da malos alimentos a un perro que pertenece a una aldea,

67. ¿Cuál es su pena?

68. Ahura-Mazda respondió: «Que golpeen su cuerpo culpable dándole noventa golpes con una correa de caballo, noventa con el craosho-charana.»

69. Creador, si alguien da malos alimentos a un perro que sigue las pistas de sangre,

70. ¿Cuál es su pena?

71. Ahura-Mazda respondió: «Que golpeen su cuerpo culpable dándole setenta golpes con una correa de caballo, setenta con el craosho-charana.

72. Creador, si alguien da malos alimentos a un perro joven,

73. ¿Cuál es su pena?

74. Ahura-Mazda respondió: «Que golpeen su cuerpo culpable dándole cincuenta golpes con una correa de caballo, cincuenta con el craosho-charana.

75. Pues, en el Mundo de los seres dotados de cuerpo, aquella de las criaturas de Spenta-Meinyús que llega más pronto a la vejez es el perro, ¡oh santo Zarathustra!

76. Que se encuentra entre aquellos que comen, sin recibir él mismo de qué comer.

77. Ante los perros que velan porque nada sea robado.

78. Se debe colocar leche, con grasa y carne.

79. Como alimento conveniente a un perro.»

80. Creador, si en la mansión de los mazdayasnas un perro no ladra, y si está desprovisto de juicio,

81. ¿Cómo los mazdayasnas deben obrar?

82. Ahura-Mazda respondió: «Deben colocar sobre su cabeza un pedazo de madera partido.

83. Deben atar a su hocico este pedazo de madera, que debe ser del grosor de un hueso, si la madera es dura; del doble, si es blanda.

84. Deben atarle.

85. Deben trabarle bien.

86. Si no es hecho así, y si este perro que no ladra y está desprovisto de juicio hiere a un animal o a un hombre,

87. Es preciso que las heridas hechas sean expiadas mediante la pena del Baodho-varsta.

88. Si muerde a un animal por primera vez, si hiere a un hombre por primera vez, hay que cortarle la oreja derecha.

89. Si muerde a un animal por la segunda vez, si hiere a un hombre por segunda vez, se le debe cortar la oreja izquierda.

90. Si muerde a un animal por tercera vez, si hiere a un hombre por tercera vez, se le debe cortar la pata derecha.

91. Si muerde a un animal por cuarta vez, si hiere a un hombre por cuarta vez, se le debe cortar la pata izquierda.

92. Si muerde a un animal por quinta vez, si hiere a un hombre por quinta vez, se le debe cortar la cola.

93. Deben atarle.

94. Deben trabarle bien.

95. Si no es hecho así, y este perro que no ladra y que está desprovisto de juicio hiere a un animal o a un hombre,

96. Es preciso que las heridas hechas sean expiadas mediante la pena del Baodho-varsta» [148].

97. Creador, si en la morada de los mazdayasnas un perro no está en su juicio,

98. ¿Cómo deben obrar los mazdayasnas?

99. Ahura-Mazda respondió: «Deben emplear para él los mismos remedios que emplearían para un hombre puro.»

100. Creador, y si no quiere soportarlos,

101. ¿Qué deben hacer los mazdayasnas?

102. Ahura-Mazda respondió: «Deben atar a su hocico un pedazo de madera que debe ser del grueso de un hueso, si la madera es dura; del doble, si es blanda. Deben atarle; deben trabarle bien. Si no, si este perro que no tiene juicio ni instinto cae en una cisterna, una fuente, un precipicio, un río o curso de agua corriente,

103. Ocasionándose con ello algún mal,

104. Si a causa de ello se hiere,

105. Los mazdayasnas se harán culpables de un gran pecado.

106. Yo he creado al perro, ¡oh Zarathustra! ya vestido y calzado cual le conviene,

---

[148] ¿En qué consistía la pena o castigo denominado Baodho-varsta? En todo caso, en este curioso versículo casi por entero dedicado a los perros, lo que ya indica, como he señalado y como por lo visto es seguro, que el Vendidad fue concebido y escrito en una región montañosa y abrupta poblada, más bien, por pastores que por agricultores; lo que se dice a partir del versículo 80 parece que nos permite suponer que los perros que preferían y que constituían para ellos el tipo ideal de estos animales tan útiles, y para ellos indispensables, eran los continuamente alertas, vigilantes y capaces, a causa de sus ladridos, de sembrar la alarma y hacer acudir a los hombres, únicos que por lo visto podían hacer frente a los que acudían silenciosamente, hombres de otras tribus (ladrones), o lobos en manada (ladrones igualmente), a llevarse el ganado. Es decir que por lo que se puede juzgar, el perro ladrador poco mordedor, de nuestro refrán, era para ellos más útil que el de mal carácter (desprovisto de juicio), como dicen los versículos 80 y 95, y que no ladraba e inclinado por ello a morder con facilidad aun a los que no hubiera convenido que mordiese. Y para evitarlo, sin duda, el liarle al hocico el trozo de madera y el que aconsejase Ahura Mazda, así mismo, la conveniencia de atarle y trabarle bien. Los subsiguientes castigos consistentes en cortarles sucesivamente orejas, patas y hasta la cola, sin duda, estaban destinados a advertir a los demás que tuviesen cuidado en no acercarse a él, pues era un animal peligroso. Todo menos matarle, como parecía lógico si se trataba de un animal realmente peligroso, pues, como vemos por los versículos siguientes, el perro, creado por Ahura Mazda para que fuese compañero del hombre y el guardián de los rediles, sin duda había acabado por adquirir, entre los persas-pastores, un carácter no menos sagrado, a causa de la utilidad que les prestaba, que las vacas entre los hindúes.

107. Con un olfato penetrante y con dientes agudos.

108. Le he hecho *compañero del* hombre, para que proteja sus rediles y majadas.

109. Pues yo he creado al perro, yo que soy Ahura-Mazda,

110. Y le he dado los medios de morder y de atacar al enemigo.

111. Si su salud es buena (si está bien cuidado) y vela en torno a rediles y majadas,

112. Si hace oír su voz como es debido, ¡oh santo Zarathustra!

113. Un ladrón o un lobo no puede llegar a la aldea y llevarse algo sin ser advertido.

114. El lobo asesino, el lobo que trata de robar, el lobo que espía su presa.»

115. Creador, ¿cuál es la especie de lobos más perniciosa, la engendrada por un perro con una loba, o la de un lobo con una perra?

116. Ahura-Mazda respondió: «De estas dos especies de lobos, ¡oh puro Zarathustra! la engendrada por un perro con una loba es más perniciosa que la que es engendrada por un lobo y una perra.

117. La preferencia debe ser dada a los perros que guardan el ganado, que guardan las aldeas, que siguen con habilidad una pista de sangre.

118. Cuando los lobos vienen para atacar rediles y majadas,

119. Aquellos que deben su origen a un perro

120. Son más asesinos, más temibles, más funestos para rediles y majadas, que los otros.

121. Cuando los lobos vienen para atacar rediles y majadas,

122. Los que deben su origen a una loba

123. Son más asesinos, más temibles, más funestos para rediles y majadas, que los otros [149].

124. Un perro tiene ocho caracteres.

125. Es como un Athrava, como un guerrero, como un cultivador, como un aldeano, como un ladrón, como una bestia carnicera, como una mujer de mala vida, como un niño.

126. Como aquello que se encuentra ante él, como un Athrava.

---

[149] Aquí debe de haber un error de copia. Tras haber dicho en el versículo 116 que los lobos engendrados por un perro y una loba son más perniciosos que los engendrados por lobo y perra, no es posible que los versículos 120 y 123 digan lo mismo a no ser que los 119 y 122 quieran decir que, en efecto, se trata de los lobos engendrados por perro y loba. Muchas veces, la falta de claridad puede dar lugar a dudas y a confusiones. En todo caso, lo que no ofrece duda, era la estimación, verdadera veneración que se sentía cuando fue escrito el Vendidad, hacia los perros a los que, como bien claro esta vez es dicho en el versículo 108. Ahura-Mazda los había hecho para que fuesen compañeros del hombre y guardasen sus rediles y majadas.

127. Está satisfecho como un Athrava.
128. Es paciente como un Athrava.
129. No tiene necesidad sino de un poco de pan, como un Athrava.
130. Tales son las propiedades que tiene de común con un Athrava.
131. Va siempre adelante como un guerrero.
132. Pega a la vaca (conduciéndola, la empuja para hacerla avanzar), como un guerrero.
133. Está delante y detrás de la casa, como un guerrero.
134. Tales son las propiedades que tiene de común con un guerrero.
135. Por su vigilancia, no se entrega al sueño y vela como un cultivador.
136. Está delante y detrás de la casa como un cultivador.
137. Está detrás y delante de la casa como un cultivador.
138. Tales son las propiedades que tiene de común con un cultivador.
139. Es hospitalario como un aldeano.
140. Se asombra ante el aspecto de lo que se acerca a él, como un aldeano.
141. La casa y el alimento es lo más importante para él, como para un aldeano.
142. Tales son las propiedades que tiene de común con un aldeano.
143. Ama las tinieblas, como un ladrón.
144. Ronda por la noche, como un ladrón.
145. Está expuesto a comer alimentos no preparados, como un ladrón.
146. Es inclinado a los hurtos, como un ladrón.
147. Tales son las propiedades que tiene de común con un ladrón.
148. Ama la oscuridad, como una bestia de presa.
149. Ronda durante la noche, como una bestia de presa.
150. Está expuesto a comer alimentos no preparados, como una bestia de presa.
151. Es inclinado a los hurtos, como una bestia de presa.
152. Tales son las propiedades que tiene de común con una bestia de presa.
153. Es afable, como una mujer de mala vida.
154. Se asombra de aquello a lo que se acerca, como una mujer de mala vida.
155. La casa y el alimento son los más importantes para él, como una mujer de mala vida.
156. Anda por los caminos, como una mujer de mala vida.
157. Tales son las propiedades que tiene de común con una mujer de mala vida.
158. Ama el sueño como un niño.
159. Es cariñoso como un niño.
160. Tiene la lengua larga como un niño.
161. Corre siempre delante como los niños.
162. Tales son las propiedades que tiene de común con los niños.

163. Si dos perros vienen a mi casa, no hay que guardarlos en ella,
164. De tratarse de perros de los que guardan ganados o la aldea.
165. Pues las moradas de los hombres no podrían estar en seguridad en la Tierra creada por Ahura-Mazda, si los perros no existiesen.»
166. Si un perro incapaz ya de engendrar a otros y que ya no tiene la facultad de reproducirse muere, ¿adónde va el espíritu de su vida?
167. Ahura-Mazda respondió: «Va a la mansión del agua, ¡oh santo Zarathustra!; dos perros de agua vienen también allí,
168. Una pareja compuesta de un macho y de una hembra; millares de perros y millares de perras provienen de él [150].
169. Aquel que mata a un perro de agua, causa un calor funesto para las cosechas.
170. En otro tiempo, ¡oh santo Zarathustra! los alimentos nutritivos, la abundancia y la fertilidad, la salud, el bienestar, la profusión de granos y de forrajes, se encontraba en estos lugares.»
171. Creador, ¿cuándo volverán a estos lugares los alimentos nutritivos, la abundancia y la fertilidad, la salud, el bienestar y la profusión de granos y forrajes?
172. Ahura-Mazda respondió: «No se verá, ¡oh santo Zarathustra, volver a estos lugares los alimentos nutritivos, la abundancia y la fertilidad, la salud, el bienestar, la profusión de granos y forrajes,
173. Hasta que aquel que ha golpeado el perro de agua sea golpeado a su vez, o que, en honor de su alma piadosa, celebre un sacrificio durante tres días y tres noches,
174. Con un fuego ardiente, con el Beresma unido, con el Haoma elevado; entonces volverán a estos lugares los alimentos nutritivos, la abundancia y la fertilidad, la salud, el bienestar y la profusión de granos y forrajes.»

DECIMOCUARTO FARGARD

El principio de este fargard es continuación del anterior, puesto que el decimotercero acaba hablando del «perro de agua», y éste empieza enumerando los castigos que merece el que pegue al Udra o perro acuático y le haga un herida mortal. Tras una serie de fantasías que una vez más inducen a pensar, no sólo que la obra de Zoroastro, fundador de la primera de las grandes religiones, fue al punto mixtificada, sino en la increíble credulidad de

---

[150] Pasaje oscuro que Anquetil-Duperron interpretaba o explicaba de la siguiente manera: Que si un perro llega a morir y su hembra muere también sin haber sido fecundada, la raza de estos animales no perece, porque, como todo viene del agua y al agua vuelve, se volverán perros acuáticos, es decir, que su germen se reunirá en el agua de donde saldrán millares de perros tanto machos como hembras.

los hombres para lo relacionado con lo religioso, es decir, para lo que por tratarse de verdaderas fantasías y de positivos mitos no deberían aceptar en modo alguno, ni ordenar su vida espiritual de acuerdo con ellos; tras estas fantasías, decía, viene una serie de cosas curiosas tales como la enumeración de los objetos necesarios a un sacerdote, a un cultivador, a un guerrero y, terminando el capítulo con nuevas fantasías destinadas a hacer expiar su falta al que cometió el terrible crimen enumerado al principio. En cuanto a que el mazdeísmo deba ser considerado como la primera de las grandes religiones, parece indudable si se tiene en cuenta que hasta Zoroastro y salvo el ensayo frustrado de Ahkenatón cuando intentó acabar con la caterva de animales-dioses y de leyendas que constituían la religión egipcia sustituyéndola por el culto al Sol, las religiones no fueron obra de un hombre, sino que se habían ido formando paulatinamente, creciendo en cada país en torno a la ignorancia general que, con el miedo y necesidad de protección que sentían los hombres constantemente azotados por infinitas calamidades, entre ellas los cataclismos de la Naturaleza que, al no poderse explicar les hicieron pensar en castigos enviados por seres superiores, constituyeron los verdaderos manantiales, pronto torrentes caudalosos de lo religioso; torrentes que canalizados en su conveniencia en todas partes por pandillas de hombres astutos que se dieron cuenta de cuán fácil era vivir a expensas de los demás nombrándose representantes de las desconocidas y temidas potencias, fueron los verdaderos constructores, poco a poco, de dioses y religiones. A causa de todo ello constituyó una sorprendente novedad la aparición de una religión no elaborada poco a poco por muchos hombres, sino imaginada, pensada y fundada por uno, el persa Zoroastro; y no constituida en torno a puras fantasías y amañada a favor de conveniencias de hombres desaprensivos y astutos, sino en torno a una idea (la oposición entre el bien y el mal; oposición tan evidente como innegable), animada por un sentimiento desinteresado y generoso (inclinar a los hombres hacia el bien), teniendo a la cúspide del panteón religioso un dios digno de tal nombre que sólo el bien quería, a él tendía constantemente y por él luchaba, e incluso con un horizonte moralmente perfecto: la seguridad de que al cabo de los tiempos el bien triunfaría sobre el mal. Que los magos ensuciarían sin tardar la doctrina de Zoroastro apenas éste muerto, como los sacerdotes egipcios anularon al punto la obra de Ahkenatón y los discípulos del Buda embarullaron y descarriaron la moral de su maestro a fuerza de querer ensalzarla, cosa evidente es, como evidente, a fuerza de repetirlo, el hecho de que la obra de los grandes creadores, tanto morales como religiosos, haya tenido siempre dos grandes enemigos: los hombres y el tiempo. Aquéllos, atacando sus doctrinas ora directamente con objeto de sustituirlas por otras más favorables a sus egoísmos y ambiciones, ora sin mala voluntad pretendiendo explicarlas y completarlas, hicieron que tales doctrinas no llegasen a nosotros cual primitivamente fueron expuestas; en cuanto al tiempo, su obra destructora y oscurecedora fue más directa e inmediatamente contra los hombres mismos velando sus figuras y nublando su personalidad de tal modo que hoy sólo podemos contemplar estas figuras a través de nubes que a veces son tan espesas y confusas, que hacen dudar hasta de su existencia, induciendo a pensar que una vez más estamos ante puras creaciones míticas. En todo caso los principios quedan y ellos bastan para hacernos estimar al puñado de hombres extraordinarios que tanto hicieron porque sus compañeros de planeta avanzasen en el terreno de lo religioso.

1. Zarathustra preguntó a Ahura-Mazda: Ahura-Mazda, celeste y muy santo, creador de los mundos y de los seres dotados de cuerpo, purificador,

2. Si alguno golpea al Udra que está en el agua, que desciende de un millar de perros y de un millar de perras, y si le hace una herida mortal que le quite la fuerza de la vida,

3. ¿Cuál es su pena?

4. Ahura-Mazda respondió: «Que le golpeen diez mil veces con la correa de caballo, diez mil veces con el craosho-charana.

5. Que den para el fuego de Ahura-Mazda, como expiación por su alma, diez mil cargas de madera dura, bien cortada y bien seca.

6. Que den para el fuego de Ahura-Mazda, como expiación por su alma, diez mil cargas de leña blanda de Urvasni, de vohu-Gaona, de Vohu-Kereti, de Hadha-Naepata, o de alguna otra madera odorífera.

7. Que aten diez mil paquetes de Baresma.

8. Que den diez mil zaothras con Haoma y carne pura y bien examinada, purificada con la hierba que yo llamo Hadna-Naepata; es lo que debe dar en la pureza, como expiación de su alma.

9. Que mate diez mil serpientes que se arrastran sobre el vientre.

10. Que mate diez mil serpientes que tienen cuerpos de perros.

11. Que mate diez mil tortugas.

12. Que mate diez mil lagartos que respiran [151].

13. Que maten diez mil lagartos de los que no pueden vivir sino en el agua.

14. Que mate diez mil hormigas de esas que se llevan el grano.

15. Que mate diez mil hormigas de entre las perniciosas que siguen una mala ruta.

16. Que mate diez mil ratones de los que viven en la podredumbre.

17. Que mate diez mil moscas perniciosas.

18. Que llene en esta tierra diez mil agujeros que están llenos de impureza.

19. Que dé a los hombres puros dos veces siete objetos [152] que tengan relación con el fuego como expiación para su alma, en la pureza y la bondad,

---

[151] Es decir, de los que viven normalmente en tierra.

[152] La expresión "dos veces *siete* objetos" viene a probar que también en esta religión el "siete" era un número archisagrado. Los hombres puros, seguramente,

20. De los objetos que van al fuego,
21. Que purifican el fuego y extienden el calor,
22. Que mantienen el fuego y que desecan,
23. Que son anchos por abajo y estrechos por arriba.
24. Un hacha que rápidamente corte y rompa [153], un martillo que corte rápidamente, que rompa rápidamente, es lo que debe dar con pureza a los hombres puros para la expiación de su alma.
25. Con estos utensilios los mazdayasnas podrán procurarse la leña necesaria para el fuego de Ahura-Mazda.
26. Que dé con pureza a los hombres puros, para la expiación de su alma, los objetos necesarios a un sacerdote.
27. Estos objetos son los siguientes:
28. El aguijón, el tajadero, el peti-dana [154].
29. El arma con la cual se golpea a los Khrafstras, lo que se ejecuta con el craosho-charana.
30. La taza que purifica al impuro.
31. El mortero que es hecho según las prescripciones de la ley, la taza para el Haoma, y el Beresma
32. Que dé con pureza a los hombres puros para la expiación de su alma todos los objetos necesarios a un guerrero.
33. Estos objetos son los siguientes:
34. En primer lugar una lanza, en seguida un cuchillo, en tercer lugar una maza,
35. En cuarto lugar un arco,
36. En quinto lugar un carcaj con treinta flechas con punta de hierro,
37. En sexto lugar una honda y treinta piedras.
38. En séptimo lugar una coraza, en octavo lugar una armadura para el cuello,
39. En noveno lugar el peti dana, en décimo el casco.
40. En undécimo lugar el cinturón, en duodécimo lugar la armadura para las piernas.
41. Que dé con pureza a los hombres puros por la expiación de su alma todos los objetos necesarios a un cultivador.

---

eran los sacerdotes (magos), inventores de todo esto que nada tenía que ver ya con Zoroastro; como seguramente a ellos apuntaban, es decir en su provecho, lo que el culpable tenía que dar, como expiación, en los versículos 5 a 8. Las diez mil muertes que vemos en los siguientes, seguramente serían o podrían ser rescatadas contra nuevos dones en favor de Ahura Mazda, bien que siempre a través de sus avisados y despiertos sacerdotes.

[153] Es decir, un hacha perfectamente afilada con la que fácilmente se pudiera hacer leña para mantener constantemente atizado y vivo el fuego sagrado.

[154] Tela que los parsis colocan delante de su boca cuando recitan el Avesta.

42. Estos objetos son los siguientes:
43. Un instrumento para sembrar el trigo,
44. Una yunta bien dispuesta,
45. Dos látigos para excitar a los animales,
46. Dos piedras para aplastar (granos),
47. Un molino de mano cuya parte superior aplaste,
48. Una correa fuerte para retener a los animales,
49. Una campanilla de plata y una campanilla de oro.»
50. Creador, ¿de qué valor debe ser la de plata?
51. Ahura-Mazda respondió: «Debe ser igual al de un caballo.»
52. Creador, ¿cuál debe ser su valor cuando es de oro?
53. Ahura-Mazda respondió: «Semejante al precio de un camello.
54. Que dé con pureza a los hombres puros para la expiación de su alma una fuente de agua corriente.»
55. Creador, ¿cuál debe ser el grandor de esta fuente?
56. Ahura-Mazda respondió: «De la longitud de un pie y de la anchura de un pie.
57. Que de con pureza a los hombres puros para la expiación de su alma una tierra que se pueda trabajar.»
58. Creador, ¿cómo debe ser esta tierra?
59. Ahura-Mazda respondió: «El agua debe subir hasta ella una vez que se la haya trabajado dos veces.
60. Que dé con pureza a los hombres puros como expiación de su alma, una habitación con un establo que encierre nueve especies de hierbas.»
61. Creador, ¿cuál debe ser el tamaño de esta casa?
62. Ahura-Mazda respondió: «Debe tener doce vitaras en su parte superior, nueve en el centro y seis abajo.
63. Que decore esta casa con una hermosa estera y que la dé con pureza a los hombres puros en expiación de su alma.
64. Que dé con pureza a un hombre puro, como expiación por su alma, una muchacha que esté sana y que no haya conocido aún a hombre alguno.»
65. Creador, ¿cómo debe ser esta muchacha?
66. Ahura-Mazda respondió: «Que la despose tras haber cumplido los quince años a un hombre puro; debe ser su hermana o su hija, poseer un nombre estimado y estar en posesión de pendientes.
67. Que dé con pureza a los hombres puros, en expiación de su alma, catorce animales de ganado pequeños.
68. Que críe catorce perros jóvenes.
69. Que haga catorce puentes sobre agua que corra.
70. Que cultive y haga que den productos alimenticios dieciocho terrenos incultos y que no produzcan nada.
71. Que purifique catorce perras bestias malas, impuras, horribles, que se unan a los perros.

72. Que harte de carne o de otros alimentos y de hura [155] a dieciocho hombres puros.
73. He aquí su pena, he aquí su expiación
74. Tal cual el hombre puro debe cumplirla; de no cumplirla,
75. Caerá en la mansión de los Drujas» [156].

DECIMOQUINTO FARGARD

Este fargard empieza enumerando los cinco pecados que vuelven al hombre culpable en grado sumo. De estos cinco grandes pecados el primero se cometía hablando despectivamente de un hombre puro con otro hombre que tuviese otra religión. El segundo y el tercero practicando actos que pudiesen perjudicar a un perro o a una perra. Los dos últimos teniendo contactos carnales con mujeres distintas de la propia. Como de estos contactos podía resultar que la mujer quedase encinta, el o los que escribieron este fargard se ocupan seguramente de lo que es preciso hacer con los niños nacidos fuera de matrimonio. En fin, el capítulo acaba, tratando de ello muy largamente, de la conducta a seguir con los perros jóvenes. Dejando aparte el primer pecado a propósito del cual apenas se habla y que si parece ser pecado es por tratarse de un hombre puro y por sufrir, ofendiéndole, tanto o más tal vez la sacrosanta pureza que el mismo, así como por cometerle el que lo realiza a sabiendas contra su propia razón, como se lee en el versículo séptimo; en los otros y en todo el capítulo parecen dominar dos ideas principales: 1. la importancia, que ya conocemos por otros capítulos, del perro, en aquellas comunidades que vivían esencialmente del pastoreo; 2. la importancia, así mismo, de la criatura humana cuya vida convenía tanto conservar con objeto de que su número no disminuyese; en cuanto a los varones, para oponerse e impedir el robo o la muerte del ganado por los hombres de otras tribus y para escapar así mismo, peligro constante también, a las razzias de los nómadas; en cuanto a las hembras, porque además de las tareas maternales y domésticas, caerían sobre ellas seguramente todas las agrícolas. Como se ve pues, nada en estos pecados que recuerde a los que se hubieran podido cometer en otras religiones, por ejemplo, en la de Israel, yendo abiertamente contra los preceptos del Decálogo. Por ninguna parte, en efecto, se encuentra en el Avesta que haya que amar a Ahura-Mazda sobre todas las cosas y si ello ocurre era como consecuencia de ser Ahura-Mazda la verdad y el bien y

---

[155] Vino. ¿Hartarlos de carne o de otros alimentos y de vino para qué, para que dejasen de ser puros?

[156] Drujas, zakhs o espíritus reprobados. Tras todo lo enumerado hay que creer que no habría persa alguno, a menos de estar loco de remate o le tuviese sin cuidado la pureza de su alma, que hiriese mortalmente al Udra o perro acuático.

siendo esto lo mejor, por ello el que el hombre tuviera que servirle y cooperar con él en la obra redentora de hacer que el Bien triunfase, pues este Dios tenía, como sabemos, un adversario temible que tratando en todo instante de destruir sus buenas obras, era al mismo tiempo el enemigo número uno de los hombres. Al proclamar Zoroastro que Ahura-Mazda era el Bien, que no quería otra cosa ni hacía otra cosa que el Bien, le identificó con éste, y al asegurar así mismo que estaba en lucha constante contra el Mal, introdujo en el campo de lo religioso una idea nueva y tan importante que ya ninguna religión realmente superior podría alejarse de ella. Nueva porque hasta entonces los dioses en Egipto, en Mesopotamia, en la India habían girado en torno de los hombres o, si se prefiere, los hombres en torno de ellos, sin preocuparse de si eran buenos o malos, sino simplemente de que eran dioses y manifestando que lo eran por obra de su fuerza, lo que hacía que los hombres se inclinasen ante ellos no a causa de su bondad superior, pues solían obrar como los hombres, empujados por pasiones semejantes a las de éstos, sino de su fuerza: por ello, como digo, el temerlos y el suplicarles, ora para que no fuesen perjudiciales, bien para que se mostrasen favorables. Sin duda los grandes dioses tanto egipcios (Osiris, Isis, Thot) como hindúes (Brahma, Siva, Vichnú) conocían las leyes de la justicia y eran, a veces al menos, justos, buenos y castigaban el mal, pero los que los habían inventado no lo habían hecho en vista de la justicia. La idea del bien, o la del mal, había surgido posteriormente a propósito de lo que se imaginaba que había ocurrido: el matar Seth a Osiris había constituido un mal; el que éste resucitase, un bien; pero los ciclos de la Naturaleza que estos hechos encarnaban nada tenían que ver con la idea del bien ni del mal; uno y otro eran simplemente hechos aceptados. Y en otras religiones tanto en Mesopotamia como cuantas aceptaban leyendas tan espantosas como el diluvio en el que por voluntad de un Dios habían perecido tanto los supuestos pecadores como los niños inocentes de todo pecado, allí la idea de justicia era algo casi enteramente extraño a los dioses. He aquí por qué el aparecer una religión cuyo Dios tenía como misión especial luchar contra el mal fue algo tan superior en este campo, que ya ninguna importante podría aparecer sin imitarla, es decir, ofreciendo como razón de su existencia algo digno de ser tenido muy en cuenta. Así, la del Buda sería el sufrimiento, la de Jesús el amor, la de Mahoma la Unidad de Dios. Pero la gloria de haber inaugurado la verdadera vía a Zarathustra le corresponde.

1. ¿Cuántos pecados hay, en el Mundo de los seres dotados de cuerpo,
2. Qué hacen, cuando han sido conocidos pero no expiados,
3. Que el hombre llegue a ser pecador y culpable del Pesho-tanus?
4. Ahura-Mazda respondió: «Hay cinco, ¡oh puro Zarathustra!
5. El primero de estos pecados que existe entre los hombres es:
6. Cuando alguien habla con palabras despectivas de un hombre puro a un hombre que tiene otra fe;

7. Pues haciéndolo peca a sabiendas contra su propia razón;

8. A causa de lo cual se hace pecador y culpable del Pesho-tanus.

9. El segundo de estos pecados que cometen los hombres es:

10. Cuando alguien da huesos que no pueden ser triturados o alimentos demasiado calientes a un perro que pertenece a un rebaño o a una aldea,

11. Si estos huesos rompen los dientes del perro, o se atascan en su gaznate,

12. O al hundirse en él calientes le queman el hocico y la lengua.

13. Si a causa de todo ello el perro es herido,

14. O experimenta algún mal,

15. El hombre se hace con ello pecador y culpable del Pesho-tanus.

16. El tercero de estos pecados que cometen los hombres es:

17. Cuando alguien pega a una perra preñada, cuando la espanta y cuando la hace huir (aterrada) haciendo sonar sus manos detrás de ella,

18. De tal modo que esta perra acaba por caer en un agujero, un charco profundo, un precipicio, un río o cualquier curso de agua corriente,

19. Quedando con ello herida,

20. O siendo víctima de todo otro mal.

21. De ocurrir, el hombre se torna pecador y culpable del Pesho-tanus.

22. El cuarto de estos pecados que comete el hombre es:

23. Cuando alguno tiene comercio con una mujer [157].

24. De ocurrir, tórnase pecador y culpable del Pesho-tanus.

25. El quinto de estos pecados que cometen los hombres es:

26. Si alguno tiene comercio con una mujer encinta, o una mujer que tienen leche, o una mujer que todavía no ha tenido nunca leche [158],

27. Y que a causa de ello (de tal comercio), experimenta algún mal,

28. O es víctima de consecuencias molestas.

29. De ocurrir, el hombre se torna pecador y culpable del Pesho-tanus.

30. El que se acerca a una muchacha,

31. Que está aún en la época de su incomodidad periódica o aunque no lo esté,

32. Esté prometida o no lo esté, pero que la deja encinta,

33. Esta muchacha no debe acercarse al agua y a los árboles, como haría de no tener nada de lo que pudiera avergonzarse ante los hombres [159].

34. Pero si se acerca al agua o a un árbol, como sí no tuviese nada a causa de lo cual debiese sentir vergüenza ante los hombres,

35. Comete un pecado.

---

[157] Sobrentendido: que no es la suya.

[158] Que está criando o que está virgen de relacione* carnales.

[159] Es decir, que debe apartarse de los sitios habitados y retirarse al sitio reservado para las mujeres impuras.

36. Si uno se acerca a una muchacha esté aún en la época de su incomodidad periódica o no, esté prometida o no lo esté, y la deja encinta,

37. Esta muchacha no debe, impulsada por un sentimiento de vergüenza ante los hombres (ante los demás), hacer algo que perjudique a su fruto.

38. Si esta muchacha, cediendo a un sentimiento de vergüenza ante los hombres, perjudica a su fruto,

39. Comete un pecado, y sus padres al verlo, deberán reprenderla y castigar su falta infligiéndole la pena del Baodho-varsta.

40. Si uno se acerca a una muchacha esté aún en la época de su incomodidad periódica o no, esté prometida o no lo esté, y la deja encinta;

41. Si la muchacha dice: «El niño ha sido engendrado por este hombre», y este hombre dice: «Busca una vieja que te asista y consúltala»;

42. Si esta joven busca una vieja que la asista y la consulta,

43. Y esta vieja,

44. La trae Baga o la trae Schaeta;

45. O Ghnana o Fraspata o productos de algún otro árbol,

46. Diciéndole: «Trata de matar al niño»;

47. Y si la muchacha trata de matar al niño:

48. Todos son igualmente dignos de castigo: la muchacha, el hombre y la vieja.

49. Si alguno se acerca a una muchacha,

50. Que esté aún en la época de su incomodidad periódica o que no lo esté, que esté prometida o que no lo esté, y la deja encinta.

51. Debe sostenerla hasta que el niño haya nacido.

52. Si no le suministra los alimentos necesarios y a causa de ello el niño sufre algún mal,

53. Debe expiar el daño que ha hecho, sufriendo la pena del Baodho-varsta.»

54. Creador, si la muchacha está de parto,

55. ¿De cuál de los mazdayasnas debe recibir su alimento?

56. Ahura-Mazda respondió: «Aquel que se acerca a una muchacha

57. Que está aún en la época de su incomodidad periódica, o que no lo está, debe servirla de sostén hasta que el niño haya nacido.

58. Si no trae alimento,

59. Entonces todo nacimiento de la criatura de dos pies o de la de cuatro pies, recae sobre él.

60. De la criatura de dos pies, es decir, de la muchacha; de la criatura de cuatro pies, es decir de la perra» [160].

---

[160] Anquetil-Duperron hace observar que los textos originales son aquí muy oscuros. El sentido parece ser el siguiente: "El hombre del cual una muchacha tiene un hijo, está obligado a alimentarla. Si se niega, hay que llevarle al jefe más próximo del lugar en que ella esté, siendo ordenado que este jefe la alimente y

61. Creador, cuando esta perra pare,
62. ¿De cuál de los mazdayasnas debe recibir su alimento?
63. Ahura-Mazda respondió: «Aquel que ha levantado la casa más próxima de la que la perra recibe su alimento,
64. Debe mantenerla hasta que los perritos puedan salir.
65. Si no le lleva alimentos;
66. Si estos perros sufren por la falta de un alimento conveniente,
67. Debe expiar el daño que ha hecho, sufriendo la pena del Baodho-varsta.»
68. Creador, si esta perra pare en los establos de los camellos,
69. ¿De cuál de los mazdayasnas debe recibir su alimento?
70. Ahura-Mazda respondió: «Aquel que haya construido este establo
71. Debe mantener a este animal,
72. Y ser su protector hasta que los perrillos puedan salir.
73. Si no le lleva alimentos,
74. Si estos perros sufren por falta de un alimento conveniente,
75. Debe expiar el daño que ha hecho, sufriendo la pena del Baodho-varsta.»
76. Creador, si esta perra pare en una cuadra,
77. ¿De cuál de los mazdayasnas debe recibir su alimento?
78. Ahura-Mazda respondió: «El que ha construido la cuadra,
79. Debe mantener a este animal,
80. Y ser su protector hasta que los perrillos puedan salir.
81. Si no le lleva alimentos,
82. Si esos perros sufren por falta de una alimentación conveniente,
83. Debe expiar el daño que ha hecho, sufriendo la pena del Baodho-varsta.»
84. Creador, cuando esta perra pare en un establo de vacas,
85. ¿De cuál de los mazdayasnas deben recibir su alimento?
86. Ahura-Mazda respondió: «Aquel que ha construido este establo
87. Debe mantener a este animal,
88. Y ser su protector hasta que los perrillos puedan salir.
89. Si no le lleva alimentos,

---

tenga cuidado de lo que nazca; así como el que manda en el lugar en que ocurra, debe tener cuidado de la perra que ha parido, es decir, de todos los animales útiles que traiga al mundo." En todo caso esto es lo que parece indicar el texto en todo cuanto sigue, como puede verse. Una vez más, por esto, puede comprobarse la importancia que tenían entonces todos los seres: los hombres y las mujeres para que no disminuyesen sino que, al contrario, fuese en aumento el número de los habitantes de las aldeas y tribus, para no estar en inferioridad numérica respecto a las tribus que las rodeaban, siempre, sin duda, dispuestas a caer y saquear a cuantos no estaban en condiciones de defenderse; en lo que a los perros afecta, por su importancia para la guarda de aldeas y ganados.

90. Si esos perros sufren por falta de una alimentación conveniente,
91. Debe expiar el daño que ha hecho, sufriendo la pena del Baodho-varsta.»
92. Creador, cuando esta perra pare en una majada de rebaño,
93. ¿Cuál de los mazdayasnas está obligado a procurarle alimentos?
94. Ahura-Mazda respondió: «Aquel que ha construido la majada
95. Debe mantener a este animal,
96. Y ser su protector hasta que los perrillos puedan salir.
97. Si no le lleva alimentos,
98. Si esos perros sufren por falta de una alimentación conveniente,
99. Debe expiar el daño que ha hecho sufriendo la pena del Baodho-varsta.»
100. Creador, si esta perra pare en los almiares de heno,
101. ¿De cuál de los mazdayasnas debe recibir su alimento?
102. Ahura-Mazda respondió: «Aquel que ha construido estos almiares
103. Debe mantener a este animal.
104. Y ser su protector hasta que los perrillos puedan salir.
105. Si no le lleva alimentos,
106. Si esos perros sufren por falta de una alimentación conveniente,
107. Debe expiar el daño que ha hecho sufriendo la pena del Baodho-varsta.»
108. Creador, si esta perra pare en una tina,
109. ¿De cuál de los mazdayasnas debe recibir su alimento?
110. Ahura-Mazda respondió: «Aquel que ha hecho esta tina
111. Debe mantener al animal,
112. Y ser su protector hasta que los perrillos puedan salir. Si no les lleva alimentos, si estos perros sufren por falta de una alimentación conveniente, debe expiar el daño que ha hecho, sufriendo la pena del Baodho-varsta.»
113. Creador, si esta perra pare entre el forraje,
114. ¿De cuál de los mazdayasnas debe recibir su alimento?
115. Ahura-Mazda respondió: «Aquel que es dueño de este forraje
116. Debe alimentarla durante tanto tiempo,
117. Y llevarla a su casa,
118. Cuanto tarden los perritos en poder salir.
119. Si no le procura alimentos,
120. Si los perritos sufren por falta de una alimentación conveniente,
121. Debe expiar el daño que ha hecho, sufriendo la pena del Baodho-varsta.»
122. Creador, ¿cuando los perros estos tienen lo que les es necesario y su pan?
123. Ahura-Mazda respondió: «Cuando estos perros pueden correr en torno de dos veces siete casas.

124. Es decir, cuando corretean ya a su placer de aquí para allá tanto en invierno como en verano.

125. Se debe velar (cuidar) por los perros durante seis meses; por los niños durante siete años [161].

126. Sobre el fuego, hijo de Ahura-Mazda, tanto como sobre la mujer.»

127. Creador, cuando los mazdayasnas quieren juntar un perro en celo con una perra salida,

128. ¿Cómo deben conducirse?

129. Ahura-Mazda respondió: «Deben cavar una fosa en medio del redil del rebaño,

130. De una profundidad de medio pie, si la tierra es dura, de la mitad de la talla de un hombre, de ser blanda.

131. Deben, lo primero, alejar a los niños y al fuego, hijo de Ahura-Mazda.

132. Deben velar por él, por temor a que otro perro se acerque.

133. Si vienen otros, es preciso echarlos para que no hieran al perro.»

134. Creador, si hay una perra que estando preñada, ha tenido tres cachorros, si alguien hace que su leche salga y se pierda, si la hace adelgazar, o si se lleva sus cachorros;

135. Creador, si alguien pega a esta perra estando preñada, o habiendo tenido tres cachorros hace que se pierda su leche, la hace adelgazar o le roba sus pequeños,

136. ¿Cuál es su pena?

137. Ahura-Mazda respondió: «Que se le golpee setecientos golpes con la correa de caballo, setecientos con el craosho-charana.»

DECIMOSEXTO FARGARD

Todo este capítulo está destinado exclusivamente a explicar las precauciones que hay que tomar con las mujeres durante los períodos en que éstas tienen las reglas, con objeto de evitar el ser contaminadas con la impureza en que por este hecho tan natural ellas incurren. ¿Por qué causa y en virtud de qué las mujeres en todas partes y en tales circunstancias fueron objeto de abominación? Porque en todas partes ocurrió algo semejante y pocos códigos religiosos dejaron de ocuparse, todos en el mismo sentido y

---

[161] Es decir, que los perros hasta los seis meses y los niños hasta los siete años, eran objeto de toda suerte de cuidados y atenciones. A partir de entonces se juzgaba que unos y otros podían ganarse, como dice el versículo 122, "su pan y cuanto les era necesario". Los perros empezando a ser útiles en sus labores propias de vigilancia y defensa contra las alimañas enemigas del ganado; los niños empezando, sin duda, a ser zagales o a ocuparse de otros menesteres caseros.

todos señalando hecho tan inevitable como una especie de calamidad social que convenía evitar, esto es tan real como evidente.

En lo que a su generalidad respecta bastará decir que hoy mismo puede observarse esta especie de repugnancia social en una gran cantidad de pueblos de los llamados «salvajes» donde aún la mujer, a causa de la menstruación, es considerada como un ser funesto, muy particularmente los días o durante el período que está sometida a ella. No hace mucho aún que en el Camerún las jóvenes núbiles eran pintadas de rojo en determinadas lunas. Entonces debían vivir recluidas, como impuras, en una cabaña hecha con ramas, de las que no debían salir mientras su «mancha» durase, con objeto de no manchar e impurificar a los demás con su contacto. Entre los indios de la Colombia británica, las jóvenes durante el período menstrual no podían comer sino bayas, ni se las autorizaba a beber a no ser valiéndose de un tubo hecho con un hueso de águila de cabeza blanca. Sería cuento de nunca acabar al referir las supersticiones que corrieron siempre y siguen corriendo aún en muchos sitios, a propósito de lo que nos ocupa. Envío al lector curioso a la Encyclopaedia of superstition de E. y M. A. Radford, y en lo que afecta especialmente a los persas, a la obra de H. Massé titulada, Croyances et coutumes persanes, París, 1938. Pero como digo, en todas partes se tomaron siempre las mayores precauciones temiendo que la impureza de las mujeres en el período de qué hablamos se comunicase «a la tierra y el cielo». Es más, como digo, tales supersticiones están lejos de haber desaparecido, habiendo aún muchos sitios donde las mujeres en este estado son consideradas maléficas para todo aquello cuanto tocan: «si se atreve, en tales circunstancias, a compartir la mesa o el lecho de un hombre, el hombre pierde su virilidad». En África del Suroeste, entre los Nama, cuando la mujer está en este estado, no tiene derecho a ir al veld so pena de ver desecarse la maleza. A. W. Hoernlé recuerda a propósito de esto ciertas creencias que aún en determinadas aldeas de pueblos no ciertamente salvajes, sino de naciones muy cultas, o que por tal pasan, están aún vivas: «Si la mujer con las reglas ordeña a una vaca, la leche se convierte en sangre... Si hace cocer algo para comer, los que lo ingieren, los hombres sobre todo, se ponen muy enfermos.» Ya digo que hoy mismo se podrían recoger y citar, como ya se ha hecho, por lo demás, incontables supersticiones relativas a esta cuestión que nos ocupa. Total, que pocos pueblos, por no decir ninguno, se libraron en la antigüedad, que es lo que ahora conviene señalar, de creencias supersticiosas semejantes; en el propio Levítico puede leerse: «Todo aquel que se acerca a una mujer durante su flujo catamenial, tórnase impuro como ella durante siete días y, durante todo este tiempo mancha todo cuanto toca.» En una palabra, que la cantidad de supersticiones fue tal, y sigue siendo aún en muchos sitios, en lo que afecta a cuanto se relaciona con lo sexual (menstruación, embarazo, parto, etc.), que sería empresa muy larga enumerarlo. En cuanto a la impureza a causa de los cadáveres, en muchos pueblos de la antigüedad existía también, por ejemplo, entre los hebreos, para quienes toda persona que tocaba el cuerpo de un muerto quedaba impurificada durante siete días.

1. Creador, si en una mansión de los mazdayasnas, una mujer tiene sus reglas,

2. ¿Cómo los mazdayasnas deben obrar?

3. Ahura-Mazda respondió: «Los mazdayasnas deben escoger un camino

4. Alejado de los árboles que producen leña para quemar.

5. Este lugar estará cubierto de polvo seco.

6. Se le hará un poco más elevado que las otras mansiones [162].

7. En una mitad, un tercio, un cuarto o un quinto.

8. Pues si esto no se hiciese, la mujer podría ver el fuego o la luz del fuego.»

9. Creador, ¿a qué distancia del fuego, a qué distancia del agua, a qué distancia del Baresma que está unido (¿vinculado a esta práctica?), a qué distancia de los hombres puros?

10. Ahura-Mazda respondió: «A quince pasos del fuego, a quince pasos del agua, a quince pasos del Beresma, a tres pasos de los hombres puros.»

11. Creador, ¿a qué distancia de una mujer que tiene sus reglas debe mantenerse aquel que le lleva alimentos?

12. Ahura-Mazda respondió: «Aquel que lleva alimentos a una mujer que tiene sus reglas debe permanecer a tres pasos de ella.

13. ¿Cómo debe llevarle los alimentos, cómo aquello con que ha de nutrirse?

14. Sobre hierro, plomo o metales de poco valor.

15. ¿Cuánto alimento debe llevarle, cuántas frutas?

16. Dos danaré de lo que proviene de un ser vivo, un danaré de frutas.

17. Si así no se hace, la mujer podría perecer como consecuencia del derramamiento.

18. Si un niño viene al Mundo,

---

[162] El texto dice exactamente lo que traduzco, pero, indudablemente, en un principio diría que en tal sitio apartado se construyese una cabaña o refugio para la mujer que estaba con las reglas, no tan sólo apartado de cuanto pudiera "manchar" con su impureza, sino incluso de los árboles capaces de dar leña para quemar, y, como leemos a continuación, desde donde ni siquiera pudiese ver el fuego de los hogares; y para ello, como también leemos, más alto que éstos. Lo que es un evidente contrasentido puesto que lo lógico parece ser que hubiese estado en una hondonada desde la que, verdaderamente, no se hubiese alcanzado con la vista lo que ocurría alrededor. Pero el estado de los textos es tal y de tal modo han sido traqueteados y manipulados, que cualquiera sabe lo que en verdad decían en un principio. En todo caso, lo interesante es notar, una vez más, a qué punto esta serie de supersticiones relativas a la pureza y a las impurezas, pesaba, en unión de tantas otras, claro está, sobre aquellos persas de entonces.

19. Es preciso, ante todo, lavarle las manos,

20. Luego se puede lavar todo el cuerpo del niño.

21. Si una mujer vierte sangre, si tres noches han transcurrido, puede entonces establecerse en el lugar de la impureza hasta que estas cuatro noches hayan transcurrido [163].

22. Si vierte sangre, si cuatro noches han transcurrido, debe establecerse en el lugar de la impureza hasta que hayan transcurrido cinco noches.

23. Si vierte sangre, si cinco noches han transcurrido, debe establecerse en el lugar de la impureza hasta que seis noches hayan transcurrido.

24. Si vierte sangre y seis noches han transcurrido, debe establecerse en el lugar de la impureza hasta que siete noches hayan transcurrido.

25. Si vierte sangre y siete noches han transcurrido, debe establecerse en el lugar de la impureza, hasta que ocho noches han transcurrido.

26. Si vierte sangre y ocho noches han transcurrido, debe establecerse en el lugar de la impureza, hasta que nueve noches hayan transcurrido.

27. Si vierte sangre una mujer aun tras haber transcurrido nueve noches, entonces es que los Daevas han ejercido sobre ella su influencia, y es preciso combatirlos.

28. Esos mazdayasnas deben buscar entonces un camino

29. Alejado de los árboles que dan madera para quemar.

30. Los mazdayasnas deben hacer en esta tierra tres fosos.

31. Deben lavar dos con orina de vaca, uno con agua.

32. Deben matar los animales perjudiciales, doscientas hormigas de las que se llevan los granos en el estío.

33. Deben matar en invierno los animales perniciosos que proceden de Agra-Mainyús.

34. Es preciso de este modo expiar los signos de esta mujer.»

35. Creador, ¿cuál es la pena?

36. Ahura-Mazda respondió: «Que den doscientos golpes con la correa de caballo, doscientos golpes con el craosho-charana.»

37. Creador, si alguno obrando con entera libertad, mancha su cuerpo con una mujer que tiene sus reglas,

---

[163] Versículo difícilmente comprensible como todos los que siguen. Pero, indudablemente, se trataba de cuando las mujeres tenían hemorragias tras el parto. Entonces, durante nueve días con sus noches esperaban a ver qué pasaba: que se les cortaba la hemorragia, bien; que pasaban a mejor vida, mejor para los buitres. Ahora bien, si ni se morían ni cesaba la hemorragia, entonces era que los Daevas, es decir, los mismísimos demonios la habían tomado con ella, y se procedía, como vemos en el versículo 27, a combatirlos. Es decir, como aún hoy que, cuando la ciencia es impotente, muchos acuden ora a Dios (rezos, misas, rosario, promesas de llevar hábitos, etc.), ora a la curandería que viene a ser como encomendarse al Diablo.

38. En tiempos en que estas señales son manifiestas,

39. ¿Cuál es la pena?

40. Ahura-Mazda respondió: «Que le peguen treinta veces con el craosho-charana.

41. Si se acerca una segunda vez, que le peguen, dándole cincuenta golpes con la correa de caballo, cincuenta golpes con el craosho-charana.

42. Si se acerca una tercera vez, que le peguen, dándole setenta golpes con la correa de caballo, setenta golpes con el craosho-charana.

43. Si alguno tiene comercio con una mujer que tiene sus reglas,

44. Comete una acción tan reprehensible como si quemase el cuerpo impuro de su hijo único, y arrojase al fuego inmundicias impuras.

45. Todos los malos son Drujas encarnados que no respetan la fe.

46. Todos cuantos no escuchan la fe, no la respetan.

47. Todos cuantos son impuros no la escuchan.

48. Todos cuantos son pecadores son impuros» [164].

DECIMOSEPTIMO FARGARD

En este fargard seguimos en pleno campo de lo supersticioso. Claro que, ¿no hemos entrado en él al entrar en el Vendidad? ¿Saldremos de sus estepas sino dejando de leerle? Se ha dicho que el hombre era un animal supersticioso, como también se ha dicho que era un animal religioso, pero, ¿no es decir lo mismo afirmando una u otra cosa puesto que la casi totalidad de las religiones no son sino supersticiones y mitos? Para que no sorprendiese demasiado todo lo expuesto en el capítulo anterior a propósito de las mujeres vueltas impuras a causa de las reglas, y como prueba de que las supersticiones de los antiguos persas a propósito de esta cuestión no eran algo particular a ellos sino que existieron creencias semejantes por todas partes, y siguen existiendo, he citado brevemente hechos que demuestran que los primitivos actuales no tienen, generalmente, concepción alguna, siquiera elemental, de las funciones fisiológicas, muy particularmente de las sexuales; y por ello el contentarse con creer, como Ahura-Mazda y su profeta, que las mujeres durante su período menstrual son portadoras de poderes nefastos y terribilísimos a causa de su sangre catamenial que era y sigue siendo

---

[164] Estos cuatro últimos versículos se piensa que fueron intercalados. El 45 es repetido al final del decimoséptimo fargard. Y, en efecto, nada tienen que ver con los anteriores, de modo que nada tendrían de particular que fuesen intercalados por una mano "piadosa"; pues nunca faltan, en todas las creencias, quienes, en efecto, creen de buena fe en aquello que siguen y embarga su conciencia, por absurdo, disparatado y antirracional que sea, que muchas veces no es otra cosa la misión de la fe, y que, a causa de ello, no dudan en enriquecer con sus granitos de arena el ya copioso montón de insanidades y bobaditas que tanto admiran.

considerada como un veneno misterioso que no es otra cosa, según los que creen en ello, que los embriones informes de seres humanos, o más bien los espíritus de estos seres, que no llegan a la vida y que a causa de ello son aún más peligrosos. En este decimoséptimo fargard se trata de evitar nuevos peligros, pero éstos ocasionados por los cabellos y las uñas, y por ello el dar reglas para cortar debidamente unos y otras. ¿Eran estas supersticiones exclusivas de los antiguos parsis? Tampoco. Fácil sería encontrar majaderías semejantes por todas partes y donde más a mano se podrían hallar sin tener que perdernos en más averiguaciones sería, por ejemplo, en el Talmud (tratado Nidda) donde podemos leer: «Todo aquel que al cortarse las uñas, las echa por tierra, es verdaderamente criminal, pues expone a un aborto cierto a toda mujer encinta que, por descuido, las pisase con sus pies.» Aquí, como un eco lejano de creencias semejantes ha quedado, bien que ya suene a broma, lo de que «hay que cortarse las uñas con tres eses: en sábado, al Sol y a solas». Y, hecho curioso a propósito de éstas digamos «pequeñas religiones» que constituyen las innumerables supersticiones, es, que demostrando que su origen no fue distinto del de las grandes (la fantasía de los hombres), del mismo modo que ha habido y sigue habiendo cientos y cientos de religiones distintas, lo mismo de supersticiones que incluso en unos sitios, las mismas son enteramente diferentes que las semejantes de otros. Voy a poner un ejemplo demostrativo sin salirme del campo de lo sexual en el que hemos entrado con motivo de la pasada cuestión de las reglas: ahora con motivo de algo tan corriente y natural también como la concepción, a propósito de la cual lo que creen las tribus primitivas actuales no puede ser más dispar de unas a otras. En Groenlandia, por ejemplo (Eggede, Historia Natural de Groenlandia), las jóvenes de ciertas tribus no se atreven a mirar a la Luna por miedo a quedar encinta por obra del astro de la noche (cosa que pudiera muy bien ocurrir cuando en la contemplación de Selene las acompaña un mozo de su gusto). En cambio, entre los poco civilizados de Australia (E. Shortland, Traditions and supertitions of the New-Zealanders), los encargados de fechorías de esta clase son los ratapas o genios de la concepción, que no son otros que los antepasados de la tribu. Si una mujer llega a pasar por donde se refugian, un ratapa, éste se mete en ella por una de sus caderas y la deja encinta. Claro que ciertas cosas sumamente peligrosas, como, por ejemplo, quitar la virginidad a una esposa, operación peligrosísima que no se atrevería a realizar ningún arunta (indígenas de Queensland, en Australia), como hacerlo sería demasiado para los ratapas, seres excesivamente ideales para poder contar con ellos en cosas semejantes, los aruntas confían acto tan peligroso a un sacerdote, a un brujo, al jefe de la tribu, o a un pariente abnegado que se encarga, sacrificándose, de apartar del esposo el odium de la sangre vertida. Entre los karobattak de Sumatra, es el padre el que hace uso del jus primae noctis, verdadero derecho de pernada del que usaban y abusaban los señores con sus siervos y siervas, durante la Edad Media. Pues bien, incesto tan atroz que aquí no sólo se practica sino que se agradece, espantaría a los sarawak para quienes el incesto es el mayor de los crímenes, de tal modo que los culpables son arrojados al suelo, atravesados por bambúes acerados y dejados allí clavados hasta que mueren. ¿Por qué lo bueno, útil y santo en un lado es todo lo contrario en otros? Yo trataría de explicarlo, a mi modo, si estas palabras preliminares no se hubiesen alargado ya demasiado.

1. Zarathustra preguntó a Ahura-Mazda: Ahura-Mazda, celeste y muy santo creador de los seres dotados de cuerpo, purificador:

2. ¿Cuáles son los pecados que merecen la muerte, como si el hombre adorase a los Daevas?

3. Ahura-Mazda respondió: «Es aquel, ¡oh puro Zarathustra!

4. Que comete el hombre que, arreglando sus cabellos, corta éstos, o sus uñas [165].

5. (Y las deja caer), así como los cabellos o los pelos de su barba.

6. (Porque) los Daevas se reúnen en tal lugar de la Tierra que así ha sido manchado,

7. Así como se reúnen los Khrafstras en aquel lugar manchado de este modo,

8. Los Khrafstras a los que los hombres llaman piojos,

9. Que roen los granos y los vestidos y que los manchan.

10. De modo, ¡oh Zarathustra!, que arregla tus cabellos en este Mundo de los seres dotados de cuerpo, corta los cabellos, corta las uñas,

11. Llevando todo a diez pasos de distancia de los hombres puros,

---

[165] El corte de los cabellos y el de las uñas, se hace entre los parsis (o por lo menos se hacía hasta hace poco, pues van cambiando las cosas con tal rapidez que ya nada hay seguro ni en las conciencias cuyas sacudidas suelen ser tan inesperadas y frecuentes como violentas) siguiendo diversas ceremonias. He aquí las que se observan o se observaban respecto a las uñas. Se empezaba por la uña del dedo meñique, se rae al punto mediante un cuchillo destinado a este uso la inmediata al dedo corazón, y se acaba por el pulgar. Se divide en dos cada pedazo de uña con el mismo cuchillo, al tiempo que se recita una oración. Se colocan al punto sobre una piedra dura o sobre una tierra inculta y bien seca, todos los pedazos de uña cortados, envueltos en un papel, o bien se los pone en un agujero volviendo hacia el norte el extremo opuesto al sitio en que la división ha sido hecha. Luego, con un cuchillo, todo él de metal, se hacen en torno a la piedra o del agujero tres surcos en redondo a un dedo de distancia uno de otro. Durante todo ello, se van recitando diversas fórmulas (véase Anquetil-Duperron, *Zend-Avesta*, t. II, p. 117). Yo supongo que si esta práctica sigue en vigor, los parsis serán los hombres que lleven las uñas más largas en la Tierra; y que lo que cobra aquí una manicura será una verdadera miseria comparado con lo que se harán pagar allí.

12. A veinte pasos del fuego, a treinta pasos del agua, a cincuenta pasos del Beresma.

13. Haz allí un agujero profundo de un diste en la tierra dura, de un vitasi en la tierra blanda.

14. Lleva allí los cabellos y las uñas.

15. Pronuncia al punto las palabras siguientes que dan la victoria, ¡oh Zarathustra!

16. At, apya (ahora, ¡oh santo Ormuzd!, haz crecer los árboles en el Mundo en abundancia).

17. Con un cuchillo, traza círculos, tres, seis o nueve.

18. Pronuncia el Ahura-verya tres, seis o nueve veces.

19. Haz con las uñas de las dos manos un agujero detrás de la casa,

20. Del grueso de la falange del dedo más grueso.

21. Pon allí los cabellos y las uñas.

22. Pronuncia inmediatamente las palabras siguientes que dan la victoria, ¡oh Zarathustra!:

23. Asha, vohu (¡Oh Ormuzd, yo te invoco con seguridad!).

24. Con un cuchillo, traza círculos, tres, seis o nueve.

25. Pronuncia el Ahura-verya tres, seis o nueve veces.

26. Es a ti, ¡oh pájaro Asho-zusta, que yo dedico estas uñas.

27. Yo te consagro estas uñas.

28. Que estas uñas, ¡oh pájaro Asho-zusta! sean tres lanzas, tres espadas, tres arcos, tres flechas, tres puñales, las piedras de tu honda que deben ser lanzadas contra los Daevas mazanianos.

29. Si no se invoca al pájaro Asho-zasta, si no se le ofrecen esas uñas, se tornan lanzas, espadas, arcos, flechas, puñales, que servirán de armas a los Daevas.

30. Todos cuantos no respeten la fe son Drujas perversos y encarnados.»

DECIMOCTAVO FARGARD

Este capítulo difiere de tal modo de la marcha habitual del Vendidad que se ha supuesto que no formaba parte del texto primitivo, sino que se trata de un fragmento intercalado posteriormente en época relativamente moderna. Desde luego se observa que Ahura-Mazda que hasta aquí le hemos visto siempre responder a las preguntas que le hacía el santo y puro Zarathustra, ahora es él el que interroga. Es más, con frecuencia ni él mismo es el que habla sino Craosha para conversar con los Drukhs (versículos 68 a 117). Por lo demás, se trata de una serie de versículos mal ordenados cuyo motivo principal, las ceremonias exteriores, nada justifica que sean tratadas aquí donde las vemos aparecer. Hay, además, algunos versículos ininteligibles, bien que seguramente esto es debido a errores de copia e incluso de traducción, pues habiendo sido destruidos los primitivos pergaminos que contenían (en número de 1.200 según unos y 12.000 según otros) los 20 libros, formados cada uno de 100.000 versos (estamos, como es natural, en plena leyenda) que había escrito Zarathustra, cuando la conquista de Persia por Alexandros el Grande, al retirarse los griegos, los sacerdotes zoroastrianos reunieron según parece, o según se dice, con todo cuidado los fragmentos de los pergaminos destruidos, componiendo de este modo el Avesta actual, que redactaron en avestin, lengua de la antigua Bactriana (Irán oriental). Posteriormente, entre los siglos III y X, este texto ya recompuesto fue traducido al pehlvi; y más tarde al persa y, al menos parte del Avesta a otros dialectos. Tratándose, pues (el Vendidad), de un código sacerdotal, es decir, en el que intervendrían quién sabe cuántas manos, y aun otras tantas para las traducciones y copias, podemos formarnos una idea de cómo ha llegado hasta nosotros; y lo sorprendente es, no que algunas cosas no se entiendan, sino que se entiendan algunas.

1. Ahura-Mazda dijo: «Cuando un gran número de hombres, ¡oh Zarathustra!,

2. Llevan una peti-dana sin estar ceñidos según la ley,

3. Es mediante un fraude por lo que se dan el nombre de Athrava.

4. Pero tú, ¡oh Zarathustra!, no des a uno de estos el nombre de Athrava.

5. En vano pretenden dar muerte a los Khrafstras sin estar ceñidos según la ley,

6. Es mediante fraude como se dan el nombre de Athrava. No des a uno de estos hombres el nombre de Athrava, ¡oh Zarathustra!

7. Los que llevan la madera [166] sin estar ceñidos según la ley,

8. Es mediante fraude como se dan el nombre de Athrava. No des a uno de estos hombres el nombre de Athrava, ¡oh Zarathustra!

9. Los que llevan el cuchillo encorvado como una serpiente [167] sin ir ceñidos según la ley,

10. Es mediante fraude como se dan el nombre de Athrava. No des a uno de estos hombres el nombre de Athrava, ¡oh Zarathustra!

11. Aquel que permanece tumbado durante toda la noche, sin alabar o sin escuchar,

12. Sin recitar, sin trabajar, sin aprender, sin enseñar,

13. Es mediante fraude como se da el nombre de Athrava. No des a un hombre de estos el nombre de Athrava, ¡oh Zarathustra!

14. Yo llamo un Athrava, ¡oh Zarathrustra!, dijo Ahura-Mazda,

15. A aquel que, durante la noche entera, consulta con pureza la inteligencia celeste [168],

---

[166] El Baresma, la leña para encender el fuego sagrado.

[167] Cuchillo o utensilio del que se servían para hender la tierra.

[168] Los sacerdotes que escribieron esto estaban ya muy lejos de los primitivos magos caldeos, "versados en el arte de predecir el porvenir mediante el vuelo de

16. La inteligencia que purifica de los pecados, que fortifica el corazón, y que sostiene a los hombres piadosos sobre el puente Chinavat [169].

17. Que nos hace alcanzar la mansión de la pureza y la felicidad del paraíso.

18. Pregúntame, ¡oh purificador!,

19. A mí el creador, el muy santo, que responde con gusto cuando es interrogado,

20. Y ello te aprovechará en gran manera, pues alcanzarás la pureza, si me interrogas.»

21. Zarathustra preguntó: ¿Quién es aquel que debe morir y desaparecer?

---

los pájaros; y en explicar los sueños y los prodigios", según decía Diodoro de Sicilia, aquellos magos que, escapando de Babilonia, llevaron sus artes y su ciencia por todo el mundo antiguo. Aquella "raza de magos" (de encantadores, de versados en todas las artes del engaño), como decía Aischilos, adoradores, entre otros dioses, de Gibil, dios del fuego, que purificaba y neutralizaba la mala suerte: tunantes de muchas clases (Kaschim o teólogos, Hartumin o conjuradores de malas influencias, Gazrim o astrólogos, Hakamin o médicos, Asaphim o adivinos) que habían formado el colegio sagrado de la corte de los reyes de Babilonia, y que luego recorrieron los pueblos que bañaba el Mediterráneo viviendo a costa de los incautos a los que embaucaban y engañaban practicando toda suerte de *mancias* (belomancia, ornitomancia, ofiomancia, filomancia, hidromancia y veinte más); no, no eran ya aquellos, y mucho menos los anteriores, los primitivos y verdaderos magos que desde los ziggurat, los primeros observatorios, a fuerza de escrutar y estudiar el cielo constituyeron las primeras tablas astrológicas, inventaron el Zodíaco y las doce Mansiones Solares, es decir, inaugurando uno de los primeros capítulos de la historia de los conocimientos humanos, pues de su astrología saldría una de las ciencias más importantes y atrayentes, la astronomía. Pero no, los tiempos habían cambiado, y los sacerdotes-magos ya no pasaban las noches consultando el cielo por descubrir, gracias a los astros, los secretos del Universo, sino, como dice el texto "la inteligencia celeste que, según ellos, purificaba el corazón, ¡y sostenía a los hombres piadosos sobre el puente Cinavat!" Los primeros magos habían sido, o lo habían pretendido al menos, sabios; los segundos, bajando varios escalones, se quedaron y fueron unos tunantes embaucadores; los terceros, dándose cuenta de que éstos habían descendido demasiado, adoptaron una postura intermedia, entre la ciencia y la desvergüenza, y se quedaron en teólogos.

[169] Este puente, llamado aquí Chinavat y en otros textos Chinvat o Tnechinvat, era el que tenían que cruzar las almas para alcanzar el Paraíso. Puente tan perfectamente construido por los arquitectos celestiales, que cuando llegaba un alma pura se abría y ensanchaba ofreciéndole un paso fácil y sin contratiempos; mientras que de tratarse de un alma pecadora y pervertida, reducíase quedando no más ancho que el corte de un cuchillo muy afilado. Y claro, las almas que llegaban precipitadamente pretendiendo cruzarle, chocaban unas contra otras y caían al terrible barranco o sima donde empezaba el Infierno.

22. Ahura-Mazda respondió: «Aquel que enseña una doctrina reprobada, ¡oh santo Zarathustra!:

23. Que durante el curso de tres noches, no coge el cinturón;

24. Que no recita los Gathas y que no alaba a las aguas puras;

25. Que cuando yo le he cogido y estrechado (como a un hombre) se ha desembarazado mostrándose lleno de orgullo,

26. Que no quiere hacer ninguna obra buena, incluso si le cortasen la cabeza todo a lo largo del cuello.

27. Las palabras de bendición son un arma que hiere al hombre malo e impuro que hace el mal.

28. Dos tienen lengua, tres no la tienen, cuatro lanzan gritos [170].

29. Aquel que da a un ser impuro y malo Haoma purificado,

30. O Myazda consagrado,

31. No hace una obra mejor que si matase mil caballos, si asesinase a los habitantes de una aldea de mazdayasnas, o si condujese las vacas por un camino que no fuese el bueno.

32. Pregúntame, ¡oh purificador!, a mí el creador, y el muy santo, que responde voluntariamente cuando es interrogado; ello te aprovecharía en gran manera, pues si me interrogas, llegarías a la pureza.»

33. Zarathustra preguntó: ¿Cuál es el craoshavareza de Craosha, el santo, el fuerte, cuyo cuerpo es el Manthra?

34. Ahura-Mazda respondió: «Es el pájaro que lleva el nombre de Parodars [171], ¡oh santo Zarathustra!

35. Y al que los hombres de mala lengua califican con el nombre injurioso de Kahikatas.

36. Este pájaro levanta la voz cada mañana (diciendo):

37. Levantaos, ¡oh hombres!, alabad la pureza, echad a los Daevas.

38. El Daeva Bushyansta-daregho-gava os amenaza.

---

[170] Versículo difícilmente comprensible. Los comentaristas suponen, y, sin duda, no les falta razón, que fue desfigurado por los copistas. Echando la fantasía a volar y puesto que se trata de hombres impuros a los que hieren las palabras de bendición, pudiera suponerse que, de ellos, unos protestaban escuchándolas (los dos que tienen lengua), otros (los tres que no la tienen) se limitaban a encogerse de hombros oyéndolas, y los más (los cuatro que lanzan gritos) se deshacían en imprecaciones. No se olvide que este fargard era obra de los santos sacerdotes que una vez más habían escrito, poniéndolo para que más fácilmente fuese creído, bajo la advocación de Zarathustra, lo primero que se les había pasado por la bendita cabeza.

[171] Este pájaro, que al punto vuelve a ser mencionado en el versículo 51, era el gallo (o una gallina de muy buena voz), que llevaba también el nombre de Kahrkatsa (en sánscrito Ktikavaka), en el que fácilmente se reconoce una onomatopeya (el "kikirikí" matinal de los despertadores de corral).

39. Hunde en el sueño, cuando él está despierto, a todos los seres dotados de cuerpo.

40. Un largo sueño, ¡oh hombre!, nada vale para ti.

41. No os apartéis de las tres cosas mejores: los buenos pensamientos, las buenas palabras y los buenos actos.

42. Apartaos, en cambio, de las tres cosas malas: los malos pensamientos, las malas palabras y las malas obras.

43. Durante el primer tercio de la noche, el fuego, hijo de Ahura-Mazda, reclama la asistencia (los cuidados) del dueño de la casa: Levántate pues, ¡oh dueño de la casa!

44. Cúbrete con tus vestidos, lávate las manos, usa leña para quemar y tráemela. Hazme brillar encendiendo, con tus manos lavadas, leña pura.

45. Azis, creada por los Daevas y que aparece dispuesta a arrancarme el Mundo, podría acercarse a mí [172].

46. Para el segundo tercio de la noche, el fuego, hijo de Ahura-Mazda, reclama la asistencia del cultivador, diciendo: ¡Oh cultivador lleno de actividad, levántate!,

47. Cúbrete con tus vestidos, lava tus manos, busca leña para quemar y tráemela. Hazme brillar encendiendo con tus manos lavadas, leña pura. Azis, creada por los Daevas y que aparece para arrancarme el Mundo, podría acercarse a mí.

48. Para el tercer tercio de la noche, el fuego reclama la asistencia del santo Craosha, diciendo: ¡Oh santo Craosha!

49. Llévame junto a la leña para quemar, leña pura que has reunido con tus manos lavadas.

50. Azis, creada por los Daevas y que aparece para arrancarme el Mundo, podría acercarse a mí.

51. Diciendo esto Craosha despierta, ¡oh santo Zarathustra!, al pájaro que lleva el nombre de Parodars,

52. Que los hombres de mala lengua califican con el nombre injurioso de Kahikatas. Este pájaro levanta la voz cada mañana, diciendo: ¡Levantaos, oh hombres, alabad la pureza y expulsad a los Daevas! El Daeva Bushyanstadaregho-gava os amenaza. Sumerge (hunde) en el sueño, cuando él está despierto, al Mundo de los seres dotados de cuerpo. Un largo sueño, ¡oh hombre! no te conviene. No os apartéis de las tres cosas mejores: los buenos pensamientos, las buenas palabras y las buenas acciones. Apartaos, en cambio, de las tres cosas peores: los malos pensamientos, las malas palabras y las malas obras.

53. Dice entonces a los que están tumbados: Amigo, ¡levántate!

54. ¡Arriba, que ya es de día!

55. Aquel que se levanta el primero, entra en el Paraíso.

---

[172] La Deava Azis era la humedad que tendía a apagar el fuego sagrado.

56. Aquel que lleva el primero al fuego, hijo de Ahura-Mazda, leña pura, con sus manos lavadas,

57. El fuego le bendecirá; y él será satisfecho y harto.

58. ¡Ojala puedas criar una gran cantidad de rebaños,

59. Y una multitud de hombres!

60. ¡Ojalá puedan los acontecimientos cumplirse según la voluntad de tu espíritu y según los deseos de tu alma!

61. Desarróllate, y vive durante todo el tiempo concedido a tu existencia.

62. Tal es la bendición del fuego para aquel que le trae madera para quemar seca y vieja,

63. A causa de la bendición de la pureza por los puros.

64. Aquel que me da esos pájaros, una pareja, un macho y una hembra en la pureza y en la bondad, ¡oh santo Zarathustra!

65. Que cree haber cumplido el don de una casa,

66. Con mil columnas, mil vigas, diez mil ventanas, cien mil torrecillas.

67. Aquel que da carne a mi pájaro Parodars [173].

68. Yo no le dirigiré una segunda pregunta, yo que soy Ahura-Mazda,

69. Para su encaminamiento hacia el Paraíso.

70. El santo Craosha preguntó al Drukhs,

71. Dejando a un lado su maza:

72. Drukhs, tú que no comes y que tampoco trabajas,

73. ¿Eres tú la única criatura en este Mundo de los seres dotados de cuerpo que concibes sin tener comercio (carnal)?

74. El Drukhs respondió: Craosha, santo y excelente,

75. Yo no soy la única de las criaturas en este Mundo, de los seres dotados de cuerpo, que concibe sin haber tenido comercio (carnal).

76. Hay cuatro hombres semejantes a mí.

77. Tienen comercio conmigo como los demás hombres tienen comercio con las mujeres.

---

[173] Anquetil-Duperron traduce del modo siguiente este pasaje oscuro: "Si alguno da carne a mi pájaro Poroderesch (o pájaro que representa a Ahura-Mazda en la Tierra), que tiene el cuerpo grande y al que yo he producido (creado)." Lástima que no pudiese aclarar un poco todo lo que sigue, es decir, desde el versículo 70 al 122 en que el santo Craosha interroga al Daevi Druhs, sin que haya medio de entender bien ni al que pregunta ni al que responde, habiéndome tenido que limitar a traducir el texto palabra por palabra. Es decir, que una vez más dada no sólo la antigüedad de estos textos sino el estado en que han llegado a nosotros, forzoso es quedarse, muchas veces, a oscuras y sin saber lo que originariamente pudieron querer decir. Claro que, en definitiva, no se pierde gran cosa, pues se trata de uno de esos camelos seudorreligiosos, inventados o discurridos esta vez por aquellos sacerdotes que iban mangoneando a su antojo lo que ya estaba tan lejos del primitivo *Avesta*, como nosotros estamos de la más cercana de esas estrellas de las que, no obstante, nos separan una porción de años luz.

78. El santo Craosha preguntó al Drukhs, dejando al lado su maza: Drukhs, tú que no comes ni tampoco trabajas: ¿cuál es el primero de los hombres?

79. El Daevi Drukhs le respondió: Craosha, santo y excelente,

80. He aquí el primero de estos hombres.

81. Es aquel que no da a un hombre puro restos de vestidos sin valor cuando es rogado para que lo haga.

82. Este hombre tiene comercio conmigo como los demás hombres tienen comercio con las mujeres.

83. El santo Craosha preguntó al Drukhs, dejando al lado su maza: Drukhs, tú que no comes ni tampoco trabajas, ¿cuál es la expiación?

84. El Daevi Drukhs le respondió: Craosha santo y excelente,

85. He aquí la expiación que debe ser cumplida:

86. Que un hombre dé a un hombre santo, sin ser rogado para ello, vestidos usados,

87. (Haciéndolo) destruye mi preñez como si un lobo de cuatro patas arrancase a un niño del cuerpo de su madre.

88. El santo Craosha preguntó al Drukhs, dejando a un lado su maza: Drukhs, tú que no comes ni tampoco trabajas: ¿cuál es el segundo de estos hombres?

89. El Daevi Drukhs le respondió: Craosha santo y excelente,

90. He aquí el segundo de estos hombres.

91. Si un hombre, teniendo un pie puesto sobre el otro pie, deja caer su arma,

92. Tiene comercio conmigo como los otros hombres tienen comercio con las mujeres.

93. El santo Craosha preguntó al Drukhs, dejando a un lado su maza: Drukhs, tú que no comes ni tampoco trabajas: ¿cuál es la expiación?

94. El Daevi Drukhs le respondió: Craosha santo y excelente,

95. Tal es la expiación que debe cumplirse:

96. Si un hombre, luego de haberse lavado y después de haber dado tres pasos,

97. Recita tres veces Ashem-vohu, dos veces Humatananm, tres veces Hukhshathroteme, cuatro veces Ahunaverya, y pronuncia la oración Yeghehatam,

98. Destruye mi preñez como si un lobo de cuatro patas arrancase a un niño del cuerpo de su madre.

99. El Craosha preguntó al Drukhs, poniendo a un lado su maza: Drukhs, tú que no comes ni tampoco trabajas: ¿cuál es el tercero de los hombres?

100. El Daevi Drukhs le respondió: Craosha, santo y excelente,

101. El tercero de estos hombres es aquel que, durmiendo, deja correr su simiente.

102. (El tal) tiene comercio conmigo como los otros hombres tienen comercio con las mujeres.

103. El santo Craosha preguntó al Drukhs, dejando al lado su maza: Drukhs, tú que no comes ni tampoco trabajas: ¿cuál es la expiación?

104. El Daevi Drukhs le respondió: Craosha santo y excelente,

105. He aquí la expiación que debe cumplirse:

106. Si un hombre, una vez despierto, recita tres veces la oración Ashemvohu, dos veces Humatananm, tres veces Huknshathroteme, cuatro veces Ahunaverya, y pronuncia el rezo Yeghehatom,

107. Destruye mi preñez como si un lobo de cuatro patas arrancase un niño del cuerpo de su madre.

108. Al punto se dirigirá en estos términos a Spenta-armeti: ¡Spenta-armeti!

109. Te entrego este hombre; guárdale para mí,

110. Hasta el tiempo de la resurrección.

111. Instruido en los Gathas, instruido en el Yasna, en el Mantra (palabra) que sirve de regla.

112. Dale un nombre tal que, por ejemplo: «Dado por el fuego, Proveniente del fuego, Ciudad del fuego, País del fuego», o todo otro nombre dado por el fuego.

113. El santo Craosha preguntó al Drukhs, dejando a un lado su maza: Drukhs, tú que no comes ni tampoco trabajas: ¿cuál es el cuarto de estos hombres?

114. Este Daevi Drukhs le respondió: Craosha santo y excelente,

115. Cuando un hombre de más de quince años de edad comete impurezas, sin tener Kosti y lazo; tras el cuarto paso, le quitamos las palabras y la gordura.

116. Al punto se esfuerzan por combatir, como magos y asesinos, a los hombres puros en el Mundo de los seres dotados de cuerpo.

117. El santo Craosha preguntó al Drukhs, dejando a un lado su maza: Drukhs, tú que no comes ni tampoco trabajas: ¿cuál es la expiación?

118. El Daevi Drukhs respondió: Craosha santo y excelente,

119. No hay para él ninguna expiación.

120. Si un hombre, habiendo pasado de los quince años, tiene comercio con una mujer de mala vida, sin Kosti y sin lugar, cuando da cuatro pasos, nosotros, los Daevas, le quitamos las palabras y la gordura;

121. Puede entonces esforzarse en combatir, como los magos y los asesinos, a los hombres puros en el Mundo de los seres dotados de cuerpo.

122. Pregúntame, ¡oh purificador! a mí el creador y el muy santo que responde con gusto cuando es interrogado; (haciéndolo) conseguirás un gran provecho; si me interrogas, alcanzarás la pureza.»

123. Zarathustra preguntó: Ahura-Mazda, celeste y muy santo creador del Mundo, de los seres dotados de cuerpo, purificador, ¿quién es el que hace la

injuria más grave, quién es el que te inflige el mayor prejuicio, a ti que eres Ahura-Mazda? (174).

124. Ahura-Mazda respondió: «Aquel que entremezcla la raza de los hombres piadosos con la de los impíos, la raza de los que adoran a los Daevas con la de los que no adoran a los Daevas, la raza de los pecadores con la de los que no son pecadores.

125. Puede desecar, a causa de su falta, ¡oh Zarathustra! un tercio del agua la más rápida y abundante.

126. Como detiene por su falta, ¡oh Zarathustra! el crecimiento en un tercio de los árboles que se levantan más hermosos y cargados de frutas de oro.

127. Y como destruye, a causa de su falta, ¡oh Zarathustra! un tercio de la cobertura de Spenta-armeti (175).

128. Destruyendo, a causa de su desobediencia, ¡oh Zarathustra! a un tercio de los hombres puros, esos hombres que son excelentes tanto de pensamiento como de palabras y actos y, a causa de ello, fuertes victoriosos y muy puros.

129. Que es por lo que te digo, ¡oh Zarathustra!, que es preciso matarlos incluso con preferencia a las serpientes venenosas.

130. Como a lobos de duras uñas.

131. Como a una loba que, dispuesta a cazar, recorre el Mundo.

132. Como un lagarto formado de mil sequías cuando sube para alcanzar el agua (176).

133. Pregúntame, ¡oh purificador!, a mí el creador y el muy santo, que responde con gusto cuando es interrogado; (haciéndolo) conseguirás un gran provecho; si me interrogas, alcanzarás la pureza.»

---

(174) Esto es una prueba más de la enorme influencia del antroporfismo en las religiones: es decir, cómo los hombres hacen todo cuanto a ellas se refiere, empezando, como es natural, por los dioses y su corte (semidioses, ángeles, demonios y demás), a imagen y semejanza de lo que ocurre aquí en la Tierra donde, siempre en torno a los "jefes", están los que esperando de ellos, puesto que puedan dar, les sirven y reverencian.

(175) Es decir, las plantas y las hierbas que recubren la superficie de la Tierra.

(176) Si los purísimos sacerdotes persas a quienes se les ocurrió que a Ahura Mazda, el Dios bueno, le podían agradar estas bestialidades, es decir, perseguir a muerte como a alimañas feroces a los capaces de entremezclar a los hombres piadosos con los impíos, se les ocurre imaginar también, como tal vez por entonces o poco después, a los primeros emperadores cristianos, entre ellos a Justiniano, de nunca bastante celebrada memoria, asimilar las herejías a los delitos civiles, encontrando con ello pretexto, como él encontró, para condenar a muerte a los maniqueos, el papa Lucius III y el emperador Federico I, no podrían ser acusados hoy por la conciencia universal honrada, de haber instaurado la Inquisición.

134. Zarathustra preguntó: Ahura-Mazda, celeste y muy santo creador del Mundo de los seres dotados de cuerpo, purificador, cuando un hombre, con completa y entera voluntad, comercia (carnalmente) con una mujer teniendo ésta las reglas,

135. ¿Cuál debe ser su expiación, cuál debe ser su pena, y cómo esta pena debe cumplirse?

136. Ahura-Mazda respondió: «Si alguno tiene comercio (carnal) con una mujer cuando ésta tiene las reglas,

137. Debe matar mil cabezas de ganado menudo.

138. Con preferencia a todo otro ganado, que conduzca con pureza y bondad el ganado menudo en sacrificio al fuego.

139. Debe con sus brazos llevar agua pura.

140. Debe llevar para el fuego, con pureza y bondad, mil cargas de leña dura bien cortada y bien seca.

141. Que lleve al fuego, con pureza y bondad, mil cargas de leña tierna, de Urvasni, de Vohu-Gaona y de Hadha-Naepata, o de alguna otra madera odorífera.

142. Que ate al punto mil paquetes de beresma.

143. Que prepare mil zaothras con haoma y con carne pura y de la mejor clase, y que traiga todo con pureza y en unión de madera (leña) del árbol que yo llamo Hadha-Naepata.

144. Que mate mil serpientes de las que se arrastran sobre el vientre y dos mil otras.

145. Que mate mil lagartos de los que viven en tierra, y dos mil lagartos de agua.

146. Que mate mil hormigas de las que se llevan el grano, y dos mil otras.

147. Que coloque treinta puentes sobre agua corriente.

148. Que dé mil golpes con la correa de caballo, mil con el craosho-charana.

149. Esta es la penitencia, ésta es su expiación, es la obra que borra su falta.

150. Cuando la ha borrado, viene a la mansión de los puros.

151. Cuando no la ha borrado, va a la mansión destinada a los malos.

152. Que es el lugar de las tinieblas y que procede de las tinieblas.»

DECIMONOVENO FARGARD

Este capítulo tampoco tiene en sí algo que pueda servir de lazo para unirle con lo que el Vendidad representa realmente. Viene a ser como un islote independiente intercalado al azar en medio de todo lo demás, puesto que no solamente se podría separar del resto de la obra sin que se notase su falta, sino que ni tan siquiera tiene relación alguna con el fargard que le precede ni tampoco con el que le sigue. Todo ello, más las evidentes interpolaciones que se observan en él, y muy especialmente dos detalles importantes, la tentativa de tentación y engaño de Zarathustra por el propio genio del mal Agra-Menyús, que previamente ha intentado en vano hacerle morir por obra de sus Daevas, y el hecho de que éstos huyan aterrados ante las oraciones del santo y puro profeta, como ocurre frecuentemente en la literatura sagrada cristiana donde los santos emplean tantas veces este medio o el invocar la cruz o presentársela, para que los Daevas de esta religión, los Demonios huyan aterrados, parecen probar la creación tardía de este capítulo y hasta que fue hecho teniendo en cuenta otras tentaciones anteriores tales como las del Buda y la de Jesús, en el desierto. En todo caso Agra-Menyús, el espíritu del mal del mazdeísmo, no se muestra más inteligente que sus compadres de otras religiones, tratando de seducir y engañar, sin presentir su fracaso, a un espíritu más fuerte que el suyo. Por necesaria que sea en todas las religiones a cuya cabeza hay un Dios bueno, que haya otro todo lo contrario con objeto de justificar, o intentarlo al menos, la existencia del mal, difícil es no reconocer que la invención en todas ellas de este anti-Dios no puede ser más desafortunada y difícilmente admisible. En lo que a nuestro fargard afecta, todo lo anterior no impide que sea uno de los más importantes del Vendidad. En efecto, como vamos a ver debuta con la citada tentativa de Agra-Menyús destinada a hacer morir nada menos que a Zarathustra, cuyos altos destinos conoce y le inquietan. Pero todos sus esfuerzos resultan inútiles pues sus emisarios en vez de atacarle por la espalda con un garrote como una catedral de esos para los cuales reducir una cabeza humana a un poco de papilla es cuestión de segundos, y no digamos ya con un buen sable para el cual separar una testa de su tronco es un puro juego, con candidez infantil se dejan ver de Zarathustra que no tiene sino echar mano de unas cuantas oraciones que guarda para el caso, para ponerlos en fuga. Todo esto lo vemos de los versículos 1 al 9. Y del 10 al 19, como el profeta, viendo las malas intenciones de Agra-Menyús, en lo que afecta a su integridad, decide atacarle él valiéndose de las armas que ha recibido de Ahura-Mazda. El Maligno, reconociendo al fin que Zarathustra es un barbián del que nada obtendrá por la fuerza, recurre a la astucia (ya digo que es tan tonto como malo), y trata de seducirle ofreciéndole todo cuanto pueda apetecer como bienes terrestres, si consiente en pasarse del bando de Ahura-Mazda al suyo. Pero Zarathustra no tarda en descubrir su juego y tras rechazar sus ofrecimientos, adopta una resolución heroica: combatirle en sus criaturas. Y para ello dirige a Ahura-Mazda una serie de preguntas que se refieren, sobre todo, a las diversas leyes relativas a la purificación y (nuevo detalle que hace sospechar la composición tardía de este capítulo), al estado de las almas piadosas luego de la muerte, cuestión importante que, desde su descubrimiento por el Orfismo, tan hábilmente había sido puesta en juego por muchos teólogos de diversas religiones para sujetar, mediante el miedo, a muchos partidarios de sus creencias. Ni que decir tiene que los Daevas de Agra-Menyús al oír estas preguntas no tan sólo desesperaran de poder perjudicar al profeta persa, sino y por ello mismo desesperados ellos también, escapan volviendo a meterse en el Infierno. A causa de todo ello no se puede menos de considerar este fargard como el origen y base del Zertuscht-Name, tratadito destinado a ofrecer los pérfidos esfuerzos de los Daevas con objeto de destruir a Zoroastro, para lo cual, bien que inútilmente como es lógico, recurren a cuanto se puede imaginar de disparatado y maravilloso. En cuanto a las interpolaciones, tan numerosas son que algunas no se habían inventado aún cuando la versión huzvaresch, a causa de lo cual no figuran en ella y sí tan sólo en las traducciones más recientes. Las invocaciones que se leen en los versículos 42 al 57 fueron añadidas sin duda demasiado tarde; los versículos 113 a 139 rompen el hilo del relato. En dos sitios (versículos 50 y 141), el que responde es Zarathustra, como si el que le interrogase fuese Ahura-Mazda, cuya palabra no aparece en realidad por parte alguna en este capítulo. Y vamos con él.

1. De la región del norte, de las regiones del norte, se precipitó Agra-Mainyús que está lleno de muerte, el Daeva de los Daevas.

2. Agra-Mainyús, que está lleno de muerte y de malas intenciones, habló de este modo:

3. Drukhs, ¡acude y mata al puro Zarathustra!

4. El Drukhs acudió en torno a Zarathustra; el Daeva Buiti el que es perecedero, el que engaña a los mortales, se arrojó sobre él.

5. Zarathustra recitó la oración Ahuna-verya, yatha, ahu, veryo.

6. El Drukhs, turbado, escapó lejos de él; el Daeva Buiti, el que es perecedero, el que engaña a los mortales, se alejó.

7. El Drukhs respondió a Agra-Mainyús: Agra-Mainyús, tú que atormentas,

8. Yo no veo la muerte sobre él, sobre el santo Zarathustra.

9. El puro Zarathustra está lleno de esplendor.

10. Zarathustra vive en espíritu: los perversos Daevas, animados de intenciones malignas, tratan de darme la muerte.

11. Zarathustra se levantó, Zarathustra avanzó,

12. Sin ser turbado por las más fastidiosas demandas de Aka-manas.

13. Llevando piedras en sus manos, piedras del tamaño de un kata.

14. Las había recibido, el puro Zarathustra, de Ahura-Mazda el creador.

15. Para mantenerlas sobre esta Tierra que es vasta, redonda, difícil de recorrer, de una altura escarpada morada de Purushaspa [177].

---

[177] Purushaspa significa el que asiste, el que presta servicio; y designa al monarca que los parsis consideran como que tiene que venir al final del Mundo para ser el jefe de un Imperio en el que reinará una felicidad constante. Este nombre también ha sido considerado como el que designa a todo profeta enviado por Dios. Anquetil-Duperron tradujo: "Los Paris y sus designios serán destruidos

16. Zarathustra se dirigió a Agra-Mainyús: A Agra-Mainyús que es versado en el conocimiento del mal:

17. Yo golpearé (atacaré) la creación que ha sido formada por los Daevas; yo golpearé el Nasus que los Daevas han formado.

18. Yo golpearé a los Paris que son invocados hasta que haya nacido Saoshyans [178], el que consigue la victoria, saliendo del agua Kansaoya.

19. Saliendo de la región oriental, saliendo de las regiones orientales.

20. Agra-Mainyús, que ha creado criaturas malas, le respondió:

21. No mates a mis criaturas, ¡oh puro Zarathustra!

22. Tú eres el hijo de Purushaspa y has recibido la vida de una madre mortal.

23. Maldice la buena ley de los mazdayasnas, y obtén la felicidad como la ha obtenido Vadhaghna, el soberano de las regiones.

24. El santo Ahura-Mazda le respondió:

25. Yo no maldeciré jamás la buena ley de los mazdayasnas,

26. Y ello aunque mis miembros, mi alma y mi cuerpo se separasen unos de otros.

27. Agra-Mainyús, que ha creado a las criaturas malas, le respondió:

28. ¿De quién será la palabra de la que te servirás para pegar, de quién la palabra de la que te servirás para destruir, de quién las armas de que te servirás para combatir a mis criaturas?

29. El santo Zoroastro le respondió:

30. Los morteros, las tazas, el haoma y las palabras que Ahura-Mazda ha pronunciado.

31. Estas son mis mejores armas.

32. Es mediante estas palabras como yo combatiré, es mediante estas palabras como destruiré, es mediante estas armas como venceré a tus criaturas, ¡oh perverso Agra-Mainyús!

33. Lo que ha creado Spenta-Mainyús (es decir Ahura-Mazda) lo ha creado en el tiempo sin límites.

34. Lo que han creado los Amesha-spenta, los buenos soberanos, los sabios.

---

por aquel que nacerá del manantial, por Sosiosch el vencedor (que saldrá del agua Kansé)." Según los parsis, esta agua es del lado de mediodía, y Sosiosch es el tercer hijo póstumo de Zoroastro; su madre es Huo. El último año que esté en este Mundo, el hombre no comerá, sin por ello morir; Sosiosch hará revivir a los muertos. Los Paris son una variedad de demonios de ambos sexos. Una vez más la fantasía humana trabajando en contra de los que la ponen en juego.

[178] Saoshyans, es decir, el útil, o Poroschasp, padre de Zoroastro, había obtenido el favor de Ahura Mazda al cual rendía un culto sincero. Un poco choca este renacimiento del padre de Zoroastro en calidad de "salvador" victorioso; pero, en realidad, ¿para qué admirarse de algo donde habría que admirarse de todo?

35. Zarathustra dijo a Ahuna-verya: Yatha, Ahu, Veryo.

36. El puro Zarathustra habló de este modo: He aquí lo que yo pregunto, dime lo que es justo, ¡oh Señor!

37. ¿Cómo debo protegerlos contra esos Drukhs, contra el perverso Agra-Mainyús?

38. ¿Cómo debo protegerlos contra esos Drukhs, contra el perverso Agra-Mainyús?

39. ¿Cómo debo protegerlos contra esos Drukhs, contra el perverso Agra-Mainyús?

40. ¿Cómo debo expulsar de esta mansión de los mazdayasnas la mancha individual, la mancha causada por otros? ¿Cómo debo expulsar al Nasus?

41. ¿Cómo debo purificar al hombre puro? ¿Cómo debo llevar la purificación a la mujer pura?

42. Ahura-Mazda respondió: «Alaba, ¡oh Zarathustra! la buena ley de los mazdayasnas;

43. Alaba, ¡oh Zarathustra! a esos Amescha-Spenta que reinan en la Tierra compuesta de siete Keshvars;

44. Alaba, ¡oh Zarathustra! el firmamento creado por sí mismo, el firmamento, el aire que se mueve en las alturas;

45. Alaba, ¡oh Zarathustra! el viento rápido que ha creado Ahura-Mazda, a Spenta-Armenti, la hija de Ahura-Mazda, dotada de una gran hermosura;

46. Alaba, ¡oh Zarathustra!, a mis Fravashis,

47. Los más grandes, los mejores, los más hermosos, los más fuertes, los más inteligentes, los más elevados en santidad,

48. Aquellos cuya alma es la palabra santa.

49. Celebra, ¡oh Zarathustra!, a esta creación de Ahura-Mazda.»

50. Zarathustra me dijo respondiéndome:

51. Yo celebro a Ahura-Mazda, el creador de la creación pura.

52. Yo celebro a Mithra que tiene un vasto Imperio, el victorioso, el más resplandeciente de los vencedores, el vencedor de los victoriosos [179].

53. Yo celebro a Craosha el santo y el excelente, que tiene en sus manos, en el centro, la cabeza de los Daevas.

54. Yo celebro la palabra santa que brilla con el más vivo resplandor.

---

[179] Como se ve, con Spenta-Armenti, la hija de Ahura-Mazda, dotada de gran hermosura, y con el resplandeciente, el victorioso Mithra, ¡qué lejos se está ya del primitivo zoroastrismo que no proclamaba sino que Ahura-Mazda era el Bien y a causa de ello en lucha constante con el Mal, con el señor de la Mentira! Aquí se había vuelto ya a la antigua concepción de lo religioso, es decir, a lo único que como religión entendía y, por consiguiente, quería la masa: abundancia de dioses y diosas a quienes poder dirigirse en cada una de sus necesidades, abundancia de mitos, de leyendas, de prodigios, de milagros. En el fondo era natural. Y, como era natural, prevaleció.

55. Yo celebro al cielo creado por sí mismo, al tiempo que es infinito, al aire que obra en lo alto.

56. Yo celebro al viento rápido que ha creado Ahura-Mazda, a Spenta-Armeti, a la hija de Ahura-Mazda, dotada de gran hermosura.

57. Yo celebro a la buena ley mazdayasna, la ley de Zarathustra contra los Daevas [180].

58. Zarathustra preguntó a Ahura-Mazda: Creador de cuanto es bueno, ¡oh Ahura-Mazda,

59. ¿Por qué invocación debo celebrar, mediante qué invocación debo alabar esta creación de Ahura-Mazda?

60. Ahura-Mazda respondió: «Ve a los árboles que crecen, ¡oh santo Zarathustra!

61. A los que son hermosos, altos, fuertes, y pronuncia estas palabras:

62. ¡Alabanza a ti, árbol bueno y puro, creado por Ahura!

63. El te traerá el Beresma de una longitud igual a su anchura.

64. No debes jamás cortar y abatir el Beresma del lado derecho, los hombres santos deben tenerle en la mano izquierda.

65. Alabando a Ahura-Mazda, alabando a Amesha-Spenta.

66. Yo te celebro, ¡oh Haoma! la más preciosa y más excelente ofrenda que pueden presentar los hombres buenos y santos creados por Ahura-Bazda.»

67. Zarathustra preguntó a Ahura-Mazda: Ahura-Mazda, tú que sabes todas las cosas,

68. Tú eres sin sueño [181], tú eres sin embriaguez, tú que eres Ahura-Mazda.

69. Vohu-mano (el hombre) se mancha de una manera inmediata, Vohu-mano se mancha de una manera mediata, ¿cómo purificará el cuerpo que los Daevas hayan golpeado?

70. Ahura-Mazda respondió: «Busca la orina de un buey, ¡oh Zarathustra!, busca con este objeto un buey joven.

71. Llévala purificada a la tierra que ha sido dada por Ahura-Mazda.

---

[180] Como se puede ver, los versículos del 51 a éste constituyen una especie de credo del catecismo parsi; es decir, en lo que hay que creer y lo que hay que celebrar, puesto que el propio Zarathustra, a no dudar en lo que aseguraban los excelentes sacerdotes que estaban ya tan lejos de él, afirmaban como suyo.

[181] Los parsis consideran el sueño como un estado fastidioso, y como obra de Agra-Mainyús. A causa de ello el que aquí se imagina que Ahura-Mazda está siempre despierto. Lo que, por otra parte, parece natural puesto que, siendo el mal, obra de su rival, constante en la Tierra, lógico era que Ahura-Mazda, para poder oponerse a él debidamente, no cerrase los ojos. Así como que, por el contrario, Agra-Mainyús tratara de cerrar los de los hombres, el mayor tiempo posible, para poder obrar sin testigos.

72. Que el hombre que purifica trace un surco.

73. Que recite cien oraciones santas: Ashem, vohu, etc.

74. Que recite doscientas veces el Ahuna verya: Yatha, ahu veryo.

75. Que se lave cuatro veces con la orina de una vaca, dos veces con agua, con el agua que Ahura-Mazda ha dado.

76. De este modo su Voho-mano será puro, de este modo el hombre será puro.

77. Que eleve el vestido con el brazo izquierdo y el derecho, con el brazo derecho y el izquierdo.

78. Que invoque a los astros que Ahura-Mazda ha creado y que dan la luz.

79. Hasta que hayan transcurrido nueve noches.

80. Luego de nueve noches que traiga el Zoathra para el fuego, que traiga madera dura para el fuego, que traiga plantas aromáticas para el fuego;

81. Que Vohu-mano (el hombre) fumigue su traje.

82. El traje quedará purificado; el hombre quedará purificado.

83. Que levante el traje con el brazo izquierdo y el derecho, con el brazo derecho y el izquierdo;

84. Que diga: ¡Gloria a Ahura-Mazda, gloria a Amesha-Spenta, gloria a los demás que son puros!»

85. Zarathustra preguntó a Ahura-Mazda: Ahura-Mazda, tú que sabes todas las cosas,

86. ¿Debo interpelar al hombre santo, debo interpelar a la mujer santa para que se separen de los pecadores que adoran a los Daevas? [182].

---

[182] Durante muchos siglos la creencia en ángeles y demonios formó parte integrante no sólo de las doctrinas judeo-cristianas relativas a Dios, al hombre y a causa de ello del Universo, sino de los pueblos vecinos de Israel (de egipcios, babilonios, asirios, persas y griegos), cuyas religiones tanto influyeron, como no tenía más remedio que ocurrir, en Judaísmo y Cristianismo. Ahora bien, entre el lugar que las concepciones religiosas relativas a las potencias sobrenaturales tanto buenas (ángeles) como malas (demonios) han ocupado, hasta no hace mucho, y el que hoy ocupan (me refiero, claro está, a los pueblos cultos y a los que en ellos hacen que merezcan tal nombre), la diferencia no es menos grande que la que se observa entre el estado de los conocimientos en cualquier rama de la ciencia actual, y el que estas ciencias ofrecían a principios del siglo XIX. ¿Quiere esto decir que las antiguas concepciones relativas a Satán, a los demonios y a los ángeles, que tanta importancia tuvieron en la teología sistemática a lo largo de la historia de ciertas Iglesias, haya desaparecido? Ni mucho menos, pues ello hubiese supuesto previamente la desaparición de las Iglesias de las que los términos Diablo o Satán, demonios o malos espíritus, y ángeles o buenos, forman aún parte del vocabulario religioso tradicional, lo que, como sabemos, ocurre no sólo en el Judaísmo y en el Cristianismo, sino en otra doctrina, en cierto modo filial suya: el Islamismo.

Ahora bien, lo que no hay medio, honradamente, de negar, pues otra cosa sería ir tan torpe como inútilmente contra la corriente (lo que no parece el camino de la juventud sacerdotal moderna que no quiere, y con razón, cerrar los ojos ante las modernas realidades), es que el estado actual de esta cuestión y el modo como es considerada por los expertos en disciplinas teológicas, es, si no enteramente distinto al que sostenían estas Iglesias hace siglos, sí que ofrecen un gran contraste con las enseñanzas de dichas Iglesias en cualquier período de su historia hasta los tiempos modernos. En efecto, ¿se podría negar, sin mentir o tratar de engañar empezando por engañarse el que tal pretendiese, que afirmaciones que en tiempos pasaban por realidades incontrovertibles hoy son poco más que sombras que lo más conveniente parece ser ir relegando, como tantas otras cosas, a los campos del olvido, ante el temor de no poderse oponer eficazmente a pruebas contra las que ya son igualmente inoperantes la fe en el campo de lo religioso, como las prohibiciones y violencias en el político?

¿Cómo ha podido ocurrir este cambio tan radical y tan racional? Muy sencillo: Porque los profundos y serios estudios modernos sobre exégesis religiosa, han permitido seguir, paso a paso, casi hasta el remoto período animista, primer manantial de muchas creaciones religiosas, muchas de éstas que el tiempo fue poco a poco transformando, modificando y engrandeciendo a favor de las alas poderosas de la fe y del interés, y claro, al hacer este recorrido en sentido inverso, al ir descubriendo, gracias a un interesante trabajo de ósmosis religiosa, el nacimiento y gestación de figuras cuyo origen resultó ser, no producto de imposibles creaciones sobrenaturales, sino, simplemente, de la fantasía de los hombres, castillos que, durante siglos, habían parecido inexpugnables se vio que, en realidad, no lo eran. Pero entre tanto, como los campos de la fe fueron siempre tan amplios en todas partes, una de sus vías condujo a lo que ha dado motivo a estas consideraciones: que haya habido en todas las doctrinas a base de dioses buenos y espíritus malos, adoradores de éstos como los había de aquéllos. Cosa curiosa, bien que natural, puesto que del mismo modo que no todos los hombres marchan, en lo social, por el camino de lo considerado como bueno, legal y conveniente, en lo relativo a las inclinaciones hacia lo extraterrestre, lógico era que ocurriese lo propio. Y ésta es la razón por la que oímos hablar aquí "de pecadores que adoraban a los Daevas". Pero veamos, por muy brevemente que sea, la génesis de este curioso fenómeno.

Hace ya muchos siglos, las viejas creencias de los nómadas en la existencia de malos espíritus de los aires (las serpientes aladas llamadas *serafim,* "ardientes") producían en torno a los hebreos vueltos sedentarios los temores y las obsesiones que inquietaban a los que practicaron y aun practicaban la vida errante, no encontrando otro medio para preservarse de la acción funesta de tales espíritus que existían tan sólo porque su imaginación les daba vida, que llevar sobre sí ciertos amuletos que creían podían serles útiles contra determinados daños y encantamientos. En el desierto de Judá residía siempre, puesto que tal se creía, *Azazel,* ser misterioso y sumamente dañino, al cual era enviado regularmente, creyendo con ello complacerle, el "macho cabrío emisario" encargado de la cosecha anual de los pecados de los israelitas. Las estepas, las tumbas, las dunas y las ruinas eran también, a causa de la creencia general, las mansiones predilectas de otros muchos demonios, muchos compadres, compañeros o incluso servidores del citado. En las ruinas particularmente se albergaba la espantosa Lilit. En la demonología asirio-babilónica había ya una tríada de demonios, de los cuales uno macho, *Lilú,* y dos hembras, *Lilitú* y *Ardat Lili;* pero para no complicar las cosas no nos ocupemos sino de Lilit, que, según la doctrina rabínica, era el demonio nocturno por excelencia. Y ello sin duda a causa de una etimología falsa, según la cual su nombre procedía de la raíz semítica *lailah* (noche); en todo caso como una lechuza era representada, y a ella hace alusión sin duda el *Salmo* 91, cuando dice: "No te espantarás de los terrores de la noche." *Lilit,* descrita ordinariamente (además de como lechuza) con alas y largos cabellos flotantes, era la reina de los *Lilín,* clase importante de demonios sumamente peligrosos para los niños, bien que también atacasen a los adultos. Nadie debía acostarse solo en una casa, pues muy grande era para él el riesgo de ser atacado por *Lilit* o por sus súbditos. Para exorcizarla, el *Talmud Babilónico* (Pesa-chim, 111, *a)* da una fórmula que no fallaba. Según la tradición rabínica, además, *Lilit* había sido la primera mujer de Adán, al cual había dado como posteridad numerosos malos espíritus, entre ellos tres bien conocidos: *Shedim, Lilín* y *Ruchín.* Nada más. En cuanto a Azazel, al que hemos visto un momento a través del *Levítico* (XVI, 8 y sig.), donde es considerado como un demonio del desierto al cual enviaban los israelitas el macho cabrío emisario cargado con los pecados del pueblo, en el *Libro I de Henoch* nos es dado como el jefe principal de los ángeles descendidos a la Tierra para casarse en ella con las hijas de los hombres. Porque es por este libro por el que conocemos la historia más completa de este notable acontecimiento, del que también tenemos noticia por el *Génesis* (1-4) y en que, por consiguiente, se haría muy mal dudando de él. En el capítulo VI (1 y sig.) del *Libro de Henoch* se nos expone cómo los ángeles, estos hijos del Cielo, llegaron a desear a las encantadoras hijas de los hombres. Ocurrido esto, se dijeron unos a otros: "Vamos a escoger esposas entre ellas para que nos den hijos." Decididos, en tiempos de Yered descendieron doscientos ángeles, posándose en el monte Hermon. El libro da hasta el nombre de diecinueve de sus jefes. Y, en efecto, una vez en la Tierra se casaron con hijas de los hombres que les parieron gigantes enormes. Hay que decir que mientras estos gigantes empezaron a hacer de las suyas, los ángeles, sus padres, procuraron a hombres y mujeres una serie de conocimientos útiles. A éstas les enseñaron el arte de agradar, toda suerte de encantamientos, a recoger ciertas raíces y el conocimiento de las plantas; y a los hombres a fabricar espadas, cuchillos, escudos, corazas y otras diversas artes y ciencias, todo lo cual sabemos por el capítulo VIII del mencionado *Libro de Enoch.* Pero también por este capítulo y el siguiente que esta intervención angélica en la vida de los mortales dio como resultado un período de anarquía y de asesinatos. Los hombres morían protestando a grandes gritos; estos gritos acabaron por llegar al Cielo, y entonces los cuatro jefes de los arcángeles, Miguel, Uriel, Rafael y Gabriel, empezaron a su vez a gritar con objeto de que Dios se diese cuenta de lo que abajo habían hecho los doscientos ángeles, a quienes, en definitiva, mandaba Azazel, en unión de un compadre suyo llamado Semiazas. Enterarse Dios y enviar a Uriel para advertir a

Noé de la inminencia del diluvio y de lo que tenía que hacer para escapar de él, fue todo uno y lo mismo. Esto, que el *Libro de Enoch* refiere en su capítulo X, lo sabemos también por los capítulos VI, VII y VIII del *Génesis*. Luego se trata de hechos perfectamente demostrados; dudar de los cuales sería evidente torpeza. Por su parte, Rafael recibió orden de caer sobre Azazel, atarle de pies y manos, y, bien sujeto, echarle a cierto sitio sombrío del desierto (hubo un átomo de clemencia en la orden divina) llamado Dudael, donde debía de ser hundido en un gran montón de rocas desmenuzadas y ásperas, donde permanecería hasta el día del Juicio final, tras el cual sería precipitado en el Infierno. Por su parte, Semiazas y los demás ángeles causantes, con sus erotismos de tantos daños, fueron encadenados por Miguel y encerrados en ciertos valles de la Tierra (¡cuidado, exploradores y, sobre todo, espeleólogos!) hasta luego del Juicio último, momento en que serán precipitados, ya para toda la eternidad, en un abismo de fuego. El mismo Gabriel recibió orden también de acabar con los espíritus de los reprobados y con la posteridad de los ángeles que de tal modo habían pervertido a la Humanidad, a la que, como ha sido dicho, Dios no tuvo más remedio que pasar por agua. Por si todo lo anterior no bastase aún, en el Apocalipsis de Abraham, Azazel es considerado no tan sólo como el jefe de las potencias del mal, sino como un pájaro impuro descendido junto al Patriarca en el momento en que éste, por orden de Yahvé, Dios, que presidía todo cuanto voy refiriendo, se disponía a sacrificar a su hijo Isaac. Aquí, Azazel es descrito como "un habitante de la Tierra", mientras que en I *Henoch,* como hemos visto, quedaba encadenado en un lugar oscuro del desierto; cierto que en *II Henoch* es representado, con el nombre de Satanail, como volando continuamente en el aire tras haber sido precipitado de los Cielos.

Por su parte, la *Vida de Adán y Eva* está, en su mayor parte, consagrada a referir la caída de los ángeles y su expulsión del Cielo, más el interesante episodio relativo a la manera como Satán (o el Diablo) tentó e hizo sucumbir a Adán y a Eva, lo que, como se sabe, causó su salida del Paraíso. En lo primero Satán es presentado no sólo como uno de los ángeles celestiales, sino de los principales. En la segunda parte, Eva le pregunta que por qué despliega tanta animosidad contra Adán e incluso contra ella misma, que nunca le han hecho daño alguno, a lo que Satán responde que a causa de haber sido por culpa de Adán por lo que él ha sido expulsado del Cielo y arrojado a la Tierra. Y continúa diciendo que cuando Adán fue formado a imagen de Dios y Dios le insufló la vida, Miguel ordenó a los ángeles que le adorasen, empezando él por hacerlo el primero. Satán debía de hacer otro tanto al instante, pero se negó diciendo que Adán era menos antiguo que él y, como criatura, de rango inferior; por consiguiente, que quien tenía que adorarle a él era Adán y no lo contrario. Esto oído por los ángeles que estaban a las órdenes de Satán, hicieron como él: se negaron a adorar a Adán. Entonces Dios, lleno de cólera, los expulsó del Cielo. Y, naturalmente, a causa de ello Satán odiaba a la primera pareja. Hasta aquí el relato de la *Vida de Adán y Eva,* que por cierto Mahoma debía de haber leído, puesto que en el *Corán* refiere poco más o menos la misma historieta a propósito de Iblis, su Satán; pero si venimos al *Antiguo Testamento,* la cuestión, es decir, la historia de Satán, no es en modo alguno la misma. Véase: en tanto que personalidad sobrehumana distinta, Satán no aparece sino en tres pasajes del *Antiguo Testamento,* a saber: en *Zacarías* (III, 1), en *Job* (I-II) y en el primer libro de *Crónicas* (XXI, 1), los tres de la época postexiliana, es decir, probablemente del período 519-300 antes de nuestra era. El nombre Satán es derivado de una raíz, *satan,* que significa "oponerse, comportarse como adversario". Es palabra puramente semítica, de uso muy antiguo entre los israelitas, y que se la encuentra en numerosos pasajes *(Números,* XXII, 22 y sig.; en I *Samuel,* XXIX, 4; en // *Samuel,* XIX, 22; en / *Reyes,* V, 4, etc.). Pero donde Satán aparece por primera vez con personalidad distinta y particular es en el citado pasaje de *Zacarías,* bien que no obstante aún no con nombre propio, sino precedido del artículo *(el* Satán), y para designar a un "adversario" que acusa a los hombres ante Dios. En este caso particular el acusado es el gran sacerdote Josué. Satán es reprendido por Dios a causa de su actitud hostil hacia Josué. Yahvé se enfada de que además de todas las calamidades caídas sobre Jerusalén, Satán reclame aún que Josué sea castigado.

Pero es en el libro de *Job* donde encontramos una precisión más completa de las actividades de Satán. Aquí también su nombre va acompañado del artículo, de modo que aún no es un nombre propio. Como en *Zacarías,* Satán es el gran acusador de los hombres que reclaman un derecho ante Dios. Acusa a Job de egoísmo y de simulación, sin la menor piedad. Y no tan sólo le acusa, sino que insta a Dios para que ponga a prueba a Job, con objeto de poder demostrar que su piedad es puramente superficial. Dios le autoriza a ello, y esto conseguido hace caer sobre Job todas las pruebas con las que cuenta poder hacer que caiga.

De este relato resultan con toda claridad dos hechos. En primer lugar, que Satán es, no hay medio de ponerlo en duda, uno de los ángeles al servicio de Yahvé. Allí está, en efecto, entre los demás "hijos de Elohim" para dar cuenta de sus actividades y recibir nuevas misiones divinas. Ni él ni los otros obran jamás sin permiso de Dios, y su ministerio forma, evidentemente, parte de la voluntad divina. Satán no puede perjudicar a los hombres si Dios no le autoriza a hacerlo. El segundo hecho consiste en que en el carácter de Satán aparece un elemento contrario a la voluntad de Dios. Dios se alegra de la profunda piedad de Job, el hombre perfecto (lo que parece probar también la perfecta vanidad de Yahvé, puesto que juzga perfecto a un hombre simplemente porque de manera total y perfecta le adore); Satán, por el contrario, sería feliz pudiendo demostrar que la confianza de Dios en Job no estaba justificada. Bien que obrando con permiso de Dios le regocija su papel de tentador de los hombres. Si aún no es el espíritu del mal, va ya en camino de serlo; el cambio parece adivinarse.

Pero es en el primer libro de *Crónicas* donde el nombre Satán aparece por la primera vez sin artículo, con lo que llega a ser efectivamente un nombre propio. Es más, aparece ya con el carácter de un tentador. Y de acuerdo con este carácter le vemos persuadir a David para que empadrone a los hijos de Israel, hecho que va a hacer caer sobre él el castigo de Dios. Cierto que es de justicia hacer observar que la picardía que aquí es atribuida a Satán es presentada en *II Samuel,* XXIV, 1, como realizada por el propio Yahvé. De todas maneras el paso de *ángel* a *demonio* se evidencia ya. Y no tan sólo a demonio, sino a Príncipe de los demonios, a gran Tentador, a tentador por excelencia. Pero que este paso o cambio ángel a demonio, de ser bueno a ser malo, no sorprenda demasiado, pues cosas semejantes se encuentran en todas las mitologías. Y lo demostraré citando algo semejante ocurrido en la griega, donde la palabra δαιμων (daimón), que de emplearse como se empleaba primitivamente para designar a un "dios", quedó reducida a designar a los malos espíritus. En efecto, la palabra hebrea *Satán* se convirtió en griego en Διαoλoζ (el Diablo), y los malos espíritus acabaron por ser denominados δαιμovζ (demonios), pero no sin que la palabra *daimón* sufriese la curiosa metamorfosis siguiente.

En su sentido más antiguo, δαιμων era sinónimo de ΘΕΌΖ "Dios". *Daimón* es tomado en el sentido de Dios cinco veces en la *Ilíada* y una tan sólo en la *Odisea*. Con el sentido de *numen divinum* la palabra es empleada seis veces en la *Ilíada* y once en la *Odisea*, sin que se la pueda atribuir las ideas accesorias de "bueno" o de "malo". Con el sentido de "bueno" o "gracioso" se encuentra dos veces esta palabra en la *Ilíada*, pero ninguna en la *Odisea*; con el sentido de "mal" o de "malo" se la encuentra diez veces en la *Ilíada* en una fórmula que, según Näfelsbach, nos inclinaríamos a traducir por "como un diablo" y dos veces con el sentido de "muerte" o de "destrucción". En la *Odisea* esta palabra es empleada veinte veces por lo menos para significar algo de malo. Esta tendencia a emplear la palabra *daimón* para expresar la idea de un potencia mala se hace aún más manifiesta por el hecho de que el adjetivo *daimonios* no es ya intercambiable con *theios* (divino). Más tarde los *daimones* son concebidos como seres intermedios entre los dioses y los hombres. En Hesíodos los espíritus de los hombres de la Edad de Oro son encargados por Zeus de vigilar y proteger a los hombres. Son denominados *daimones;* y el mismo nombre se aplica a Faetón, encargado por Afrodite de que guarde su santuario, luego a toda una categoría subalterna de seres sobrehumanos, servidores de los principales dioses, como los sátiros, los coribantes y otros (Platón, *Leyes*). En la *Fábula de Babrios,* II, se habla de un *epískopos daimón* encargado de vigilar a los hombres y de castigar sus faltas como lo harían los dioses. La creencia en estas criaturas intermedias es expresada por los filósofos de un modo claro sin exceptuar a Platón: para ellos cada hombre tenía, desde su nacimiento, un *daimón* especial destinado a acompañarle. Este "demonio" individual aparece con frecuencia en los escritos de los estoicos. Así como los escritores áticos hablaban de un *agathos daimón* o "buen demonio", que solían considerar como una potencia del mundo subterráneo. De aquí se pasó a considerar a los *daimón* como seres mortales imperfectos. Xenofón fue el primero en iniciar este paso atribuyendo todo cuanto había de escandaloso y de indeseable en las tradiciones relativas a los dioses, a los demonios. Y a partir de él, bien que con poderes sobrehumanos, incluso los mejores demonios no tenían una pureza moral completa ni sus poderes eran sin límite. La última etapa de esta evolución (para Posidonius, que, como Xenókrates, veía en ellos a los espíritus de los muertos, consideraba a unos buenos y a otros malos) fue alcanzada cuando, según la concepción cristiana, todos los demonios eran malos. Es más, según los Padres de la Iglesia, todos los dioses de las mitologías no eran sino demonios; no atreviéndose a negarlos ante el temor de que los paganos haciendo lo mismo con lo que ellos afirmaban les hubieran puesto en el difícil dilema de demostrar que las divinidades que ellos defendían eran más verdaderas que las suyas, salieron del atolladero haciendo de ellos, como digo, simples demonios. De modo que he aquí, que era lo que quería probar, a otros que primitivamente eran espíritus celestiales, transformados, como Satán, en demonios.

Pero ahora veo que a causa de Lilit, la terrible demonio-hembra del folklore judío, me he apartado de mi propósito de demostrar cómo a través de numerosas fantasías y supersticiones se pudo llegar a que ciertas criaturas humanas de uno y otro sexo llegasen a adorar a los espíritus del mal. Vuelvo, pues, a enhebrar la narración donde la había dejado. Junto a Lilit danzaban los *scheirim,* demonios peludos con cuerpo de machos cabríos, a los cuales eran ofrecidos en secreto vergonzosos sacrificios con objeto de aplacar su cólera: que ésta fue la razón o por lo menos el motivo principal que llevó a los hombres a adorar a los espíritus malignos: el miedo. Convencidos de que eran poderosos y de que podían hacer daño, se inclinaron, para ver de conmoverles, a adorarles. Razones semejantes llevaron en todas partes a hacer sacrificios en honor de los muertos, una vez que cundió la idea de que cuando estaban disgustados rondaban en torno a los lugares donde habían vivido. De Jacob se decía que había luchado durante toda una noche contra un genio de la temible especie de los scheirim, que por cierto le dejó cojo. ¿Habrá que insistir sobre que los brujos judíos practicaban toda clase de sortilegios destinados ora a alejar a tales enemigos, bien a atraerles, si les pagaban para que perjudicasen a quien quería perjudicar aquel que los pagaba? Entre otros muchos amuletos se solían servir para ello de muñecas mágicas de plomo que solían poner para que se fuesen fundiendo lentamente en el candelabro ritual de los siete brazos. Las 16 figurillas de este metal recogidas sobre el probable emplazamiento de la antigua Marecha no estaban destinadas seguramente a ser empleadas con otros fines. Por lo demás, el *Deuteronomio* hace mención de magos y adivinos de todas clases, que se servían de flechas adivinatorias necrománticas o lecanománticas. Por si todo ello fuese poco, ciertas materias, tales que la sal y la arena, eran consideradas como conservadoras de la vida, favorecedoras de la fertilidad y aseguradoras de felicidad, o todo lo contrario si convenía que así fuese. Por lo que se acabó por conferirlas poder mágico, exactamente como en el antiguo Egipto. Así, cuando Abimelek se apoderó de Sichem por sorpresa, tras ordenar que la ciudad fuese arrasada, hizo que se cubriese todo su emplazamiento con sal para que nadie pudiese volver a edificar sobre ella. ¿De no haber creído en semejante majadería y de haber sido capaz de pensar, libre de tal superstición, que bastaría un aguacero abundante para dar al traste con su propósito, hubiera mandado ejecutarle?

Moisés, buen conocedor de los hombres y, a juzgar por lo que se cuenta de él, de la incontenible tendencia de su pueblo, como la de todos los hombres, hacia lo sobrenatural y maravilloso, ordenó, a creer lo que dice el Éxodo, el conocido : "No haréis imágenes talladas, ni figura alguna de todo cuanto hay arriba en el Cielo ni abajo en la Tierra." Pero lo que no pensó fue que ni aun mediante órdenes, sólo escuchadas mientras el palo está levantado, se puede luchar contra las inclinaciones naturales de los hombres cuando estas inclinaciones son obra del miedo o de la conveniencia. El, rabioso por haber encontrado al pueblo de Yahvé adorando a un becerro de oro construido por su propio hermano Aarón, cuando bajaba tras largas charlas con su Dios en el Sinaí, creyó que escarmentarían y que le bastaría ordenar para ser obedecido; pero los judíos empezaron a fabricar pronto *terafims,* estatuillas de madera a las que atribuían la facultad de hablar y de pronunciar oráculos, recordando sin duda las estatuas parlantes de los templos egipcios, de las que se valían aquellos sabios sacerdotes para embaucar y engañar a la masa, fanática e ignorante siempre; estatuillas a las que consultaban constantemente. Labán, padre de Raquel, tenía una. El propio David poseía también sus ídolos domésticos, variedad de *elohims* o dioses menores a los que consultaba en sus apuros, sin que ello le impidiese creer en el todopoderoso Yahvé.

Había, por supuesto, elohims de todas clases y de cien orígenes distintos: serpientes sagradas con senos de mujer, imágenes del famoso *baal Zebub,* Señor de las moscas, que a su vez eran consideradas ellas mismas como demonios infinitesimales; su jefe acabó por transformarse en el *Belzebuth,* otra representación de Satán; más acheriims o bethels, etc.

Entre los árabes, por otra parte, la creencia en los *djinns,* genios o demonios de los desiertos, se pierde en la noche de los tiempos. Estos djinns, que los antiguos textos sagrados aseguran que eran seres corporales bien que imperceptibles para los sentidos humanos, y a los que muchos árabes modernos temen aún, podían adoptar las más diversas apariencias e incluso realizar los trabajos más duros y difíciles. Por ser su montura predilecta el avestruz, pronto un imperativo tabú prohibió comer a este animal. El *Corán* dice de los djinns que habían sido creados "de una llama sin humo y que pueden participar en la salvación". Su relación con los hombres fue en cierto modo reconocida legalmente por el Islam, puesto que se les supone intervenir en ciertos actos relativos a la propiedad, nacimiento y matrimonio. Las costumbres, además, los tienen muy en cuenta hoy mismo. Un hombre que muere de muerte violenta tórnase ordinariamente en *ifrit* o aparecido, que gusta frecuentar el sitio en que ha perdido la vida, y que con frecuencia puede convertirse en un *djinn* sumamente perjudicial por poco que acepte ponerse a las órdenes de Shaitán (Satán), jefe natural de los djinns. Hoy, como hace tres mil años, los djinns siguen habitando y recorriendo los desiertos, y todos los murmullos lúgubres que el viento hace sonar en los cementerios, muy particularmente para los oídos supersticiosos, los pájaros de presa que frecuentan las ruinas, las hienas que en sus llamadas de amor parecen emitir lamentos durante las noches, las serpientes, los escorpiones, los lagartos, siguen siendo djinns para los árabes, hoy, como digo, lo mismo que hace varios miles de años. Una vez más el Diablo y sus servidores los demonios interviniendo en la vida de los hombres. A causa de ello, es decir, ante la imposibilidad de librarse de tan absurdas ideas, el que aparezca por todas partes una supuesta intervención del principio del Mal, no menos poderosa por simplemente imaginativa, a través de toda la vida de los pueblos antiguos, muy particularmente entre los semitas. Claro que también en mayor o menor grado en todos los demás pueblos, puesto que incluso fue llevado a América por aquellos misioneros cristianos que con tanto celo se dispusieron a sustituir los dioses autóctonos de las regiones en que iban poniendo su planta por los que ellos traían; y prácticas allí milenarias, por otras a su juicio mejores. Y de tal modo les horrorizaron ciertas costumbres religiosas, que empezaron por atribuir al Tentador eterno (lo que prueba que ellos tampoco dudaban no sólo de su existencia, sino de su intervención personal en los asuntos de los hombres) lo que allí ocurría. Y tan grande les pareció el mal que animosamente se dispusieron a atacar, que no encontraron mejor medio de imaginarle que comparándole con el Dragón del *Apocalipsis,* del que la antigua serpiente de los hebreos había sido el prototipo, pero que magnificado habíase convertido en el famoso "Dragón rojo con siete cabezas y diez cuernos, y sobre estas siete cabezas, siete diademas". En torno a él, los demonios, en forma de inocentes animales extendidos por toda la Tierra, se encargaban de ayudarle a realizar su obra. Y esto se decía de toda buena fe, puesto que la creencia venía de una rancia y bien enraizada solera: ¿no había dicho el propio San Agustín "que los malos ángeles, en ciertas épocas favorables, hacen nacer por medios ocultos serpientes y ranas?" Y Tertuliano: "¿Qué sería de vosotros (se dirigía a los paganos) sin los cristianos que arrancan de vuestras almas y de vuestros cuerpos a esos enemigos ocultos que lo destruyen todo? Hablo de los demonios que os importunan..." Los propios monjes y los sacerdotes, con frecuencia de buena fe (ya que con frecuencia también el hábito no era garantía de falta de superstición por sobra de ignorancia), pero mal iniciados y crédulos, compartían las supersticiones populares, extendiendo con convicción las para ellos más lógicas seguridades y las así mismo más reales amenazas. Con ello, Satán llegó a estar en todo: en los animales, en las plantas, en los objetos, en el cielo mismo: Venus, la estrella brillante de las mañanas, era *Lucifer* en persona; y por la tarde, el Diablo era también quien encendía a Vesper, que, con su blanca claridad, llamaba a los hombres a las voluptuosidades y presidía los preparativos de los sortilegios nocturnos. Naturalmente, inclinados hacia el Diablo no tan sólo por el miedo, sino a favor de tanta propaganda y de tantas supuestas emboscadas, un gran número de cristianos se dejaban tentar, renunciaban a la lucha contra él, acabando por sumarse a la cohorte de brujos, nigromantes, magos y demás, acusados, con razón o sin ella, de acudir a los detestados *sabbats.*

Y naturalmente, como tenía que ocurrir, nacieron los desdichados *demoníacos* o *endemoniados,* pobres enfermos nerviosos, muy especialmente los epilépticos (o poseídos del antiguo "mal sagrado"), cuyos desarreglos, la ignorancia (¡siempre la ignorancia presidiendo todo lo torpe y todo lo malo!), atribuyó al tan traído y llevado Satán y los suyos, de los que se decía, ¡y se creía!, que uno o varios "poseían" al desdichado enfermo. A principios del siglo XI era cosa admitida que estos espíritus infernales, cuyo número era conocido con exactitud: 6.666 (en verdad no eran muchos para cuanto tenían que hacer), podían incluso meterse todos a la vez en un solo cuerpo humano, produciendo, como era natural, los desarreglos más singulares. ¿Que cómo se podían creer tales cosas? Pues muy sencillo: porque todo ello no era sino el florecimiento de semillas sembradas hacía muchos siglos. Porque hacía mucho tiempo, sí, que la demonología era la ciencia más cultivada en el campo de lo religioso. En el mejor de estos campos, en el cristiano, ¿no era acaso general la creencia en Satanás y en toda su cohorte de diablos y demonios? Y, por otra parte, ¿cómo no creer en lo que había sido respaldado por los propios *Evangelios y* por los más ilustres Doctores de la Iglesia? ¿No leemos en *Marcos* (V, 1-20), *Mateo* (VIII, 28-34) y *Lucas* (VIII, 26-39) el episodio en que Jesús expulsa a los demonios del cuerpo de un poseído por ellos, obligando a los escapados a que vayan a meterse en una piara de puercos (que no había en Palestina porque la ley mosaica prohibía comer la carne de estos animales), piara "que se lanzó entera por un precipicio al mar, muriendo en las aguas"? (¿Por qué no fueron bien corregidos los textos antes de darles carácter canónico?) En cuanto a los Padres, el ya citado Agustín de Tagasta hablaba en el siglo IV de demonios íncubos y súcubos. Lo que prueba que no obstante su mucho talento, ganado por una corriente de siglos, incapaz era de oponerse a determinadas creencias. Pero ¿es que acaso hoy mismo hay tratado alguno de teología, al menos en España, donde no se dé como algo cierto e irrebatible la existencia del antiguo Infierno y de sus moradores, no obstante tender Roma, más comprensiva y prudente, a tratar de que se olviden ciertas cosas a favor de nuevas luces, o sea, asegurando a propósito de esta cuestión que el verdadero Infierno consistirá, para los condenados, en la privación de la vista de Dios?

En todo caso, ¡qué daño no hizo tanta mentira y tanta superstición! Porque ¡qué montaña de éstas no acabó por formarse sumándose unas a otras durante muchos siglos! Así, como ya he dicho, hasta los animales acabaron por ser considerados favorables, además de los monstruos legendarios, para toda clase de prácticas de *diablería*. El gato negro, con frecuencia representado en las estampas en colores que sirven de ornamento a libros de horas, misales y devocionarios antiguos, como montura de monstruos raros, o de brujos y brujas, era considerado como servidor fiel de los que acudían a los *sabbats*. Claro que el gato siempre había tenido en buena o mala parte relación con lo religioso. En Egipto durante mucho tiempo había sido considerado no satánico, sino animal sagrado de primera clase. Cuando el gato sagrado de Bubasta moría, las mujeres se afeitaban las cejas en señal de duelo. Porque allí los gatos tenían sus templos, en los cuales eran adorados. Por decenas de millares se han encontrado no tan sólo momias de gatos, sino imágenes de estos animales adornando los sarcófagos, las monedas y los papiros. La exportación de este animal, sagrado entre todos, estaba prohibida, y matar a un gato era crimen inexpiable. Cuenta Diodoros de Sicilia (siglo I antes de nuestra era), con motivo de la relación de uno de sus viajes a Egipto, que habiendo matado un romano a un gato en Alejandría, provocó un verdadero motín popular; pero de tal magnitud que el rey, bien que dependiese de Roma, tuvo que consentir en que el sacrílego fuese descuartizado para que la ultrajada fe de aquellos fanáticos se calmase. Fue preciso llegar al siglo IV, cuando triunfó el Cristianismo, para que cesase tal culto a los mininos. Y cuando el buey *Apis* moría, la nación entera se poma de duelo, duelo que duraba hasta que volvía a nacer un ternero que, favorecido por la divinidad, mostraba los 29 signos admirables que hacían que fuese reconocido como Dios. Pero volvamos a la Edad Media. Muchos magos fueron por entonces—ya los gatos iban de capa caída—acusados de tomar ellos mismos la forma y color de gatos negros con objeto de

87. ¿Deben extender sobre la tierra el agua corriente, los frutos que maduran? ¿Deben extender otras riquezas sobre éstas?

88. Ahura-Mazda respondió: «Puedes llamarlos, ¡oh santo Zarathustra!»

89. Creador, ¿dónde están los juicios, dónde se celebran los juicios, cómo se hacen los juicios que alcanzan al alma de los hombres fallecidos en este mundo de los seres dotados de cuerpo?

90. Ahura-Mazda respondió: «Una vez que el hombre ha muerto, después que el hombre ha fallecido, los perversos Daevas, instruidos en el conocimiento del mal, trabajan para extraviarle.

91. A la tercera noche, después de la llegada de la aurora;

---

reunirse en las ruinas y proceder en común a toda clase de sortilegios. ¡Y ay de aquel que era acusado de haber salido por la chimenea o por una ventana de su casa convertido en gato negro, sobre todo si tenía bienes con qué pagar su brujería, además de con la piel!

Cosa creída también de un modo general era que el *basilisco,* bien que nadie le hubiese visto (claro que ¿no hay hoy quiénes han visto no tan sólo platillos volantes, sino salir de ellos a marcianos o a otros seres del planeta que sean?), tenía la forma de una pequeña serpiente demoníaca, como ya habían admitido los antiguos. E incluso, para mayor precisión, se le representaba con una cabeza de dragón con su cresta y todo. Hasta se le dio el título de "rey de las serpientes"; así como se afirmaba que nacían "de un huevo de gallo incubado por un sapo". En todo caso, en Bale, en el siglo XIV, un gallo del que se sospechaba ser autor de una de aquellas puestas satánicas de las que podía salir un animal que mataba con sólo mirar o con el aliento, fue quemado públicamente por el verdugo oficial. Cosa admitida era también que el único medio de salvarse, de darse de manos a boca con un basilisco, era presentarle un espejo; haciéndolo y teniendo mucho cuidado de que los ojos no coincidiesen con los suyos, es decir, mirada contra mirada, el aliento envenenado del diabólico animal se volvía contra él mismo, matándole.

Total que nadando en estas creencias no es de extrañar, por extraño que sea en sí, que muchos se entregasen en todas partes, animados por la estúpida credulidad general y con objeto de vivir a costa de ella, a engañar a cuantos se dejaban engañar, animándoles a celebrar los llamados *pactos con Satán.* Pactos que eran firmados en la parte baja del pergamino que daba fe de ellos, y que "presentaba por la noche un hombre vestido de negro", por el que tal pacto consentía y firmaba con su propia sangre, que previamente y para ello hacía brotar, cortándose, del índice de su mano izquierda.

Creo que no vale la pena seguir refiriendo prácticas y creencias que, en definitiva, tan sólo servirían para que formásemos una idea aún más baja de la que ya se pueda tener de la mentalidad de muchos de nuestros compañeros de Planeta. No nos asombre, pues, que los sacerdotes de última hora del Zoroastrismo creyesen en la posibilidad de la existencia de hombres impuros que en su tiempo adoraban a los Daevas, es decir, a los demonios de su religión.

92. Y cuando el victorioso Mithra se ha colocado sobre las montañas resplandeciendo con brillo purísimo,

93. Y cuando el deslumbrante Sol se retira,

94. Entonces el Darva, cuyo nombre es Vizaresho, trae atadas, ¡oh santo Zarathustra!, a las almas de los hombres malos que han vivido en el pecado, las almas de los hombres que han adorado a los Daevas.

95. Sucede con los caminos, que han sido creados desde los tiempos más remotos, que hay uno para los impíos y uno para los santos.

96. Sucede con el puente Chinvat, que ha sido creado por Ahura-Mazda, y donde el alma es interrogada a propósito de sus acciones,

97. Y sobre las cosas que son poseídas en el Mundo de los seres dotados de cuerpo.

98. El alma de los justos llega hermosa, rápida, excelente,

99. Con el perro, con decisión, con el ganado, con fuerza, con virtud [183].

100. El enviado de Ahura-Mazda conduce las almas de los puros sobre el Haraberezeti.

101. Trae al puente Chinvat al ejército de los Yazatas celestes.

102. Ahura-Mazda desciende de su trono de oro y llega precediendo a Vohu-mano (el hombre).

103. Vohu-mano dice: ¿Cómo, ¡oh purificador!, has venido aquí

104. Pasando del mundo imperecedero al mundo perecedero?

105. Las almas puras están contentas.

106. Hacia Ahura-Mazda, hacia el trono de oro de Amesha-Spenta.

107. Hacia el Garo-Nemana [184], la mansión de Ahura-Mazda, la mansión de Amesha-Spenta, la mansión de los otros puros,

108. El hombre puro que ha sido purificado, luego de su muerte, los perversos Daevas, instruidos en la ciencia del mal, le reconocen en su olor y le temen,

109. Como un rebaño rodeado de lobos tiene miedo del lobo.

110. Los hombres puros están con él.

111. Neryosangha está con él.

112. Neryosangha es un enviado de Ahura-Mazda.

113. Celebra, ¡oh Zarathustra!, esta creación de Ahura-Mazda.

114. Zarathustra me dio esta respuesta:

115. Yo alabo a Ahura-Mazda que ha creado a las criaturas puras;

---

[183] Texto, indudablemente, corrompido y sin posibilidad de reconstruirle con alguna certeza.

[184] El garo-Nemano, mansión de Ahura Mazda, y el Paraíso prometido a los puros, eran, por lo visto, desde los primeros tiempos del zoroastrismo, dos lugares diferentes. La idea de tres paraísos y la de siete cielos (aceptada ésta por Mahoma), se extendieron más tarde.

116. Yo alabo la tierra que Ahura-Mazda ha creado, el agua que Ahura-Mazda ha creado y los árboles puros;

117. Yo alabo el mar Vuru-Kasha;

118. Yo alabo el resplandeciente cielo;

119. Yo alabo a las luces que no tienen principio y que se han creado ellas mismas [185];

120. Yo alabo la mansión más feliz reservada a los puros, resplandeciente, brillante con esplendor total;

121. Yo alabo al Garo-Nemano, la mansión de Ahura-Mazda, la mansión de los Amesha-Spenta, la mansión de los otros puros;

122. Yo alabo al mundo del centro creado por sí mismo y el puente Chinvat que Ahura-Mazda ha creado;

123. Yo alabo a Saoka, el bueno, que posee cuatro ojos;

124. Yo alabo a los poderosos Fravashis los puros que son útiles a todas las criaturas;

125. Yo alabo al Verethragha que ha sido creado por Ahura, el que lleva la luz, que ha sido creada por Ahura Mazda;

126. Yo alabo a la estrella Tistar [186], espléndida y deslumbradora, que tiene el cuerpo de un toro y uñas (cuernos) de oro;

127. Yo alabo a los Gathas, los santos y los puros, que gobierna los tiempos;

128. Yo alabo el Gatha Ahunaveti, yo alabo el Gatha Ustaveti, yo alabo el Gatha de Spenta-Menyeus, yo alabo el Gatha de Vohu-Kahshathrem, yo alabo el Gatha de Vahistois;

129. Yo alabo a los siete Karshvares que llevan los nombres de Arezahe, de Cavahe, de Fradadhafshu, de Vidadhafsu, de Vurubarsti, de Vurujarsti, de Qanirathahami [187];

---

[185] Como se ve, y ya hemos encontrado otras afirmaciones de esta misma índole, Ahura Mazda, por lo visto, bien que fuese Creador como tantas veces le dice Zarathustra, y creador del Mundo de los "seres dotados de cuerpo", no de ciertas cosas fuera de él que, según esta doctrina, se habían creado, como aquí "las luces que no tienen principio", por ellas mismas. Tal vez considerando que un verdadero Dios creador tenía que ser origen de todo, nació el *zervanismo* según el cual por sobre Ahura Mazda y Agra-Mainyús estaba el verdadero Dios, *Zerván* (el Tiempo), autor de todas las cosas.

[186] La estrella Tistar o Tistria (Sirio) tiene un papel importante en la mitología de los parsis, aunque no se haga mención de ella en. los antiguos monumentos. Un Yesht o genio especial le es atribuido. Es el astro de la lluvia, papel que cumple alternando con otro cuerpo celeste llamado Satavaeso o Satvis, mencionado con frecuencia en los libros zendas que le atribuyen, lo mismo que a Tistar, acciones maravillosas.

[187] Los Karshvares son, según los parsis, las siete partes de la Tierra que se muestran por encima de la inundación que la estrella Tistar había causado

130. Yo alabo a Haetumat, brillante y espléndido;

131. Yo alabo a Ashi-vaguhi, yo alabo la sabiduría equitativa;

132. Yo alabo el brillo de las regiones aéreas, yo alabo el Yima Khshaeta que es abundante en buenos rebaños.

133. El santo Craosha, cuando es alabado, está satisfecho y recibe con amor los homenajes que le son dedicados; el santo Graosha disfruta de un crecimiento feliz, y es victorioso.

134. Traed Zaothra para el fuego, traed madera dura para el fuego, traed diversos perfumes para el fuego.

135. Alabad al fuego Vazizta que triunfa del Daeva Spenjaghira [188].

136. Traed manjares bien cocidos bien preparados y calientes.

137. Alabad al santo Craosha.

138. Que Craosha triunfe del Daeva Kunda, y de los Daevas Banga y Vihanga.

139. Es él quien ataca la vida culpable de los hombres que se unen a los Drujas, y que son los impíos adoradores de los Daevas.

140. Agra-Mainyús, instruido en la ciencia del mal y que está lleno de muerte, hablo así: ¿Qué es lo que los perversos Daevas, instruidos en la ciencia del mal, traerán sobre la cabeza de Arezura?

141. Los perversos Daevas instruidos en la ciencia del mal.

142. Los perversos Daevas instruidos en la ciencia del mal, que miran de mala manera, es lo que traeremos sobre la cabeza de Arezura.

143. El puro Zarathustra nació en la morada de Purushaspa.

144. ¿Cómo debemos darle muerte? Es el arma con la cual se combate a los Daevas, es el antagonista de los Daevas.

145. Arrebata a los Drukhs su potencia; pone en fuga a los malos adoradores de los Daevas.

146. El Nasus, que los Daevas han creado, huye lejos lo mismo que la mentira y la falsedad.

147. Los perversos Daevas, instruidos en la ciencia del mal, huyen a las profundidades del Infierno sombrío y desolado.»

VIGESIMO FARGARD

Este fargard, el más corto del Vendidad, pues, tiene tan sólo 29 versículos, trata de Thrita, personaje fabuloso, especie de Asklepios persa, y

---

mediante fuertes lluvias, con objeto de matar a los Khrafstras que Agra-Mainyús había extendido por la Tierra. Estas siete partes del Planeta se vuelven a encontrar en los siete *dvipas* o continentes de los hindúes.

[188] Nombre que Anquetil-Duperron escribe *Sapodjegaer* y que considera como el de una montaña habitada por los Daevas enemigos de la lluvia según algunos parsis. Otros creen que se trata de un Daeva o demonio.

ya en el campo de la enfermedad y de la muerte siguen unas cuantas maldiciones no tan sólo a esta, sino a los males que aquejan a los hombres, acabando con una invocación a Airyama, triunfador, como vemos en el último versículo, de enfermedades, muerte, Yatus, Pericas y de los propios Daevas. Los antiguos persas, como los babilonios, los asirios, los israelitas y en general todos los pueblos animistas, atribuían toda clase de achaques y enfermedades a la acción de los malos espíritus. El que estaba enfermo a causa de ser poseído por un demonio entrado en su cuerpo a favor de un alimento, una bebida, e incluso el aire respirado, no podía curarse a menos de obligar al intruso a escapar de su cuerpo, para lo cual los medios que se consideraban más eficaces eran los exorcismos y los desencantamientos a favor de prácticas convenientes y amuletos. Había demonios especiales para cada enfermedad. Allí, entre los babilonios, Namtar era el demonio de la peste, Ashakkú el de la fiebre persistente. Y lo mismo para las demás enfermedades. Y entre los judíos otro tanto: Shabriri producía la ceguera; Ben Nephalím, el asma, otros, citados en el Talmud de Babilonia (Aboda Zarah, 12, b) daban la lepra, las enfermedades del corazón y otras. En Grecia igualmente, los demonios eran considerados como causa de las enfermedades. Los hombres habían vivido sanos y felices en la edad feliz descrita por Hesiodo, pero cuando Pandora abrió su caja las Keres escaparon en unión de otros muchos males sembrando por la Tierra enfermedades, tristezas y desgracias. De ellas procedían las enfermedades muy particularmente la ceguedad y la locura. Los judíos, lo mismo que los caldeos practicaban la transmisión de las enfermedades a los animales que una vez realizada tomaba para él los sufrimientos del paciente. De este modo desembarazaban, por ejemplo, a un leproso de sus pústulas que un pájaro se llevaba volando. En la India toda enfermedad no tenía sino dos causas: o el que la sufría era víctima del mal de ojo que le había echado otra persona viva, o bien lo que le acaecía era obra de un espíritu maligno. Y como es natural, los remedios no podían ser otros que talismanes curativos antidemoníacos, o procedimientos de magia imitativa. Innumerables enfermedades internas se curaban (o se pretendían curar, claro está), haciendo llevar al enfermo un amuleto de piedra o de metal en forma de jabalina, el arma de Rudra, el terrible dios. Atribuir las enfermedades al mal de ojo era también cosa muy frecuente en China. En el Tibet eran invocados ora el Buddha Sman-Bla («Amo de los remedios»), ora el Buddha-Médico, al tiempo que se hacía huir a los demonios a fuerza de ruidos ensordecedores; o bien mediante drogas mágicas que solían consistir en bolitas de papel, que se hacía tragar al enfermo, en las que se había escrito la fórmula antidiabólica más conveniente. La sangre tenía también virtudes curativas, y la de los decapitados era administrada a los tuberculosos. También en el Japón eran atribuidas las enfermedades a los espíritus del mal que circulaban por todas partes envenenando con su aliento. Algunos de estos espíritus moraban en ciertos árboles y, como eran sensibles al dolor, para curar el dolor de muelas, el que lo sufría, hundía una aguja en un sauce y el genio de este árbol, al ser pinchado, procuraba quitar el dolor de muelas al que había clavado la aguja para que éste, agradecido, la retirase. Hoy mismo, la mayor parte de los primitivos creen que las epidemias y las enfermedades no tienen sino dos causas: o el mal de ojo echado por un vivo, o el descontento y la cólera de un muerto; los remedios, en relación a la creencia. Los caldeos estaban seguros de tener que habérselas, para sus males y enfermedades, con «Espíritus de las calamidades» que a su vez tenían a sus órdenes otros especializados en obrar sobre cada parte del cuerpo. Así, idpa, sobre la cabeza; utug, sobre la frente en particular; alal, sobre el pecho; gigim, sobre los intestinos. Los locos y los epilépticos eran víctimas de uttuk. Otro medio frecuente de curar consistía en que un sacerdote-médico, con la cabeza cubierta con un velo azul, acercase al enfermo una estatuilla lo más horrenda que se pudiera fabricar, representando al demonio de la enfermedad, el cual, al reconocerse, huía espantado de sí mismo dejando libre de su presencia al paciente. La miel, a causa de ser odiada por los demonios, entraba a modo de remedio divino en toda clase de bebidas y pomadas. En Egipto había «árboles curativos» a causa no de sus flores o de sus frutos, como parece lo natural, sino de sus virtudes sobrenaturales. El papiro Ebers habla, además, de tres clases de sacerdotes médicos. Los Sunú, o médicos propiamente dichos; los Sekhmet, o cirujanos, y los Saú o sacerdotes de Selkit, magos y exorcistas. Naturalmente, surge al punto una pregunta: ¿Pero era posible curar con tales creencias y procedimientos? A la que no hay sino una respuesta: No muchos seguramente, pero sí tal vez algunos: aquellos sobre los que obrase ese remedio admirable que se llama fe que en tiempos sanaba a los que con ella acudían al santuario de Asklepios en Grecia, y hoy a algunos tal vez de los que acuden así mismo a Lourdes o a Fátima, y en la India al todo poder de Vichnú. En Marcos (VII, 24-30) y en Mateo (XV, 21-28) vemos a Jesús curar al hijo de la cananea sólo en favor de la fe de su madre. Y en los Hechos de los Apóstoles todo el que quiera puede leer en V, 15 y siguiente, que la fe en Pedro era tal que acudían no ya de Jerusalén, a oírle, sino de las ciudades inmediatas, incluso «trayendo enfermos y personas atormentadas por los espíritus impuros: y que todos eran curados»; y sin necesidad de que Pedro pusiera su mano sobre ellos, ¡sino con que les alcanzase su sombra! Si alguno leyendo esto se encoge de hombros, allá él. Condenado quedará a no tener otros recursos en sus enfermedades que la farmacopea moderna, y no tardará en darse cuenta de que ni es tan leve ni tan barata como la sombra del Apóstol.

1. Zarathustra preguntó a Ahura-Mazda: Ahura-Mazda, muy santo y celeste creador de los seres dotados de cuerpo, purificador, ¿cuál es el primero de los hombres en el arte de curar,

2. De los hombres hábiles.

3. De aquellos cuya potencia es ilimitada,
4. De los opulentos,
5. De los brillantes,
6. De los fuertes,
7. De los que establecieron la dominación?
8. ¿Cuál es aquel que hizo que la enfermedad dejase de ser enfermedad, y que detuvo la muerte?
9. ¿Cuál es aquel que retiene a Vazemno-asti? (189).
10. ¿Quién aleja el calor del fuego del cuerpo de los hombres?
11. Ahura-Mazda respondió: «Thrita (190) fue, ¡oh santo Zarathustra!, el primero de los hombres, el primero de los hombres instruidos en el arte de curar, de los hombres hábiles, de aquellos cuyo poder es ilimitado, de los opulentos, de los brillantes, de los fuertes, de aquellos que establecieron la dominación. Él fue quien hizo que la enfermedad dejase de ser enfermedad y detuvo la muerte; él quien retuvo a Vazemno-asti, y quien alejó el calor del fuego del cuerpo de los hombres.
12. El conocía los secretos que eran un don de Khsatraverya,
13. Para oponerse a la enfermedad, para oponerse a la muerte, para oponerse al dolor, para oponerse al calor de la fiebre,
14. Para combatir la pestilencia y la descomposición que Angra-Mainyús ha introducido en el cuerpo del hombre.
15. Entonces yo traje, yo que soy Ahura-Mazda, los árboles que curan,
16. Muchos centenares, muchos millares, muchas decenas de millar,
17. Así como el Gaokerena» (191).

---

(189) ¿Qué quiere decir este versículo? ¿Qué es esto o quién es este Vazemno-asti? No ha habido medio de saber una cosa ni otra. Y lo malo es que todos los manuscritos tienen el mismo incomprensible texto pues, de otro modo, alguno tal vez hubiese sido más claro o hubiera permitido conjeturar algo.

(190) Thrita es un personaje mitológico que se encuentra no tan sólo como aquí entre los persas, sino también en los textos del hinduismo. Este nombre aparece también en el noveno capítulo del Yasna. Anquetil-Duperron le identifica con Feridun que es uno de los reyes más célebres de la época fabulosa de la historia de los persas. Este antecesor de Zoroastro reinó quinientos años, y sostuvo largas luchas contra los demonios, de las cuales salió vencedor. Hay en ello, sin duda, una alusión a las guerras que los habitantes del Irán tuvieron con los nómadas dueños del desierto. En cuanto a Feridun, este monarca fabuloso juega un gran papel en el poema de Ferdusi titulado *Chahnamedh*, la *Ilíada* persa.

(191) La traducción huzvaresch que Anquetil-Duperron siguió, vierte por Haoma blanco esta palabra que no se encuentra en ningún otro sitio. El Haoma blanco es mencionado frecuentemente en los libros de los parsis. Según el *Bundehesch*, crece en la fuente de Arduisur, y el que lo come se vuelve inmortal. Cuando la resurrección, cada hombre tomará una parte con lo que escaparán a la ley de la muerte. Según el *Minokired*, este árbol viene del mar de Var-Kasch; el pez Khar-

18. Nosotros todos le alabamos, nosotros todos le celebramos, nosotros todos le glorificamos, a causa de sus efectos sobre el cuerpo del hombre.

19. Enfermedad, ¡yo te maldigo! Muerte, ¡yo te maldigo! Sufrimiento, ¡yo te maldigo! Fiebre, ¡yo te maldigo!

20. Achaques, ¡yo os maldigo!

21. ¿Mediante el crecimiento de qué ser golpeamos al Druj? Golpeamos al Druj mediante el crecimiento del ser,

22. Cuyo imperio está lleno de fuerza bienhechora para nosotros ¡oh Ahura! [192].

23. Yo combato a la enfermedad, yo combato a la muerte, yo combato al sufrimiento, yo combato a la fiebre.

24. Yo combato la pestilencia y la descomposición, obra de Agra-Mainyús, que él ha introducido en el cuerpo del hombre.

25. Yo combato toda enfermedad y toda muerte, a todos los Yatus, y a todos los Perikas, y a todo Daevas llenos de malicia.

26. Que con ello el deseado Eryma pueda venir para alegría de los hombres y de las mujeres de Zarathustra.

27. Para alegría de Vohu-Mano, que se esfuerza por obtener la recompensa prometida a aquel que observa la ley.

28. Yo deseo la venturosa pureza de los puros. Grande sea Ahura-Mazda.

29. Que Eryma, digno de nuestros deseos, triunfe de toda enfermedad y de toda inerte, de todos los Yatus y de todos los Perikas, de todos los Daevas llenos de malicia.

VIGESIMOPRIMER FARGARD

Este fargard, como el anterior y como el último, podrían ser suprimidos del Vendidad sin que éste sufriese lo más mínimo. Evidentemente, son adiciones al texto primitivo de época bastante reciente, y sin importancia alguna para el contexto y significado de la obra. Serie de invocaciones de franco tipo sacerdotal e inclinación seudomística poco elevada, de escaso o ningún valor ni religioso ni informativo y que, como digo, podrían suprimirse sin inconveniente alguno. Así como el capítulo vigésimo fue hecho en honor de Thrita, como hemos visto, el gran Curandero y de lo relacionado con su área de acción (sufrimientos, enfermedades y muerte), en este vigésimo primero son invocadas y celebradas cosas buenas en vez de malas: el toro sagrado que ayuda en las labores y la vaca nutridora, a la lluvia benéfica de la

---

mahi da vueltas sin cesar en torno a él con objeto de apartar de su lado los sapos y otras criaturas impuras, formadas por Agra-Mainyús, y que se esfuerzan por perjudicar a este árbol prodigioso.

[192] El sentido de los versículos 21 y 22 es difícil de comprender. Deben haber sido mal copiados.

que depende la vida, prosperidad y riqueza de la tierra, al Sol fuente eterna de vida, a la Luna y hasta a las estrellas; o sea a la luz tanto diurna como nocturna, y por ello a Ahura Mazda que luz es así como Agra-Menyús, tinieblas. Pero en que, como se puede ver, trátase de un canto lírico de escasa elevación; si a ello se une alguna interpolación que aun se observa en él muchas incoherencias, y ciertas oscuridades debidas sin duda a errores de copia, en realidad, si algo puede estimarse en él es su brevedad.

1. Alabanza a ti, ¡oh toro sagrado! Alabanza a ti, vaca excelente. Alabanza a ti que multiplicas; alabanza a ti que haces crecer; alabanza a ti, don del creador, para los mejores de los puros, para los puros que aún no han nacido,

2. Que Jahí ha matado, el hombre muy pernicioso, impuro y malo, impío.

3. El reúne y dispersa las nubes.

4. El extiende en abundancia el agua abajo, él la extiende arriba.

5. Ordena, ¡oh santo Zarathustra! [193], que caiga la lluvia en mil aguaceros, en diez mil chaparrones,

6. Para expulsar la enfermedad, para expulsar la muerte.

7. Para expulsar la enfermedad que hiere (mata); para expulsar la muerte que daña.

8. Para expulsar el decaimiento [194].

9. Si mata al anochecer (la lluvia), puede curar en pleno día.

10. Si mata en pleno día, puede curar por la noche.

11. Si mata por la noche, puede curar al apuntar la aurora.

12. La lluvia es, pues, un gran beneficio.

13. Pues es gracias a la lluvia por lo que existe

14. Un agua nueva, una tierra nueva, nuevos árboles, nuevos remedios, nuevos recursos para el hombre.

15. Como el mar Vuru-Kasha, que es la reunión del agua,

16. Elévate, sube del aire hacia la tierra;

17. De la tierra hacia el aire.

18. Elévate, asciende,

19. Tú que eres la causa de que Ahura-Mazda haya creado el aire, con objeto de favorecer tu nacimiento y tu crecimiento.

20. Sal, ¡oh Sol resplandeciente; con tus caballos rápidos; sube sobre el Hara-Berezeti y alumbra al Mundo.

21. Elévate también, pues eres digno de adoración.

22. Sigue el camino que Ahura-Mazda ha creado; asciende por el aire que los Baghas han creado [195].

---

[193] Estas palabras están en todos los textos zenda y en la traducción huzvaresch, pero, evidentemente, se trata de una interpolación que rompe el sentido de la narración.

[194] Aquí se leen dos nombres *gadha* y *apaghada* que designan enfermedades que no se sabe cuáles son.

23. Entonces se dejó oír, ante cada uno, la palabra siguiente:
24. Yo purificaré tu nacimiento y tu crecimiento.
25. Yo purificaré tu cuerpo y tu fuerza.
26. Yo te haré rico en hijos y rico en leche,
27. En actividad, en leche y en posteridad.
28. Yo te purifico mil veces.
29. Yo te daré opulencia en rebaños, que procuran el alimento para los niños.
30. Como el mar, Vuru-Kasha, en donde se reúnen las aguas, asciende, sube por el aire hacia la tierra; de la tierra hacia el aire. Asciende, sube, tú que eres la causa de que Ahura-Mazda haya creado el aire, con objeto de favorecer tu nacimiento y tu crecimiento.
31. Asciende, ¡oh Luna! que contienes las semillas de los rebaños.
32. Elévate sobre el Hara-Berezeti y alumbra a las criaturas; elévate tú también, pues eres digna de adoración. Sigue el camino que Ahura-Mazda ha creado; sube por el aire que los Babhas han creado.
33. Entonces Manthra-Spenta habló ante todos: Yo purificaré tu nacimiento y tu crecimiento. Yo purificaré tu cuerpo y tu fuerza. Yo te haré rica en hijos y rica en leche; en actividad, en leche y en posteridad. Yo te purificaré mil veces. Yo te daré opulencia en rebaños, que procuran el alimento para los niños.
34. Levantaos, estrellas ocultas que encerráis las semillas de las aguas.
35. Levantaos sobre el Hara-Berezeti y alumbrad a las criaturas. Levantaos vosotras también, pues sois dignas de adoración. Seguid el camino que Ahura-Mazda ha creado; subid por el aire que los Baghas han creado.
36. Levantaos para atormentar a Kaquji, para atormentar a Aychie, para atormentar a Jahi que se ha aliado con Baghó [196].

---

[195] Versículo poco claro. Y que no hay medio de aclarar puesto que la traducción huzvaresch no es más fácil de comprender que el texto zenda. Los diversos nombres que se encuentran pueden ser considerados como designando a Agra-Mainyús, pero tal vez sea mejor ver en ellos nombres de astros que ejercen una influencia funesta.

[196] Baghó, dios raramente mencionado en el *Avesta,* pero que se encuentra, frecuentemente, en las inscripciones cuneiformes y en las de los primeros Sasánidas. Anquetil-Duperron traduce del modo siguiente este versículo: "Domina sobre el (Mundo) que es la vía de los dos destinos, sobre los granos dados en abundancia y sobre el agua." Este orientalista traduce las palabras *Beghó Bakthem,* por destino, o dos destinos, es decir, la felicidad destinada al justo y la desgracia que aguarda al malo.

VIGESIMO SEGUNDO FARGARD

Este último capítulo, retahíla de repeticiones monótonas y sin interés, es aún un fragmento cuyo origen es sin duda el mismo (simples exudados teológicos) que los dos fargards que le preceden. Y naturalmente no es difícil tampoco reconocer en él una composición de fecha posterior al resto del libro. Agra-Meinyús, como vemos en él, ha enviado a la Tierra las enfermedades, y Ahura-Mazda quiere oponerles los remedios necesarios. Para ello se dirige primeramente a Manthra-Spenta, la santa palabra, pero ésta se declara incapaz. Entonces Ahura-Mazda envía a Neryo Sagha (que por lo visto es su palabra encarnada) a Eryama, pidiéndole que realice las curas necesarias y que produzca criaturas útiles haciéndolo. Eryama se somete a esta orden, y el capítulo y con él el libro termina bruscamente. Esto no debe sorprender demasiado si se tiene en cuenta que tanto el Vendidad como los demás escritos de los parsis no han llegado a nosotros sino en forma de fragmentos con frecuencia muy deshilvanados. Por lo demás, en este fargard, como en el precedente, Ahura-Mazda parece sometido a la voluntad de seres que él mismo ha creado, lo que ya por sí sólo es detalle que revela el origen relativamente moderno del capítulo.

1. Ahura-Mazda habló al santo Zarathustra.

2. «Yo que soy Ahura-Mazda, yo que soy el dispensador de los bienes,

3. Cuando hube creado esta mansión, hermosa, brillante, digna de ser vista,

4. Salí y subí hasta la parte superior,

5. En aquel momento la Serpiente (Agra-Mainyús) me descubrió [197].

6. Y la serpiente Agra-Meinyús, que está llena de muerte, formó contra mi (obra) nueve enfermedades y noventa, y novecientas, y diecinueve mil enfermedades.

7. Tú podrás curarme, Manthra-Spenta, tú que eres tan brillante.

8. Como remuneración te daré mil caballos rápidos y de ligero porte.

9. Yo te celebro, ¡oh Saoka bueno y puro! creado por Ahura-Mazda.

10. Yo te daré, como remuneración, mil camellos,

11. Yo te celebro, ¡oh Saoka bueno y puro! creado por Ahura-Mazda.

12. Yo te daré, como remuneración, mil toros cuyos cuerpos no han alcanzado aún todo su crecimiento.

13. Yo te celebro, ¡oh Saoka bueno y puro! creado por Ahura-Mazda.

14. Yo te daré, como remuneración, mil animales de ganado menudo bien nutridos y de todas clases.

15. Yo te celebro, ¡oh Saoka bueno y puro! creado por Ahura-Mazda.

---

[197] No es sorprendente que la palabra serpiente sea aquí empleada para designar a Agra-Mainyús que, en los libros parsis, y, sobre todo, en el *Bundehesch,* se indica que tomó esta forma.

16. Yo te bendeciré pronunciando buenas y piadosas bendiciones, piadosas y amables bendiciones.

17. Tú que eres aquel que perfecciona lo que falta,

18. Y que hace desbordar lo que está lleno,

19. Que ata el alma y que consolida el lazo,

20. Manthra-Spenta, cuyo esplendor es extremo, respondió:

21. ¿Cómo debo curarte, cómo debo apartar las enfermedades que son en número de nueve, de noventa de novecientas, de nueve mil, de diecinueve mil?

22. El creador Ahura-Mazda hizo decir a Neryo-Sagha [198]: Neryo-Sagha, tú que te asemejas,

23. Apresúrate, vuela a la morada de Eryaman y llévale estas palabras: He aquí cómo ha hablado Ahura-Mazda el puro.

24. Yo que soy el dispensador de los bienes, cuando hube creado esta mansión, hermosa, brillante, digna de ser vista, salí y subí hasta la parte superior; entonces, la Serpiente (Agra-Mainyús) me vio. Y la serpiente Agra-Mainyús, que está llena de muerte, formó contra mí nueve enfermedades, y noventa enfermedades, y novecientas enfermedades, y nueve mil enfermedades, y diecinueve mil enfermedades. Tú podrás curarme. Manthra-Spenta, que eres muy brillante.

25. Tú podrás curarme, ¡oh Eryma muy deseable!

26. Yo te daré, como remuneración, mil caballos rápidos y de ligero andar.

27. Yo te celebraré, ¡oh Saoka bueno y puro! creado por Ahura-Mazda.

28. Yo te daré, como remuneración, mil caballos rápidos.

29. Yo te celebro, ¡oh Saoka bueno y puro! creado por Ahura-Mazda.

30. Yo te daré, como remuneración, mil toros cuyo cuerpo no ha alcanzado aún todo su crecimiento.

31. Yo te celebro, ¡oh Saoka bueno y puro! creado por Ahura-Mazda.

32. Yo te daré, como remuneración, mil animales de ganado menudo bien nutridos y de todas clases.

33. Yo te celebro, ¡oh Saoka bueno y puro! creado por Ahura-Mazda.

34. Yo te bendeciré pronunciando piadosas y hermosas bendiciones, piadosas y amables bendiciones.

35. Tú que eres aquel que perfecciona lo que falta,

36. Y que hace desbordar lo que está lleno,

37. Que ata el alma y que consolida el lazo,

38. Neryo-Sagha recogió las palabras de Ahura-Mazda y, apresurándose, voló hacia la mansión de Eryama, y habló de este modo: Ahura-Mazda el puro me ha ordenado que te traiga estas palabras:

39. Yo que soy el dispensador de los bienes, cuando hube creado esta mansión, hermosa, brillante, digna de ser vista, salí y subí hasta la parte

---

[198] O Neriosengh, el ized o genio del fuego que anima a los reyes, protege a los justos y juega un papel bastante importante en la mitología de los parsis.

superior; entonces, la Serpiente (Agra-Mainyús) me vio. Y la serpiente Agra-Mainyús, que está llena de muerte, formó contra mí nueve enfermedades, y noventa enfermedades, y novecientas enfermedades, y nueve mil enfermedades, y diecinueve mil enfermedades. Tú podrás curarme, Manthra-Spenta, que eres muy brillante.

40. Yo te daré, como remuneración, mil caballos rápidos y de ligero porte.

41. Yo te celebro, ¡oh Saoka bueno y puro! creado por Ahura-Mazda.

42. Yo te daré, como remuneración, mil caballos rápidos,

43. Yo te celebro, ¡oh Saoka bueno y puro! creado por Ahura-Mazda.

44. Yo te daré, como remuneración, mil toros cuyo cuerpo no ha alcanzado aún todo su crecimiento.

45. Yo te celebro, ¡oh Saoka bueno y puro! creado por Ahura-Mazda.

46. Yo te daré, como remuneración, mil animales de ganado menudo bien nutridos y de todas clases.

47. Yo te celebro, ¡oh Saoka bueno y puro! creado por Ahura-Mazda.

48. Yo te bendeciré pronunciando piadosas y bellas bendiciones, piadosas y amables bendiciones.

49. Tú eres aquel que perfecciona lo que falta.

50. Y el que hace desbordar lo que está lleno.

51. Que ata el alma y consolida el lazo.

52. Casi al mismo tiempo, poco tiempo después, el ágil y fuerte Eryama, que desea la ley, acudió

53. A la montaña sobre la cual las santas peticiones se cumplieron; a la altura en que las santas peticiones se cumplieron.

54. ¡Oh tú, jefe elevado!, traed nueve especies de caballos machos a Eryama, que aspira a que se cumpla la ley.

55. Traed nueve especies de camellos machos a Eryama, que aspira a que se cumpla la ley.

56. Trae nueve especies de bueyes machos a Eryama, que aspira (a que se cumpla) la ley.

57. Trajo nueve especies de pequeños animales machos.

58. Trajo nueve especies de forrajes [199]; trazó nueve círculos».

FIN

---

[199] La palabra traducida por forrajes y que también pudiera verterse por madera, es de sentido poco conocido. El *Vendidad* acaba bruscamente y de tal manera que hace creer que falta la continuación. Anquetil-Duperron ha añadido a este capítulo media página con objeto de que el fin fuese menos chocante para los lectores europeos, pero lo mejor es dejar el texto tal cual está en vez de meternos a completarle caprichosamente.

LA CRÍTICA LITERARIA

TODO SOBRE LITERATURA CLÁSICA, RELIGIÓN, MITOLOGÍA, POESÍA, FILOSOFÍA...

La Crítica Literaria es la librería y distribuidor oficial de Ediciones Ibéricas, Clásicos Bergua y la Librería-Editorial Bergua fundada en 1927 por Juan Bautista Bergua, crítico literario y célebre autor de una gran colección de obras de la literatura clásica.

Nuestra página web, LaCriticaLiteraria.com, es el portal al mundo de la literatura clásica, la religión, la mitología, la poesía y la filosofía. Ofrecemos al lector libros de calidad de las editoriales más competentes.

LEER LOS LIBROS GRATIS ONLINE
www.LaCriticaLiteraria.com

La Crítica Literaria no sólo está dedicada a la venta de libros nacional e internacional, también permite al lector la oportunidad de leer la colección de Ediciones Ibéricas gratis online, acceso gratuito a mas que 100.000 páginas de estas obras literarias.

LaCriticaLiteraria.com ofrece al lector un importante fondo cultural y un mayor conocimiento de la literatura clásica universal con experto análisis y crítica. También permite leer y conocer nuestros libros antes del adquisición, y tener la facilidad de compra online en forma de libros tradicionales y libros digitales (ebooks).

COLECCIÓN LA CRÍTICA LITERARIA

Nuestra nueva **"Colección La Crítica Literaria"** ofrece lo mejor de los clásicos y análisis de la literatura universal con traducciones, prólogos, resúmenes y anotaciones originales, fundamentales para el entendimiento de las obras más importantes de la antigüedad.

Disfrute de su experiencia con nosotros.

www.LaCriticaLiteraria.com

www.ingramcontent.com/pod-product-compliance
Lightning Source LLC
Chambersburg PA
CBHW032102090426
42743CB00007B/203